D1719824

Christian Homburg · Heiko Schäfer · Janna Schneider

Sales Excellence

Christian Homburg
Heiko Schäfer
Janna Schneider

Sales Excellence

Vertriebsmanagement mit System

4., überarbeitete
und erweiterte Auflage

GABLER

Bibliografische Information Der Deutschen Bibliothek
Die Deutsche Bibliothek verzeichnet diese Publikation in der Deutschen
Nationalbibliografie;detaillierte bibliografische Daten sind im Internet über
<http://dnb.ddb.de> abrufbar.

1. Auflage 2001
2. Auflage 2002
3. Auflage 2003
4., überarbeitete und erweiterte Auflage April 2006

Alle Rechte vorbehalten
© Betriebswirtschaftlicher Verlag Dr. Th. Gabler | GWV Fachverlage GmbH,
Wiesbaden 2006

Lektorat: Ulrike M. Vetter

Der Gabler Verlag ist ein Unternehmen von Springer Science+Business Media.
www.gabler.de

Umschlaggestaltung: Nina Faber de.sign, Wiesbaden
Druck und buchbinderische Verarbeitung: Wilhelm & Adam, Heusenstamm
Gedruckt auf säurefreiem und chlorfrei gebleichtem Papier
Printed in Germany

ISBN-10 3-8349-0015-X
ISBN-13 978-3-8349-0015-9

Stimmen zum Buch

„Systematisches Vorgehen im Vertrieb ist ein wesentlicher Baustein zum Unternehmenserfolg. Der Sales-Excellence-Ansatz ist umfassend, ohne kompliziert zu sein, und erfreulich praxisnah."

Uwe Raschke,
Vorsitzender des Bereichsvorstandes Elektrowerkzeuge, Robert Bosch GmbH

„Die Zeiten, in denen Energie nur verteilt wird, sind vorbei. Zur Verbesserung der eigenen Schlagkraft und Wirtschaftlichkeit muss der heutige Vertrieb systematisch gemanagt werden. Der hier vorgestellte Ansatz bietet in Breite und Tiefe einen exzellenten Leitfaden zur Systematisierung und damit Professionalisierung des Vertriebs."

Dr. Andreas Radmacher,
Mitglied des Vorstandes, RWE Energy AG

„Gute Produkte und Dienstleistungen sind schon lange nicht mehr ausreichend. Die produktbezogene Exzellenz muss durch eine vertriebsbezogene Exzellenz ergänzt werden. Der Sales-Excellence-Ansatz liefert dazu interessante und in hohem Maße praxistaugliche Anregungen."

Dr. Jürgen Rautert,
Mitglied des Vorstandes, Heidelberger Druckmaschinen AG

„Nur wer seinen Vertrieb systematisch managt, wird langfristig Erfolg haben. Dies gilt besonders für das Retail Banking. Das Sales-Excellence-Konzept ist ein wissenschaftlicher Ansatz mit hoher Praxisrelevanz."

Rainer Neske,
Konzernführung, Deutsche Bank AG Privat- und Geschäftskunden

„Auch der Vertrieb muss seinen Beitrag zur Steigerung des Unternehmenswerts leisten. Die Produktivität des Ressourceneinsatzes im Vertrieb rückt immer mehr in den Vordergrund. Sales Excellence stellt eine hervorragende Systematisierungshilfe für das Vertriebsmanagement dar."

Achim Berg,
Mitglied des Bereichsvorstands Marketing und Vertrieb, T-Com

„Den Vertrieb zu steuern und systematisch zu managen – ohne dabei die notwendige Intuition und Improvisation zu zerstören. Das stellt eine große Herausforderung dar. Mit Hilfe des hier vorgestellten Ansatzes kann dies erreicht werden."

Hans W. Reiners,
President Unternehmensbereich Styrol-Kunststoffe, BASF AG

„Der Pharmavertrieb befindet sich im Umbruch. Allmählich macht sich die Erkenntnis breit, dass rein produktbezogene Wettbewerbsvorteile nicht ausreichen. Der Sales-Excellence-Ansatz hilft dabei, Schwachstellen im Vertrieb zu identifizieren, diese zu beheben und vertriebliche Stärken zu Wettbewerbsvorteilen auszubauen.

Dr. Petra Danielsohn-Weil,
Senior Direktor, Pfizer GmbH

„Die Autoren stellen mit dem Sales-Excellence-Ansatz den Weg zu einem systematischen Vertriebsmanagement vor, das sowohl die praktischen als auch die theoretischen Aspekte der täglichen Geschäftspraxis einbezieht. Für ein professionelles Vertriebsteam ist heute wichtiger denn je, Kundenbedürfnisse rechtzeitig zu erkennen, die Veränderungen des Marktes schnell zu erfassen und entsprechend zu reagieren. Dem Leser bietet sich eine umfassende und praxisorientierte Darstellung mit wichtigen Anregungen für eine ganzheitliche Vertriebsstrategie."

Thierry Antinori,
Bereichsvorstand Vertrieb Lufthansa Passage Airline, Deutsche Lufthansa AG

„Der Vertrieb in der Automobilindustrie weist erhebliche Optimierungspotenziale auf. Der Sales-Excellence-Ansatz kann helfen, solche Potenziale zu erschließen."

Hans Riedel,
Vorstand Vertrieb und Marketing, Dr. Ing. h.c.. Ferdinand Porsche AG

„Wer im Vertrieb mit großen Handelsunternehmen zusammenarbeitet, kann sich Unprofessionalität nicht leisten. Der Sales-Excellence-Ansatz liefert interessante Systematisierungsanregungen für die Marktbearbeitung."

Willi Schwerdtle,
Geschäftsführer Customer Business Development Deutschland, Österreich,
Schweiz, Procter & Gamble GmbH

„Für den Markterfolg in der neuen Customer Economy reichen exzellente Produkte und Services nicht mehr aus. Excellence auch im Vertrieb und Marketing durch ein systematisches Management des Vertriebs und der Kundenbeziehungen stellt eine aktuelle Herausforderung dar. Der hier dargestellte Ansatz zeichnet sich durch Praxisorientierung und Systematik aus."

Dr. Peter Zencke,
Mitglied des Vorstandes, SAP AG

Vorwort zur vierten Auflage

Auch die 3. Auflage dieses Buches ist in der Praxis sehr gut aufgenommen worden. Der Sales-Excellence-Ansatz ist mittlerweile in zahlreichen Unternehmen der unterschiedlichsten Branchen zur Anwendung gekommen. Das Feedback, das wir hierauf bekommen haben, ist weiterhin sehr erfreulich und bestätigt den praktischen Nutzen dieses Ansatzes.

Vor diesem Hintergrund haben wir auch in der vorliegenden 4. Auflage die bewährte Struktur beibehalten. Integriert haben wir aktuelle Literatur zu den vorgestellten Themen, um dem interessierten Leser eine weitergehende Lektüre zu erleichtern.

Außerdem haben wir einige inhaltliche Ergänzungen vorgenommen. Dabei handelt es sich insbesondere um Erweiterungen im Bereich des Informationsmanagements (Kapitel 3). Hier haben wir mit einem umfangreichen Leitfragenkatalog ein konkretes und praxiserprobtes Tool zur Kundenanalyse integriert. Ebenfalls ergänzt haben wir die Abschnitte, die sich mit den Themen Beschwerdemanagement, Value-Added-Services und Key-Account-Management befassen. Darüber hinaus haben wir unterschiedliche Aspekte zum Thema der Neukundenakquisition ergänzt. Diese Ergänzungen zu den aus unserer Erfahrung sehr wichtigen Themen sollen den praktischen Nutzen des Buches noch weiter steigern.

Danken möchten wir an dieser Stelle den Unternehmen, die uns ihr Feedback weitergegeben haben. Dank gilt auch den Kollegen von Prof. Homburg & Partner, deren Projekterfahrungen in der Anwendung und Umsetzung des Sales-Excellence-Ansatzes auch in dieser Auflage wieder an zahlreichen Stellen eingeflossen sind. Darüber hinaus danken wir Herrn Dipl.-Kfm. Tim Siu-Lung Fargel für seine Unterstützung bei der inhaltlichen und formalen Überarbeitung des Buches.

Mannheim, im März 2006

Christian Homburg

Heiko Schäfer

Janna Schneider

Vorwort zur ersten Auflage

Dieses Buch wendet sich an Vertriebsmanager. Es ist offensichtlich, dass der Vertrieb in den meisten Branchen vor großen Veränderungen steht. In vielen Unternehmen besteht ein enormer Professionalisierungsbedarf im Vertrieb. Während in den internen Unternehmensbereichen über Jahre hinweg systematisches Produktivitätsmanagement betrieben wurde, finden wir in den Vertriebsbereichen vieler Unternehmen noch immer eine „Macher"-Kultur: Improvisation und Intuition werden groß geschrieben, systematische Analyse und Entscheidungsfindung werden allenfalls als lästige Pflichtübung akzeptiert. Um keine Missverständnisse aufkommen zu lassen: Sicherlich erfordert Vertriebserfolg ein hohes Maß an Intuition. Allerdings zeigt sich immer deutlicher, dass Intuition allein nicht mehr zielführend sein kann. Sie muss durch systematisches Management ergänzt werden.

Die Notwendigkeit einer Professionalisierung der Marktbearbeitung wird auch durch das Konzept des Shareholder Value forciert, dem sich viele Unternehmen verschrieben haben. Dieses Konzept stellt die Interessen der Anteilseigner eines Unternehmens (der Shareholder) in den Mittelpunkt der Betrachtung. Viel stärker als früher werden Unternehmensbereiche daraufhin durchleuchtet, inwieweit sie einen Beitrag zur Steigerung des Unternehmenswertes leisten. Dies wird vielerorts zu einer Verschiebung der Bewertungsmaßstäbe für den Vertrieb führen: Die Erreichung von kurzfristigen Absatzzielen wird in vielen Unternehmen in Zukunft weniger im Mittelpunkt stehen als heute. Entscheidend werden Fragen nach dem Aufbau langfristig wertsteigernder Marktpositionen, Kundenstrukturen und Kundenbeziehungen sein. Die Frage nach der Produktivität des Ressourceneinsatzes im Vertrieb wird viel stärker als in der Vergangenheit thematisiert werden.

Dieses Buch bietet einen Leitfaden für systematisches Vertriebsmanagement. Es soll Vertriebsmanagern helfen, die zentralen Stellschrauben des Vertriebserfolgs richtig auszurichten. Der in diesem Buch dargestellte Sales-Excellence (Sales-Ex)-Ansatz ist integrativ: Wir sind der Überzeugung, dass die isolierte Beschäftigung mit Insellösungen im Vertrieb letztlich nicht zielführend sein kann. Daher stellen wir einen Ansatz vor, der alle wesentlichen Facetten professionellen Vertriebsmanagements abdeckt: Er umfasst zum Ersten Fragestellungen der *Vertriebsstrategie* wie die Auswahl der Vertriebskanäle, das Management eines Mehrkanalsystems, die Kooperation mit Absatzmittlern, die grundlegenden preispolitischen Entscheidungen sowie die Formulierung einer E-Commerce-Strategie. Zum Zweiten werden *Managementaspekte* wie die Gestaltung der Vertriebsorganisation, die systematische Vertriebsplanung, die Gestaltung der Vertriebskultur sowie die Personalführung im Vertrieb behandelt. Ein dritter zentraler Aspekt ist das *Informationsmanagement* im Vertrieb. Hier werden Instrumente zur Analyse der Kundenstruktur, der Kundenprofitabilität sowie der Kundenzufriedenheit und -bindung dargestellt. Ein vierter Bereich des Ansatzes befasst sich mit den verschiedenen Facetten des *Kundenbeziehungsmanagements*. Er reicht von persönlichen Erfolgsfaktoren im Kundenkontakt, der Gestaltung des Internet-Auftritts über Beschwerdemanagement bis hin zum Key Account Management.

Wichtig ist hierbei folgender Hinweis: Der Sales-Ex-Ansatz ist kein Verkäuferbuch. Verkaufstechniken, Präsentationstechniken oder Verhandlungstechniken für den einzelnen Verkäufer wird der Leser hier vergeblich suchen. Uns geht es in diesem Ansatz um Vertriebs*management* – nicht um Verkaufen.

Der Sales-Ex-Ansatz umfasst Instrumente, die im Vertriebsmanagement eingesetzt werden können. Außerdem vermittelt er dem Leser auch Konzepte. Hiermit sind Ansätze zur Behandlung von Problemstellungen, Anregungen und neue Sichtweisen gemeint. Ein weiterer wesentlicher Bestandteil des Sales-Ex-Ansatzes sind Checklisten. Hiermit können sich Unternehmen bezüglich unterschiedlicher Aspekte der Vertriebsprofessionalität bewerten bzw. bewerten lassen.

Der Sales-Ex-Ansatz basiert auf zwei Säulen: Zum einen haben wir uns über viele Jahre hinweg wissenschaftlich mit dem Vertrieb beschäftigt. Der Ansatz ist daher wissenschaftlich fundiert. Zum anderen haben wir in den letzten Jahren intensiv mit zahlreichen Unternehmen der verschiedensten Branchen zusammengearbeitet. Hierbei kam der Sales-Ex-Ansatz entweder in Teilen oder in seiner ganzen Breite zur Anwendung. Der Ansatz hat hierbei viel Feinschliff erfahren. Auf dieser Basis kann er als praxiserprobt und praxisgerecht bezeichnet werden. Wichtig ist in diesem Zusammenhang, dass der Sales-Ex-Ansatz sich in den verschiedensten Branchen bewährt hat: Anwendungserfahrungen liegen aus Branchen wie Maschinenbau, Finanzdienstleistungen, Chemie/Pharma, Baustoffe vor.

Es verbleibt die angenehme Pflicht, denjenigen Dank zu sagen, die maßgeblich zur Entstehung dieses Buchs beigetragen haben. An erster Stelle möchten wir hier den zahllosen Managern der Unternehmen danken, mit denen wir in den letzten Jahren zusammengearbeitet haben. Sie hier persönlich zu nennen, würde den Rahmen eines Vorworts sprengen und auch die zugesagte Vertraulichkeit verletzen. Dennoch möchten wir an dieser Stelle hervorheben, dass die Zusammenarbeit stets von einem konstruktiven Geist, gegenseitigem Respekt und der Bereitschaft, voneinander zu lernen,

geprägt war. Ohne diese jahrelange Praxisarbeit wäre der Sales-Ex-Ansatz in der vorliegenden Form nicht entstanden.

Darüber hinaus möchten wir den vielen Kollegen aus dem akademischen Bereich danken, die uns bei der Ausarbeitung und Verfeinerung vieler Konzepte dieses Buches
konstruktiv unterstützt haben. Ferner möchten wir uns bei Frau Ulrike M. Vetter vom
Gabler Verlag für die stets angenehme Zusammenarbeit bedanken. Schließlich gilt
unser Dank Herrn cand. rer. pol. Dirk Totzek für die tatkräftige Unterstützung bei der
formalen Gestaltung dieses Buches.

Mannheim, im März 2001   Christian Homburg

                                                                Janna Schneider

                                                                Heiko Schäfer

Inhaltsverzeichnis

Einleitung

1. Die Professionalisierungsoffensive im Vertrieb – Der Sales-Excellence-Ansatz als Wegweiser

Welche Entwicklungen stehen dem Vertrieb in den nächsten Jahren und Jahrzehnten bevor? Antworten auf diese grundsätzliche Frage versuchen zahlreiche Konzepte wie Customer Relationship Management, Systems Selling und Key Account Management zu geben. Die rege Diskussion derartiger, nur teilweise neuer Konzepte verdeutlicht den zunehmenden Veränderungsdruck im Vertrieb und die Suche nach Antworten auf die heutigen Herausforderungen.

Unsere Antwort auf diese Herausforderungen ist der Sales-Excellence-Ansatz (Sales-Ex-Ansatz), der in diesem einleitenden Kapitel kurz vorgestellt werden soll. Der Leser erhält einen Vorgeschmack auf seine Anwendungsmöglichkeiten. Zunächst wollen wir aber aktuelle Rahmenbedingungen im Vertrieb und Problemfelder betrachten, mit denen der Vertrieb konfrontiert wird.

1.1 Der Vertrieb auf dem Weg in die „Leistungszange"

Die grundsätzlichen Triebkräfte im Vertrieb lassen sich auf die elementaren Zielsetzungen von Unternehmen zurückführen. Sicherlich verfolgen Unternehmen verschiedener Größe in verschiedenen Branchen und verschiedenen Märkten unterschiedliche Ziele. Allerdings gibt es zwei Zielsetzungen, die in jedem marktwirtschaftlich orientierten Unternehmen letztlich dominieren: die *Steigerung der Produktivität* und die *Steigerung der Kundenorientierung*. Diese beiden Zielsetzungen geben die wesentlichen Stoßrichtungen im Vertrieb vor. Sie sollen daher im Folgenden detaillierter betrachtet werden.

Deutsche Unternehmen haben in der letzten Zeit im Hinblick auf Kostennachteile im internationalen Vergleich erhebliche Anstrengungen zur *Produktivitätssteigerung* unternommen und auch gewisse Erfolge erzielt. Dies gilt sowohl für den produzierenden Sektor als auch für den Dienstleistungsbereich. Befasst man sich jedoch mit der Frage, in welchen Unternehmensbereichen die wesentlichen Produktivitätsfortschritte erzielt wurden, so macht man eine interessante Beobachtung: In den meisten Unternehmen

fanden Produktivitätssteigerungen im Wesentlichen im Bereich der internen Leistungserstellung (d. h. im Produktionsbereich bzw. bei Dienstleistern im Bereich der „Opera-
tions") sowie in der Verwaltung („Overhead") statt. Während hier teilweise Beträchtliches geleistet wurde, haben viele Unternehmen mit einem systematischen Produktivitätsmanagement im Bereich der Marktbearbeitung bislang noch nicht einmal begon-
nen.

Die Gründe für dieses Versäumnis sind vielfältig. Zum einen beobachtet man in vielen
Unternehmen ein hohes Maß an Verunsicherung im Hinblick auf negative Auswirkungen von Maßnahmen der Produktivitätssteigerung im Vertrieb. Dies ist insbesondere
dann der Fall, wenn es um Ressourcenverlagerung oder Verringerung der eingesetzten
Ressourcen geht. Die Furcht vor Umsatzrückgängen und entgangenen Deckungsbeiträgen – nicht selten von Vertriebsmanagern geschürt – erstickt vielerorts Ansätze zur
Produktivitätssteigerung im Keim. Die Erkenntnis, dass man bei intelligentem Ressourceneinsatz häufig mit weniger Input mehr Output erzielen kann, ist zwar im Hinblick auf die internen Unternehmensbereiche bekannt und vielerorts erfolgreich umgesetzt worden. Ähnliches auch im Vertriebsbereich anzustreben, liegt jedoch vielen
Managern fern. Im Grunde manifestiert sich hier ein methodisches Problem: In vielen
Unternehmen sind moderne und leistungsstarke Methoden des Produktivitätsmanagements im Vertrieb nahezu unbekannt – zumindest verfügt man nicht über ausreichende
Erfahrungen im Umgang mit diesen Instrumenten. Dies führt dann zu der Tendenz,
vom Vertrieb „lieber die Finger zu lassen".

Eine weitere zentrale Ursache für die Vernachlässigung des Produktivitätsmanagements im Vertrieb ist die „Macherkultur", die man in den Vertriebsbereichen vieler
Unternehmen beobachtet: Improvisation und Intuition werden groß geschrieben, systematisches Management wird allenfalls als lästige Pflichtübung akzeptiert. Die „Helden" in dieser Kultur sind die „Vollblutverkäufer", die „aus dem Bauch heraus" das
Richtige tun. Zahlreiche Erfolgsgeschichten ranken sich um diese Helden – häufig
nachhaltig von diesen selbst geprägt. Über die vielen Misserfolge „aus dem Bauch
heraus" wird dagegen nicht gesprochen.

Um keine Missverständnisse aufkommen zu lassen: Intuition und Improvisation sind
zweifellos wichtig für den Vertriebserfolg. Sicherlich ist die Vertriebsarbeit teilweise
schwieriger zu planen und zu systematisieren als beispielsweise die Produktion.
Marktentwicklungen, Verhaltensweisen von Kunden und Aktionen von Wettbewerbern sind nur begrenzt vorhersehbar. Dies macht Improvisation häufig unerlässlich.
Dennoch darf die Konsequenz nicht darin liegen, auf systematisches Vertriebsmanagement und insbesondere systematisches Produktivitätsmanagement im Vertrieb nahezu

ganz zu verzichten. Vielmehr werden Ansätze benötigt, die trotz ihrer hohen Systematik noch hinreichend Raum für Flexibilität und Intuition lassen.

Die zunehmende Bedeutung eines systematischen Produktivitätsmanagements im Vertrieb liegt auf der Hand: Produktivitätsfortschritte werden gerade für Unternehmen in Hochlohnländern auch in Zukunft erforderlich sein, um im internationalen Wettbewerb bestehen zu können. Die erforderlichen Verbesserungen können nicht für alle Zeit in den Bereichen Produktion und Verwaltung erzielt werden, denn irgendwann sind dort die Produktivitätssteigerungspotenziale ausgereizt.

Interessant ist in diesem Zusammenhang das Ergebnis einer empirischen Untersuchung, die vor einigen Jahren im Industriegüterbereich durchgeführt wurde (vgl. Homburg/Daum/Lehnhäuser 1996). Hier wurde u. a. die Frage gestellt, in welchen Unternehmensbereichen bedeutende Produktivitätssteigerungspotenziale gesehen werden.

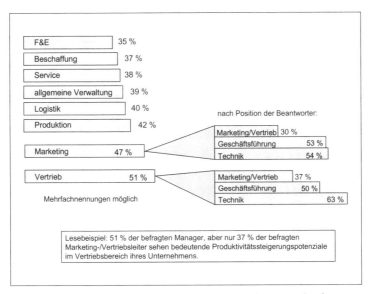

Abbildung 1-1: Produktivitätssteigerungspotenziale in verschiedenen
Funktionsbereichen (vgl. Homburg/Daum/Lehn-
häuser 1996)

Wie Abbildung 1-1 zeigt, liegen hier die Bereiche Vertrieb und Marketing an erster Stelle, und zwar deutlich vor der Produktion. Interessant ist auch eine Differenzierung der Antworten nach der Position des Befragten im Unternehmen. Hier zeigt Abbildung 1-1, dass die Verantwortlichen der Vertriebs- und Marketingbereiche das Produktivitätssteigerungspotenzial in ihren Bereichen deutlich geringer einschätzen als die übrigen Befragten. Das Bewusstsein für den Zwang zur Produktivitätssteigerung im Vertrieb ist also noch unzureichend – die „Macher" lassen grüßen.

Wir kommen nun zur zweiten Zielsetzung: der *Kundenorientierung*. Sie gehört heute zu den Grundsätzen des Wirtschaftslebens. Nahezu jedes Unternehmen, das über Leitsätze verfügt, nennt den Kunden und seine Bedürfnisse als zentrale Triebkraft für das Handeln im Unternehmen. Die umfassende Umsetzung der Kundenorientierung im Unternehmen soll an dieser Stelle aber nicht diskutiert werden (vgl. hierzu ausführlich Homburg/Werner 1998). Wir möchten hier vielmehr auf einen Aspekt im Zusammenhang mit der Kundenorientierung hinweisen, der unseres Erachtens viel zu wenig beachtet wird: der dynamische Charakter von Kundenzufriedenheit.

Kundenorientierung von Unternehmen soll zu Kundenzufriedenheit und letztlich zu gesteigerter Profitabilität führen. Kundenzufriedenheit – das zentrale Bindeglied zwischen Kundenorientierung und Profitabilität – ist allerdings ein hochgradig dynamisches Phänomen. Um dies zu verstehen, sollte man sich klar machen, wie Kundenzufriedenheit entsteht. Kundenzufriedenheit resultiert aus einem Vergleichsprozess: der Kunde hat eine Leistungserwartung an ein Unternehmen. Sie kann aus den verschiedensten Quellen entstehen (z. B. frühere Erfahrungen, Konkurrenzangebote, Informationen Dritter usw.). Der Kunde vergleicht nun das, was er bekommt, mit dem, was er erwartet hat. Aus diesem Vergleichsprozess resultiert sein Zufriedenheitsurteil.

Die Dynamik der Kundenzufriedenheit ergibt sich daraus, dass die Leistungserwartung im Zeitverlauf nicht konstant bleibt, sondern kontinuierlich zunimmt. Oftmals ist eine wahre Anspruchsinflation bei den Kunden festzustellen. Was die Kunden vor einigen Jahren noch begeistert hat, ist heute oft schon selbstverständlich. Hieraus kann ein interessantes Phänomen resultieren, das wir als die *„Kundenzufriedenheitsfalle"* bezeichnen (vgl. Abbildung 1-2). Steigert ein Unternehmen sein Leistungsniveau langsamer, als das Anspruchsniveau der Kunden steigt, so tut sich zwischen Leistungserwartung und Leistungswahrnehmung eine immer größer werdende Lücke auf. Damit sinkt zwangsläufig die Kundenzufriedenheit, was zumindest mittelfristig auch zu höherer Kundenabwanderung führt. Das eigentlich Paradoxe an diesem Phänomen liegt darin, dass Kundenzufriedenheit und Kundenloyalität zurückgehen, obwohl das Leistungsniveau des Unternehmens im Zeitablauf steigt. Entscheidend ist eben nicht in erster Linie die Frage, ob ein Unternehmen besser wird, sondern ob es *schnell genug* besser wird.

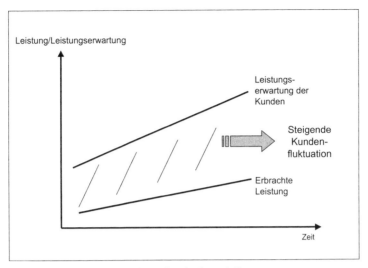

Abbildung 1-2: Die Kundenzufriedenheitsfalle

Diese Problematik wird den Vertrieb in den nächsten Jahren in besonderem Ausmaß betreffen. Sicherlich ist Kundenorientierung nach modernem Verständnis Aufgabe des gesamten Unternehmens. Allerdings kommt dem Vertrieb als Schnittstelle zum Kunden in diesem Zusammenhang nach wie vor eine Schlüsselrolle zu.

Fasst man das bisher Gesagte zusammen, so ergibt sich eine schwierige Situation für den Vertrieb: Einerseits wird der Produktivitätsdruck auf den Vertrieb immer stärker, andererseits steigt das Anspruchsniveau der Kunden kontinuierlich an. Will ein Unternehmen den Weg in die „Kundenzufriedenheitsfalle" vermeiden, so muss es in Sachen Leistungssteigerung Schritt halten. Dieser Leistungsdruck wird sich insbesondere auf den Vertrieb auswirken. Im Grunde tut sich also eine *„Leistungszange"* auf:

Das Leistungsniveau muss bei gleichzeitiger Produktivitätssteigerung zunehmen.

Diese Konstellation („doing more with less") stellt viele Unternehmen vor völlig neue Herausforderungen im Vertrieb. Herkömmliche Managementansätze werden nicht ausreichen, um diese Situation erfolgreich zu bewältigen. Vielmehr ist eine nachhaltige *Steigerung der Professionalität* im Vertrieb erforderlich. Der in diesem Buch vorgestellte Ansatz soll Unternehmen dabei unterstützen.

1.2   Kennen Sie diese Probleme?

„Kann der Sales-Ex-Ansatz meinem Unternehmen und mir nützlich sein?" Diese Frage
mag sich der Leser an diesem Punkt stellen. Obwohl der Sales-Ex-Ansatz in zahlreichen Unternehmen der verschiedensten Branchen mit nachweisbaren Erfolgen angewendet wurde (vgl. Abschnitt 1.4), können wir diese Frage natürlich nicht pauschal für
jedes Unternehmen mit „Ja" beantworten. Letztlich muss der Leser selbst zu einer
Antwort kommen. Um dies zu unterstützen, wollen wir im Folgenden einige typische
Defizite beschreiben, die wir in den Vertriebsbereichen vieler Unternehmen beobachten konnten. Diese Schilderung vermittelt einen Eindruck davon, welche Probleme mit
dem Sales-Ex-Ansatz gelöst werden können. Sofern der Leser zumindest einige dieser
Probleme wieder erkennt, ist ihm die Beschäftigung mit dem Sales-Ex-Ansatz anzura-
ten.

Zahlreiche Probleme treten in vielen Unternehmen z. B. im Rahmen der *Marktbearbeitung* auf. So beobachtet man beispielsweise, dass sich Unternehmen nicht auf die
wirklich potenzialstarken Kunden bzw. Marktsegmente konzentrieren. Vielmehr erfolgt die Marktbearbeitung vielerorts nach dem „Gießkannenprinzip": Unterschiedlich
attraktive Kunden werden nicht differenziert angesprochen, jeder Kunde erhält im Wesentlichen die gleiche (und leider häufig gleich schlechte) Leistung. Ein aktives Management der Kundenstruktur findet kaum statt. In vielen Unternehmen unterbleibt
darüber hinaus ein gezieltes Kundenbindungsmanagement. Geschäftsbeziehungen mit
wichtigen Kunden werden nicht systematisch gemanagt. Ein drittes Defizit in der
Marktbearbeitung ist ein wahres Chaos im Bereich des Konditionensystems für Kunden: Zahllose Rabatt- und Bonusarten machen die Preisgestaltung gegenüber den Kunden häufig undurchschaubar. Nach unseren Erfahrungen ist nur ein Teil dieser Rabatte
und Boni wirklich erforderlich. Letztlich wird auf diesem Wege viel Geld verschenkt.
Ein letztes Problemfeld im Bereich der Marktbearbeitung sind Probleme in der Zusammenarbeit mit Absatzmittlern (Händler, Importeure usw.). Die Aufgabenverteilung ist
oft nicht klar geregelt, Konflikte sind an der Tagesordnung. Besonders konfliktintensiv
sind so genannte Mehrkanalsysteme, bei denen mehrere Vertriebswege parallel existieren (z. B. direkter und indirekter Vertrieb oder indirekter Vertrieb über verschiedene
Wege). Die Abgrenzung zwischen den Vertriebswegen kann in vielen Unternehmen
nicht gerade als reibungslos bezeichnet werden.

Das zweite Problemfeld, mit dem viele Unternehmen zu kämpfen haben, ist das *Mitar-
beiterverhalten im Vertrieb*. Ein signifikantes Problem liegt darin, dass im Außendienst vieler Unternehmen trotz anders lautender Beteuerungen immer noch die produktorientierte und nicht die kundenorientierte Perspektive dominiert. Die Verkäufer

sind darauf fixiert, die Vorteile ihrer Produkte gegenüber den Konkurrenzprodukten darzulegen. Ausgangspunkt vieler Kundengespräche ist das eigene Leistungsangebot, nicht das Bedürfnis des Kunden. Dieses Problem zieht ein weiteres nach sich: Viele Unternehmen haben sich mittlerweile von der klassischen Vermarktung einzelner Produkte losgesagt. Sie wollen Systemanbieter sein und bieten häufig Leistungsbündel aus Produkten und Dienstleistungen an. Eine solche Strategie kann man mit rein produktorientierten Verkäufern nicht erfolgreich umsetzen.

Überraschend oft haben wir darüber hinaus im Außendienst das Problem des fehlenden Commitments zum Unternehmen beobachtet. Die Außendienstler signalisieren im Kundengespräch nicht, dass sie zu ihrem Unternehmen stehen, geschweige denn, dass sie stolz darauf sind, für dieses Unternehmen zu arbeiten. Vielmehr beobachtet man oft, dass Außendienst und Kunde eine Art „unheilige Allianz" schließen. Gestützt auf zynische Aussagen über das eigene Unternehmen wird der Außendienstler zum „Verbündeten" des Kunden gegen die Unternehmenszentrale. Solche Bündnisse sind langfristig fatal: Wie soll ein Kunde Respekt vor einem Unternehmen haben, wenn nicht einmal sein direkter Ansprechpartner im Unternehmen diesen Respekt aufweist?

Das Resultat der beschriebenen Probleme ist häufig eine extrem starke Preisorientierung des Außendienstes: Eigene Defizite sollen durch aggressives Preisverhalten am Markt kaschiert werden. Dies spiegelt auch eine gewisse Ideenlosigkeit im Vertrieb wider. Statt innovative Instrumente bei der Kundenbearbeitung einzusetzen, greifen viele Mitarbeiter auf die altbewährten Preissenkungen zurück. Die Kunden können dies ausnutzen: Systematisch werden häufig Fehlinformationen über Preise der Wettbewerber gestreut. Grundsätzlich liegt jedes Unternehmen mit seinen Preisen über denen des Wettbewerbs – sagen die Kunden.

Die beiden bisherigen Problemfelder beziehen sich auf den Auftritt des Unternehmens am Markt. Derartigen Schwachpunkten liegen im Regelfall unternehmensinterne Probleme zugrunde. Ein wichtiger Bereich sind hier die *internen Abläufe*. In vielen Unternehmen erschweren Schnittstellenprobleme zwischen Abteilungen die Vertriebsarbeit. Egoistisches Verhalten der Abteilungen führt zu massiven Informationsdefiziten, Doppelarbeit und unkoordinierten Verhaltensweisen. Das Resultat: Der Gesamteindruck vieler Unternehmen ist trotz eines möglicherweise kundenorientierten Außendienstes nicht kundenorientiert. Ein weiteres Problem im Rahmen der internen Abläufe liegt darin, dass der Außendienst mit administrativen Tätigkeiten überlastet ist und so letztlich an der Ausübung seiner eigentlichen Aufgabe – der Kundenbetreuung – gehindert wird.

Ein weiterer Problembereich im Vertrieb vieler Unternehmen liegt in den *Informationssystemen*. In vielen Fällen wird eine effektive und effiziente Vertriebsarbeit nicht durch adäquate Informationssysteme unterstützt. Defizite in den kundenbezogenen Informationen sind besonders häufig. Nach unseren Beobachtungen sind Informationssysteme, die zuverlässige Potenzialdaten (also Informationen über den beim Kunden vorhandenen Bedarf) enthalten, nach wie vor die Ausnahme. Oft konzentriert sich die quantitative Bewertung von Kunden auf das erzielte Umsatzvolumen. Derartige Betrachtungen laufen häufig auf die klassischen, umsatzbezogenen ABC-Analysen hinaus. Der Schwachpunkt solcher Betrachtungen liegt auf der Hand: Ein Kunde mit einem geringen Umsatzvolumen wird als C-Kunde eingestuft. Hierbei wird vollkommen übersehen, dass es sich auch um einen attraktiven Kunden mit einem hohen Bedarf handeln kann, den er im Wesentlichen bei der Konkurrenz deckt. Auch die Profitabilität einzelner Kunden bzw. einzelner Kundengruppen ist den Unternehmen nur in Ausnahmefällen bekannt. Allenfalls trifft man Kundendeckungsbeiträge mit einer gewissen Regelmäßigkeit an. Homburg/Daum (1997) verdeutlichen jedoch an zahlreichen Beispielen, dass Deckungsbeiträge ein problematisches Kriterium zur Beurteilung der Wirtschaftlichkeit sind. Erst wenn die Gemeinkosten den einzelnen Kunden(gruppen) verursachungsgerecht zugeordnet werden, ist eine hinreichend fundierte Aussage darüber möglich, bei welchen Kunden(gruppen) Geld verdient bzw. verloren wird. Eine solche Kostenbetrachtung unterbleibt aber in der Regel. Die meisten Kostenrechnungssysteme sind historisch bedingt stark produktorientiert: Während nach Produkten detaillierteste Profitabilitätsbetrachtungen möglich sind, ist dies für Kunden(gruppen) kaum möglich. Derartige Informationssysteme führen dazu, dass in der Marktbearbeitung eine Art „Blindflug" praktiziert wird. Entscheidungen über die Ressourcenallokation werden aus dem Gefühl heraus gefällt. Eine zielgerichtete Produktivitätssteigerung ist so kaum möglich.

Ein letzter problematischer Aspekt betrifft die *Anreizsysteme*. Es geht hier im Kern um die Frage, wie der Erfolg von Vertriebsbereichen und einzelnen Vertriebsmitarbeitern gemessen und honoriert wird. Die Anreizsysteme sind in vielen Unternehmen rein mengenorientiert. Ein typisches Beispiel sind Prämiensysteme für Außendienstler, die ausschließlich auf Umsatzgrößen basieren. Die Auswirkungen solcher Anreizsysteme können verheerend sein. Insbesondere ist ihr Beitrag zur produktivitätsorientierten Vertriebsarbeit fraglich.

Kann der Sales-Ex-Ansatz Ihnen bzw. Ihrem Unternehmen helfen? Diese Frage hatten wir zu Beginn dieses Abschnitts aufgeworfen und bereits darauf hingewiesen, dass ein pauschales „Ja" nicht möglich ist. Der Leser sollte sich an dieser Stelle jedoch fragen, ob zumindest einige der beschriebenen Probleme auf den eigenen Vertriebsbereich zutreffen. Ist dies der Fall, so ist die Auseinandersetzung mit dem Sales-Ex-Ansatz nachdrücklich zu empfehlen.

1.3   Der Sales-Excellence-Ansatz im Überblick

Im Folgenden erläutern wir einige grundlegende Aspekte des Sales-Ex-Ansatzes. Dabei gehen wir zunächst auf die Prinzipien ein, die dem Ansatz zugrunde liegen. Danach erklären wir, welchen Nutzen der Ansatz dem Anwender liefern kann, und geben schließlich einen Überblick über seine Inhalte.

Sales-Ex ist ein Ansatz zur Optimierung der Vertriebstätigkeit von Unternehmen, den wir in mehrjähriger Arbeit entwickelt haben. Er basiert auf Erfahrungen in zahlreichen Unternehmen der verschiedensten Branchen sowie auf wissenschaftlichen Erkenntnissen auf dem Gebiet des Vertriebsmanagements. Ausgangspunkt für die Entwicklung dieses Ansatzes war die Frage nach Grundsätzen und Methoden eines professionellen Vertriebsmanagements. Fünf *Prinzipien* kennzeichnen die grundlegende Orientierung des Sales-Ex-Ansatzes:

1. *Integrativität:* Der Sales-Ex-Ansatz hat den Anspruch, alle zentralen Facetten der Vertriebsarbeit zu berücksichtigen. Wir wollen Managern ein umfassendes Instrumentarium zur Optimierung des Vertriebsbereichs an die Hand geben. In vielen Unternehmen haben wir zahlreiche isolierte „Inselaktivitäten" im Zusammenhang mit der Vertriebsoptimierung beobachtet. Solche fragmentierten Aktivitäten können langfristig aber nicht zielführend sein.

2. *Wissenschaftliche Fundierung:* Bei der Entwicklung des Sales-Ex-Ansatzes wurden neueste wissenschaftliche Erkenntnisse auf dem Gebiet des Vertriebsmanagements berücksichtigt.

3. *Aktualität:* Der Sales-Ex-Ansatz basiert nicht nur auf den neuesten wissenschaftlichen Erkenntnissen, sondern berücksichtigt auch aktuelle Trends und gibt Antwort auf akute Probleme und Fragestellungen im Vertrieb.

4. *Praxisorientierung:* Der Sales-Ex-Ansatz basiert auf umfassenden Erfahrungen in zahlreichen Branchen. Diese haben wir an vielen Stellen einfließen lassen, da im Mittelpunkt des Buches der Nutzen für die Praxis steht.

5. *Branchenübergreifende Orientierung:* Der Sales-Ex-Ansatz ist nicht auf die Besonderheiten einzelner Branchen ausgelegt. Er ist in allen Branchen und Vertriebsstrukturen anwendbar. Sicherlich werden einige Aspekte in manchen Branchen re-

levanter sein als in anderen. Vom Grundsatz her ist das Konzept jedoch branchenübergreifend ausgerichtet.

Welchen *Nutzen* hat die Anwendung des Sales-Ex-Ansatzes? Drei wesentliche Komponenten sind hier zu nennen:

▪ Instrumente,

▪ Konzepte und

▪ Checklisten.

Die erste Nutzenkomponente ist in der Vermittlung einer Vielzahl von konkreten *Instrumenten* zu sehen. Beispielhaft seien Instrumente zur Analyse der Kundenstruktur
(z. B. das Kundenportfolio) oder Instrumente der Mitarbeiterführung genannt. Diese
Instrumente sind direkt im Unternehmen anwendbar.

Der Sales-Ex-Ansatz geht jedoch über die Vorstellung von Instrumenten hinaus. Dies
wird insbesondere durch die Vermittlung von *Konzepten* (z. B. zur Gestaltung des Key
Account Managements oder des Beschwerdemanagements) erreicht. Der Leser lernt
neue Ansätze zur Lösung diverser Probleme kennen. Die Konzepte vermitteln Anregungen und neue Sichtweisen. Sie sind von grundsätzlicherer Art als die Instrumente.
Im Regelfall bedarf es hier einer Transferleistung in den Unternehmenskontext.

Eine dritte Nutzenkomponente des Sales-Ex-Ansatzes bilden die *Checklisten*. Für jeden behandelten Themenbereich findet der Leser am Ende der Darstellung eine Checkliste. Auf die Anwendung dieser Checklisten kommen wir im folgenden Abschnitt
noch detaillierter zu sprechen. An dieser Stelle sei darauf hingewiesen, dass diese
Checklisten zum einen zur Selbsteinschätzung des eigenen Vertriebsbereiches, zum
anderen zur Fremdeinschätzung durch externe Experten herangezogen werden können.
Interessant können ferner entsprechende Gegenüberstellungen wie z. B. die Bewertungen von Mitarbeitern und Führungskräften sein. Auch der Vergleich mehrerer Vertriebsbereiche des Unternehmens im Rahmen eines internen Benchmarking ist möglich.

In *inhaltlicher Hinsicht* umfasst der Sales-Ex-Ansatz vier Bereiche:

▪ die Vertriebsstrategie,

▪ das Vertriebsmanagement,

▪ das Informationsmanagement und

▪ das Kundenbeziehungsmanagement.

In jedem dieser Bereiche werden Instrumente und Konzepte behandelt, die die Ausprägungen eines professionellen Vertriebsmanagements kennzeichnen. Jeder Bereich schließt mit einer Checkliste ab.

Im Bereich der *Vertriebsstrategie* werden die grundlegenden Weichen für die Marktbearbeitung gestellt. Hierbei geht es beispielsweise darum, welche Vertriebswege für welche Märkte genutzt werden. Eine wichtige Frage ist in diesem Zusammenhang die Gestaltung der Zusammenarbeit mit Vertriebspartnern wie z. B. mit Händlern. Auch grundsätzliche Aussagen über die Allokation von Vertriebsressourcen sind im Rahmen der Vertriebsstrategie zu treffen. Beispielsweise muss eine professionelle Vertriebsstrategie in einem Unternehmen, das einen Außendienst hat, Aussagen darüber treffen, wie das Zeitbudget des Außendienstes schwerpunktmäßig eingesetzt werden soll.

Im Bereich des *Vertriebsmanagements* geht es um die vier Themenbereiche Organisation, Planung/Kontrolle, Personalführung und Vertriebskultur. Eine professionelle Vertriebsarbeit muss in eine leistungsfähige Organisationsstruktur eingebunden sein. Wir befassen uns sowohl mit der Aufbau- als auch mit der Ablauforganisation. Die kundenorientierte Gestaltung von Organisationsformen sowie Methoden des Schnittstellenmanagements zur Optimierung der Abläufe seien hier beispielhaft genannt. Vertriebsplanung und -kontrolle sind unerlässlich, um Effizienz und Effektivität der Vertriebsarbeit zu gewährleisten. In diesem Zusammenhang werden beispielsweise verschiedene Kontrollinstrumente im Vertrieb vorgestellt. Im Bereich der Personalführung geht es um zwei zentrale Aspekte: um Personalführungssysteme und um das Führungsverhalten. Die Personalführungssysteme regeln personalbezogene Aktivitäten wie Einstellung, Weiterentwicklung und Beförderung. Beim Führungsverhalten geht es dagegen um die Verhaltensweisen einzelner Manager. Ein weiterer entscheidender Einflussfaktor auf den Erfolg der Vertriebsarbeit ist schließlich die Vertriebskultur. Diese bezieht sich auf die „ungeschriebenen Regeln" im Vertrieb. Defizite in der Vertriebskultur erschweren einen professionellen und kundenorientierten Marktauftritt nachhaltig. Beispielhafte Symptome einer „kranken" Kultur sind Abteilungsegoismen und die „innere Kündigung" von Vertriebsmitarbeitern.

Im Bereich des *Informationsmanagements* geht es in erster Linie um die Frage, ob die notwendigen Informationen für eine professionelle Vertriebsarbeit im Unternehmen vorhanden sind. Im Mittelpunkt stehen hier natürlich kundenbezogene Informationen. Informationen über das Kundenpotenzial, die Kundenprofitabilität sowie die Kundenzufriedenheit und -bindung sind unerlässliche Voraussetzungen für eine systematische Kundenbetreuung. Darüber hinaus geht es um Informationen über den Markt, den Wettbewerb und die internen Prozesse (wie z. B. die Auftragsabwicklung) sowie um die Integration all dieser Informationen in ein Customer Relationship Management-System.

Die vierte Dimension, *Kundenbeziehungsmanagement*, befasst sich mit der Frage, inwiefern ein Unternehmen die verschiedenen Schnittstellen zum Kunden sowie die Geschäftsbeziehungen mit Kunden systematisch managt. Hier geht es zum einen um die Qualifikation, die ein Vertriebsmitarbeiter besitzen sollte. Zum anderen stellen wir verschiedene Instrumente des Beziehungs- und Kundenbindungsmanagements vor. Beispielhaft seien hier der Internet-Auftritt des Unternehmens, Value-Added Services, Beschwerdemanagement, Key Account Management und das Relationship Modelling genannt. Abbildung 1-3 verdeutlicht nochmals die vier Sales-Ex-Dimensionen.

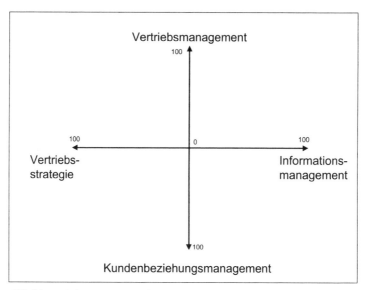

Abbildung 1-3: Die vier Sales-Ex-Dimensionen

Wie bereits erläutert, ist jede dieser vier Dimensionen mit umfassenden Checklisten hinterlegt. Wird ein Unternehmen im Rahmen einer ausführlichen Sales-Ex-Analyse bewertet, so kann als Resultat der Bewertung das so genannte *Sales-Ex-Profil* erstellt werden. Es vermittelt dem Unternehmen einen Überblick über seine grundsätzlichen Stärken und Schwächen im Vertriebsbereich. Das Sales-Ex-Profil entsteht durch Durchschnittsbildung über die einzelnen Kriterien der Checkliste, die zur jeweiligen Dimension gehört. Auf diese Weise erhält das Unternehmen für jede Dimension einen

Punktwert von 0 bis 100, wobei 100 die „bestmögliche" Ausprägung ist (vgl. hierzu ausführlich Abschnitt 1.4).

Der Sales-Ex-Ansatz wurde bereits in zahlreichen Unternehmen angewendet. Dabei haben wir die Erfahrung gemacht, dass einige typische Profile immer wieder auftreten. Vier typische Profile sind in Abbildung 1-4 dargestellt.

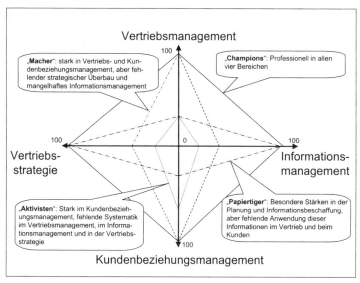

Abbildung 1-4: Typische Sales-Ex-Profile

Hier sind zunächst einmal die *„Aktivisten"* zu nennen. Sie sind ausschließlich im Kundenbeziehungsmanagement stark. Der Kontakt zum Kunden wird professionell gehandhabt, zumindest im Rahmen der Möglichkeiten. Problematisch ist der fehlende vertriebsstrategische Überbau. Grundlegende vertriebsstrategische Fragen sind in diesen Unternehmen häufig nicht klar beantwortet. Alltagsentscheidungen fehlt daher oftmals die Leitlinie. Ein erhebliches Ausmaß an kontraproduktiven und inkonsistenten Aktivitäten ist in der Regel die Folge. Erschwerend kommt ein mangelhaftes Informationsmanagement hinzu. Aufgrund fehlender Informationen wird viel aus dem Bauch heraus entschieden. Auch im Bereich des Vertriebsmanagements weisen diese Unternehmen nennenswerte Defizite auf.

Das zweite typische Profil bezeichnen wir als *„Papiertiger"*. Diese Unternehmen verfügen über eine klare Vertriebsstrategie und umfassende Vertriebsinformationen. Aufgrund von Defiziten im Vertriebs- und Kundenbeziehungsmanagement bleibt diesen Unternehmen jedoch der dauerhafte Markterfolg versagt. Vielmehr besteht hier eine große Diskrepanz zwischen schriftlich niedergelegten Aussagen und der Realität des Tagesgeschäfts.

Das dritte typische Sales-Ex-Profil bezeichnen wir als „Macher". Diese Unternehmen sind sowohl im Vertriebsmanagement als auch im Kundenbeziehungsmanagement stark. Allerdings fehlt häufig die strategische Grundlage und auch das Informations-management ist nicht sonderlich leistungsstark.

Schließlich sind noch die „Champions" zu nennen. Sie überzeugen in allen vier Berei-chen durch Professionalität. Diese vier Konstellationen sind natürlich in gewissem Ausmaß idealtypisch. In der Praxis beobachtet man häufig Mischformen.

An dieser Stelle ist darauf hinzuweisen, dass das Sales-Ex-Profil sehr aggregiert ist und daher keine detaillierten Handlungsanweisungen liefern kann. Im Hinblick auf die Frage, wo *grundsätzlich* im Vertriebsbereich Optimierungspotenzial besteht, ist dieses Profil jedoch sehr hilfreich. Die konkreten Handlungsansatzpunkte ergeben sich dann aus der zugrunde liegenden detaillierten Checklisten-Analyse.

Der Aufbau dieses Buches orientiert sich an den vier Dimensionen. Wir beginnen in Teil I mit der Vertriebsstrategie. Im Anschluss daran behandelt Teil II das Vertriebs-management. Teil III ist dem Informationsmanagement gewidmet, und Teil IV befasst sich mit dem Kundenbeziehungsmanagement.

1.4   Der Sales-Excellence-Ansatz in der Anwendung

Aufgrund seiner inhaltlichen Breite und des modularen Aufbaus ist der Sales-Ex-An-satz vielfältig einsetzbar. Nutzer des Ansatzes müssen sich deshalb im Vorfeld Gedan-ken über einige zentrale Fragen zur Anwendung machen (vgl. Abbildung 1-5).

Zunächst stellt sich die Frage, *was* bei der Anwendung des Sales-Ex-Ansatzes bewer-tet werden soll. Prinzipiell können sowohl Vertriebsorganisationen im eigenen Unter-nehmen als auch in fremden Unternehmen bewertet werden. Im eigenen Unternehmen ist beispielsweise die Analyse der Vertriebsorganisation verschiedener Sparten, ver-schiedener regionaler Einheiten oder auch des Zentralvertriebs möglich. Die Bewer-tung der Vertriebsorganisation fremder Unternehmen kann sich z. B. auf Händler, Wettbewerber oder potenzielle Übernahmekandidaten beziehen. Viel versprechend kann auch ein Benchmarking mit im Vertrieb besonders professionellen (u. U. bran-chenfremden) Unternehmen sein.

Abbildung 1-5: Zentrale Fragen bei der Anwendung des Sales-Ex-Ansatzes

Mit der unternehmensinternen Anwendung des Sales-Ex-Ansatzes lassen sich verschiedene *Ziele* erreichen. Das Oberziel ist im Allgemeinen die Bewertung und Steigerung der Professionalität im Vertrieb durch die Anwendung eines „Systematisierungsleitfadens". Zur Erreichung dieses Oberziels kann die Erfüllung verschiedener Subziele beitragen:

- die grundsätzliche Förderung des Dialogs bzw. Erfahrungsaustausches zwischen Managern verschiedener Vertriebsbereiche,

- die konkrete Identifikation und Nutzung von Best Practices im Unternehmen durch Benchmarking mit anschließendem Best-Practice-Transfer zwischen verschiedenen Vertriebsbereichen (kooperatives Benchmarking),

- die Förderung des internen Wettbewerbs durch internes Benchmarking verschiedener Vertriebsbereiche (kompetitives Benchmarking) und

- die Sensibilisierung für vorhandene Schwachstellen im Unternehmen sowie die Schaffung von Akzeptanz für geplante Professionalisierungsinitiativen (z. B. Restrukturierungen, Qualifizierungsinitiativen, Verbesserung von Informationssystemen).

Eine weitere Frage bezieht sich auf die Breite der Anwendung. Der Ansatz ist so kon-zipiert, dass einerseits alle inhaltlichen *Bestandteile* (d. h. alle vier Dimensionen) an-gewendet werden können. Andererseits ist es auch möglich, einen Vertriebsbereich nur anhand ausgewählter Teile zu bewerten, z. B. anhand des Informationsmanagements. Ferner muss entschieden werden, ob die Sales-Ex-Analyse in klar definierten, *regel-mäßigen* Abständen oder nur *punktuell* angewendet wird. Grundsätzlich ist die regel-mäßige (z. B. jährliche) Anwendung zu empfehlen. Allerdings sind auch Situationen denkbar, in denen die außerplanmäßige Überprüfung aller oder einzelner Dimensionen notwendig ist, beispielsweise bei Hinweisen von Kunden auf akute Defizite im Bezie-hungsmanagement.

Für die Beantwortung der Frage, *wer* die Sales-Ex-Analyse durchführen soll, existie-ren prinzipiell drei Alternativen:

- die reine Selbstbewertung durch Unternehmensangehörige,

- die Selbstbewertung unter Hinzuziehung externer Moderatoren bzw. „Sparrings-partner" sowie

- die Fremdbewertung durch externe Experten (z. B. Unternehmensberater).

Natürlich ist auch eine Kombination dieser Möglichkeiten denkbar, beispielsweise die parallele Selbst- und Fremdbewertung mit anschließendem Abgleich der Ergebnisse. Die Entscheidung für eine Alternative hängt wesentlich von der verfolgten Zielsetzung ab: Geht es z. B. darum, Denk- und Veränderungsprozesse im Vertrieb anzustoßen oder den Dialog zwischen Vertriebsbereichen zu fördern, so ist die Selbstbewertung durchaus sinnvoll. In diesem Fall sollte den Beteiligten allerdings kommuniziert wer-den, dass mit dem Resultat der Bewertung keine positiven oder negativen Konsequen-zen verbunden sind. Bleibt dies aus, so kann angesichts des Interpretationsspielraums, den die Sales-Ex-Kriterien bieten, eine zu positive Bewertung erfolgen (Phänomen des „Sich-in-die-Tasche-Lügens"). Geht es dagegen um internen Wettbewerb (kompetiti-ves Benchmarking), so ist die Fremdbewertung durch eine externe, neutrale Instanz unerlässlich.

Wenn im Vorfeld einer Sales-Excellence-Analyse klar definiert wird, *wie* die Bewer-tung zu erfolgen hat, können einige potenzielle Problemfelder ex ante ausgeschlossen werden. Ein mögliches Problem (die Gefahr des „Sich-in-die-Tasche-Lügens") ergibt sich aus der Tatsache, dass der betrachtete Vertriebsbereich im Rahmen der Evaluie-rung mit Hilfe von Checklisten bewertet wird. Hierbei sollte die Bewertung nicht ein-fach in den Raum gestellt, sondern durch entsprechende Belege untermauert werden (z. B. interne Mitteilungen, protokollierte Beschlüsse, Marktanalysen, Projektdoku-

mentationen, Organigramme, Prozessbeschreibungen, Screen Shots oder Vertriebspläne) (vgl. Tabelle 1-1). Die bewertenden Personen werden somit in eine Art „Beweis-
pflicht" genommen.

Tabelle 1-1: Beispielhafte Checkliste mit Belegen für die Bewertung

Das Unternehmen ...	trifft voll und ganz zu	trifft im We-sent-lichen zu	trifft teil-weise zu	trifft in gerin-gem Maße zu	trifft über-haupt nicht zu	Belege für die Bewertung
	(100)	(75)	(50)	(25)	(0)	
... arbeitet unternehmensweit mit einem einheitlichen Segmentierungsansatz.	☐	☑	☐	☐	☐	*vgl. beiliegendes Dokument „Cor-porate Marketing Strategy 2005"*
... verpreist produktbegleitende Serviceleistungen separat.	☐	☑	☐	☐	☐	*vgl. beiliegende Preisliste „Our Service Portfolio"*
... berücksichtigt klar definierte Anforderungsprofile bei der Personalauswahl.	☐	☐	☐	☑	☐	*vgl. beiliegendes Muster-Anforde-rungsprofil; weitere Infos bei Hr. Dr. Krause, Abt. HRM 1*
... kennt bei den wichtigen Kun-den den Bedarfsdeckungs-anteil (Share of Customer).	☑	☐	☐	☐	☐	*vgl. Handbuch des Vertriebsinfor-mationssystems; weitere Infos bei Hr. Meier, Abt. VT-Controlling*
... analysiert bei potenzialstarken Kunden systematisch die Cross-Selling-Potenziale.	☐	☐	☑	☐	☐	*vgl. beiliegende Aufstellung für Key Accounts; weitere Infos bei Key Account Manager Hr. Dr. Jensen*

Die Bewertung erfolgt durch die Vergabe von Punktwerten für die Erfüllung von Ex-
cellence-Kriterien auf einer Skala von 0 („trifft überhaupt nicht zu") bis 100 („trifft
voll und ganz zu") (vgl. Tabelle 1-1). Der Leser mag sich nun fragen, wie festgelegt
wird, wie viele Punkte für den derzeitigen Grad der Erfüllung eines Kriteriums vergeben werden. Obwohl sich ein subjektiver Interpretationsspielraum hierbei kaum vermeiden lässt, können für eine möglichst „faire" Bewertung zumindest grobe Richtlinien gegeben werden (vgl. Tabelle 1-2). Im Kern steht die Frage, wie systematisch
der Ansatz zur Erfüllung des Kriteriums im bewerteten Vertriebsbereich ist, d. h.

- ob ein Ansatz zur Erfüllung des Kriteriums definiert (und idealerweise dokumentiert) wurde und

- ob Aktivitäten, die der Erfüllung des Kriteriums dienen, regelmäßig stattfinden.

Tabelle 1-2: Beispielhafte Richtlinien für die Vergabe der Punktwerte bei einer Sales-Ex-Bewertung

Punkt-wert	Hintergrund/Anmerkungen zur Erfüllung des Kriteriums
0	▪ keine Indizien für einen systematischen Ansatz zur Erfüllung des Kriteriums identifizierbar
25	▪ erste Indizien für einen systematischen Ansatz zur Umsetzung des Grundgedankens, der hinter dem Kriterium steht, identifizierbar ▪ Existenz schwer wiegender Problemfelder, die weiteren Fortschritten bei der Umsetzung dieses Grundgedankens entgegenstehen
50	▪ fundierter, systematischer Ansatz zur Umsetzung des Grundgedankens, der hinter dem Kriterium steht, identifizierbar ▪ derzeit in einigen Teilbereichen nur geringer Entwicklungsstand dieses Ansatzes ▪ keine schwer wiegenden Problemfelder, die weiteren Fortschritten bei der Erfüllung des Kriteriums entgegenstehen
75	▪ fundierter, systematischer Ansatz zur Erfüllung des Kriteriums identifizierbar ▪ Ansatz aber noch nicht in allen Teilbereichen voll ausgereift ▪ kaum Problemfelder, die weiteren Fortschritten bei der Erfüllung des Kriteriums entgegenstehen
100	▪ fundierter, systematischer Ansatz zur Erfüllung des Kriteriums identifizierbar ▪ Ansatz in allen relevanten Teilbereichen voll ausgereift

Der Gesamtwert für eine Dimension (z. B. Informationsmanagement) ergibt sich durch die Bildung des (gewichteten) Durchschnitts über die Einzelwerte der betrachteten Kriterien. Ihre Gewichtung kann sinnvoll sein, da bestimmte Kriterien für manche Unternehmen erfolgsrelevanter sind als andere. Die Gewichtung eines Kriteriums hängt jedoch stark von den besonderen Gegebenheiten der Branche oder des Unternehmens ab. Pauschale Empfehlungen lassen sich daher nicht abgeben.

An dieser Stelle mag sich der Leser fragen, ab welchem Excellence-Wert ein Unternehmen auf einer Dimension als „exzellent" eingestuft werden kann. Uns ist bewusst, dass es in der Praxis nur wenige Unternehmen gibt, die in allen vier Dimensionen die volle Punktzahl (100) erreichen. Wir werden in Abschnitt 1.5 darauf eingehen, dass „perfekte Sales Excellence" in allen Dimensionen auch nicht immer das Ziel sein kann. Schließlich erfordert die Sicherstellung der Excellence Investitionen, und mit dem angestrebten Excellence-Niveau kann tendenziell auch der Investitionsbedarf steigen. Insofern erscheint die volle Punktzahl (100) als Maßstab für Sales Excellence in der Regel nicht sinnvoll.

Im Anschluss an die Bewertung wird das Sales-Ex-Profil erstellt, das einen ersten Eindruck über die Stärken und Schwächen des bewerteten Vertriebsbereichs gibt (vgl. die Beispiele in Abbildung 1-4). Zu diesem Zweck werden die Gesamtwerte, die für jede der vier Dimensionen errechnet wurden, in einem Koordinatensystem abgetragen. Die einzelnen Werte werden anschließend miteinander verbunden.

Die letzte Frage zur Anwendung des Sales-Ex-Ansatzes bezieht sich darauf, in welchen *Phasen* ein Projekt zur Bewertung der Vertriebsprofessionalität ablaufen kann. Wir haben die Erfahrung gemacht, dass sich hierfür ein mehrstufiges Vorgehen empfiehlt, bei dem sich kurze Workshops und längere (dezentrale) Arbeitsphasen ergänzen. Abbildung 1-6 illustriert ein solches Vorgehen am Beispiel eines Projekts zur Selbstbewertung eines Vertriebsbereiches.

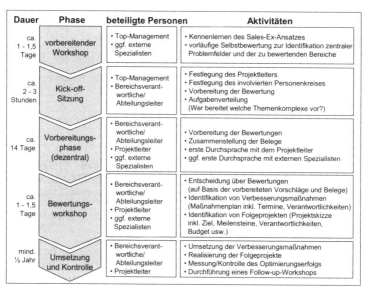

Abbildung 1-6: Empfohlener Ablauf eines Projekts zur Sales-Excellence-Selbstbewertung

Initiativen zur Vertriebsprofessionalisierung werden oft von Vertriebsmanagern angestoßen. Da durch Sales Excellence jedoch auch andere Bereiche im Unternehmen tangiert werden (z B. Informations- oder Personalmanagement), ist es ratsam, in einem vorbereitenden Workshop auch weitere Mitglieder des Top-Managements mit dem Sales-Ex-Ansatz vertraut zu machen. Im Rahmen dieses Workshops werden auf Basis

einer vorläufigen Selbstbewertung zudem die zentralen Problemfelder im Vertrieb sowie die Bereiche identifiziert, die einer detaillierten Bewertung unterzogen werden
sollen. Die anschließende Kick-off-Sitzung mit den jeweiligen Bereichsverantwortli-
chen dient der Projektorganisation (z. B. Festlegung von Projektleitung, involviertem
Personenkreis) und der Definition von Personen, die bestimmte Themenkomplexe
(z. B. Professionalität des Informationsmanagements) für die eigentliche Bewertung
vorbereiten. Für diese dezentrale Vorbereitung und die Sammlung der entsprechenden
Belege wird den Verantwortlichen ein längerer Zeitraum (im Allgemeinen rund 14
Tage) eingeräumt, in dem die Projektleitung und gegebenenfalls externe Experten für
Rückfragen zur Verfügung stehen. In einem Bewertungsworkshop werden die jeweili-
gen Evaluierungen vom Projektteam geprüft und verabschiedet sowie Maßnahmen zur
Steigerung der Vertriebsprofessionalität abgeleitet. Bei größerem Verbesserungsbedarf
müssen u. U. umfangreichere Folgeprojekte spezifiziert werden. Die abschließende
Umsetzungs- und Kontrollphase stellt sicher, dass verabschiedete Verbesserungsini-
tiativen nicht „im Sande verlaufen".

Der Sales-Ex-Ansatz wurde mittlerweile in Unternehmen aus den verschiedensten
Branchen mit unterschiedlichen inhaltlichen Schwerpunkten angewendet. Eine Auswahl zeigt Tabelle 1-3.

Tabelle 1-3: Anwendungsbeispiele des Sales-Ex-Ansatzes

Branche	Bewertungsobjekt	Hintergrund der Anwendung	Inhaltliche Schwerpunkte	Konsequenzen der Anwendung
Maschinenbau	regionale Vertriebsorganisationen	internes Benchmarking	alle vier Dimensionen	Identifikation und konzernweite Umsetzung von Best Practices
Finanzdienstleistungen	überdurchschnittlich erfolgreiche Vertriebseinheit eines Versicherungsdienstleisters	externes Benchmarking	Informationsmanagement, Kundenbeziehungsmanagement	Einführung eines CRM-Systems, Trainingsmaßnahmen für die Vertriebsmitarbeiter
Pharma/ Medizintechnik	Vertriebscontrolling eines branchenfremden Kooperationspartners	Verbesserung der eigenen Außendienstproduktivität	Informationsmanagement (Kundeninformationen)	Nutzung des Kundenportfolios als Instrument der Vertriebssteuerung
Chemische Industrie	regionaler Vertrieb	breite Professionalisierungsinitiative	alle vier Dimensionen	Aufbau eines Multi-Channel-Vertriebs, umfassender kultureller Veränderungsprozess, Neukonzeption des Key Account Managements

Branche	Bewertungsobjekt	Hintergrund der Anwendung	Inhaltliche Schwerpunkte	Konsequenzen der Anwendung
Automobil-zulieferer	bestehende Händler	Untersuchung der langfristigen Attraktivität der Händler als Vertriebspartner	Vertriebsstrategie, Informationsmanagement, Kundenbeziehungsmanagement	Bereinigung der bestehenden Händlerstruktur, Aufbau eines E-Commerce-Vertriebskanals
Software	Zentralvertrieb	Kundenbeschwerden über mangelnde Abstimmung der Vertriebsaktivitäten	Vertriebsmanagement (Organisation, Planung, Kontrolle), Kundenbeziehungsmanagement (Key Account Management)	Reengineering des Planungs- und Kontrollprozesses, Neustrukturierung des Key Account Management
Konsumgüter	handelsbezogene Vertriebsteams	Sicherstellung eines einheitlichen Marktauftritts	alle vier Dimensionen	Implementierung eines neuen Vertriebsinformationssystems
Pharma	nationale Außendienstorganisation	Verbesserung der vertrieblichen Wettbewerbsfähigkeit	alle vier Dimensionen	Entwicklung und Implementierung einer neuen Vertriebsstrategie; Erhöhung der Kundenorientierung in der Aufbau- und Ablauforganisation
Telekommunikationsdienstleistungen	potenzieller Übernahmekandidat	Möglichkeit zur Integration der fremden Vertriebsorganisation	alle vier Dimensionen	Auflösung der fremden Vertriebsorganisation nach der Übernahme

1.5 Lohnt sich Sales Excellence?

Die bisherigen Ausführungen haben verdeutlicht, dass eine Professionalisierungsoffensive wie der Sales-Excellence-Ansatz eine Investition zur Sicherung der Wettbewerbsfähigkeit darstellt. Wie jede Investition muss sich auch dieser Ansatz der Gretchenfrage stellen, ob die hiermit verbundenen Aufwendungen gerechtfertigt sind (*„Lohnt sich Sales Excellence?“*). Darüber hinaus wurde in Abschnitt 1.4 die Frage aufgeworfen, welches Sales-Excellence-Niveau unter Kosten-Nutzen-Gesichtspunkten angestrebt werden sollte (*„Wie gut ist gut genug?“*). Zur Beantwortung beider Fragen stellen wir in diesem Abschnitt die Ergebnisse einer branchenübergreifenden empirischen Untersuchung vor, bei der über 260 Unternehmen im Hinblick auf ihre Vertriebsprofessionalität analysiert wurden (vgl. Homburg/Schäfer/Beutin 2002).

Zur Beantwortung der *ersten Frage* nach dem ökonomischen Nutzen von Sales Excellence betrachten wir den Zusammenhang zwischen dem Grad der Vertriebsprofessionalität (verstanden als Sales-Excellence-Mittelwert über alle Dimensionen) und dem Unternehmenserfolg. Hierfür wurden die untersuchten Unternehmen anhand ihrer Vertriebsprofessionalität in drei Kategorien eingeteilt: in Unternehmen mit niedriger, mittlerer und hoher Sales Excellence. Niedrige Sales Excellence liegt bei Werten bis 50 vor, mittlere zwischen 50 und 75. Von hoher Sales Excellence sprechen wir bei Excellence-Werten ab 75. Der Unternehmenserfolg wurde über drei Erfolgsmaße erfasst (vgl. Abbildung 1-7):

■ die Umsatzrendite,

■ den Markterfolg und

■ die Anpassungsfähigkeit der befragten Unternehmen.

Anschließend wurde mit Hilfe der Varianzanalyse untersucht, ob sich die drei Professionalitätskategorien bezüglich der drei genannten Erfolgsmaße signifikant unterscheiden. Schon die oberflächliche Betrachtung der Ergebnisse in Abbildung 1-7 verdeutlicht, dass eine grundsätzliche Aussage gilt: *Sales Excellence lohnt sich!* Unternehmen, die hohe Sales-Excellence-Werte aufweisen, sind erfolgreicher als Unternehmen mit niedrigen bzw. mittleren Sales-Excellence-Werten. Diese Aussage gilt für alle drei Erfolgsmaße branchenübergreifend.

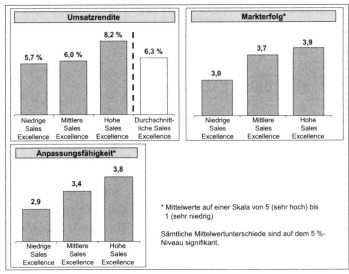

Abbildung 1-7: Zusammenhänge zwischen Sales-Excellence-Niveau und verschiedenen Maßen des Unternehmenserfolgs (vgl. Homburg/Schäfer/Beutin 2002)

Eine nach Sales-Excellence-Dimensionen differenzierte Betrachtung dieser Zusammenhänge kommt zu einem ähnlichen Ergebnis: Alle vier Dimensionen (Vertriebsstrategie, Vertriebsmanagement, Informationsmanagement und Kundenbeziehungsmanagement) korrelieren positiv mit den drei Erfolgsmaßen.

Die *zweite Frage* gilt dem unter Kosten-Nutzen-Gesichtspunkten sinnvollen Sales-Excellence-Niveau. Im Kern geht es darum, ob Unternehmen in allen Excellence-Dimensionen jeweils den höchsten Professionalisierungsgrad (d. h. den Excellence-Wert 100) anstreben sollten oder ob ein Excellence-Niveau existiert, ab dem zusätzliche Investitionen zur Steigerung der Professionalität keinen spürbaren Zusatznutzen bringen. Zur Beantwortung der Frage wurde der Zusammenhang zwischen dem Markterfolg und der Professionalität in den einzelnen Sales-Ex-Dimensionen analysiert (vgl. Abbildung 1-8).

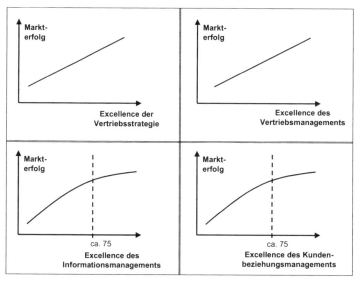

Abbildung 1-8: Zusammenhänge zwischen den vier Sales-Excellence-Dimensionen und dem Markterfolg (vgl. Homburg/Schäfer/Beutin 2002)

Bei der Interpretation der in Abbildung 1-8 dargestellten Ergebnisse ist jedoch Vorsicht angebracht. Insbesondere kann die Frage „Wie gut ist gut genug?" nicht mit einem absoluten, branchenübergreifend gültigen Excellence-Wert beantwortet werden.

Dennoch ist eine klare Tendenz erkennbar: Offensichtlich müssen Unternehmen *nicht in allen Dimensionen perfekte Sales-Excellence* aufweisen, um erfolgreich zu sein.

Es konnten zwei Dimensionen identifiziert werden, bei denen weitere Professionalisierungsinvestitionen ab einem bestimmten Excellence-Niveau nicht unbedingt gerechtfertigt erscheinen: das Informationsmanagement und das Kundenbeziehungsmanagement. Den Ergebnissen zufolge ist bei diesen Dimensionen eine Art Sättigungseffekt erkennbar, d. h. dass der Markterfolg durch zusätzliche Professionalisierungen dieser Bereiche ab einem bestimmten Sales-Excellence-Niveau nur noch geringfügig gesteigert werden kann (vgl. Abbildung 1-8). Angesichts der häufig enormen Investitionen, die weitere Verbesserungen auf hohem Professionalitätsniveau erfordern, kann für diese zwei Dimensionen also eine Art Kosten-Nutzen-Optimum vermutet werden.

Dass teurer Perfektionismus in diesen Bereichen nur wenig zum Unternehmenserfolg beiträgt, lässt sich auch durch Praxisbeobachtungen untermauern: So sind insbesondere im Bereich des *Informationsmanagements* in vielen Unternehmen ausufernde Kosten zu beobachten. Oftmals wird ohne klares Konzept versucht, eine allumfassende, technisch brillante IT-Lösung zu kreieren, anstatt sich auf eine bedarfsgerechte Lösung zu beschränken, der ein fundiertes Konzept zugrunde liegt. Vor allem in den letzten Jahren wurde durch Beratungen und Software-Anbieter eine regelrechte „Investitionswelle" im Hinblick auf neue IT- und Customer-Relationship-Management-Systeme ausgelöst (vgl. Kapitel 16). Inwieweit die hierbei implementierten (Standard-) Lösungen wirklich zur Differenzierung im Wettbewerb beitragen, bleibt fraglich. Die vollmundig versprochenen Erfolgswirkungen lassen zumindest noch auf sich warten.

Ähnliches gilt für das *Kundenbeziehungsmanagement*. So wurden beispielsweise im Rahmen der „Kundenbindungseuphorie" der letzten Jahre in vielen Unternehmen diverse Kundenbindungsinstrumente eingeführt. Man denke z. B. an die vielerorts immensen Investitionen in Bonusprogramme, Call Center oder in Kundenclubs (vgl. Kapitel 19). Problematisch ist dabei oftmals, dass die einzelnen Instrumente nicht in ein stimmiges Gesamtkonzept eingebunden sind und ihr tatsächlicher Erfolg nur selten detailliert überprüft wird. Dazu kommt, dass selbst das ausgefeilteste Bonusprogramm angesichts des teilweise zu beobachtenden „Bindungswettlaufs" kaum eine langfristige Differenzierung vom Wettbewerb ermöglicht. „Überinvestitionen" sind zudem vielerorts im Hinblick auf produktbegleitende Dienstleistungen zu beobachten. Oftmals werden den Kunden immer neue Services angeboten. Ob sie wirklich zur Kundenbindung beitragen, ist jedoch mitunter unklar. Dazu kommt, dass derartige Services viel zu oft verschenkt anstatt systematisch vermarktet werden.

Um Missverständnissen vorzubeugen: Die empirischen Ergebnisse deuten nicht darauf hin, dass Investitionen in die Professionalisierung des Informations- und des Kundenbindungsmanagements in jedem Fall abgeschrieben werden müssen. Im Gegenteil: Sales Excellence trägt auch in diesen Bereichen grundsätzlich zum Unternehmenserfolg bei; vor allem, da für viele Unternehmen zu vermuten ist, dass sie sich in manchen Bereichen noch auf einem eher geringen Professionalitätsniveaus bewegen. Als Fazit bleibt aber, dass ein allzu perfektionistisches „over-engineering" insbesondere im Informations- und Kundenbeziehungsmanagement vermieden werden sollte.

Teil I: Vertriebsstrategie – Die grundlegende Weichenstellung

Professionelle Vertriebsarbeit muss sich auf eine klare Vertriebsstrategie stützen (zum Begriff der Strategie vgl. u. a. Welge/Al-Laham 1999, Becker 2002, Homburg/Krohmer 2003). Sie stellt die zentralen Weichen für das Tagesgeschäft und reduziert die Gefahr, dass zu oft „aus dem Bauch heraus" gehandelt wird. Vier grundlegende Anforderungen an eine Vertriebsstrategie sind hier hervorzuheben:

- Die Vertriebsstrategie „muss es geben". Dies mag banal sein. Wir haben aber in vielen Unternehmen beobachtet, dass es zwar explizit formulierte Marketing- und Produktstrategien gibt. Vertriebsstrategien, die diesen Namen auch verdienen und zumindest einige der o. g. Anforderungen erfüllen, sind dagegen häufig nicht anzutreffen. Dies zeigt sich insbesondere dadurch, dass auf die Vertriebsstrategie angesprochene Mitarbeiter und Führungskräfte mit Achselzucken oder widersprüchlichen Aussagen reagieren und die Frage nach den vertrieblichen Wettbewerbsvorteilen des eigenen Unternehmens nicht beantwortet werden kann.

- Die Vertriebsstrategie muss sich an den Marktgegebenheiten orientieren. Standen früher zumeist Produkte im Mittelpunkt der vertrieblichen Aktivitäten, sind es heute die Kunden. Die Identifikation und Befriedigung ihrer Bedürfnisse ist Grundvoraussetzung für den Erfolg am Markt. Die Vertriebsstrategie muss dies in aller Deutlichkeit zum Ausdruck bringen.

- Die Vertriebsstrategie muss dynamisch sein. Märkte verändern sich immer schneller – nicht zuletzt durch das Internet. Es ist daher kaum noch möglich, eine Vertriebsstrategie für einen Zeitraum von zehn Jahren oder mehr festzulegen. Vielmehr muss sie in relativ kurzen Zeitabständen überarbeitet werden.

- Die Vertriebsstrategie muss die grundsätzliche Ausrichtung aller vertriebsbezogenen Instrumente festlegen. Auf diese Weise wird ein einheitliches Verständnis unter den Mitarbeitern und ein einheitlicher Auftritt am Markt sichergestellt.

- Die Vertriebsstrategie muss gelebt werden. In vielen Unternehmen ist die tägliche Arbeit von der Vertriebsstrategie völlig losgelöst. Häufig wird die Strategie schriftlich fixiert und dann „irgendwo abgelegt". Manager können selten auf Anhieb ihre zentralen Inhalte wiedergeben. Wird jedoch versäumt, die Vertriebsstrategie mit Leben zu füllen, agiert der Vertrieb orientierungslos. Unsystematisches, un-

koordiniertes Handeln und ein diffuses Bild beim Kunden sind dann kaum zu vermeiden.

▓ Die Vertriebsstrategie muss kommuniziert werden. Um die Akzeptanz der Strategie
im Vertrieb zu fördern, sollte diese deutlich die Handschrift des Vertriebs tragen.
In manchen Branchen ist der Einfluss (und die Sprache) des Marketing auf die Vertriebsstrategie sehr dominant. Darüber hinaus sollte darauf geachtet werden, dass
die Vertriebsstrategie verständlich kommuniziert wird und in Format und Sprache
ausreichend Bezug zum operativen Geschäft im Vertrieb hat.

Abbildung 1-9 zeigt die verschiedenen Bezugspunkte der Vertriebsstrategie. Zu unterscheiden sind Kunden, Wettbewerber, Vertriebspartner und das eigene Unternehmen.
Im *zweiten Kapitel* betrachten wir den Kunden und seine Berücksichtigung in der Vertriebsstrategie. Ausgehend von der Kundendefinition diskutieren wir Möglichkeiten,
Kundennutzen zu schaffen. Im Anschluss daran gehen wir auf die Kundensegmentierung ein und weisen auf die vertriebspolitische Bedeutung der Kundenbindung hin.

Das *dritte Kapitel* beschäftigt sich mit dem Wettbewerb als weiterem Bezugspunkt der
Vertriebsstrategie. Wir zeigen, welche möglichen Wettbewerbsvorteile ein Anbieter
im Vertrieb aufbauen kann. Im *vierten Kapitel* gehen wir auf vertriebsstrategische Entscheidungen bezüglich der Vertriebswege und Vertriebspartner ein.

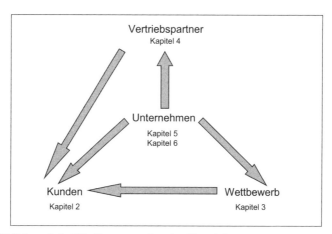

Abbildung 1-9: Die Bezugspunkte der Vertriebsstrategie

Das *fünfte Kapitel* beschäftigt sich mit den notwendigen Entscheidungen der Preispolitik. Derartige Entscheidungen haben in der Regel strategische Qualität und werden daher als Teilgebiet der Vertriebsstrategie behandelt.

Das *sechste Kapitel* diskutiert die Aufstellung eines Zahlengerüstes für die Vertriebsziele und internen Vertriebsressourcen. In der Vertriebsstrategie muss in diesem Zusammenhang geregelt werden, welche quantifizierbaren Ziele gesetzt und welche Ressourcen vorgehalten bzw. für welche Zwecke sie eingesetzt werden.

In jedem Kapitel stellen wir zentrale Fragen dar, die eine Vertriebsstrategie beantworten muss. Anhand dieses Fragenkatalogs können Unternehmen ihre Vertriebsstrategie formulieren, aktualisieren oder ergänzen. Abbildung 1-10 zeigt beispielhaft, wie das Ergebnis dieses Prozesses – eine Vertriebsstrategie – aussehen kann.

1. Unsere Kunden sind Spezialgroßhändler, Fachgeschäfte des Bürobedarfs und große Firmenkunden.

2. Unsere Kunden erwarten Möbel, die höchsten ergonomischen und qualitativen Ansprüchen genügen, bei akzeptablem Preis.

3. Wir wollen, dass unsere Kunden auf unseren Stühlen bequem und gesund sitzen, an und mit unseren sonstigen Möbeln gut arbeiten können.

4. Wir unterscheiden unsere Kunden anhand ihrer Nutzenerwartungen und stimmen darauf unsere Marktbearbeitung ab. Wir haben hierbei im Wesentlichen drei Segmente erkannt: die Preisbewussten, die Qualitätsbewussten und die Gesundheitsbewussten.

5. Wir wollen insbesondere die Qualitäts- und Gesundheitsbewussten aktiv an uns binden. Hierfür existieren diverse Kundenbindungsprogramme.

6. Wir wollen uns von unseren Wettbewerbern insbesondere dadurch unterscheiden, dass wir auch individuelle Kundenwünsche flexibel erfüllen.

7. Wir vertreiben an große Kunden direkt. Alle weiteren Kunden werden von unseren Vertriebspartnern bearbeitet.

8. Unsere Vertriebspartner sind für die Beratung der Kunden und für den Kaufabschluss zuständig. Unsere Großhändler übernehmen auch logistische Aufgaben wie die Lagerhaltung und den Transport der Produkte zu den Kunden.

9. Unsere Vertriebspartner müssen folgende Kriterien erfüllen: eine gute Reputation für Qualität und Service, ein abgerundetes Sortiment im Büroartikelbereich, fachliche und soziale Kompetenz gegenüber den Endabnehmern.

10. In der Wertschöpfungskette übernehmen wir die Funktionen der Nachkaufbetreuung und den Service der Kunden, der Werbung und der Informationssammlung über den Markt. Unsere Vertriebspartner übernehmen die Lagerung unserer Produkte, die Verkaufsaufgabe und die Auslieferung an den Endabnehmer.

11. Wir streben eine enge Geschäftsbeziehung mit unseren Vertriebspartnern an und legen Wert auf die Meinung unserer Vertriebspartner in marktbezogenen Angelegenheiten.

12. Zur Betreuung unserer (potenziellen) Kunden setzen wir hoch qualifizierte und motivierte Mitarbeiter unseres Außendienstes, ein Call Center und unsere Internet-Seiten ein. Darüber hinaus wirkt jeder Mitarbeiter im Kundenkontakt als Vertriebsmitarbeiter.

13. Unsere Kunden sehen uns im Hochpreis- und Hochqualitätssegment positioniert. Wir bilden die Preise auf Basis des Kundennutzens.

14. Wir differenzieren die Preise für unsere Produkte nach den Mengen, die einzelne Kunden bzw. Vertriebspartner von uns abnehmen. Rabatte und Boni orientieren sich an den abgenommenen Mengen, an der Effizienz der Zusammenarbeit in der Logistik sowie an der Unterstützung unserer Vermarktungsaktionen.

15. Wir bieten unseren Kunden umfangreiche Serviceleistungen bezüglich Büroplanung, Montage und Finanzierung zu einem fairen Preis.

Abbildung 1-10: Die Vertriebsstrategie am Beispiel eines Büromöbelherstellers

2.   Kunden – Der Fokus der Vertriebsstrategie

Dieses Kapitel betrachtet die zentralen Fragestellungen, die in der Vertriebsstrategie in Bezug auf die *Kunden* geregelt werden müssen. Es geht um folgende Fragen:

F 1: Wer sind die Kunden des Unternehmens?

F 2: Welches sind die grundlegenden Bedürfnisse der Kunden?

F 3: Welchen grundsätzlichen Kundennutzen schafft das Unternehmen?

F 4: Inwieweit segmentiert das Unternehmen seine Kunden (Marktbearbeitungsperspektive)?

F 5: Nach welchen Kriterien wird die Marktsegmentierung durchgeführt?

F 6: Inwieweit priorisiert das Unternehmen seine Bestandskunden und potenzielle Neukunden (ökonomische Perspektive)?

F 7: Wie wird die Marktbearbeitung zwischen den einzelnen Segmenten und Prioritätsgruppen differenziert?

F 8: Inwieweit wird aktiv Kundenbindung betrieben?

F 9: Bei welchen Kunden wird Kundenbindung betrieben?

F 10: Mit welchen Instrumenten/Ressourcen wird Kundenbindung betrieben?

2.1   Kundendefinition und Kundennutzen – Die Basis der Marktbearbeitung

Ausgangspunkt einer Vertriebsstrategie ist die Kundendefinition und damit die Antwort auf die Frage (F 1): *Wer sind die Kunden?* Diese Frage erscheint auf den ersten Blick trivial. Dennoch sorgt sie in vielen Unternehmen für lange und kontroverse Diskussionen. Im Wesentlichen lassen sich vier Gruppen potenzieller Kunden für ein Unternehmen identifizieren:

- *Nutzer:* Dies sind die Endkunden (Firmen- oder Privatkunden), die eine Leistung zur Erfüllung eigener Bedürfnisse in Anspruch nehmen.

▪ *Weiterverarbeiter:* Sie integrieren die gekauften Produkte in ihre eigenen Produkte oder Dienstleistungen. Beispielhaft seien Original Equipment Manufacturer (OEMs) genannt.

▪ *Händler:* Sie vertreiben die Produkte unverändert, u. U. angereichert um Serviceleistungen.

▪ *Berater:* Sie beraten Nutzer oder Weiterverarbeiter bei ihrer Produktwahl. Beispiele sind Unternehmensberater, Planungsbüros oder Ingenieurbüros.

Die Beantwortung der Frage „*Wer sind unsere Kunden?*" kann insbesondere im Business-to-Business-Bereich recht komplex werden. Wir haben in vielen Unternehmen beobachtet, dass diese Frage zu eng beantwortet wird, wenn beispielsweise Unternehmen nur die direkt nachgelagerte Absatzstufe (z. B. Händler oder Weiterverarbeiter) als Kunden betrachten. Wer die Kunden der direkten Kunden nicht in seine Betrachtungen aufnimmt, vergibt die Chance, dort Einfluss auf die Kaufentscheidung zu nehmen bzw. Informationen zu sammeln.

Eng verbunden mit der Identifikation der Kunden ist die Frage, *welche grundlegenden Bedürfnisse die Kunden haben* (F 2). Die Bedürfnisse der Kunden können zwar im Detail sehr unterschiedlich sein, es lassen sich aber in jedem Fall gemeinsame Grundbedürfnisse identifizieren. Grundsätzlich bietet jedes Kundenbedürfnis die Möglichkeit zur Schaffung von Kundennutzen – Kundennutzen entsteht durch Bedürfnisbefriedigung. Die Vertriebsstrategie muss daher ein klar definiertes *Nutzenversprechen* formulieren (F 3).

Um die Kaufentscheidung zu ihren Gunsten zu beeinflussen, haben Unternehmen grundsätzlich zwei Möglichkeiten: Sie können entweder an der Preisschraube drehen oder aber den Nutzen verdeutlichen. Interessanterweise zeigen empirische Studien, dass in vielen Fällen der Kundennutzen einen sehr viel größeren Einfluss auf die Präferenzbildung hat als der Preis (vgl. Beutin 2000). Die häufig zu hörende Aussage „Unsere Kunden kaufen nur über den Preis" ist nach unseren Erfahrungen ein Indiz dafür, dass Unternehmen sich nicht systematisch mit dem Kundennutzen befassen.

In diesem Zusammenhang sind zwei Dimensionen zu unterscheiden (vgl. Beutin 2000): Grundnutzen und Zusatznutzen. Der *Grundnutzen* bezieht sich auf die Minimalanforderung eines Kunden. So geht ein Autokäufer davon aus, dass das von ihm erworbene Auto auch wirklich funktionstüchtig ist. Die über den Grundnutzen hinausgehenden Nutzenaspekte werden als *Zusatznutzen* bezeichnet. Hierzu zählen im Fall des Autokaufs z. B. die hochwertige Beratung, über die gesetzlichen Vorschriften hinausgehende Garantien, Ausstattungsmerkmale wie ein Navigationssystem und natürlich der „Spaß am Fahren" sowie das Image des Autos.

Immer mehr Unternehmen versuchen, sich über den Zusatznutzen zu differenzieren. Hierzu einige Beispiele: Ein Hersteller von LKWs bietet seinen Kunden die Analyse ihrer Logistikprozesse an und zeigt Einsparungsmöglichkeiten, managt auf Wunsch des Kunden sogar dessen gesamte Flotte. Ein Maschinenbauunternehmen übernimmt für seine Kunden die Vermarktung von gebrauchten Maschinen. Ein Hersteller von Verpackungsmaterial entwickelt für die Kunden auch das Design der Verpackung. Zahlreiche Unternehmen bieten mittlerweile Dienstleistungspakete unter dem Begriff „Facility Management" an.

Einen Überblick über die breite Palette von Möglichkeiten, dem Kunden Nutzen/Wert zu generieren, vermittelt nachstehende „Nutzenzwiebel" in Abbildung 2-1. Die Instrumente, mit denen sich der Nutzen des „nackten" Produktes anreichern lässt, reichen von „harten" Value-Added-Services (vgl. auch Kapitel 19.3) bis hin zu „weichen", wie kaufmännischen Services, Marken und persönlichen Beziehungen.

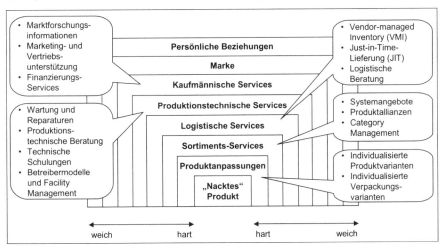

Abbildung 2-1 – Die „Nutzen-Zwiebel" (vgl. Homburg/Jensen 2004)

Grundsätzlich lassen sich unterschiedliche Ansatzpunkte zur Schaffung von Zusatznutzen identifizieren (vgl. Homburg/Beutin 2000):

- *Ökonomischer Nutzen* entsteht beispielsweise dann, wenn man dem Kunden hilft, Geld, Zeit oder Aufwand zu sparen. Dieser „Convenience-Aspekt" gewinnt gerade im Privatkundenbereich immer mehr an Bedeutung. Im Firmenkundenbereich kann ökonomischer Nutzen auch durch einen Beitrag zur Wettbewerbsfähigkeit des Kunden entstehen (z. B. durch kürzere Lieferzeiten oder höhere Produktqualität).

▪ *Sicherheitsnutzen* entspricht dem grundlegenden Bedürfnis nach Absicherung gegen Unwägbarkeiten. Beispielhaft seien Verfügbarkeitsgarantien für Produktionsanlagen oder auch spezielle Ausstattungsmerkmale im Automobilbereich genannt.

▪ *Sozialer Nutzen* entsteht, wenn das Produkt dazu beiträgt, das Ansehen des Kunden zu verbessern. Im Privatkundengeschäft ist beispielsweise mit bestimmten Marken ein hoher Imagenutzen verbunden. Aber auch im Firmenkundenbereich sind solche Aspekte nicht ganz unbedeutend: So ist es für viele Drucker ein Imagegewinn, ihre Druckerei mit Equipment der Heidelberger Druckmaschinen AG auszustatten.

▪ *Emotionaler Nutzen* entsteht, wenn ein Produkt angenehme Gefühle wie z. B. Genuss bei der Nutzung weckt. Auch das Bewusstsein, umweltorientiert einzukaufen, kann emotionalen Nutzen vermitteln. Schließlich kann sich emotionaler Nutzen auch aus Abwechslung ergeben.

Wir stellen immer wieder fest, dass im Firmenkundengeschäft der ökonomische Nutzen dem Kunden unzureichend kommuniziert wird. Eine Möglichkeit, den ökonomischen Nutzen des eigenen Angebots zu verdeutlichen, bietet die *Nutzenrechnung*. Hierbei wird die Vorteilhaftigkeit des eigenen Produktes dargestellt, indem unter bestimmten Annahmen z. B. die Kosten für eine für den Kunden relevante Bezugsgröße (z. B. Gesamtkosten, Stückkosten) berechnet und zu einem Alternativangebot in Beziehung gesetzt werden. Auf diesen Aspekt werden wir in Kapitel 17 noch detailliert eingehen.

Von zentraler Bedeutung ist auch, dass die Mitarbeiter im Kundenkontakt ihre Argumentation auf Kundennutzen ausrichten (Benefit Selling) anstatt sich auf Leistungsmerkmale (Character Selling) zu konzentrieren. Auch dieser Aspekt wird in Kapitel 17 aufgegriffen.

2.2 Kundenpriorisierung und -segmentierung – Abschied vom „Einheitskunden"

Kunden sind unterschiedlich – an dieser Erkenntnis kommt kein Unternehmen vorbei. Wie ein Unternehmen mit der Heterogenität seiner Kunden umgeht, ist ein weiterer wesentlicher Aspekt der Vertriebsstrategie. In vielen Unternehmen haben wir beobachtet, dass dieser Heterogenität nicht systematisch Rechnung getragen wird. Diffuse Segmentierungen, widersprüchliche Segmentierungsansätze in verschiedenen Unternehmensbereichen und ein unnötig hoher Aufwand der Marktbearbeitung sind häufig die Konsequenzen.

Die systematische Auseinandersetzung mit der Unterschiedlichkeit von Kunden kann grundsätzlich aus zwei Perspektiven erfolgen:

- Aus *Sicht der Marktbearbeitung* geht es darum, das Leistungsangebot des Unternehmens möglichst gut an die unterschiedlichen Ansprüche, Wünsche und Präferenzen verschiedener Kunden(gruppen) anzupassen. In diesem Zusammenhang dient die *Segmentierung* dazu, einen heterogenen Gesamtmarkt in homogene Teilmärkte (Segmente) auf Basis marktbearbeitungsrelevanter Kundenmerkmale aufzuteilen (vgl. Freter 1983, Freter/Obermeier 2000, Krafft/Albers 2000 und 2003).

- Aus *ökonomischer Sicht* muss festgelegt werden, für welche Kunden(gruppen) wie viel im Rahmen der Marktbearbeitung geleistet werden soll. In diesem Zusammenhang dient die *Priorisierung* dazu, Kunden gemäß ihrer wirtschaftlichen Attraktivität in unterschiedliche Gruppen einzuteilen.

Aus erster Perspektive stellt sich zunächst die Frage, *inwieweit das Unternehmen seine Kunden systematisch segmentiert* (F 4). Immer wenn eine Segmentierungsentscheidung in einem Unternehmen ansteht, existiert eine Vielzahl möglicher Segmentierungen. Es stellt sich daher die Frage, was eine „gute Segmentierung" ausmacht. Man unterscheidet hier zwischen Anforderungen an Segmentierungskriterien und Anforderungen an Segmente. *Segmentierungskriterien* müssen verhaltensrelevant sein, d. h. das Kriterium muss mit Aspekten des Kaufverhaltens korrelieren. Des Weiteren muss ein Kriterium messbar sein.

Zu den Anforderungen an *Segmente* gehört zunächst die Erreichbarkeit, d. h. ein Anbieter muss die Segmente gezielt ansprechen können, d. h. zum Beispiel, dass unterschiedliche Botschaften an die Segmente vermittelt werden können. Die Wirtschaftlichkeit ist eine weitere Anforderung. Kosten und Nutzen der Segmentierung müssen in einem vernünftigen Verhältnis stehen. Dies bedeutet insbesondere, dass die betrachteten Segmente nicht zu klein sein dürfen. Der Ansatz des „Segment-of-One-Marketing" erweist sich in den meisten Fällen als unwirtschaftlich. Schließlich sollte die Segmentstruktur über einen längeren Zeitraum stabil bleiben.

In diesem Zusammenhang muss die Vertriebsstrategie klar zum Ausdruck bringen, *nach welchen Kriterien die Segmentierung vorgenommen wird* (F 5). Für Firmen- und Privatkunden können teilweise unterschiedliche Segmentierungskriterien zur Anwendung kommen (vgl. Abbildung 2-2).

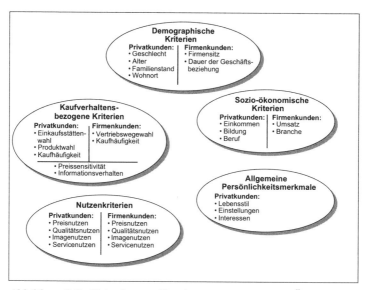

Abbildung 2-2: Kriterien zur Kundensegmentierung im Überblick

In vielen Unternehmen werden heute noch Segmentierungen verwendet, die im Wesentlichen auf demographischen und/oder sozio-ökonomischen Kriterien basieren.
Diese Kriterien haben zwar den Vorteil, dass sie meist relativ leicht messbar sind. Allerdings beobachtet man oft, dass sie nicht sehr stark mit dem tatsächlichen Kaufverhalten der Kunden korrelieren. Beispielsweise wurde im Einzelhandel lange Zeit anhand des Einkommens segmentiert. Dieses Segmentierungskriterium korrelierte stark
mit der Einkaufsstättenwahl: Kunden mit hohem Einkommen kauften in Geschäften
mit hohem Preisniveau, Kunden mit niedrigem Einkommen bei Discountern. Heute
beobachtet man, dass diese klassische Segmentierungsvariable nicht mehr greift: Mit
dem Begriff des „hybriden Kunden" werden beispielsweise solche Kunden bezeichnet,
die große Geldbeträge in teuren Feinkostgeschäften ausgeben und anschließend den
Champagner beim Discounter kaufen. In ähnlicher Weise beobachtet man in vielen
Branchen, dass klassische Segmentierungsvariablen immer stärker an Verhaltensrele-
vanz verlieren (vgl. Walsh/Hennig-Thurau 2001). Eine Segmentierung, die nicht verhaltensrelevant ist, kann aber auf Dauer nicht viel Sinn machen.

Positiv hervorzuheben ist in diesem Zusammenhang die *Benefit-Segmentierung*, die
mittlerweile sowohl im Privat- als auch im Firmenkundenbereich erfolgreich eingesetzt wird (vgl. Mühlbacher/Botschen 1990). Hier werden solche Kunden zu Segmenten zusammengefasst, die sich bezüglich ihrer Nutzenstruktur ähnlich sind.

Wir wollen diesen Ansatz an einem Beispiel verdeutlichen. Bei einem Bekleidungs-haus wurden im Rahmen einer Kundenbefragung zunächst fünf Bestimmungsfaktoren des Kundennutzens identifiziert: Sortiment, Service, Ambiente, Beratung und Preis (vgl. König 2001). Untersucht wurde u. a., welche Bedeutung die einzelnen Kunden diesen verschiedenen Bestimmungsfaktoren beimessen. Auf dieser Basis konnten die in Abbildung 2-3 dargestellten fünf Kundensegmente identifiziert werden.

Ein derartiger Segmentierungsansatz, der sich direkt an Einflussgrößen des Kunden-nutzens orientiert, ist zunächst sicherlich aufwändiger als klassische Segmentierungs-methoden. Im Regelfall benötigt man hierfür eine Kundenbefragung. Der große Vor-teil dieser Vorgehensweise liegt allerdings darin, dass die so gebildeten Segmente sich sehr stark im tatsächlichen Verhalten unterscheiden.

Um die Segmente besser ansprechen zu können, wird im Anschluss an eine solche Be-nefit-Segmentierung üblicherweise versucht, die Segmente mit Hilfe demographischer und sozio-ökonomischer Kriterien näher zu beschreiben. Bei der in Abbildung 2-3 dar-gestellten Segmentierung zeigte sich z. B., dass Kunden aus dem Segment der Sorti-mentsorientierten häufiger den Berufsgruppen leitende Angestellte und Selbstständige angehören, auch in Boutiquen einkaufen und tendenziell über höhere Haushaltsein-kommen verfügen. Im Gegensatz dazu gehören Vertreter des Segments der Preisbe-wussten häufiger der Berufsgruppe der Arbeiter an, verfügen überwiegend über ge-ringere Einkommen und kaufen selten in Boutiquen ein.

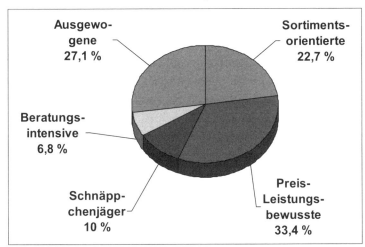

Abbildung 2-3: Benefit-Segmente am Beispiel eines Bekleidungs-hauses

Die bisherigen Ausführungen haben verdeutlicht, dass es bei der Segmentierung primär darum geht, die Grundlagen für eine effektive Marktbearbeitung zu schaffen. Ziel ist es, die Marktbearbeitung möglichst gut am Kaufverhalten verschiedener Kundensegmente auszurichten.

Die *Kundenpriorisierung* (F 6) folgt hingegen stärker dem Leitgedanken der Effizienz. Sie ermöglicht Aussagen darüber, welche Kunden(gruppen) gemäß ihrer wirtschaftlichen Attraktivität bevorzugt zu behandeln sind. Ziel ist es, knappe Ressourcen fokussiert für diejenigen Kunden einzusetzen, bei denen sich dieser Einsatz lohnt – also die „Marktbearbeitung nach dem Gießkannenprinzip" zu vermeiden (vgl. Abschnitt 1.2). Insbesondere im Zusammenhang mit der zumeist aufwendigen Akquisition neuer Kunden ist dies von großer Bedeutung. Dies gilt umso mehr, als gerade bei Neukunden die Abwanderungsquote überdurchschnittlich hoch ist, und sich die getätigten Investitionen häufig nicht amortisieren können (vgl. zum Thema Neukundenakquisition auch Homburg/Fargel 2006). Zur Kundenpriorisierung stehen diverse Hilfsmittel zur Verfügung (z. B. das Kundenportfolio oder die kundenbezogene Rentabilitätsbetrachtung). Auf die wichtigsten Instrumente werden wir in den Abschnitten 12.2 und 12.3 noch ausführlich eingehen.

Kundensegmentierung und Kundenpriorisierung sind nicht in allen Fällen überschneidungsfrei. Wählt ein Unternehmen z. B. einen Segmentierungsansatz, der sich auf sozio-ökonomische Kriterien wie Haushaltseinkommen (Privatkunden) oder Umsatz (Firmenkunden) stützt, so kann das Ergebnis der Segmentierung dem einer Priorisierung durchaus ähneln. In vielen Fällen lässt sich aber eine signifikante Varianz der wirtschaftlichen Attraktivität von Kunden innerhalb desselben Segments beobachten – z. B. wenn Kunden innerhalb eines Benefit-Segments zwar eine ähnliche Nutzenstruktur besitzen, aber unterschiedliche Vertriebskanäle in Anspruch nehmen (z. B. Call Center vs. persönliche Betreuung) und somit unterschiedliche Betreuungskosten verursachen. Grundsätzlich empfiehlt es sich daher, neben der Segmentierung, die aufgrund ihrer strategischen Implikationen für die Markbearbeitung oft längerfristiger Natur ist, regelmäßig eine Kundenpriorisierung durchzuführen.

Zusammenfassend lassen folgende Rahmenbedingungen eine Kundenpriorisierung besonders sinnvoll erscheinen:

■ Die Ressourcen für die Marktbearbeitung (inklusive Mitarbeiterkapazitäten) sind begrenzt. Nicht alle Kunden können exzellent bearbeitet werden.

▓ Kunden unterscheiden sich in ihrem Anspruch an die Betreuungsqualität, und jene Kunden mit hohem Anspruch sind auch bereit, eine intensivere Betreuung entsprechend zu honorieren.

▓ Es lassen sich Kundengruppen mit unterschiedlicher Priorität voneinander abgrenzen. Die verschiedenen Gruppen können differenziert angesprochen werden.

Somit stellt sich die Frage, *wie die Marktbearbeitung zwischen den einzelnen Segmenten und Prioritätsgruppen differenziert wird* (F 7).

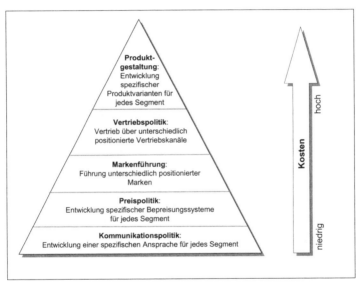

*Abbildung 2-4: Ansatzpunkte zur Differenzierung der Markt-
bearbeitung*

Möglichkeiten der Differenzierung existieren grundsätzlich bei allen Parametern der Marktbearbeitung (vgl. Abbildung 2-4). Die Entscheidung, inwieweit die einzelnen Marktbearbeitungsparameter segmentspezifisch ausgestaltet werden, hängt zum einen davon ab, wie heterogen die Segmente bezüglich der Anforderungen an die einzelnen Parameter sind. Darüber hinaus spielen Effizienzgesichtspunkte eine zentrale Rolle: So sind segmentspezifische Kommunikationsaktivitäten noch relativ kostengünstig, während segmentspezifische Produktvarianten im Regelfall deutlich kostenintensiver sind (vgl. Abbildung 2-4).

Es stellt sich hier die Frage, wie Unternehmen mit einer Segmentierung arbeiten können, wenn die einzelnen Kunden nicht systematisch den Segmenten zugeordnet werden können. Dies ist beispielsweise bei der in Abbildung 2-3 dargestellten Segmentierung der Fall: Schließlich kann nicht jeder Kunde beim Betreten des Geschäfts befragt
und einem Segment zugeordnet werden. In diesem Fall muss ein Anbieter die Möglichkeit zur Selbstzuordnung der Kunden schaffen, d. h. er muss segmentspezifische
Leistungsangebote bereitstellen und seine Kunden darüber informieren. Das Textil-
haus könnte beispielsweise spezielle Bereiche im Haus einrichten (und durch entsprechende Hinweise kommunizieren), in denen Schnäppchenjäger und Value Shopper besonders preiswerte Waren finden – allerdings ohne beim Einkauf intensiv beraten zu
werden. Sortimentsorientierte und Beratungsintensive könnten in anderen Bereichen
des Hauses eine gute Auswahl an hochwertiger Markenkleidung finden und bei ihrer
Suche und der Anprobe durch besonders qualifiziertes Personal unterstützt werden.

Ein generelles Problem der Kundensegmentierung ist die Gefahr der „Übersegmentie-
rung". Dies führt uns zur Frage nach der optimalen Anzahl an Kundensegmenten.
Offensichtlich steigt mit zunehmender Anzahl der Segmente der Nutzen der Segmentierung – es wird immer besser möglich, auf Unterschiede zwischen den Kunden einzugehen.

Auf der anderen Seite ist zu berücksichtigen, dass mit zunehmender Segmentierung
auch Kosten verbunden sind. Hierbei handelt es sich zum einen um die Kosten für
segmentspezifische Betreuungskonzepte, Produktvarianten usw. Zum anderen entstehen auch in zunehmendem Umfang unternehmensinterne Koordinationskosten (z. B.
Abstimmungsaufwand bezüglich segmentspezifischer Preise). Gerade diese internen
Kosten der Segmentierung werden häufig übersehen. Die theoretisch optimale Anzahl
der Kundensegmente befindet sich dort, wo die Differenz zwischen Nutzen und Kosten der Segmentierung am größten ist (vgl. Abbildung 2-5).

Natürlich kann man im konkreten Anwendungsfall die optimale Segmentzahl nicht
exakt berechnen. Wichtig ist aber, dass bei Segmentierungsentscheidungen nicht nur
Nutzen-, sondern auch Kostenaspekte berücksichtigt werden.

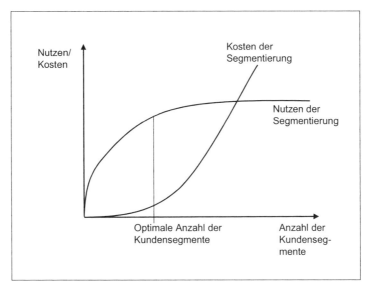

Abbildung 2-5: Die optimale Anzahl an Kundensegmenten

2.3 Kundenbindung – Schlüssel zum langfristigen Erfolg

Kundenbindung – dies ist mittlerweile allgemein bekannt – hat wesentliche Auswirkungen auf den Erfolg eines Unternehmens. Zwei Aspekte sind hier zu unterscheiden:

▪ *Beziehungserfolg:* Gebundene Kunden vertrauen dem Anbieter und verhalten sich diesem gegenüber loyal. Fehler werden in gewissem Umfang toleriert. Gebundene Kunden kommunizieren zudem offener mit dem Anbieter und werden so zu einer wichtigen Informationsquelle.

▪ *Wirtschaftlicher Erfolg:* Er entsteht vor allem durch die Volumensteigerung bei der Absatzmenge. Sie ist zurückzuführen auf Effekte wie eine intensivere Produktnutzung, die Reduktion alternativer Beschaffungsquellen, das Cross-Buying (d. h. der Kauf zusätzlicher Produkte desselben Anbieters; vgl. Schäfer 2002) sowie die Weiterempfehlung an potenzielle Kunden. Gebundene Kunden weisen aber auch eine höhere Preisbereitschaft und eine geringere Preissensitivität auf (vgl. Homburg/Koschate/Hoyer 2001). Schließlich kommt es im Laufe einer stabilen Geschäftsbeziehung auch zu Kostensenkungen durch den geringeren Aufwand für die Bearbeitung langjähriger Kunden (vgl. Homburg/Daum 1997).

Ein Beispiel, das in Abbildung 2-6 dargestellt ist, soll die ökonomischen Erfolgswirkungen der Kundenbindung illustrieren: Wir haben für einen Finanzdienstleister kundenbezogene Vertriebskosten erfasst und in Relation zum Umsatz mit den Kunden gesetzt. Betrachtet man diese Größe in Abhängigkeit von der Dauer der Geschäftsbeziehung, so zeigt sich eine interessante Entwicklung: Im vorliegenden Fall hatten sich die Geschäftsbeziehungen nach vier Jahren so gut entwickelt, dass der relative kundenbezogene Vertriebsaufwand deutlich zurückging. Dieser Effekt, den wir in zahlreichen Untersuchungen in den verschiedensten Branchen feststellen konnten, resultiert üblicherweise aus einer Mischung der oben beschriebenen Phänomene – Umsatzsteigerung einerseits und Aufwandsreduktion andererseits (für Überprüfungen des Zusammenhangs in anderen Branchen vgl. Reinartz/Kumar 2000, Reinartz/Krafft 2001).

Kundenbindung ist ein Thema von strategischer Bedeutung, das nicht dem Zufall überlassen werden darf. Im Zusammenhang mit der Vertriebsstrategie stellt sich also die Frage, *inwieweit Kundenbindung aktiv betrieben wird* (F 8).

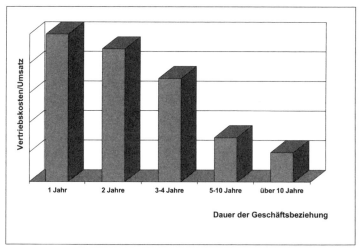

Abbildung 2-6: Relative Vertriebskosten in Abhängigkeit von der
Dauer der Geschäftsbeziehung am Beispiel eines
Finanzdienstleisters

Hierbei geht es nicht nur um die Sicherung einer hohen Kundenzufriedenheit. Kundenzufriedenheit ist zwar eine notwendige Bedingung für Kundenbindung, jedoch keine Garantie. Im Gegenteil: In vielen Branchen beobachtet man, dass selbst zufriedene

Kunden nur eine geringe Loyalität zu einem Anbieter aufweisen (vgl. Homburg/Giering 2001). Vor diesem Hintergrund muss aktives Kundenbindungsmanagement über die reine Kundenzufriedenheitssicherung hinausgehen (vgl. Homburg/Bruhn 2000).

Kundenbindung gibt es allerdings nicht gratis. Häufig sind massive Investitionen erforderlich, die sich nicht bei allen Kunden rechnen können. Daher stellt sich die Frage, *bei welchen Kunden* Kundenbindungsmanagement praktiziert werden soll (F 9). Kundenbindungsmaßnahmen müssen fokussiert durchgeführt werden (vgl. Kapitel 19). Ihr Einsatz ist somit vom Ergebnis der Kundenpriorisierung abhängig.

Schließlich muss die Vertriebsstrategie auch Aussagen treffen über *die Ressourcen und Instrumente,* die für die Kundenbindung eingesetzt werden sollen (F 10). Kundenbindungsinstrumente lassen sich generell unterteilen in

▨ Instrumente zur Schaffung bzw. Sicherung der Kundenzufriedenheit,

▨ Value-Added-Service-Instrumente,

▨ Instrumente zum Aufbau bzw. zur Festigung (persönlicher) Beziehungen,

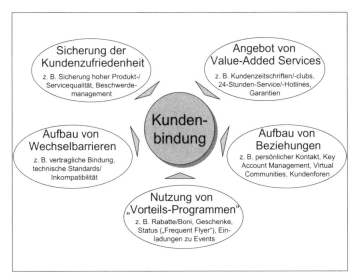

Abbildung 2-7: Zentrale Ansatzpunkte zur Schaffung von Kunden-
             bindung

▓ Instrumente zur Schaffung von (ökonomischen oder sozialen) Vorteilen für treue
   Kunden und

▓ Instrumente zum Aufbau von Wechselbarrieren.

In Abbildung 2-7 zeigen wir ausgewählte Kundenbindungsinstrumente. Auf einige
werden wir später noch eingehen (vgl. Kapitel 19).

3. Wettbewerbsvorteile – Schneller, höher, weiter ...

Neben den Kunden bilden die Wettbewerber eine zweite zentrale Bezugsgruppe der Vertriebsstrategie. Hierbei geht es um die grundsätzliche Frage, wie sich ein Unternehmen durch seine Vertriebsaktivitäten dauerhaft vom Wettbewerb abheben will. Eine exzellente Vertriebsstrategie muss letztlich die folgende Frage eindeutig beantworten:

> **F 11: Welchen vertriebsbezogenen Wettbewerbsvorteil strebt ein Unternehmen an?**

Die Logik hinter dem Konzept des strategischen Wettbewerbsvorteils ist einfach: Um in einem immer schwierigeren Umfeld zu überleben, muss ein Unternehmen in irgendeiner Hinsicht besser sein als der Wettbewerb. Die Analogie zum Tierreich ist offensichtlich: Eine Tierart wird nur dann überleben, wenn sie schneller laufen, besser klettern, sich besser tarnen kann als andere Tierarten oder diesen in irgendeiner anderen Weise physisch überlegen ist.

Vor diesem Hintergrund muss jedes Unternehmen den strategischen Wettbewerbsvorteil klar definieren, durch den seine Überlebensfähigkeit langfristig gewährleistet werden soll. Dieser Wettbewerbsvorteil muss verschiedenen *Anforderungen* genügen:

- Er muss dauerhaft sein, d. h. er darf für den Wettbewerb nicht kurzfristig imitierbar sein.

- Er muss vom Kunden wahrgenommen werden.

- Er muss für den Kunden wichtig sein, d. h. ein für ihn wesentliches Leistungsmerkmal betreffen.

Bei der Wahl des anzustrebenden Wettbewerbsvorteils hat ein Unternehmen grundsätzlich zwei Optionen (vgl. Porter 1999):

- die Kostenführerschaft oder

- die Leistungsführerschaft.

Die Strategie der Kostenführerschaft ist heute vor allem für Unternehmen aus Hochlohnländern nur schwer praktikabel. Es gibt fast immer einen Wettbewerber, der noch niedrigere Preise vorweisen kann. Eine Strategie der Leistungsführerschaft hingegen zeichnet sich dadurch aus, dass die Leistungen des Unternehmens von den Kunden im

Konkurrenzvergleich bezüglich bestimmter Aspekte als einzigartig und überlegen wahrgenommen werden. Für Unternehmen, die eine Kostenführerschaft aufgrund ihrer Kostenstruktur nur schwer verfolgen können oder wollen, bestehen vielfältige Differenzierungsmöglichkeiten.

In diesem Zusammenhang stellt sich für den Vertriebsbereich die Frage, welchen Beitrag er zur Differenzierung vom Wettbewerb leisten kann. Viele Vertriebsmanager unterschätzen dabei ihre eigene Bedeutung. In vielen Unternehmen haben wir beobachtet, dass Wettbewerbsvorteile praktisch ausschließlich auf Produkte bezogen werden. Doch gerade der Vertrieb spielt oft eine zentrale Rolle bei der Durchsetzung der Wettbewerbsvorteile am Markt. Und im Zuge der erschwerten Differenzierbarkeit von Produkten und Dienstleistungen in vielen Branchen wird der Vertrieb als „wettbewerbsrelevantes Instrument" sogar noch wichtiger. Immer häufiger muss die Differenzierung gegenüber dem Wettbewerb über den Vertrieb erfolgen.

Welche Differenzierungsmöglichkeiten werden also durch den Vertrieb beeinflusst? Hier sind insbesondere die Wettbewerbsvorteile

- Flexibilität,

- Schnelligkeit,

- Qualität der Kundenbetreuung,

- Individualität der Leistungen,

- Problemlösungsfähigkeit,

- Image und

- Information

zu nennen. *Flexibilität* als Wettbewerbsvorteil bedeutet, dass selbst individuelle Kundenwünsche mit angemessenem Aufwand erfüllt werden können. Die Entstehung eines solchen Wettbewerbsvorteils ist letztlich auf bestimmte Ressourcen im Unternehmen zurückzuführen. Beispielsweise müssen für die Sicherstellung der Flexibilität Strukturen und Prozesse im Unternehmen etabliert sein, die eine unbürokratische Abstimmung zwischen unterschiedlichen Organisationseinheiten ermöglichen (z. B. zwischen Vertrieb und Produktion). Zudem müssen auch die Prozesse der Leistungserstellung problemlos an wechselnde Kundenanforderungen angepasst werden können.

Schnelligkeit umfasst sowohl die rasche Anpassung an veränderte Rahmenbedingungen im Markt als auch die zügige Reaktion auf Kundenanfragen. Sie stellt u. a. einen Wettbewerbsvorteil dar, wenn der Kunde auf eine rasche Verfügbarkeit der Produkte angewiesen ist bzw. sie einfordert. Schnelligkeit wird zum einen erreicht, wenn im Unternehmen Systeme vorliegen, mit deren Hilfe Informationen über Veränderungen im Unternehmensumfeld frühzeitig gewonnen und ausgewertet werden können. Zum anderen setzt Schnelligkeit auch eine entsprechende Marktpräsenz bzw. lokale Nähe zum Kunden voraus (z. B. durch professionelle Logistikstrukturen).

Die *Qualität der Kundenbetreuung* resultiert vor allem aus der Quantität verfügbarer Vertriebsmitarbeiter sowie aus deren Kompetenz und Kundenorientierung. Kompetente Mitarbeiter bauen ihre Vertriebsaktivitäten auf umfassende Informationen über den Markt, den Wettbewerb und die Kunden auf. Sie sind in der Lage, sich auf die spezifische Problemsituation ihrer Kunden einzustellen und vorhandene Kundenpotenziale durch Cross-Selling produktübergreifend auszuschöpfen (vgl. Schäfer 2002). Solche Mitarbeiter sind aber auch in der Lage, die Bedürfnisse der Kunden zu erkennen und in ihrem Verkaufsverhalten zu berücksichtigen. Die Qualität der Kundenbetreuung ist natürlich insbesondere im direkten, persönlichen Verkauf von großer Bedeutung – Gleiches gilt aber auch für den Vertrieb über andere Medien, z.B. das Telefon.

Auch durch die *Individualität der Leistungen* können sich Unternehmen von Wettbewerbern abgrenzen. Voraussetzung hierfür ist u. a. ein enger Kundenkontakt, der die Basis für das Wissen um die individuellen Anforderungen des Kunden bildet. Ferner sind Produktentwicklungs- und Produktionsverfahren erforderlich, die eine wirtschaftliche Fertigung nach individuellen Kundenwünschen ermöglichen (z. B. CAD – Computer Aided Design und CIM – Computer Integrated Manufacturing).

Die *Problemlösungsfähigkeit* eines Unternehmens versetzt es in die Lage, Kunden selbst bei komplexen Problemen als Ansprechpartner zur Verfügung zu stehen. Die Mitarbeiter im Kundenkontakt müssen ein Gespür dafür haben, welche Probleme ihre Kunden derzeit beschäftigen und welche Lösungsoptionen bestehen. Das Unternehmen muss ferner über ein ausreichend breites Leistungsspektrum und/oder gegebenenfalls über Kooperationspartner verfügen, die die zur Problemlösung notwendigen Leistungskomponenten anbieten können.

Das *Image* eines Unternehmens bzw. seiner Produkte wird zwar vielfach als Wettbewerbsvorteil erkannt. Dennoch wird der Beitrag des Vertriebs zur Imagepflege häufig unterschätzt. Gerade der Vertrieb hat einen starken Einfluss auf die Wahrnehmung des Unternehmens durch Kunden. Vertriebsmitarbeiter müssen sich ihrer Funktion als „Public Relations Manager vor Ort" bewusst sein. Von großer Wichtigkeit ist dieser Aspekt auch bezüglich des konsistenten Markenauftritts von Vertriebsmitarbeitern. Insbesondere im Business-to-Business-Geschäft sind die Vertriebs- und Servicemitarbeiter die wesentlichen „Träger" starker Industriegütermarken (vgl. Homburg/Richter

2003). Ferner kann das Angebot produktbegleitender Value-Added Services ein Instrument zum Aufbau eines positiven Images sein. Schließlich hat die Wahl exzellenter Vertriebspartner entscheidenden Einfluss auf die Beurteilung des Unternehmens und seiner Produkte durch Endkunden.

Informationen bilden die Basis für jede erfolgreiche Vertriebsstrategie. Wer über bessere und aktuellere Informationen über den Kunden, seine Bedürfnisse sowie die relevanten Entscheidungsstrukturen und -kriterien verfügt, hat einen entscheidenden Wettbewerbsvorteil. Dies setzt die systematische Erhebung, Pflege und Verarbeitung/Nutzung der Informationen voraus (vgl. Schäfer 2002, Homburg/Fargel 2006).

In der Regel wird sich eine Vertriebsstrategie nicht nur auf einen einzigen Wettbewerbsvorteil stützen, sondern ein sorgfältig zusammengestelltes Bündel von Wettbewerbsvorteilen umfassen. Hierbei ist allerdings darauf zu achten, dass sich die angestrebten Wettbewerbsvorteile gegenseitig unterstützen. Ferner ist eine Fokussierung zu empfehlen: Ein einziger Wettbewerbsvorteil muss im Fokus der Vertriebsstrategie stehen. Die übrigen sollten den Kernvorteil absichern und stützen.

4. Vertriebswege und Vertriebspartner – Den Weg zum Kunden gestalten

Die Entscheidung über die *Vertriebswege und die Vertriebspartner* gehört zu den wesentlichen vertriebsstrategischen Entscheidungen, die ein Unternehmen zu treffen hat. Zum einen sind solche Entscheidungen langfristiger Art; sie können nicht kurzfristig revidiert werden. Zum anderen werden hiermit die Rahmenbedingungen des Marktzugangs und der Marktabdeckung geschaffen. Auch die gesamte Wahrnehmung eines Unternehmens am Markt wird wesentlich durch die Vertriebswege und -partner beeinflusst. Zum Beispiel wird die Positionierung einer Marke in der Wahrnehmung der Kunden maßgeblich durch das Auftreten der Vertriebspartner geprägt.

In vielen Unternehmen ist die Struktur der Vertriebswege „historisch gewachsen". An den in der Vergangenheit gewachsenen Vertriebsstrukturen wird festgehalten, obwohl sich wesentliche Rahmenbedingungen geändert haben und eine Anpassung der Vertriebswege erforderlich machen. Vor diesem Hintergrund müssen folgende Fragen durch eine Vertriebsstrategie klar beantwortet werden:

> F 12: Vertreibt ein Unternehmen seine Produkte direkt oder indirekt?
>
> F 13: Nutzt ein Unternehmen lediglich einen oder mehrere Vertriebsweg(e)?
>
> F 14: Falls ein Mehrkanalsystem genutzt wird: Wie werden die verschiedenen Vertriebswege voneinander abgegrenzt?
>
> F 15: Falls indirekt vertrieben wird: Nach welchen Kriterien erfolgt die Selektion der Vertriebspartner?
>
> F 16: Falls indirekt vertrieben wird: Wie erfolgt die Funktionsverteilung zwischen Unternehmen und Vertriebspartner?
>
> F 17: Falls indirekt vertrieben wird: Inwieweit wird ein partnerschaftlicher Ansatz in der Zusammenarbeit mit den Vertriebspartnern verfolgt?
>
> F 18: Falls indirekt vertrieben wird: Wie intensiv werden Push- bzw. Pull-Aktivitäten betrieben?

Man unterscheidet direkte und indirekte Vertriebswege. Beim direkten Vertrieb nimmt ein Unternehmen die Vertriebsaufgaben ohne die Unterstützung fremder – d. h. unternehmensexterner – Vertriebspartner wahr. Beim indirekten Vertrieb bedient es sich fremder Vertriebspartner. Der zentrale Unterschied zwischen direktem und indirektem Vertrieb liegt in der rechtlichen *und* wirtschaftlichen Unabhängigkeit der Vertriebspartner. Wirtschaftliche Unabhängigkeit besteht dann, wenn der Vertriebspartner auch noch Produkte anderer Hersteller verkauft. Gründet beispielsweise ein Unternehmen eine rechtlich selbstständige Vertriebsgesellschaft, die aber ausschließlich die Produkte des Mutterunternehmens verkaufen darf, so liegt zwar die rechtliche, nicht aber die wirtschaftliche Unabhängigkeit vor. Es handelt sich in diesem Fall also um einen direkten Vertriebsweg.

Im Hinblick auf die Frage, *ob ein Unternehmen direkt oder indirekt vertreibt* (F 12), stellt Tabelle 4-1 die Vor- und Nachteile der beiden Alternativen dar. Der zentrale Vorteil des direkten Vertriebs liegt natürlich im direkten Kundenkontakt und den damit verbundenen Möglichkeiten zur Kundenbindung. Der zentrale Vorteil des indirekten Vertriebs ist dagegen häufig die flächendeckende Marktpräsenz zu vertretbaren Kosten.

Tabelle 4-1: Vor- und Nachteile des direkten und des indirekten Vertriebs

Kriterium	direkter Vertrieb	indirekter Vertrieb
Möglichkeit der Kundenbindung	+	-
Zugang zu Marktinformationen	+	-
Entscheidungsspielräume und Flexibilität bei der Marktbearbeitung	+	-
Unabhängigkeit von Händlern	+	-
flächendeckende Marktpräsenz	-	+
Effizienzgewinne durch Bedarfsbündelung	-	+
Vermeidung hoher Kapitalbindung	-	+
Effektivität der Vermarktung durch Sortimentsbildung	-	+

Ein Patentrezept für die Wahl des „richtigen" Vertriebsweges gibt es leider nicht. Letztlich müssen Unternehmen im Rahmen einer solchen Entscheidung die in Tabelle 4-1 genannten Aspekte für die konkrete Situation gegeneinander abwägen (vgl. Krafft 1996). Bei dieser Bewertung sind zunächst Marktcharakteristika zu berücksichtigen. Der Aspekt „Zugang zu Marktinformationen" ist beispielsweise in sehr dynamischen Märkten wichtiger als in statischen Märkten. Auch Produktcharakteristika spielen eine Rolle: Je stärker die Produkte individualisiert sind, desto weniger greifen die Effizienzvorteile im indirekten Vertrieb. Schließlich sind auch Charakteristika der Endkunden wie z. B. deren Serviceanforderungen, aber auch deren Konzentrationsgrad zu berücksichtigen (vgl. Homburg/Schneider 2000b).

Eine weitere zentrale Frage bezieht sich darauf, *ob ein oder mehrere Vertriebsweg(e) genutzt werden sollen*, d. h. ob ein *Ein-* oder ein *Mehrkanalsystem* entstehen soll (F 13). In Mehrkanalsystemen („Multi-Channel-Systemen") nutzt ein Anbieter verschiedene Vertriebswege für den Absatz seiner Produkte (vgl. Schögel 1997, 2001, Wirtz 2002). Viele Anbieter kombinieren dabei direkt konkurrierende Absatzkanäle miteinander. Beispielsweise greifen Versicherer zusätzlich zum eigenen Außendienst auch auf selbstständige Makler zurück oder bieten Direktversicherungsangebote per Telefon bzw. über das Internet an. Manche Industriegüterunternehmen nutzen z. B. den eigenen Außendienst, selbstständige Absatzmittler, Call Center oder das Internet. Abbildung 4-1 zeigt ein Mehrkanalsystem am Beispiel eines Automobilzulieferers, der indirekt z. B. über verschiedene Handelsstufen und Werkstätten und direkt z. B. an PKW-Hersteller (Erstausstattung), über eigene Niederlassungen oder E-Commerce vertreibt.

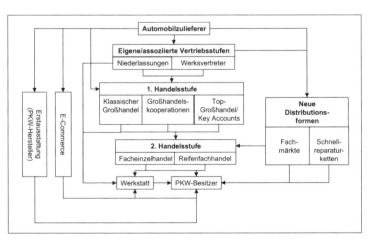

Abbildung 4-1: Mehrkanalsystem am Beispiel eines Automobil-
   zulieferers

Grundsätzlich lassen sich sechs verschiedene Basisformen von Mehrkanalsystemen unterscheiden, wenn man die Anzahl der genutzten direkten und indirekten Vertriebskanäle als Unterscheidungskriterien zugrunde legt (vgl. Abbildung 4-2 sowie Scholl 2004).

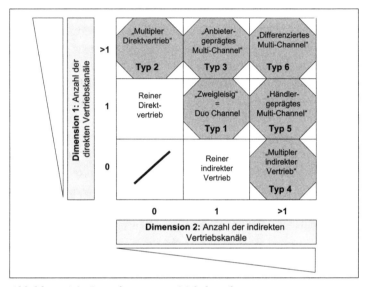

Abbildung 4-2: Basisformen von Mehrkanalsystemen

Bereits Anfang der 80er Jahre haben Anbieter in manchen Branchen (z. B. Möbelhersteller) zur Reduktion der Abhängigkeit von Zwischenhändlern einen direkten Kanal (u. a. in Form des Katalogvertriebs) hinzugefügt. Wurde der multiple Vertrieb in diesen frühen Jahren vom Typ 1 dominiert, so hat die Vielfalt der genutzten Basisformen nicht zuletzt durch das Internet deutlich zugenommen (vgl. Tomczak et al. 1999). Beim „multiplen Direktvertrieb" (Typ 2) greift ein Hersteller auf mehrere direkte Kanäle zurück (z. B. Filialnetz, Telefonvertrieb und Internet). Diese Kombination zeigte sich oft bei Finanzdienstleistern in den frühen 90er Jahren. Das Gegenteil davon ist der multiple indirekte Vertrieb (Typ 4). Hier wird z. B. eine Fülle verschiedener Händler miteinander kombiniert – ein dominierendes Design in der Konsumgüter- und der Tabakindustrie (Manche Zigarettenhersteller nutzen bis zu sechs Absatzkanäle: Automaten, Lebensmitteleinzelhändler, Tabakgeschäfte, Kioske, Gaststätten und Tankstellen). Die Typen 3, 5 und 6 beschreiben die Multi-Channel-Kombinationen mit der größten

Komplexität. Ehemalige Kaffeeröster vertreiben ihre vielfältigen Leistungen heute z. B. über eigene Filialen, Kataloge, das Internet und diverse Händler.

Der Vertrieb über ein Mehrkanalsystem ist natürlich nicht unproblematisch. Probleme entstehen insbesondere dann, wenn Unternehmen unbedacht zusätzliche Vertriebskanäle aufbauen. Beispielsweise beobachtet man heute in vielen Unternehmen, dass E-Commerce-Aktivitäten hektisch angestoßen werden, ohne dass die vertriebsstrategische Bedeutung dieser Maßnahmen durchleuchtet wird. Dementsprechend mangelt es oft am systematischen Management der neuen Kanäle: Die kritische Masse in den zusätzlichen Vertriebswegen wird kaum erreicht, hohe Fixkosten stehen geringen Umsätzen gegenüber. Darüber hinaus werden die Kanäle häufig nicht sinnvoll koordiniert, der zusätzlichen Komplexität wird nicht Rechnung getragen.

Auf der anderen Seite bietet ein Mehrkanalsystem jedoch zahlreiche Vorteile. Ein gut gemanagtes Mehrkanalsystem ermöglicht eine flächendeckende und effiziente Marktbearbeitung. Gleichzeitig kann die Abhängigkeit von einzelnen Vertriebspartnern reduziert werden.

Der systematische Aufbau eines Mehrkanalsystems vollzieht sich in mehreren Schritten, die wir kurz darstellen wollen (vgl. Abbildung 4-3).

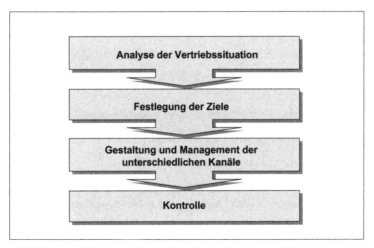

Abbildung 4-3: Schritte bei der Implementierung und dem Management eines Mehrkanalsystems

Im ersten Schritt wird die bestehende *Vertriebssituation* analysiert. Im Zentrum steht
die Frage, inwiefern die Nutzung eines Mehrkanalsystems den Vertriebserfolg erhöhen
kann. Die Nutzung zusätzlicher Vertriebskanäle kann zum einen die Marktbearbeitung
verbessern. Hier ist zunächst die Erhöhung der Marktabdeckung durch die Erschließung zusätzlicher Märkte/Kundensegmente zu nennen. Darüber hinaus besteht die
Möglichkeit, bisherige Kunden besser zu bedienen. Zum anderen können auch bereits
wahrgenommene Aufgaben durch neue Vertriebskanäle kostengünstiger erfüllt werden. Beispielhaft sei die Übertragung von Informationsfunktionen vom Außendienst
an elektronische Kanäle genannt. Schließlich können auch strategische Gründe für die
Nutzung zusätzlicher Vertriebskanäle sprechen. Beispielsweise beobachtet man in einigen Branchen, dass durch die Nutzung elektronischer Vertriebskanäle die Abhängigkeit von mächtigen Handelspartnern reduziert werden soll (vgl. Albers/Peters 1997,
Bauer 2000b). Tabelle 4-2 enthält eine Checkliste, mit der die Notwendigkeit zur Nutzung zusätzlicher Vertriebskanäle analysiert werden kann.

Im zweiten Schritt sind die *Ziele* der Einführung zusätzlicher Vertriebskanäle festzulegen. Hierbei können sich Unternehmen grundsätzlich an den in Tabelle 4-2 genannten
Effektivitäts- bzw. Effizienzkriterien orientieren. So beobachtet man beispielsweise
bei vielen Fluggesellschaften den Aufbau eines Internet-Vertriebs, um auf diese Weise
die Abhängigkeit vom kostenintensiven Vertrieb über Reisebüros zu reduzieren. Darüber hinaus werden über den neuen Vertriebskanal zusätzliche Leistungen wie z. B.
Reiseutensilien angeboten.

Im dritten Schritt müssen Entscheidungen über die *Gestaltung und das Management*
der unterschiedlichen Kanäle getroffen werden. Hierbei sind folgende Fragen zu beantworten:

- Welche (zusätzlichen) Vertriebskanäle sollen genutzt werden?

- Wofür sollen die (zusätzlichen) Vertriebskanäle genutzt werden?

- Wie können die Vertriebskanäle koordiniert werden?

Die Beantwortung der ersten Frage ergibt sich aus den Ergebnissen der Analysephase
sowie aus den festgelegten Zielen. Auf die konkrete Auswahl von Vertriebspartnern
gehen wir im Zusammenhang mit der Ausgestaltung des indirekten Vertriebs ein.

Tabelle 4-2: Checkliste zur Ermittlung der Notwendigkeit zusätzlicher Vertriebskanäle

	trifft voll und ganz zu	trifft im Wesentlichen zu	trifft teilweise zu	trifft in geringem Maße zu	trifft überhaupt nicht zu	keine Beurteilung möglich
Verbesserung der Marktabdeckung						
Das Unternehmen kann durch die Nutzung zusätzlicher Vertriebskanäle neue Märkte erschließen (z. B. Internationalisierung).	❏	❏	❏	❏	❏	❏
Das Unternehmen kann durch die Nutzung zusätzlicher Vertriebskanäle neue Kundensegmente erschließen.	❏	❏	❏	❏	❏	❏
Verbesserung der Kundenorientierung						
Das Unternehmen kann durch die Nutzung zusätzlicher Vertriebskanäle die Kundenbedürfnisse besser befriedigen (z. B. Erreichbarkeit, Produktverfügbarkeit usw.).	❏	❏	❏	❏	❏	❏
Durch zusätzliche Vertriebskanäle erschließen sich dem Unternehmen neue Instrumente der Kundenbindung.	❏	❏	❏	❏	❏	❏
Erhöhung der Kosteneffizienz						
Das Unternehmen kann durch zusätzliche Vertriebskanäle Aufgaben kostengünstiger als bisher wahrnehmen.	❏	❏	❏	❏	❏	❏
Verbesserung der strategischen Position						
Das Unternehmen vermindert durch die Nutzung neuer Kanäle seine Abhängigkeit von bestehenden Vertriebskanälen.	❏	❏	❏	❏	❏	❏
Das Unternehmen muss bei der Nutzung mehrerer Vertriebskanäle nicht mit gravierenden Konflikten rechnen.	❏	❏	❏	❏	❏	❏
Innovative Vertriebskanäle bedrohen die Vertriebssituation des Unternehmens.	❏	❏	❏	❏	❏	❏

Spricht für die Nutzung zusätzlicher Vertriebskanäle   Spricht für die Beibehaltung des bestehenden Systems

Hinsichtlich der zweiten Frage ist zu entscheiden, welche Kanäle für welche Marktsegmente welche Funktionen übernehmen sollen. Das Ergebnis dieser Entscheidung kann in einer so genannten „Coverage-Matrix" dargestellt werden. Eine Dimension dieser Matrix beschreibt die verschiedenen Marktsegmente, die andere die verschiedenen Vertriebskanäle. Tabelle 4-3 zeigt eine solche Coverage-Matrix am Beispiel eines Herstellers von Kopiergeräten. Gegebenenfalls ist im Rahmen solcher Überlegungen noch nach Produkten zu differenzieren.

Tabelle 4-3: Coverage-Matrix am Beispiel eines Herstellers von Kopiergeräten

		Marktsegmente				
		Behörden/ öffentliche Institutionen	Großunter- nehmen	Copy-Shops	kleine und mittelständi- sche Unter- nehmen	sonstige Abnehmer
Ver- triebs- kanäle	Außendienst	Verkauf, Beratung, War- tung, ggf. Reparatur				
	Innendienst/ Call Center	Verkauf, Beratung, Hilfestellung bei kleineren technischen Problemen				
	Internet			Verkauf, Information		
	Großhandel			Lagerhaltung, Verkauf, Beratung, Wartung, ggf. Reparatur		
	Facheinzel- handel				Lagerhaltung, Verkauf, Beratung, Wartung, ggf. Reparatur	

Im Hinblick auf die dritte Frage ist festzulegen, *wie die unterschiedlichen Kanäle zu steuern und aufeinander abzustimmen sind*, so dass ein reibungsloser Vertriebsprozess sichergestellt und Konflikte vermieden werden können (F 14). Eine wesentliche Ursache von Konflikten ist, dass Vertriebswege im Mehrkanalsystem oft in Konkurrenz- beziehungen zueinander stehen (vgl. Schögel/Tomczak 1995). Hersteller von Auto- mobilersatzteilen sehen sich beispielsweise mit einer neuen bedeutenden Abnehmer- gruppe konfrontiert: große, zentral geführte Fachmarkt- und Schnellreparaturketten, die zunehmend Marktanteile gewinnen. Bearbeitet ein Hersteller nun diese Ketten di- rekt, so stärkt er die Konkurrenz seiner bisher wichtigsten Absatzmittler – Großhänd- ler, Facheinzelhändler und freie Werkstätten. Entsprechende Konflikte mit den traditi- onellen Absatzmittlern treten zwangsläufig auf. Das Beispiel verdeutlicht, wie wichtig ein professionelles *Konfliktmanagement* in Mehrkanalsystemen ist. Zentrale Ansatz- punkte hierfür sind z. B.

▨ die eindeutige Aufgabenverteilung zwischen den einzelnen Vertriebswegen (vgl. die Coverage-Matrix in Tabelle 4-3),

▨ die offene Kommunikation der Ziele und Aufgaben der einzelnen Vertriebswege,

▨ die Berücksichtigung der Interessen der Vertriebswege bei Entscheidungen,

▨ die vertriebswegespezifische Preisgestaltung (z. B. unterschiedliche Preisniveaus/ Rabatt- und Bonusarten für die Vertriebswege) und

▨ die vertriebswegespezifische Markenführung (d. h. die Nutzung unterschiedlicher Marken für verschiedene Vertriebswege).

Eine wesentliche Voraussetzung für das Management von Mehrkanalsystemen ist, dass im Anbieterunternehmen die relevanten Informationen aus unterschiedlichen Vertriebswegen vorliegen. Dies ist vor allem dann von Bedeutung, wenn ein Kunde mit mehreren Vertriebswegen in Kontakt kommt. Beispielsweise muss ein Außendienstler über Call-Center-Kontakte der von ihm betreuten Kunden informiert sein. Die so genannte *Customer-Relationship-Management*-Software kann hierfür die informationstechnischen Voraussetzungen schaffen (vgl. Kapitel 16).

Im vierten Schritt erfolgt schließlich die *regelmäßige Kontrolle* des Mehrkanalsystems. Hierbei stehen folgende Aspekte im Mittelpunkt:

- Verhalten sich die Vertriebskanäle strategiekonform?

- Erfüllen die Vertriebskanäle die Absatzerwartungen?

- Erfüllen die Vertriebskanäle bei der Funktionserfüllung die Qualitätsansprüche?

- Greifen die eingesetzten Anreiz- und Koordinationsmechanismen?

- Welche Kosten und Erträge fallen in den einzelnen Vertriebskanälen an?

Die letzte Frage wird unserer Auffassung nach von vielen Anbietern vernachlässigt, die in den letzten Jahren zusätzliche Vertriebskanäle aufgebaut haben. Denn in nicht wenigen Fällen ließe sich die Effizienz des Mehrkanalsystems durch den weiteren Ausbau der neueren Kanäle steigern, sofern dieser Ausbau systematisch vorangetrieben würde. Da aber die notwendigen Informationen für Effizienzvergleiche verschiedener Kanäle nicht immer erhoben werden, bleibt eine systematische Effizienzverbesserung des Systems vielerorts aus.

Abbildung 4-4 verdeutlicht dies am Beispiel einer amerikanischen Fluggesellschaft, deren Mehrkanalsystem u. a. eigene Verkaufsbüros in Großstädten und Flughäfen, ein Call Center, die eigene Website sowie fremde Websites (Online-Reisebüros), selbstständige Reisebüros und verschiedene Zwischenhändler (Tour Operators, Consolidators) umfasst. Im Rahmen eines Projekts zur Konzeption eines Multi-Channel-Controllings wurden zunächst kanalspezifische Umsätze und Kosten erfasst und anschließend auf die Absatzmenge der jeweiligen Kanäle umgelegt.

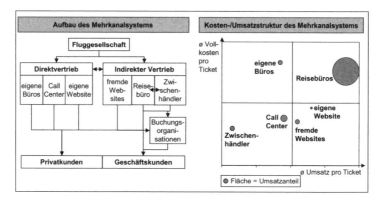

Abbildung 4-4: Kosten-/Ertragsstruktur des Mehrkanalsystems einer Fluggesellschaft

Historisch bedingt vereinten selbstständige Reisebüros immer noch den größten Umsatzanteil auf sich (angedeutet durch die Kreisgröße in Abbildung 4-4), verursachten aber auch hohe Kosten (vor allem für Kommissionen). In den letzten Jahren hinzugekommene Kanäle (Call Center, Websites) hatten zwar noch eine relativ geringe Umsatzbedeutung, waren aber aufgrund ihrer geringeren Kosten aus Sicht der Fluggesellschaft attraktiver. Darüber hinaus zeigte sich, dass die Kosten für den Verkauf über eigene Büros bedingt durch deren geringe Auslastung relativ hoch waren. Als Konsequenz wurde ein Maßnahmenplan erarbeitet, der sowohl Kostensenkungspotenziale erschließen als auch die Rolle des Direkt- und Online-Vertriebs signifikant stärken sollte (z. B. durch Sondertarife und Bonusmeilen für Internet-Buchungen).

Bisher haben wir die generellen Vor- und Nachteile des direkten bzw. indirekten Vertriebs sowie die Chancen und Probleme von Mehrkanalsystemen diskutiert. Im Folgenden wollen wir genauer auf die Gestaltung des *indirekten* Vertriebs eingehen. Hierbei sind vier wesentliche Fragestellungen zu beantworten:

- Nach welchen Kriterien erfolgt die Auswahl der Vertriebspartner (F 15)?

- Wie erfolgt die Funktionsverteilung zwischen Hersteller und Vertriebspartner (F 16)?

- Inwieweit wird ein Partnerschaftsansatz verfolgt (F 17)?

- Wie intensiv werden Push- bzw. Pull-Aktivitäten betrieben (F 18)?

Die Bedeutung der *Auswahl von Vertriebspartnern* ist vergleichbar mit der Auswahl neuer Mitarbeiter (F 15). Beide Gruppen leisten einen wesentlichen Beitrag zum Unternehmenserfolg. Die Wahrnehmung eines Herstellers durch die Kunden wird zudem entscheidend vom Marktauftritt der Vertriebspartner geprägt. Umso überraschender ist es, dass in vielen Unternehmen kein klares Anforderungsprofil für die Vertriebspartner existiert. In Abbildung 4-5 nennen wir mögliche Aspekte zur Entwicklung eines Anforderungsprofils.

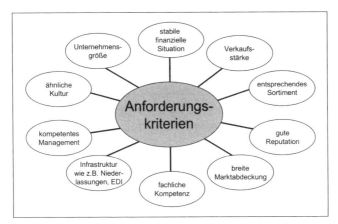

*Abbildung 4-5: Mögliche Aspekte bei der Auswahl von Vertriebs-
partnern*

Das Anforderungskriterium „ähnliche Geschäftsphilosophie/Kultur" beinhaltet z. B, dass Anbieter und Absatzmittler ähnliche Vorstellungen im Hinblick auf Dinge wie Kundenorientierung, Innovationsorientierung, Mitarbeiterführung usw. teilen sollten. In einer empirischen Studie im Maschinenbau haben Homburg/Schneider/Faßnacht (2003) herausgefunden, dass Hersteller und Händler deutlich besser zusammenarbeiten, je ähnlicher sie sich bezüglich solcher Aspekte sind. Darüber hinaus konnte ein indirekter Einfluss der Ähnlichkeit auf die Effektivität der Geschäftsbeziehung nachgewiesen werden.

Abbildung 4-6 zeigt ein Beispiel für ein Absatzmittler-Anforderungsprofil eines Herstellers für Bürokommunikationsanlagen.

- Unsere Vertriebspartner müssen finanziell in der Lage sein, adäquate Mengen unserer Produkte zu lagern und ihren finanziellen Verpflichtungen uns gegenüber und allen anderen Geschäftspartnern nachzukommen.

- Unsere Vertriebspartner müssen über eine gut integrierte Vertriebsorganisation verfügen, um unsere Produkte in den von uns gewünschten Regionen vertreiben zu können.

- Unsere Vertriebspartner müssen über ausreichende Lagerkapazitäten verfügen.
- Unsere Vertriebspartner müssen gewillt sein, aktiv an unseren Verkaufsaktivitäten teil-zunehmen, ihre Mitarbeiter kontinuierlich zu motivieren und den Verkauf unserer Pro-dukte aggressiv zu betreiben.
- Unsere Vertriebspartner müssen sich der Verantwortung uns gegenüber, aber auch unseren Endkunden gegenüber bewusst sein.
- Unsere Vertriebspartner müssen eine historische Stabilität in ihrem Sortiment aufweisen und über einen guten Ruf in ihrem Markt verfügen.
- Unsere Vertriebspartner müssen gewillt sein, aktiv in Verkaufsunterstützung zu investie-ren.

Abbildung 4-6: Anforderungsprofil an Vertriebspartner am Beispiel eines Herstellers von Bürokommunikationsanlagen

Eng verbunden mit der Auswahl der Vertriebspartner ist die Frage, ob ein Anbieter exklusiv, intensiv oder selektiv vertreiben möchte. Bei der *exklusiven Distribution* räumt der Anbieter ausgewählten Vertriebspartnern (meist jeweils für eine bestimmte Region) eine exklusives Vertriebsrecht ein. Im Gegenzug verpflichten sich die Vertriebspartner dazu, keine Wettbewerbsprodukte zu vertreiben. Die Vorteile dieser Vertriebsform liegen auf der Hand: exklusive Vermarktungsbemühungen, hohe Moti-vation und Qualifikation bei den Vertriebspartnern, gute Kontrolle des Anbieters über die Marktbearbeitung (z. B. Preissetzung, Verkaufsförderung, Service). Allerdings ist die Marktabdeckung des Anbieters und der eigene Handlungsspielraum z. B. beim Aufbau neuer Vertriebswege (Direktvertrieb via E-Commerce) bei dieser Vertriebs-form geringer als bei alternativen Formen. Probleme entstehen ferner, wenn Vertriebs-partner aufgrund geographischer Expansionsbestrebungen in die Vertriebsbereiche anderer Exklusivpartner eindringen.

Das Gegenstück zur exklusiven Distribution ist die *intensive Distribution*. Bei ihr be-stehen meist nur geringe Mindestanforderungen an Vertriebspartner. Der Anbieter will die umfassende Präsenz seiner Produkte im Markt („Ubiquität") sicher stellen und den Kunden größtmögliche „Convenience" bei der Beschaffung ermöglichen. Dem Vorteil der Ubiquität steht allerdings der Nachteil der nur geringen Kontrolle über die Ver-marktung der eigenen Produkte entgegen. Auch der Fit zwischen Strategie und Image von Anbieter und Vertriebspartner kann nur bedingt gewährleistet werden. Zudem birgt diese Vertriebsform hohe Konfliktpotenziale in sich, da die verschiedenen Ver-triebspartner unter Umständen direkte Konkurrenten sind. In vielen Fällen kann dies einen entsprechend hohen Koordinationsaufwand für den Anbieter mit sich bringen.

Quasi zwischen den beiden zuvor genannten Alternativen liegt die *selektive Distribution*. In diesem Fall müssen Vertriebspartner ein klar definiertes Anforderungsprofil erfüllen. Zu ausgewählten Vertriebspartnern werden enge Geschäftsbeziehungen aufgebaut. Somit ist eine relativ gute Kontrolle über die Vermarktung bei angemessener Marktabdeckung möglich.

Das zweite grundlegende Entscheidungsfeld bei der Gestaltung eines indirekten Vertriebsweges betrifft die *Funktionsverteilung zwischen Anbieter und Vertriebspartner* (F 16). Hier wird festgelegt, in welchem Umfang Anbieter oder Vertriebspartner einzelne Funktionen entlang der Wertschöpfungskette übernehmen. Eine Auflistung der hierbei relevanten Funktionen ist in Abbildung 4-7 dargestellt.

Eine klar definierte Funktionsverteilung ist u. a. auch deshalb so wichtig, weil sie erhebliche Auswirkungen auf die angemessene Handelsmarge hat. Idealerweise sollte sich die Marge der Vertriebspartner an den von ihnen übernommenen Funktionen orientieren. Dahinter steht eine einfache Logik: Funktionen, die die Vertriebspartner wirtschaftlicher erfüllen können als der Anbieter, sollten an die Vertriebspartner übertragen werden. Die Kostenersparnis des Anbieters sollte dann in die Festsetzung der Marge der Vertriebspartner einfließen.

Gespräche mit Unternehmen in zahlreichen Branchen haben uns immer wieder bestätigt, dass die systematische Verteilung von Funktionen in der Praxis stark vernachlässigt wird. In vielen Fällen steht die Marge der Händler in keiner Relation zu den Funktionen, die sie für die Hersteller übernehmen. Abbildung 4-7 verdeutlicht diese Problematik: In einer Studie im Maschinenbau haben wir die Aufgabenverteilung zwischen Hersteller und Vertriebspartner ermittelt. Das Bild ist eindeutig: Viele Aufgaben nach Kaufabschluss fallen den Herstellern zu. Beispielsweise gaben 60 % der Befragten an, dass die Lagerhaltung meistens vom Hersteller übernommen wird.

Besondere Aktualität erfährt das Thema Funktionenverteilung zurzeit in der Konsumgüterindustrie. Vertriebsmanager aus dieser Branche beobachten mit Sorge, dass der Handel verstärkt versucht, die Logistikfunktion der Hersteller zu übernehmen. Die zunehmende Einrichtung von Zentrallägern des Handels ist hierfür nur ein Indiz.

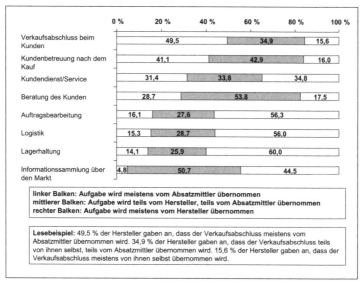

Abbildung 4-7: Die Funktionsverteilung zwischen Absatzmittlern und Herstellern im Maschinenbau (vgl. Homburg/ Schneider 2000a)

Als Resultat befürchten die Hersteller noch schmerzlichere Konditionenforderungen durch den Handel als bisher. Doch selbst wenn die Übertragung bestimmter Logistik-aktivitäten betriebswirtschaftlich effizient sein mag, steht das Misstrauen der Beteilig-ten einer fairen Lösung dieses Verteilungskonfliktes oftmals im Wege.

Schließlich muss die Vertriebsstrategie die Basis der Zusammenarbeit zwischen Her-steller und Vertriebspartner definieren. Im Kern geht es dabei um die Frage, *inwieweit der Hersteller mit seinen Vertriebspartnern kooperiert und eine partnerschaftliche Beziehung anstrebt (F 17).* Ein Blick in die Praxis zeigt, dass Geschäftsbeziehungen heute noch vielfach von Konflikten dominiert werden, die aus Interessenunterschieden resultieren (vgl. Homburg/Schneider 2000a). Tabelle 4-4 zeigt ausgewählte divergie-rende Hersteller- und Handelsinteressen, die häufige Ursachen von Konflikten sind.

Tabelle 4-4: Typische Interessengegensätze zwischen Hersteller und Handel (in Anlehnung an Winkelmann 2002, S. 316)

Herstellerinteressen	⇔	Handelsinteressen
Listung aller neuen Produkte durch den Handel	⇔	Bevorzugte Listung von „Renner-Produkten"
Dominanz des Herstellermarken-Images	⇔	Dominanz des Handelsmarken-Images
Distribution des gesamten Produktprogramms	⇔	Zielgruppenbezogene Sortimentsgestaltung
Kontinuität der Absatzmengen	⇔	Flexibilität der Bestellmengen
Fertigungsoptimale Höhe der Bestellmengen	⇔	Regalfüllende Höhe der Bestellmengen
Mindestbestellmengen	⇔	Flexible Nachordermöglichkeit
Preisprobleme zu Lasten der Handelsspanne	⇔	Preisprobleme zu Lasten der Einkaufspreise
Vermeidung von Warenrücknahmen	⇔	Rückgaberecht für Lagerware
Übernahme der Abverkaufsrisiken durch den Handel	⇔	Übernahme der Abverkaufsrisiken durch den Hersteller
Bevorzugte Regalplatzierung eigener Produkte	⇔	Sortimentsgerechte Warenplatzierungen
Mitgestaltung des Marktauftritts am PoS	⇔	Eigenständige Konzeption des Marktauftritts am PoS
Speziell in Industriegütermärkten		
Hohe Servicekompetenz im Handel	⇔	Serviceverantwortung beim Hersteller
Respektierung von Verkaufsgebietsgrenzen	⇔	Nichtexistenz von Verkaufsgebietsgrenzen
Gemeinsame strategische Marktplanung	⇔	Planungsautonomie

Häufig auftretende Konfliktfelder sind somit z. B.

- die Marge des Händlers,

- der parallele Direktvertrieb des Anbieters,

- die Preispolitik des Händlers,

- die Verkaufsunterstützung des Händlers für die Produkte des Anbieters im Vergleich zur Unterstützung von Wettbewerbsprodukten,

- die Unterstützung der Serviceaktivitäten des Händlers durch den Anbieter und

- die Weitergabe von Marktinformationen durch den Händler.

Obwohl Konflikte in einer Geschäftsbeziehung nie vollständig zu vermeiden sind, sollte ihr Ausmaß möglichst gering gehalten werden (vgl. Ahlert 1996, Specht 1998). Eine Erfolg versprechende Strategie ist das Partnerschaftsmodell, in dessen Kern die Kooperation zwischen Anbieter und Vertriebspartner steht. Kooperation bedeutet die gegenseitige Unterstützung und Abstimmung von Aktivitäten in einer Geschäftsbeziehung, um gemeinsame Ziele zu erreichen. Zwischen Anbietern und Vertriebspartnern sind z. B. folgende Kooperationsfelder denkbar:

▪ *Produkte:* Vertriebspartner werden in den Produktentwicklungsprozess einbezogen, können ihre Erfahrungen und ihr Wissen über Marktentwicklungen und Kundenwünsche einbringen. Aus Sicht des Anbieters ist das Ziel, von Anfang an das Commitment des Vertriebspartners für die neuen Produkte zu gewinnen.

▪ *Sortiment:* Vertriebspartner werden an Entscheidungen über die Zusammensetzung des Sortiments beteiligt. Sie können ihre eigenen Wünsche einbringen, aber auch im Hinblick auf Kundenwünsche beratend zur Seite stehen.

▪ *Prozessoptimierung:* Anbieter und Vertriebspartner versuchen, durch verbessertes Schnittstellenmanagement oder mit Hilfe von Warenwirtschaftssystemen, Prozesse z. B. in der Auftragsbearbeitung oder Distributionslogistik effizienter zu gestalten.

▪ *Gestaltung des vertikalen Marketing:* Anbieter und Vertriebspartner koordinieren gemeinsam die marktgerichteten Unternehmensaktivitäten über alle Vertriebsstufen hinweg. Für dieses Kooperationsfeld findet man Beispiele im Konsumgüterbereich. Im Rahmen des Category Management stimmen Händler und Anbieter ihre Marktbearbeitungsaktivitäten (z. B. bei der Verkaufsförderung) aufeinander ab.

Grundsätzlich lassen sich die Kooperationsformen anhand von zwei Dimensionen beschreiben: der Kommunikation zwischen Anbieter und Vertriebspartner und der Einbindung (Partizipation) des Vertriebspartners in die Entscheidungsfindung des Anbieters. Je nachdem, wie stark die beiden Dimensionen ausgeprägt sind, lassen sich vier grundsätzliche Kooperationsstrategien unterscheiden (vgl. Abbildung 4-8).

Die *Transaktionsbeziehung* ist dadurch gekennzeichnet, dass die Vertriebspartner nur wenig in Entscheidungen einbezogen werden und Kommunikation kaum über das absolut notwendige Maß hinausgeht. Gegenstand der Beziehung ist primär der Austausch von Leistung und Gegenleistung. Transaktionsbeziehungen bestehen häufig zu weniger bedeutenden Vertriebspartnern, die dem Anbieter über den Vertrieb seiner Produkte hinaus kaum zusätzlichen Nutzen (wie z. B. Markt- oder Kunden-Know-how) liefern.

In einer *Machtbeziehung* partizipieren die Vertriebspartner an Entscheidungen des Anbieters, es wird aber nur wenig kommuniziert. Typischerweise liegen dann einseitige Machtbeziehungen vor. Ein sehr mächtiger Händler kann aktiv in die Entscheidungsprozesse beim Anbieter eingreifen.

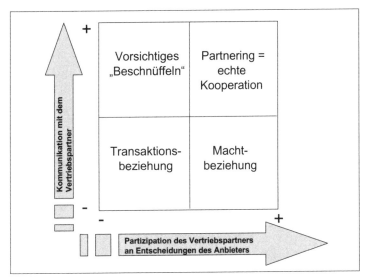

Abbildung 4-8: Die Kooperationsmatrix

Das *vorsichtige „Beschnüffeln"* ist ein Vorstadium auf dem Weg zu einer echten Kooperation. Man tauscht zwar schon intensiv Informationen aus. Allerdings lässt der
Anbieter den Vertriebspartner noch nicht an den eigenen Entscheidungen partizipieren.

Die *echte Kooperation* bzw. das *Partnering* ist durch hohe Kommunikationsintensität
und intensive Partizipation der Vertriebspartner an den Entscheidungen gekennzeichnet. Die Partner versuchen, den Nutzen der Vertriebsbeziehung für beide Seiten zu
maximieren. Dabei werden auch strategische Entscheidungen gemeinsam getroffen.
Im Extremfall legen beide Seiten z. B. ihre Kostenstrukturen offen, um gemeinsam
über Preise und Konditionen zu entscheiden. Es versteht sich, dass hier eine breite
Vertrauensbasis bestehen muss. Hersteller profitieren von derartigen Kooperationen in
nicht unerheblichem Maße. So erhöht sich das Commitment ihrer Vertriebspartner zur
Geschäftsbeziehung nachweislich, die Gefahr des Opportunismus sinkt (vgl. Schneider 2001, Homburg/Schneider/Faßnacht 2003). Auch die Markteinführung neuer Produkte ist unter diesen Rahmenbedingungen sehr viel erfolgreicher.

Die intensive Kooperation mit den Vertriebspartnern kann einem Anbieter viel nutzen,
führt aber nicht zu „ehe-ähnlichen" Verhältnissen. Anbieter müssen darauf achten,
nicht in eine zu große Abhängigkeit von ihren Vertriebspartnern zu geraten. Es ist daher bedenklich, die Aktivitäten der Marktbearbeitung zu stark auf die unmittelbar nächste Stufe im Vertriebskanal zu fokussieren. Aktivitäten eines Anbieters, die auf die

nächstgelagerte Vertriebsstufe ausgerichtet sind, bezeichnet man als *Push-Aktivitäten*. Beispielhaft seien Konditionensysteme für Händler, die starke Anreize für Verkaufs-erfolge setzen, sowie handelsgerichtete Verkaufsförderungsmaßnahmen genannt. Im Gegensatz dazu setzen *Pull-Aktivitäten* an den nachgelagerten Vertriebsstufen an. Ziel einer Pull-Strategie ist es beispielsweise, die Nachfrage bei den Endkunden zu stimu-lieren, die dann die Produkte des Anbieters bei den Händlern anfordern. Auf diese Weise entsteht ein Nachfragesog, der die Produkte „durch den Vertriebskanal zieht". Viele Unternehmen starten z. B. Werbekampagnen für ein neues Produkt, obwohl die-ses noch gar nicht auf dem Markt ist. Die Händler sehen sich im Idealfall aufgrund der Nachfrage gezwungen, das Produkt in ihr Sortiment aufzunehmen.

Eine grundsätzliche Frage im Rahmen der Vertriebsstrategie bezieht sich darauf, *in-wieweit ein Anbieter Push- bzw. Pull-Aktivitäten betreibt* (F 18). Die intensive Nut-zung einer Pull-Strategie – z. B. über den Aufbau starker Marken – erscheint vor allem dann angebracht, wenn sich ein Hersteller mit mächtigen Absatzmittlern konfrontiert sieht, die ihn ohne den Pull-Effekt unter starken Konditionendruck setzen würden. In der Praxis trifft man nur selten auf eine reine Push- bzw. Pull-Strategie. Die Heraus-forderung besteht darin, die richtige Gewichtung für den gleichzeitigen Einsatz dieser beiden Marktbearbeitungsformen zu finden.

5. Preispolitik – Der Preis ist heiß ...

Vertriebsstrategie und Preispolitik stehen in engem Zusammenhang. Wenn beispielsweise der Markt mit Hilfe einer Niedrigpreisstrategie durchdrungen werden soll, müssen Vertriebspartner gefunden werden, die diese Strategie unterstützen. Die Preisbildung wirkt auch auf das für die Vertriebsarbeit so wichtige Produkt- oder Firmenimage. Eine exzellente Vertriebsstrategie muss im Hinblick auf die Preispolitik folgende Fragestellungen beantworten:

F 19: Welche Preispositionierung strebt das Unternehmen an?

F 20: Falls indirekt vertrieben wird: Inwiefern nimmt ein Unternehmen Einfluss auf die Preispositionierung der Absatzmittler gegenüber ihren Kunden?

F 21: Wie stark gewichtet ein Anbieter bei der Preisbildung Kosten, Wettbewerbspreise bzw. Kundennutzen?

F 22: Inwieweit wird Preisdifferenzierung betrieben?

F 23: Nach welchen Kriterien wird die Preisdifferenzierung durchgeführt?

F 24: Werden Serviceleistungen separat verpreist?

F 25: Anhand welcher Kriterien werden Rabatte und Boni vergeben?

F 26: Inwieweit werden zeitlich begrenzte Preisaktionen durchgeführt?

F 27: Inwieweit beteiligt sich das Unternehmen an Ausschreibungen von Kunden im Internet („Reversed Auctions")?

F 28: Inwieweit strebt das Unternehmen eine länderübergreifende Preisharmonisierung an?

Den Abschluss des Kapitels bildet ein Exkurs zu den Erfolgsfaktoren von „Pricing-Profi"-Unternehmen, die es schaffen, auch im schwierigen Marktumfeld parallel Preise und Umsätze zu steigern.

5.1   Preispositionierung – Die grundsätzliche Stoßrichtung

Im Rahmen der Preispositionierung muss ein Anbieter das Preis-Leistungs-Verhältnis festlegen (F 19). Der schraffierte Bereich in Abbildung 5-1 kennzeichnet eine konsistente Positionierung, wobei relativer Preis und relative Leistung (jeweils relativ zur Konkurrenz) einander etwa entsprechen. In der Praxis stößt man häufig auf Preispositionierungen, die sich in diesem Band bewegen (vgl. Simon 1992). Am häufigsten sind dabei

- die Premium-Strategie,

- die Mittelklasse-Strategie und

- die Economy-Strategie

anzutreffen. In bestimmten Situationen (z. B. beim Markteintritt eines Unternehmens oder beim Ausbau des bestehenden Marktanteils) wählen Unternehmen jedoch häufig eine Positionierung, die einen niedrigen relativen Preis mit einer mittleren oder hohen relativen Leistung verbindet. Beispielsweise haben japanische Automobilhersteller beim Eintritt in den deutschen Markt ein besonders günstiges Preis-Leistungs-Verhältnis angeboten. Häufig vermarkten Unternehmen auch verschiedene Marken mit unterschiedlicher Preispositionierung.

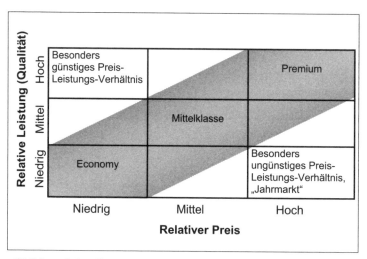

Abbildung 5-1:   Alternative Strategien im Rahmen der Preis-
positionierung (vgl. Simon 1992)

Die Entscheidung über die Preispositionierung determiniert auch in hohem Maß die Wahl der Vertriebspartner: Ein Hersteller mit einer Premium-Strategie wird kaum über einen Discounter vertreiben wollen.

Im Anschluss an diese Auswahlentscheidung stellt sich im Rahmen der Vertriebsstrategie die Frage, *inwiefern ein Hersteller die Preispositionierung und damit letztlich auch die Preisgestaltung seiner Händler gegenüber deren Kunden beeinflussen will* (F 20). Für eine intensive Einflussnahme kann z. B. die Durchsetzung eines bestimmten Images sprechen.

Allerdings erschweren gesetzliche Regelungen oft eine solche Einflussnahme. Zulässig ist allerdings die Verteilung von Preislisten an Endkunden, um so eine gewisse Preispositionierung zu kommunizieren. Einen anderen Ansatz verfolgt ein führender Hersteller von Gartenzubehör: Er stellt seinen Händlern die Gründe für die eigene Preisbildung dar und erläutert, welche Vorteile beide Seiten von einer bestimmten Preispolitik gegenüber dem Endkunden haben (z. B. die Kostendeckung von Serviceleistungen oder der Lagerhaltung).

5.2 Kosten, Wettbewerb, Kundennutzen – Die Grundlagen der Preisbildung

An die Entscheidung über die grundlegende Preispositionierung schließt sich im folgenden Schritt die Frage an, *auf welchen Grundlagen die Preisbildung wie stark basiert* (F 21). Grundsätzlich existieren in diesem Zusammenhang drei Vorgehensweisen:

- das Cost-Based Pricing,
- das Competitive-Based Pricing und
- das Value-Based Pricing.

Beim *Cost-Based Pricing* bilden die Kosten der Leistungserstellung die Grundlage der Preissetzung. Der Preis wird so gesetzt, dass bei sorgfältiger Umlegung aller Kosten ein angemessener Gewinn erzielt wird. Diese Methode weist zum einen den Vorteil der einfachen Anwendbarkeit auf. Zum anderen sind auch die benötigten Kosteninformationen in vielen Unternehmen hinlänglich genau vorhanden. Allerdings enthält diese Methode einen grundsätzlichen Denkfehler: Um die Vollkosten eines Produktes ermitteln zu können, benötigt man die Absatzmenge des Produktes (wegen der Berechnung der anteiligen Fixkosten). Diese hängt aber wiederum vom Preis ab. Wer also den Preis aus den Kosten ableitet, vollzieht im Grunde einen Zirkelschluss. Ein weiterer zentraler Schwachpunkt dieses Ansatzes liegt darin, dass Marktaspekte nicht berücksichtigt werden. Die Kosten des Anbieters interessieren den Markt im Grunde nicht. Diese Vernachlässigung von Marktaspekten kann insbesondere dazu führen, dass die vorhandene Zahlungsbereitschaft beim Kunden, die möglicherweise deutlich über dem aus den Selbstkosten abgeleiteten Preis liegt, nicht ausgeschöpft wird.

Beim *Competitive-Based Pricing* orientiert man sich im Wesentlichen am Preisniveau der Wettbewerber. Im Extremfall betrachten Unternehmen den Preis sogar als ein vom Wettbewerb gesetztes Datum. Natürlich muss sich die Preissetzung in gewissem Umfang an Wettbewerbspreisen orientieren. Allerdings birgt eine zu starke Wettbewerbsorientierung der Preisbildung deutliche Risiken: Zum einen besteht die Gefahr, dass Unternehmen gewissermaßen automatisch in Preiskriege hinein rutschen. Zum anderen fördert ein solcher Ansatz Denkmechanismen im Unternehmen, die die Leistungsdifferenzierung vom Wettbewerb in den Hintergrund drängen. Aussagen wie „Unsere Produkte sind Commodities und werden im Wesentlichen über den Preis verkauft" sind Indikatoren einer solchen Fehlentwicklung.

Beim *Value-Based Pricing* bestimmt der Wert bzw. der Nutzen der Leistung für den Kunden den Preis, d. h. die Preisbildung orientiert sich primär an der Zahlungsbereitschaft des Kunden. Das Value-Based Pricing kann zu höheren Preisen als das Cost-Based Pricing führen. Beispielsweise ermittelte ein Anbieter von Facility-Management-Dienstleistungen für ein Dienstleistungspaket, das einem bestimmten Kunden angeboten wurde, Selbstkosten von 280.000 Euro pro Jahr. Im Rahmen eines Cost-Based Pricing würde man also z. B. einen Preis in der Größenordnung von 300.000 Euro anbieten. Durch weiter gehende Analysen fand der Dienstleister allerdings heraus, dass der potenzielle Kunde die relevanten Leistungen bisher in Eigenregie erbrachte, was aufgrund niedriger Effizienz mit Kosten von ca. 500.000 Euro verbunden war. Vor diesem Hintergrund kann unter Anwendung des Value-Based Pricing ein deutlich höherer Preis als 300.000 Euro realisiert werden.

Im obigen Beispiel war die Ermittlung des monetären Wertes der Leistung für den Anbieter recht einfach. Dies ist jedoch gerade im Privatkundengeschäft häufig nicht der Fall. Außerdem stellt sich oft nicht die Frage nach dem Wert der gesamten Leistung, sondern die nach dem Wert einzelner Leistungsmerkmale. Eine Methode, die hier hilfreich sein kann, ist die *Conjoint-Analyse*.

Es handelt sich hierbei um eine Methode, die den Nutzen, den ein Kunde mit einer Leistung verbindet, auf einzelne Leistungsmerkmale herunterbricht. Eine Leistung wird also durch eine begrenzte Zahl von relevanten Merkmalen und dazugehörigen

Merkmalsausprägungen beschrieben. Auf der Basis von Kundenbefragungen sowie einer multivariaten statistischen Methode liefert die Conjoint-Analyse Teilnutzenwerte für alle Merkmalsausprägungen (für Einzelheiten vgl. Homburg/Krohmer 2003). In Abbildung 5-2 ist das Ergebnis einer solchen Conjoint-Analyse am Beispiel eines Laptops dargestellt. Potenzielle Käufer wurden u. a. danach befragt, wie sie unterschiedliche Kombinationen von Preis, Prozessorleistung des Rechners und Reparaturdauer bewerten. Aus den Bewertungen wurden dann mit Hilfe der Conjoint-Analyse so genannte Nutzenwertdiagramme abgeleitet, die ausdrücken, welchen Teilnutzen die Kunden den einzelnen Ausprägungen der Merkmale beimessen.

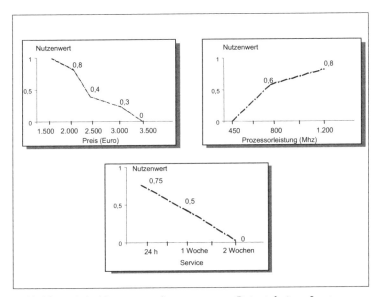

Abbildung 5-2: Nutzenwertdiagramme am Beispiel eines Laptops

Aus den dargestellten Nutzenwertdiagrammen lässt sich z. B. ablesen, dass eine Preissteigerung von 2.000 Euro auf 2.500 Euro für Kunden mit einem erheblichen Nutzenrückgang verbunden ist. Aus Kundensicht scheint der Preis von 2.000 Euro somit eine „Preisschwelle" darzustellen, d. h. dass bei einem Preis von mehr als 2.000 Euro die Marktakzeptanz des Laptops deutlich nachlässt.

Weitere Informationen können bezüglich der Preisbereitschaft für bestimmte Designaspekte gewonnen werden. Beispielsweise wird die Steigerung der Prozessorleistung von 800 auf 1 200 MHz durch die Kunden mit einem Nutzengewinn von 0,2 (= 0,8-

0,6) bewertet. Allerdings würde eine solche technische Verbesserung des Gerätes aus Kostengründen zu einer Preissteigerung von 2 000 Euro auf 2 500 Euro führen. Dem Nutzengewinn von 0,2 durch die höhere Prozessorleistung steht somit ein Nutzenrückgang durch die Preiserhöhung von 0,4 (= 0,8-0,4) gegenüber. Es liegt die Vermutung nahe, dass die Kunden nicht bereit sein werden, für eine solche technische Verbesserung des Laptops entsprechend zu bezahlen.

Eine allgemein gültige Empfehlung darüber, welcher der vorgestellten Ansätze zur Preisbildung gewählt werden sollte, ist nicht möglich. Letztlich kann keiner der Ansätze in Reinkultur praktiziert werden. Der Preis wird sich immer aus einer Mischung der Ergebnisse der drei Ansätze Cost-Based Pricing, Competitive-Based Pricing und Value-Based Pricing ergeben. Wir haben allerdings vielfach beobachtet, dass gerade das Value-Based Pricing untergewichtet wird. In vielen Unternehmen ist der wirkliche Wert der eigenen Leistungen für den Kunden immer noch unbekannt. Dementsprechend werden vorhandene Zahlungsbereitschaften nicht ausgeschöpft, viel Geld wird verschenkt.

5.3   Preisdifferenzierung – Jedem das Seine?

Die *Entscheidung über das Ausmaß der Preisdifferenzierung* (F 22) ist wohl diejenige im Preisbereich, mit der sich viele Unternehmen am schwersten tun (vgl. Homburg/Jensen/Schuppar 2004). Mit Preisdifferenzierung bezeichnen wir den Sachverhalt, dass (nahezu) identische Leistungen an verschiedene Kunden zu unterschiedlichen Preisen vermarktet werden. In gewissem Umfang betreibt jedes Unternehmen mehr oder weniger bewusst Preisdifferenzierung. Hinter der Preisdifferenzierung steht die Tatsache, dass verschiedene Kunden(gruppen) in der Regel unterschiedliche Zahlungsbereitschaften für eine Leistung haben. Je stärker differenziert wird, desto besser lassen sich diese unterschiedlichen Zahlungsbereitschaften abschöpfen. Es ist mittlerweile bekannt, dass durch intelligente Preisdifferenzierung die Profitabilität von Unternehmen nachhaltig gesteigert werden kann. Diesem wirtschaftlichen Vorteil der Preisdifferenzierung stehen allerdings auch erhebliche Risiken gegenüber: Erstens besteht die Gefahr der Nachfrageverlagerung von Hochpreis- in Niedrigpreissegmente. Entscheidend ist in diesem Zusammenhang, wie gut die Segmente voneinander abgegrenzt werden können. Zweitens kann durch die Kommunikation zwischen Kunden verschiedener Preissegmente erhebliche Verärgerung unter den Kunden entstehen. Ein drittes Problem, das ebenfalls nicht unterschätzt werden sollte, ist die mit einem differenzierten Preissystem verbundene Komplexität.

Diese Vor- und Nachteile muss jedes Unternehmen für sich gegeneinander abwägen. In jedem Fall ist die Frage nach dem Ausmaß der Preisdifferenzierung strategischer Art und darf in einer Vertriebsstrategie, die diesen Namen verdient, nicht unbeantwortet bleiben (vgl. auch Homburg/Jensen/Schuppar 2004). Wie breit das Spektrum möglicher Antworten auf diese Frage sein kann, verdeutlicht die Tatsache, dass innerhalb derselben Branche bisweilen das gesamte Spektrum zwischen den beiden Extrempunkten auftritt. So gibt es Hotels, die in sehr hohem Maße auf Preisdifferenzierung zurückgreifen, und solche, die den Kunden Einheitspreise garantieren.

Neben der grundsätzlichen Entscheidung über das Ausmaß der Preisdifferenzierung sind auch die *Kriterien* festzulegen, *anhand derer differenziert wird* (F 23). Im Wesentlichen haben Unternehmen die Wahl zwischen den folgenden Möglichkeiten:

- *Differenzierung nach Kundenmerkmalen* (z. B. Alter, Beruf, Kundentreue, Status des Kunden, wirtschaftliche Bedeutung des Kunden),

- *Differenzierung nach Regionen* (z. B. Preisunterschiede zwischen Ländern),

- *Differenzierung nach Produkt- und Serviceeigenschaften* (z. B. Qualität, Leistung, Beschaffenheit und Design),

- *Differenzierung nach Vertriebskanälen* (z. B. Preisnachlässe bei Kauf über das Internet),

- *zeitliche Differenzierung* (z. B. Spitzenlasttarife) sowie

- *Differenzierung nach der Kaufmenge* (z. B. Mengenrabatte).

Ein Sonderfall der Preisdifferenzierung ist die *Preisbündelung*, die im Mehrproduktfall angewendet werden kann. Jedes Unternehmen, das verschiedene, sich möglicherweise ergänzende Leistungen anbietet, steht vor der Entscheidung, diese jeweils zu separaten Preisen oder im Bündel zu einem speziellen Bündelpreis anzubieten. Meistens, aber nicht zwangsläufig, ist der Bündelpreis geringer als die Summe der Einzelpreise. Wird nur das Bündel angeboten, spricht man von reiner Preisbündelung. Besteht dagegen zusätzlich die Möglichkeit, die einzelnen Produkte separat zu kaufen, sprechen wir von gemischter Preisbündelung (vgl. Simon 1992). Ziel der Preisbündelung ist die maximale Abschöpfung unterschiedlicher Zahlungsbereitschaften von Kunden für unterschiedliche Produkte (Herrmann/Huber/Coulter 1999). Ein Beispiel soll dies verdeutlichen (vgl. Abbildung 5-3).

Ein Anbieter verkauft zwei Produkte (A und B) zu einem Preis von 20 bzw. 30 Euro, für die zwei Kunden (1 und 2) unterschiedliche Zahlungsbereitschaften aufweisen. Aufgrund dieser Zahlungsbereitschaften wird Produkt A in der Ausgangssituation

(Verkauf der Einzelprodukte) lediglich von Kunde 2 und Produkt B lediglich von
Kunde 1 bezogen, was zu einem realisierten Umsatz von 50 Euro führt. Würde der
Anbieter im Rahmen der Preisbündelung ein Paket mit Produkt A und B zu einem
Bündelpreis von z. B. 45 Euro vertreiben, könnte er durch die verbesserte Abschöp-
fung der kumulierten Zahlungsbereitschaften für die beiden Produkte seinen Umsatz
auf 90 Euro steigern.

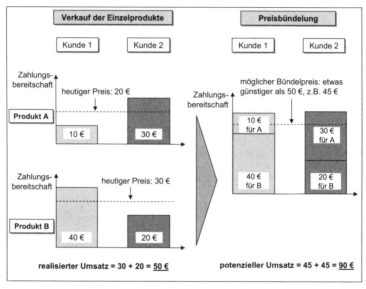

Abbildung 5-3: Beispiel zur Illustration der Preisbündelung

Preisbündelung wird in vielen Branchen praktiziert. Beispielhaft seien hier der Hard-
und Softwarebereich oder der Mobilfunkbereich genannt. Insbesondere für Unternehmen, die sich als Systemanbieter profilieren wollen, stellt sich die Frage, inwieweit
verschiedene Systemkomponenten über die Preisbündelung vermarktet werden sollen.

Darüber hinaus konnten wir beobachten, dass immer mehr Anbieter die Preisbündelung nutzen, um dem zunehmenden Preisdruck von Abnehmerseite zu begegnen. Eine
intelligente Preisgestaltung kann sich hierbei dadurch auszeichnen, dass dem Kunden
statt simpler Rabatte für einzelne Produkte attraktive Bündelangebote unterbreitet
werden. Diese Vorgehensweise kann sinnvoll sein, wenn ein Anbieter durch die Ein-
kaufsmacht einzelner Kunden zu preislichen Konzessionen gezwungen ist, aber die
Preiswahrnehmung für bestimmte Produkte nicht durch offene Preiszugeständnisse
verwässern will.

Die Frage, inwieweit Preisbündelung betrieben werden soll, stellt sich auch für produzierende Unternehmen, die ihr Leistungsangebot zunehmend um *Dienstleistungen* anreichern. Solche Services können produktbezogen (z. B. technische Wartung) oder personenbezogen (z. B. Schulungen) sein. Im Hinblick auf das Angebot dieser Services muss deshalb in der Vertriebsstrategie festgelegt werden, *wie die Preisbildung hierfür erfolgen soll* (F 24). Hier bestehen grundsätzlich zwei Möglichkeiten:

■ *separate Verpreisung:* Dienstleistungen werden wie eigenständige Produkte betrachtet und gesondert verpreist.

■ *Preisbündelung:* Dienstleistungen werden zusammen mit Produkten als Bündel angeboten.

Überraschend ist, wie gering derzeit die Professionalität bei der Preisbildung für zusätzliche Dienstleistungen vielerorts ist. So ergab z. B. eine Studie in der chemischen Industrie, dass die wenigsten Anbieter fortschrittliche Methoden wie die Conjoint-Analyse für die Preisbildung bei Services nutzen (vgl. Abbildung 5-4). Die meisten Unternehmen bestimmen die Preise für ihre Dienstleistungen immer noch regelmäßig durch bloße Wettbewerbsvergleiche.

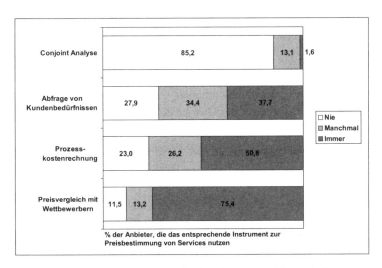

Abbildung 5-4: Nutzung von Methoden der Preisbildung für Dienstleistungen in der chemischen Industrie (vgl. Prof. Homburg & Partner)

Wir mussten darüber hinaus beobachten, dass insbesondere im Industriegüterbereich Dienstleistungen häufig kostenlos angeboten werden. Oft dominiert das Motto: „Wir verkaufen Maschinen und keine Dienstleistungen". Dabei wird das Gewinnpotenzial durch Cross-Selling von Dienstleistungen häufig unterschätzt (vgl. Homburg/Schäfer 2002, Schäfer 2002). Nicht selten fehlt es den Unternehmen auch an der notwendigen Kreativität, um Serviceleistungen gegenüber den Kunden als deutlichen Mehrwert zu positionieren. Und selbst wenn derartige Services Kunden nicht in Rechnung gestellt werden, kann zumindest der Ausweis ihres üblichen Preises auf der Rechnung den Wert dieser „Geschenke" eindrucksvoll illustrieren.

Die Entscheidung für die Verpreisung von Dienstleistungen ist nur *eine* Maßnahme, um den „Dienst am Kunden" aus seinem Schattendasein zu befreien. Wir werden uns mit dem Thema „Value-Added Services" in Kapitel 19 noch näher befassen.

5.4 Rabatt- und Konditionenpolitik – Der Fluch der Preistreppe

Eng verbunden mit der Preisdifferenzierung ist die Frage der Rabatt- und Bonusvergabe. Wir mussten in diesem Zusammenhang in vielen Unternehmen beobachten, dass die Preisdisziplin nur als mangelhaft bezeichnet werden kann. Hierfür lassen sich mehrere Gründe anführen:

- Oft ist die Frage der *Preis-/Rabatthoheit* nicht hinreichend geklärt. Viele Funktionsbereiche treffen – häufig unkoordiniert – Entscheidungen, die den realisierten Netto-Preis beeinflussen (z. B. der Vertrieb durch Rabattvergabe, der Kundendienst durch Anerkennung von Reklamationen, die Logistik durch Bestimmung von Lieferfrachten oder die Buchhaltung durch Festsetzung von Zahlungszielen). Insbesondere dezentrale Vertriebseinheiten (Außendienst, Landesvertriebsgesellschaften etc.) arbeiten bei der Preisstellung oft recht autonom. Nur selten existiert dagegen ein zentrales Gremium, das die finale Entscheidungsbefugnis bzw. ein Vetorecht bei Preis-/Rabattentscheidungen anderer Bereiche besitzt.

- Ferner sind nur in den wenigsten Unternehmen *Prozesse und Messverfahren* definiert, mit denen die Netto-Preisrealisierung des Unternehmens sowie preisrelevante Marktentwicklungen laufend verfolgt werden. Vielmehr werden Preis- und Rabattentscheidungen zu oft auf Basis unzureichender Informationen getroffen – es dominiert das Bauchgefühl, dass „wir viel teurer sind als der Wettbewerb".

▓ Schließlich untergraben oft die genutzten *Anreizsysteme* die Preisdisziplin. Verkäufer, deren Leistung z. B. rein umsatzbasiert gemessen wird, geraten nur allzu leicht in Versuchung, ihre Zielvorgaben mit Hilfe von hohen Rabatten zu erfüllen.

Als Resultat werden Rabatte und Boni häufig willkürlich und ohne strategische Orientierung vergeben: „Unsere Verkäufer betrachten Preise nur als lästigen Zwang, Rabatte hingegen als Allheilmittel." So oder ähnlich beklagen sich viele Vertriebsmanager.

Dabei können die Konsequenzen einer unsystematischen Rabatt- und Bonusvergabe langfristig verheerend sein. So führen preisliche Intransparenz und mangelnde Preisdisziplin mitunter dazu, dass die Höhe der Preisnachlässe und die Attraktivität der Kunden nur begrenzt miteinander korrelieren: Kleine, wenig attraktive Kunden werden u. U. überversorgt, während Großkunden zu geringe Preisnachlässe erhalten. Wir mussten z. B. bei einem Industriegüterhersteller beobachten, dass die realisierten Preise bei vielen kleinen Kunden stärker von den Listenpreisen abwichen als bei attraktiven Großkunden (vgl. Abbildung 5-5).

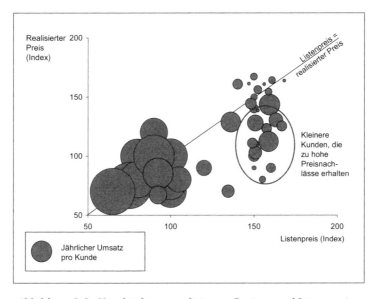

Abbildung 5-5: Vergleich von realisierten Preisen und Listenpreisen
am Beispiel eines Industriegüterherstellers

Somit kosten unüberschaubare, historisch gewachsene Rabatt- und Bonusstrukturen mit unklaren Kriterien für die Konditionenvergabe den Anbieter viel Geld, da nach

unseren Erfahrungen längst nicht alle Preisnachlässe erforderlich sind. Besitz-
standswahrung von Kunden ist häufig im Spiel.

Derartige Probleme münden schließlich im Phänomen der *Preistreppe*. Das in
Abbildung 5-6 dargestellte Beispiel eines Herstellers von technischen Gebrauchsgütern weist schon eine gewisse Über-Komplexität auf, zumal die Kriterien für die Vergabe der einzelnen Rabatte und Boni nicht klar festgelegt waren. Beispielsweise war
nicht definiert, wann ein Kunde „treu genug" ist, um einen Treuebonus zu erhalten.
Allerdings ist dieses Beispiel noch nicht extrem. Vor einiger Zeit sind wir auf eine
Firma gestoßen, die immerhin 117 verschiedene Rabatte und Boni vergab.

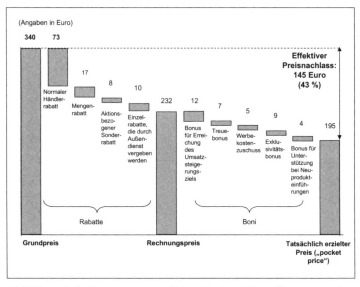

*Abbildung 5-6: Preistreppe am Beispiel eines Herstellers von tech-
nischen Gebrauchsgütern (vgl Homburg/Daum
1997, S. 186)*

Die Vertriebsstrategie muss *Kriterien für die Vergabe von Rabatten und Boni* festlegen
und damit die Basis für ein effektives Konditionensystem schaffen (F 25). Dabei müssen ähnlich wie bei jeder anderen Form von Preisdifferenzierung verschiedene Grundsätze beachtet werden (vgl. Steffenhagen 1995). Hierzu zählen die folgenden (vgl.
Homburg/Daum 1997):

▨ *Kundensegmentierung/-priorisierung:* Anhand bestimmter Kriterien müssen trenn-scharfe Kundengruppen gefunden werden, denen unterschiedliche Rabatte und Bo-ni gewährt werden (vgl. Kapitel 2).

▨ *Leistungsorientierung:* Jede Rabatt- und Bonusleistung muss an eine entsprechende Gegenleistung geknüpft sein. So sollte ein Lagerhaltungsrabatt nur dann gewährt werden, wenn die Lagerhaltung auch im vereinbarten Umfang vom Händler vorge-nommen wird. Dies setzt natürlich die Definition der gewünschten Gegenleistung sowie die regelmäßige Messung und Überprüfung der Leistung voraus.

▨ *Komplexitätsbegrenzung:* Die Anzahl der Rabatt- und Bonusarten muss begrenzt sein. Mehr als zehn verschiedene Rabatt- und Bonusarten können kaum mehr ge-managt werden.

▨ *Transparenz:* Informationen über das Konditionensystem müssen sowohl den Kunden als auch den eigenen Mitarbeitern zugänglich sein. So sollte Kunden z. B. auch unterjährig ihr jeweiliger Zielerreichungsgrad bzw. Bonusstand kommuniziert werden. Unkenntnis führt bei Kunden oft zu Misstrauen, bei eigenen Mitarbeitern zu inkonsequenter Anwendung.

▨ *Anwendungskonsequenz:* Natürlich kann das System nur „leben", wenn es konse-quent angewendet wird. Problematisch wird dies, wenn ein Kunde eine bestimmte Leistung nicht mehr erbringt, für die er lange Zeit einen Rabatt bekommen hat. Konsequenterweise muss der Rabatt in diesem Fall zurückgenommen werden.

▨ *Ermessensspielräume:* Im Tagesgeschäft ist es nicht selten erforderlich, über die im System vorgesehenen Standardkonditionen hinauszugehen. Sieht das System für solche Situationen keinen angemessenen Handlungsspielraum vor, so wird es in solchen Situationen regelmäßig durchbrochen und nicht mehr ernst genommen. Das Konditionensystem muss daher einen gewissen Ermessensspielraum vorsehen.

Spätestens nach der Lektüre dieser Grundsätze wird mancher Leser einwenden, dass sie in der Praxis nicht durchsetzbar sind, z. B. aufgrund der Händlermacht. Natürlich sehen auch wir die Umsetzungsproblematik. Allerdings darf dies kein Argument sein, jede Systematik des Konditionensystems abzulehnen. Unserer Erfahrung nach kann man langfristig die eigene Position auch gegenüber einflussreichen Händlern verbes-sern, wenn man mit einem systematischen Konditionensystem arbeitet.

In Tabelle 5-1 stellen wir ein leistungsfähiges Konditionensystem am Beispiel eines Herstellers von Türen und Fensterrahmen vor: Der Hersteller verkauft seine Produkte zu 90 % über den Fachhandel. Für die Segmentierung der Händler wurden die Kriterien „durchschnittlicher Umsatz in den letzten drei Jahren" und „Lagerhaltung" herangezogen. Um in das Segment der Top-Händler zu kommen, müssen alle Kriterien erfüllt werden. Anschließend wurden die Rabattarten und -ausprägungen festgelegt.

Tabelle 5-1: Konditionensystem am Beispiel eines Herstellers von Türen und Fensterrahmen

Kriterium	Top-Händler	Schwerpunkt-Händler	sonstige Händler
durchschnittlicher Umsatz in den letzten drei Jahren	über 2,5 Mio. Euro	1 Mio. bis 2,5 Mio. Euro	unter 1 Mio. Euro
Lagerhaltung	alle Produktlinien	Produktlinien Standard und Superior	Produktlinie Standard
Rabatt- bzw. Bonusart	**Top-Händler**	**Schwerpunkt-Händler**	**sonstige Händler**
Händler-Grundrabatt	25–30 %	20–25 %	15–20 %
Mengenrabatt	ab 100 000 Euro: 3 % ab 250 000 Euro: 5 %		--
Logistikrabatt	bei Abnahme einer vollen LKW-Ladung 4 %		
Frühbucherrabatt	bei früher Bestellung (mindestens 72 Std. vor Auslieferung) 2 %		
Rabattbefugnis für den Außendienst	5–7 %	3 %	1 %
Exklusivitätsbonus	3 %	2 %	--
Werbekostenzuschuss	bis zu 60 % der Kosten	bis zu 30 % der Kosten	bis zu 10 % der Kosten
Bonus für Umsatzsteigerung (bezogen auf eine Steigerung gegenüber dem Vorjahr)	bei mindestens 20 % Steigerung gegenüber Vorjahr: 7 % bei mindestens 10 % Steigerung gegenüber Vorjahr: 6 % bei mindestens 5 % Steigerung gegenüber Vorjahr: 5 %		

5.5 Preisaktionen – Vorsicht, Falle!

Bei der Festlegung der Vertriebsstrategie ist auch die Entscheidung über die *Durchführung zeitlich begrenzter Preisaktionen (Sonderpreise)* zu fällen (F 26). Gerade – aber nicht nur – im Konsumgüterbereich bieten Hersteller ihren Handelskunden für eine bestimmte Zeit Aktionsrabatte an. Auch der Einzelhandel führt immer wieder Preisaktionen mit ausgewählten Produkten durch. Sehr bekannte Beispiele für Preisaktionen sind der Sommer- und der Winterschlussverkauf.

Die Gründe für Preisaktionen sind vielfältig. Im Wesentlichen lassen sich die folgenden identifizieren:

▪ *Neukundengewinnung,*

▪ *Neuprodukteinführung*,

▪ *Lagerräumung* und

▪ *Ausgleich von Saisonschwankungen*.

Bei der Formulierung der Vertriebsstrategie sind die Vor- und Nachteile von Preisaktionen sorgfältig gegeneinander abzuwägen. Der *Vorteil* von Preisaktionen liegt sicherlich in der unmittelbaren Absatzerhöhung. Wir haben die Erfahrung gemacht, dass die Attraktivität dieses kurzfristigen Vorteils häufig die Sicht auf die langfristigen *Nachteile* verstellt:

▪ *Hamsterkäufe:* Kunden decken sich während der Preisaktion mit dem betreffenden Produkt ein. Wenn die normalen Preise wieder gelten, fällt der Absatz daher unter das Niveau vor der Preisaktion. Die Kunden nutzen nun ihren Vorrat. Diese Absatzschwankungen können beispielsweise in der Logistik erhebliche Kostenauswirkungen haben.

▪ *Kannibalisierungseffekte:* Bei Anbietern von mehreren substituierbaren Produkten können durch Preisaktionen Kannibalisierungseffekte auftreten. Der Kunde kauft nicht mehr das gewohnte Produkt zum Normalpreis, sondern ein Substitut zum Aktionspreis.

▪ *Hoher Planungs- und Umsetzungsaufwand:* Die Planung und Durchführung der Preisaktion bindet oft erhebliche Ressourcen (z. B. Mitarbeiterkapazitäten und finanzielle Mittel für Verkaufsförderungsmaterial).

▪ *Negative Auswirkungen auf die Referenzpreise des Kunden:* Durch die niedrigeren Preise können sich auch die Referenzpreise beim Kunden ändern. Er gewöhnt sich daran und reagiert mit Unverständnis auf die regulären Preise nach der Preisaktion.

Wir haben die Erfahrung gemacht, dass bei sorgfältigem Abwägen häufig die Nachteile von Preisaktionen deutlich überwiegen. Da sie jedoch nur schwer zu quantifizieren sind, werden sie oftmals übersehen. Unternehmen stürzen sich unbedacht in immer neue Sonderpreisrunden und zerstören so langfristig das Preisniveau im Markt. Der deutsche Einzelhandel liefert hierfür ein trauriges Beispiel. Vor diesem Hintergrund ist es wichtig, dass in der Vertriebsstrategie eine klare Aussage bezüglich der Durchführung von Preisaktionen gemacht wird, die durchaus restriktiv ausfallen sollte.

5.6   Competitive Bidding und Internet-Auktionen

Competitive Bidding ist vor allem im Business-to-Business-Bereich anzutreffen. Es geht um die Preisentscheidung eines Anbieters bei Ausschreibungen. Typischerweise spezifiziert ein Kunde hierbei seinen Bedarf bis ins Detail, so dass die Auswahlentscheidung zugunsten eines Anbieters letztlich über den Preis erfolgt. Derartige Situationen sind bei Beschaffungsentscheidungen der öffentlichen Hand sehr weit verbreitet. Auch privatwirtschaftlich tätige Unternehmen gehen bei Standardprodukten oder -dienstleistungen nicht selten diesen Weg. Für den Anbieter stellt sich hier die Frage nach dem optimalen Angebotspreis. Hierbei sind grundsätzlich zwei Aspekte zu berücksichtigen: die Wahrscheinlichkeit, den Auftrag zu bekommen, und der in diesem Fall erzielte Gewinn. Im Sinn einer möglichst hohen Auftragswahrscheinlichkeit empfiehlt sich für einen Anbieter ein niedriger Preis. Der im Auftragsfall erzielte Gewinn ist dagegen umso höher, je höher der Preis ist. Im Folgenden beschreiben wir eine quantitative Methode, um zwischen diesen beiden Aspekten abzuwägen.

Der Anbieter berechnet hierbei für unterschiedliche Preise jeweils die Wahrscheinlichkeit des Zuschlags sowie den in diesem Fall erzielten Gewinn. Es wird dann der Angebotspreis ermittelt, der den erwarteten Gewinn maximiert.

Diese Vorgehensweise wollen wir am Beispiel eines Bauunternehmens verdeutlichen, das sich an der Ausschreibung für den Bau eines neuen Kindergartens beteiligen möchte. Ausgangspunkt der Überlegungen ist die Schätzung der Kosten für die Bauleistung. Sie liegen bei ca. 900 000 Euro. Es wird ein Preisspektrum von 800 000 Euro bis 1 250 000 Euro betrachtet. Der Vertriebsleiter des Unternehmens schätzt unter Berücksichtigung seiner gewachsenen Beziehungen zur kommunalen Verwaltung die Auftragswahrscheinlichkeit in Abhängigkeit vom Preis (vgl. Tabelle 5-2). So geht er davon aus, dass bei einem Preis von 900 000 Euro der Auftrag mit 90 %iger Wahrscheinlichkeit gewonnen wird, bei einem Preis von 1 100 000 Euro dagegen nur mit 20 %iger Wahrscheinlichkeit. Auf dieser Basis wird für jeden möglichen Bietpreis der erwartete Gewinn berechnet. Für einen Preis von 1 000 000 Euro ergibt sich dieser Erwartungswert beispielsweise zu 0,6 x 100 000 + 0,4 x 0 = 60 000 Euro. Der optimale Bietpreis liegt nun dort, wo der erwartete Gewinn maximal wird, also bei 1 000 000 Euro.

Tabelle 5-2: Competitive Bidding am Beispiel einer Ausschreibung für den Bau
*   eines Kindergartens*

Möglicher Bietpreis (in Euro)	Kosten (in Euro)	Geschätzte Auftragswahr- scheinlichkeit (in %)	Gewinn bei Auftrag (in Euro)	Erwarteter Gewinn (in Euro)
800 000	900 000	100	-100 000	-100 000
900 000	900 000	90	0	0
1 000 000	900 000	60	100 000	60 000
1 100 000	900 000	20	200 000	40 000
1 200 000	900 000	5	300 000	15 000
1 250 000	900 000	0	350 000	0

In der letzten Zeit lassen sich verstärkt Bestrebungen von Kundenseite beobachten, Ausschreibungen auch per Internet vorzunehmen. Es existieren bereits kommerzielle Anbieter von Internetdiensten, die für einen Auftraggeber die Ausschreibung bestimmter, eindeutig definierter Leistungen übernehmen und den kostengünstigsten Anbieter dieser Leistung ermitteln. Man spricht in diesem Zusammenhang auch von „*Reversed Auctions*".

Im Rahmen der Vertriebsstrategie ist zu entscheiden, *ob sich ein Unternehmen an solchen Ausschreibungen im Internet beteiligt* (F 27). Richtig ist sicherlich, dass gewisse Aufträge nur durch solche Mechanismen gewonnen werden können. Andererseits sollte man berücksichtigen, dass die Beteiligung daran dem Eingeständnis gleichkommt, dass man nicht in der Lage ist, sich vom Wettbewerb zu differenzieren – auch nicht durch überlegene Dienstleistungen oder Prozesse. Der Weg in Preiskriege der nächsten Generation scheint mit diesem Eingeständnis vorgezeichnet. Die Möglichkeit, über auf diesem Weg gewonnene Aufträge vorhandene Überkapazitäten kurzfristig auszulasten, sollte nicht den Blick auf die langfristig verheerenden preislichen Konsequenzen verstellen.

Auktionen (*Auctions*) sind von den „Reversed Auctions" zu unterscheiden (vgl. Reichwald et al. 2000, Skiera 1998). Hier bietet ein Anbieter eine Leistung an und versucht, dafür den maximalen Preis zu erzielen. Der tatsächliche Preis wird also bestimmt durch die Konkurrenz verschiedener Preisangebote der Nachfrager. Auktionen sind ein seit Jahrtausenden bekannter Mechanismus für den Austausch von Waren, spielten jedoch bis zur Verbreitung des Internet in modernen Volkswirtschaften nur eine untergeordnete Rolle. Dies ist vor allem darauf zurückzuführen, dass in der Verhandlungsphase bisher hohe Transaktionskosten bestanden. So mussten alle Teilnehmer einer Auktion an einem Ort versammelt sein. Das Internet löst dieses Problem, indem Auktionator und Bieter auf einem virtuellen Marktplatz zusammenkommen.

Die meisten Internet-Auktionshäuser greifen auf die Form der „englischen Auktion" zurück. Bei dieser Auktionsform nennt der Anbieter oder der von ihm beauftragte Auktionator zunächst einen Mindestpreis. Diesen können die Nachfrager durch Gebote steigern, bis ein Gebot erreicht ist, das keiner mehr überbieten möchte. Wer das höchste Gebot abgegeben hat, erhält den Zuschlag. Die Auktionen laufen im Internet meistens über mehrere Tage und sind beendet, wenn über einen bestimmten Zeitraum kein neues Gebot eingegangen ist oder ein vorab festgelegter Bietzeitraum abgelaufen ist.

Anbieter müssen im Zusammenhang mit Internet-Auktionen grundsätzlich entscheiden, inwieweit sie ihre Produkte aktiv im Rahmen dieser Auktionen anbieten wollen. Sicherlich kann ein aktiver Umgang mit diesem Instrument in Einzelfällen interessant sein, z. B. bei der Versteigerung von gebrauchten Maschinen, Produkten aus Überschussproduktionen, nicht-lagerfähigen Gütern (z. B. Reisekontingenten), Auslaufmodellen oder individualisierten Produkten, deren Auftraggeber „abgesprungen" ist.

Allerdings sollte das aktive Versteigern eigener Leistungen nach unseren Erfahrungen durchaus restriktiv erfolgen. Denn zum einen gibt ein Anbieter hierdurch zumindest partiell seine Preishoheit auf. Zum anderen gibt es bei Internet-Auktionen eine Reihe von Missbrauchsmöglichkeiten. In Tabelle 5-3 stellen wir die am häufigsten auftretenden Probleme zusammen und nennen potenzielle Lösungsansätze.

Tabelle 5-3: Probleme und Lösungsansätze bei Internet-Auktionen

Problem	Erklärung	Lösungsansatz
Bid Shilling	Auftreten des Produktanbieters als Bieter; dadurch sukzessive Erhöhung des Preises	Überprüfung der Identität der Bieter
Bid Shielding	Absprache zweier Bieter A und B, von denen A ein sehr hohes und B ein sehr niedriges Angebot abgibt; dadurch Abschrecken anderer Bieter; Rückzug von A kurz vor Ende der Auktion, B erhält den Zuschlag	Ausschluss der Rückzugsmöglichkeit; Sicherstellung der Anonymität der Teilnehmer; Verhinderung von Absprachen durch kurze Auktionszeiten
Sniping	Bieter tritt erst kurz vor Ende der Auktion mit marginal höherem Angebot ein und versucht dadurch, das definitiv letzte Angebot zu platzieren	Ausdehnung der Auktionszeit, wenn kurz vor dem anvisierten Ende noch Gebote eintreffen; Einführung einer Mindestdifferenz für ein neues Angebot
Einseitige Leistungsverweigerung	beispielsweise Ausbleiben der Zahlung oder Weigerung, das Gut zu liefern	Angebot zusätzlicher Garantien und Dienstleistungen durch ein Auktionshaus wie z. B. die Abwicklung der Zahlung

5.7 Preisharmonisierung – Der Kampf mit den Reimporten

Die Problematik der Reimporte hat in den letzten Jahren stark an Bedeutung gewonnen (vgl. Belz/Mühlmeyer 2000). Verantwortlich dafür sind einige grundsätzliche Veränderungen. Hierzu zählt erstens der *Wegfall von Handelsbeschränkungen*. Der Güteraustausch über Ländergrenzen hinweg wird durch das Entstehen von Freihandelszonen erleichtert.

Zweitens hat die *Markttransparenz durch das Internet* noch zugenommen. Kunden haben mit dem Internet die Möglichkeit, weltweit Informationen einzuholen, Preise zu vergleichen und ihren Bedarf zu decken. Mit Hilfe intelligenter „Software-Agenten" im Internet kann ein Kunde z. B. mit geringstem Aufwand ermitteln, auf welchem Markt und zu welchem Zeitpunkt ein bestimmtes Produkt am günstigsten beschafft werden kann.

Im Hinblick auf den europäischen Markt ist ein dritter Aspekt von Bedeutung: die Vereinfachung von länderübergreifenden Preisvergleichen durch eine *gemeinsame Währung* (vgl. Bauer 2000a).

All diese Entwicklungen führen dazu, dass das Problem der Reimporte in vielen Branchen immer signifikanter wird. Besondere Aufmerksamkeit haben in diesem Zusammenhang Probleme von deutschen Automobilherstellern erregt. Auch in der pharmazeutischen Industrie treten mittlerweile deutliche Probleme mit Reimporten auf. So kann beispielsweise beobachtet werden, dass sich deutsche Touristen im Ausland in großen Mengen mit Kopfschmerztabletten eindecken.

Für den Umgang mit Reimporten kann ein Unternehmen grundsätzlich auf drei Strategien zurückgreifen:

- *Tolerierung:* Gegen die Reimporte wird nichts unternommen. Diese Strategie kommt vor allem dann zur Anwendung, wenn der Schaden durch die Reimporte gering ist.

- *Verhinderung durch Anweisung:* Ein Anbieter weist seine inländischen Vertriebspartner an, keine Reimporte zu verkaufen, oder er weist seine ausländischen Vertriebspartner an, nur an Kunden aus dem jeweiligen Land zu verkaufen. Eine solche Anweisung ist juristisch jedoch höchst problematisch.

- *Verhinderung mit Hilfe von Marketing-/Vertriebsinstrumenten:* Diese Strategie kann durchaus Erfolg versprechend sein. Die Verhinderung von Reimporten auf diesem Wege läuft in einem mehrstufigen Prozess ab (vgl. Abbildung 5-7).

Im ersten Schritt müssen landesspezifische Preisunterschiede transparent gemacht werden. Dies bezieht sich sowohl auf die Abgabepreise des Herstellers als auch auf die Verkaufspreise möglicher Absatzmittler in den einzelnen Ländern.

Die Überprüfung der Möglichkeit, Preisunterschiede auch in Zukunft aufrecht erhalten zu können, schließt sich im zweiten Schritt an. In die Einschätzung dieser Möglichkeit müssen diverse Entwicklungen einbezogen werden, die die Arbitragemöglichkeiten bzw. -kosten beeinflussen. Hierzu zählen beispielsweise Entwicklungen im politisch-rechtlichen Bereich (z. B. Abbau von Handelsschranken, Deregulierungsbestrebungen), im gesamtwirtschaftlichen Bereich (z. B. Annäherung von Lebensstandards, Rückgang von Logistikkosten) oder auch im technologischen Bereich (z. B. Preistransparenz durch das Internet). Falls diese Überlegungen zum Ergebnis führen, dass Preisunterschiede langfristig aufrechterhalten werden können, besteht kurzfristig kein Handlungsbedarf für das Unternehmen. Im anderen Fall bestehen zwei Optionen: Entweder verschärft das Unternehmen die länderübergreifende Leistungsdifferenzierung (Möglichkeit a in Abbildung 5-7), oder es reduziert das Ausmaß der länderübergreifenden Preisdifferenzierung (Preisharmonisierung) (Möglichkeit b in Abbildung 5-7).

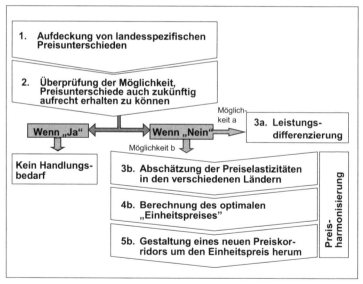

Abbildung 5-7: Prozess der Verhinderung von Reimporten mit Hilfe von Marketing-/Vertriebsinstrumenten

Die Verschärfung der länderübergreifenden Leistungsdifferenzierung kann vor allem über die *Produktmodifikation* erfolgen. So können z. B. länderbezogene Unterschiede hinsichtlich Produktkern, Markenname, Markenpositionierung, Verpackungsgestaltung oder produktbegleitende Dienstleistungen Reimporte erschweren.

Der Nachteil einer intensiven Leistungsdifferenzierung liegt in den damit verbundenen hohen Kosten. Möchte ein Unternehmen diese Kosten vermeiden und sein Angebot weitgehend standardisieren, stellt sich die Frage, *inwieweit eine länderübergreifende Preisharmonisierung erfolgen soll* (F 28).

Hierbei ist zunächst eine Abschätzung der länderspezifischen Preiselastizitäten vorzunehmen, um herauszufinden, welche Effekte Preisveränderungen auf die Absatzmengen im jeweiligen Land haben. Die Preiselastizität ist ein Maß für den Einfluss von Preisänderungen eines Gutes auf dessen Absatzmenge. Sie wird durch das Verhältnis der relativen Absatzänderung zu einer relativen Preisänderung zum Ausdruck gebracht. Eine Elastizität von -2 besagt beispielsweise, dass mit einer einprozentigen Erhöhung des Preises eine zweiprozentige Verringerung der Absatzmenge verbunden ist.

Im nächsten Schritt wird der *optimale Einheitspreis* kalkuliert. Hierzu ist es zunächst erforderlich, die landesspezifischen Preise, Kosten und Verkaufsmengen aufzulisten. Für jedes Land wird dann unter Zuhilfenahme der Preiselastizität die für jeden Preis zu erwartende Absatzmenge berechnet. Unter Berücksichtigung der landesspezifischen Deckungsbeiträge und Absatzmengen wird schließlich der Preis bestimmt, der den länderübergreifenden Gesamtgewinn maximiert.

Dieser Einheitspreis ist jedoch eher eine theoretische Größe. In der Realität werden sich die landesspezifischen Preise in einem Preiskorridor um den Einheitspreis herum bewegen. Abbildung 5-8 verdeutlicht die Vorteilhaftigkeit eines solchen Preiskorridors am Beispiel eines deutschen Maschinenbauunternehmens.

In der Ausgangssituation förderte z. B. die hohe Differenz von 79 000 Euro zwischen den Verkaufspreisen in den USA und in Deutschland Reimporte nach Deutschland. Im Zuge der Einführung eines Preiskorridors wurden die Landespreise einander angenähert. Beispielsweise wurde der Preis in den USA von 120 000 Euro auf 150 000 Euro angehoben, der Preis in Deutschland von 199 000 Euro auf 169 000 Euro gesenkt. Die maximale Preisdifferenz schrumpfte somit auf 19 000 Euro. Aufgrund dieser engen Spanne lohnen sich Reimporte nicht mehr. Trotz einzelner Preissenkungen konnte der weltweite Gesamtgewinn gesteigert werden.

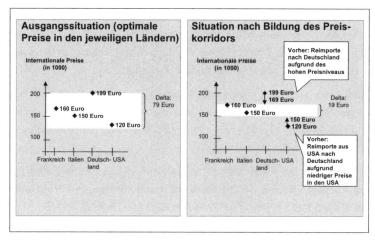

*Abbildung 5-8: Situation vor und nach der Entwicklung eines Preis-
korridors am Beispiel eines deutschen Maschinenbauunternehmens*

5.8 Exkurs: Was Pricing-Profis besser machen

Selbst in sehr wettbewerbsintensiven und durch Margenverfall bedrohten Märkten gibt es Unternehmen, die es schaffen, parallel Preise und Umsätze zu steigern. Solche Unternehmen bezeichnen Homburg/Jensen/Schuppar als *„Pricing-Profis"* (vgl. Homburg/Jensen/Schuppar 2005). Dabei besitzen Pricing-Profis keine „Zauberformel": Der Erfolg im Pricing lässt sich nicht mit zwei oder drei magischen Stellhebeln erreichen, sondern entsteht als Summe vieler richtiger Management-Entscheidungen.

Homburg/Jensen/Schuppar 2005 konnten branchenübergreifend *drei grundsätzliche Gemeinsamkeiten* von Pricing-Profis identifizieren:

Erstens zeichnen sich Pricing-Profis dadurch aus, dass sie ihr Preismanagement *professionell analysieren*. Dadurch gelingt es Pricing-Profis, ihre preisbezogenen Schwachstellen zu identifizieren und zu beheben. Eine typische Schwachstelle im Pricing vieler Unternehmen liegt beispielsweise in der unüberschaubaren Vielfalt von Boni und Rabatten. Pricing-Profis arbeiten daher mit einfachen Bonus- und Rabatt-Systemen. Pricing-Profis beschränken sich in ihrer Analyse aber nicht nur auf die externe Preisdurchsetzung, sondern beleuchten alle wichtigen Entscheidungsfelder im Rahmen des Preismanagements. Dies kann so unterschiedliche Bereiche betreffen wie die Preisstrategie, die Konditionensysteme, die Vertriebskultur und -steuerung oder die Anreizsysteme.

Zweitens arbeiten Pricing-Profis in hohem Maße *systematisch* in der Umsetzung ihres Preismanagements. Pricing-Profis hinterfragen nicht nur verlorene Aufträge, sondern halten auch systematisch verschenktes Preispotenzial bei gewonnenen Aufträgen nach. Historisch gewachsene Boni und Rabatte werden konsequent eliminiert. Und wenn Pricing-Profis ihren Kunden doch Boni und Rabatte einräumen, so werden diese systematisch an Gegenleistungen der Kunden geknüpft. Solche Gegenleistungen können z. B. die Abnahme großer Bestellmengen, die elektronische Auftragseingabe oder eine frühe Zahlung sein. Für den Anbieter entsteht so ein direkter Nutzen, z. B. in Form von Kostenersparnissen, die den Preisnachlass (teilweise) kompensieren.

Drittens weisen Pricing-Profis eine hohe *Preisdisziplin* auf. Dazu etablieren sie eine „Kultur der Preisverteidigung" im Vertrieb. Vertriebsmitarbeiter verlieren lieber einmal einen Auftrag, als zu weitgehende Ausnahmen vom Preissystem zu machen. Dies steht im deutlichen Gegensatz zur klassischen „Mengenverteidigungskultur" in vielen Vertrieben nach dem Motto: Kein Auftrag geht über den Preis verloren. Das erfordert aber auch, dass dem Vertrieb vom Management der Rücken gestärkt wird, nicht jeden Preis im Markt mitzumachen. Um dies zu fördern, werden Vertriebsmitarbeiter in Pricing-Profi-Unternehmen überdurchschnittlich häufig margen- und nicht nur umsatzbezogen vergütet. Gegenüber dem Kunden halten Pricing-Profis ihre Preisdisziplin darüber, dass sie ihren Kunden vorrechnen, welchen monetären Gesamtnutzen („Total Benefit of Ownership") ihre Produkte bieten. Sie quantifizieren dabei nicht nur den reinen Produktnutzen, sondern alle Kosten- und Erlösvorteile aus Kundensicht. Preisunterschiede können sie daher gut begründen.

Erfolg im Pricing ist also das Ergebnis eines professionellen Preismanagements, das sich durch ein hohes Maß an Analyse, Systematik und Disziplin auszeichnet (für eine detaillierte Beschreibung der Elemente eines systematischen Preismanagements vgl. Homburg/Jensen/Schuppar 2004).

6. Das Zahlengerüst der Vertriebsstrategie – Ziele und Ressourcen

Die Aspekte der Vertriebsstrategie, die wir in den bisherigen Kapiteln behandelt haben, beziehen sich auf das „Wie" der Marktbearbeitung. Ein weiterer wesentlicher Aspekt einer Vertriebsstrategie bezieht sich darauf, diese qualitativen Überlegungen zur Vertriebsstrategie in ein quantitatives Zahlengerüst einzubetten.

Ein solches vertriebsstrategisches Zahlengerüst ist mittelfristiger Art, es erstreckt sich üblicherweise auf einen Zeitraum von drei bis fünf Jahren. Die Bedeutung dieses Instruments ergibt sich insbesondere daraus, dass es einen Orientierungsrahmen für die jährliche Planung definiert (vgl. Kapitel 8).

In inhaltlicher Hinsicht bezieht sich dieses Zahlengerüst auf vertriebsbezogene Ziele und für die Zielerreichung benötigte Ressourcen. Bei den Zielen stehen Marktanteile, Absatzmengen und Preisniveaus im Mittelpunkt. Entsprechend geht es um folgende Fragen:

> F 29: Welche vertriebsbezogenen Ziele (Marktanteile, Absatzmengen, Preisniveaus) werden mittelfristig angestrebt?
>
> F 30: Welche Ressourcen sollen in welchem Umfang zur Zielerreichung vorgehalten werden?
>
> F 31: Für welche vertriebsstrategischen Aufgaben sollen die Ressourcen eingesetzt werden?

Tabelle 6-1 zeigt ein vereinfachtes Beispiel für ein solches Zahlengerüst, das sich auf einen Zeitraum von drei Jahren bezieht. Es empfiehlt sich, dieses Zahlengerüst jährlich rollierend um ein weiteres Jahr fortzuschreiben.

Wichtig bei der *Planung der vertriebsstrategischen Ziele* (F 29) ist, dass sie auf Marktsegmente herunter gebrochen werden. Dieser Mechanismus zwingt die Vertriebsverantwortlichen stärker als eine sehr aggregierte Zielfestlegung, die Realitätsnähe der Ziele zu hinterfragen. Bei sehr starker Kundenkonzentration kann es sich sogar empfehlen, solche Ziele für einzelne Großkunden festzulegen (vgl. Kapitel 20).

Tabelle 6-1: Zahlengerüst eines Vertriebsplans am Beispiel eines PC-Herstellers

Kunden-segmente	Plangrößen	Jahr 1	Jahr 2	Jahr 3
A	Marktanteil	30 %	35 %	37 %
	Absatzmenge (in Stück)	300 000	348 000	360 000
	Preisniveau (im Vergleich zum Basisjahr)	1,02	0,99	1,00
	Anzahl Vertriebsmitarbeiter	100	110	112
	Anzahl Servicemitarbeiter	25	28	28
B	Marktanteil	10 %	11 %	15 %
	Absatzmenge (in Stück)	120 000	125 000	160 000
	Preisniveau	1,02	1,00	1,00
	Anzahl Vertriebsmitarbeiter	30	60	68
	Anzahl Servicemitarbeiter	8	10	15
C	Marktanteil	5 %	3 %	--
	Absatzmenge (in Stück)	50 000	40 000	--
	Preisniveau	1,02	1,04	--
	Anzahl Vertriebsmitarbeiter	15	10	--
	Anzahl Servicemitarbeiter	5	3	--
Summe	Absatzmenge (in Stück)	470 000	493 000	520 000
	Anzahl Vertriebsmitarbeiter	145	180	180
	Anzahl Servicemitarbeiter	38	41	43

Die vertriebsstrategische *Planung von Preisniveaus* unterbleibt in den meisten Unternehmen. Dies halten wir aus mehreren Gründen für äußerst problematisch:

▪ Die in der Vertriebsstrategie getroffene Aussage zur grundsätzlichen Preispositionierung (F 19) muss operationalisiert werden, da sie sonst zu wenig greifbar ist.

▪ Plant ein Unternehmen z. B. Marktanteilsgewinne, so muss eine klare Aussage darüber erfolgen, woraus sie sich ergeben sollen. Eine Möglichkeit besteht natürlich darin, sie durch eine aggressive Preispolitik zu erkämpfen, sich „Marktanteile zu kaufen". Trotz aller Probleme, die hiermit verbunden sein können (z. B. Preiskriege), kann dies manchmal ein sinnvoller Weg sein. Wichtig ist allerdings, dass sich Unternehmen in ihrer Vertriebsstrategie explizit dazu bekennen. Ist dies nicht der Fall (wenn beispielsweise Preisentwicklungen gar nicht Bestandteil der Vertriebsstrategie sind), beobachtet man häufig, dass die Vertriebsmitarbeiter vor Ort die Preiserosion „schleichend" herbeiführen, um die Marktanteilsziele zu erreichen.

▪ Schließlich sollte das Zahlengerüst der Vertriebsstrategie einer finanziellen Bewertung unterzogen werden. Dies ist nur möglich, wenn auch Preisniveaus geplant werden.

Die Berücksichtigung von Preisen im Zahlengerüst der Vertriebsstrategie kann beispielsweise in Form von Index-Zeitreihen, Preisabstandswerten (relativ zum Wettbewerb) oder Durchschnittspreisen (Durchschnittsbildung über mehrere Produkte) erfolgen. Wir empfehlen grundsätzlich die nominale Planung der Preisentwicklung (gestützt auf Prämissen über zukünftige Inflationsraten). Bei nominaler Planung ist der Soll-Ist-Vergleich deutlich leichter als bei realer Planung.

In vielen Unternehmen besteht das Problem, dass die in der Vertriebsstrategie festgelegten Ziele nicht mit der Ressourcenverteilung übereinstimmen. Strategische Ziele und Ressourcenverteilung sind häufig entkoppelt. Vor diesem Hintergrund ist es wichtig, dass das Zahlengerüst der Vertriebsstrategie auch *ressourcenbezogene Aussagen* enthält (F 30). So muss beispielsweise geplant werden, inwieweit zur Erreichung von Absatzsteigerungszielen Vertriebskapazitäten aufgestockt werden müssen. Besonders wichtig ist in diesem Zusammenhang die zeitliche Kopplung von Ziel- und Ressourcenplanung. Häufig ist es erforderlich, die notwendigen Ressourcen bereitzustellen, bevor man die Ziele erreicht hat. Hierdurch entstehen kurzfristige Ergebniseinbußen. Derartige Effekte müssen in der Planung berücksichtigt werden.

Im Hinblick auf Frage 30 lassen sich prinzipiell zwei Gruppen von Ressourcen unterscheiden: Humanressourcen und Sachressourcen. Der Begriff *Humanressourcen* beschreibt die Anzahl und Qualität der Mitarbeiter, die zur Erfüllung der diversen Vertriebsaufgaben bereitgestellt werden. *Sachressourcen* umfassen die gesamte Infrastruktur, die zur Erreichung der Vertriebsziele benötigt wird. Hierbei geht es beispielsweise um Vertriebsniederlassungen, Informations- und Kommunikationssysteme sowie die technische Ausstattung der Service-Abteilung.

Natürlich muss das Zahlengerüst um qualitative Aspekte ergänzt werden. Häufig beobachtet man, dass Ressourcen zwar quantitativ ausreichend vorhanden sind, qualitativ aber nicht den Anforderungen genügen. Beispielsweise stellen die Mitarbeiter im Außendienst für viele Unternehmen die zentrale Ressource zur Umsetzung der Vertriebsstrategie dar. Allerdings bestehen bei vielen Mitarbeitern noch erhebliche Defizite, z. B. in der Fähigkeit, Problemlösungen statt „nackter Produkte" zu verkaufen, oder in der Fähigkeit zur Nutzung neuer Vertriebsinstrumente wie der Kundenportfolio-Analyse oder dem Computer Aided Selling (CAS) (vgl. Kapitel 12 bzw. Kapitel 16).

Nach der Entscheidung über die Art der bereitzustellenden *Vertriebsressourcen* muss festgelegt werden, *wofür diese einzusetzen sind* (F 31). Werden derartige Vorgaben nicht in der Vertriebsstrategie festgehalten, so tendieren vorhandene Ressourcen dazu, sich selbst ihre Aufgaben zu definieren. Vorhandene Ressourcen finden immer eine Beschäftigung. Grundsätzlich muss daher in der Vertriebsstrategie definiert werden,

- für welche Zielgruppen und

- für welchen Zweck

Ressourcen genutzt werden sollen. In diesem Zusammenhang ist es von zentraler Bedeutung, dass die Vertriebsstrategie Aussagen darüber trifft, mit welcher Gewichtung Ressourcen für die Neukundengewinnung bzw. die Kundenbindung eingesetzt werden sollen. Wir konnten in vielen Unternehmen beobachten, dass Bekundungen über die strategische Priorität der Kundenbindung als reine Lippenbekenntnisse enthüllt wurden, sobald man die Ressourcenzuteilung hierfür kritisch prüfte.

Bezüglich der Bearbeitung bestehender Kunden müssen z. B. Anbieter mit indirektem Vertrieb auch definieren, wie ihre Außendienstmitarbeiter zur Bearbeitung der unterschiedlichen Absatzmittler (Push-Strategie) oder zur Stimulierung der Endkunden-Nachfrage eingesetzt werden sollen (Pull-Strategie). Wir wollen dies am Beispiel eines international tätigen Komponentenherstellers illustrieren (vgl. Abbildung 6-1).

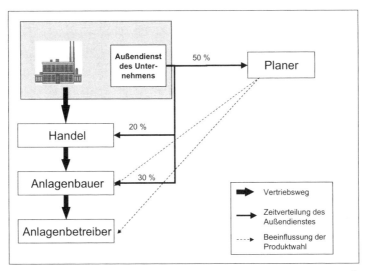

Abbildung 6-1: Der Einsatz von Außendienstressourcen am Beispiel
eines Komponentenherstellers

Obwohl 100 % des Umsatzes über den Handel abgewickelt werden, werden nur 20 % der Außendienstressourcen hierfür eingesetzt. 50 % der Außendienstressourcen werden für die Bearbeitung von Planern, 30 % zur Meinungsbeeinflussung bei Anlagenbauern verwendet (zur Planung des Außendiensteinsatzes vgl. auch Albers 2002a, 2002b, Kuhlmann 2001). Auch Tetra Pak, ein Hersteller von Verpackungsmaterialien und -maschinen, setzt seinen Außendienst nicht nur bei seinen direkten Kunden (z. B. Molkereien), sondern auch bei den Kunden der direkten Kunden – dem Handel – ein.

Checkliste zu Teil I: Vertriebsstrategie –
Die grundlegende Weichenstellung

Das Unternehmen ... (Kriterium-Nr.)	trifft voll und ganz zu (100)	trifft im Wesentlichen zu (75)	trifft teilweise zu (50)	trifft in geringem Maße zu (25)	trifft überhaupt nicht zu (0)	Kriterium nicht relevant	Belege für die Bewertung
2. Kunden – Der Fokus der Vertriebsstrategie							
... hat präzise definiert, welche Gruppen im Absatzkanal als Kunden betrachtet werden sollen und bearbeitet diese. (I-1)	❏	❏	❏	❏	❏	❏	
... hat ein präzises Verständnis von den grundlegenden Bedürfnissen seiner Kunden. (I-2)	❏	❏	❏	❏	❏	❏	
... hat klar definiert, welchen Nutzen es für seine Kunden schaffen will. (I-3)	❏	❏	❏	❏	❏	❏	
... arbeitet mit einer Kundensegmentierung, die greifbar und eindeutig ist. (I-4)	❏	❏	❏	❏	❏	❏	
... arbeitet mit einer Kundensegmentierung, bei der klare Unterschiede im Verhalten zwischen den Segmenten erkennbar sind. (I-5)	❏	❏	❏	❏	❏	❏	
... arbeitet unternehmensweit mit einem einheitlichen Segmentierungsansatz. (I-6)	❏	❏	❏	❏	❏	❏	
... richtet seine Marktbearbeitung differenziert auf die Bedürfnisse der verschiedenen Segmente aus. (I-7)	❏	❏	❏	❏	❏	❏	
... hat eindeutig definiert, welche Kunden an das Unternehmen gebunden werden. (I-8)	❏	❏	❏	❏	❏	❏	
... hat eindeutig definiert, welche Instrumente/Ressourcen zur Bindung welcher Kunden eingesetzt werden sollen. (I-9)	❏	❏	❏	❏	❏	❏	
... betreibt Kundenbindungsmanagement auf der Basis von klaren Wirtschaftlichkeitsbetrachtungen. (I-10)	❏	❏	❏	❏	❏	❏	
3. Wettbewerbsvorteile – Schneller, höher, weiter ...							
... hat klar definiert und im Unternehmen kommuniziert, welchen vertriebsbezogenen Wettbewerbsvorteil es anstrebt. (I-11)	❏	❏	❏	❏	❏	❏	
... richtet die gesamte Vertriebsarbeit konsequent auf die Erreichung des definierten Wettbewerbsvorteils aus. (I-12)	❏	❏	❏	❏	❏	❏	

4. Vertriebswege und Vertriebspartner – Den Weg zum Kunden gestalten

... hat auf Basis der aktuellen bzw. zukünftigen Rahmenbedingungen klar festgelegt, inwieweit ein direkter und/oder indirekter Vertrieb genutzt werden soll. (I-13) ❏ ❏ ❏ ❏ ❏ ❏

... hat analysiert, inwiefern die Nutzung zusätzlicher Vertriebskanäle den Vertriebserfolg erhöhen kann (z. B. durch Erhöhung der Marktabdeckung, Erschließung neuer Kundengruppen). (I-14) ❏ ❏ ❏ ❏ ❏ ❏

... hat klar definiert, welche Ziele mit der Nutzung zusätzlicher Vertriebskanäle verfolgt werden und verfolgt die Zielerreichung systematisch. (I-15) ❏ ❏ ❏ ❏ ❏ ❏

... hat bei der Nutzung mehrerer Vertriebskanäle ein klares und funktionierendes Konzept, mit dem Konflikte zwischen den Kanälen begrenzt werden. (I-16) ❏ ❏ ❏ ❏ ❏ ❏

... hat bei der Nutzung mehrerer Vertriebskanäle klar definiert, welcher Vertriebskanal welche Funktionen für welche Kundengruppen erfüllen soll und kontrolliert die Funktionserfüllung systematisch. (I-17) ❏ ❏ ❏ ❏ ❏ ❏

... kooperiert im Fall des indirekten Vertriebs nur mit Vertriebspartnern, die ein anspruchsvolles Anforderungsprofil erfüllen (z. B. ähnliche Geschäftsphilosophie, gute Reputation, hohe Marktabdeckung). (I-18) ❏ ❏ ❏ ❏ ❏ ❏

... hat im Fall des indirekten Vertriebs klar definiert, welche Funktionen der Wertschöpfungskette ein Vertriebspartner übernehmen soll, und stellt die Einhaltung der Aufgabenteilung sicher. (I-19) ❏ ❏ ❏ ❏ ❏ ❏

... verfolgt im Fall des indirekten Vertriebs partnerschaftliche Beziehungen zu seinen Absatzmittlern. (I-20) ❏ ❏ ❏ ❏ ❏ ❏

... gewichtet im Fall des indirekten Vertriebs Pull-Aktivitäten ausreichend stark im Vergleich zu Push-Aktivitäten. (I-21) ❏ ❏ ❏ ❏ ❏ ❏

5. Preispolitik – Der Preis ist heiß ...

... hat klar definiert, welche Preispositionierung es anstrebt (Premium, Mittelklasse, Economy) und richtet seine Vertriebsarbeit konsequent darauf aus. (I-22) ❏ ❏ ❏ ❏ ❏ ❏

... stellt sicher, dass die Preisbildung im Tagesgeschäft mit der angestrebten Preispositionierung konsistent ist. (I-23) ❏ ❏ ❏ ❏ ❏ ❏

... stellt im Fall des indirekten Vertriebs sicher, dass die Preispositionierung der Absatzmittler mit der eigenen konsistent ist. (I-24)	❑	❑	❑	❑	❑	❑
... berücksichtigt bei der Preisbildung den Kundennutzen/die Zahlungsbereitschaft des Kunden ausreichend stark. (I-25)	❑	❑	❑	❑	❑	❑
... nutzt gegebene Möglichkeiten zur Preisdifferenzierung (z. B. zwischen Kundensegmenten, in zeitlicher Hinsicht). (I-26)	❑	❑	❑	❑	❑	❑
... hat klar definiert, nach welchen Kriterien Preisdifferenzierung betrieben werden soll. (I-27)	❑	❑	❑	❑	❑	❑
... verpreist produktbegleitende Services separat und verschenkt sie nicht. (I-28)	❑	❑	❑	❑	❑	❑
... vergibt Rabatte und Boni nur für klar definierte Gegenleistungen. (I-29)	❑	❑	❑	❑	❑	❑
... beschränkt sich auf wenige Rabatt- und Bonusarten. (I-30)	❑	❑	❑	❑	❑	❑
... setzt zeitlich begrenzte Preisaktionen (Sonderpreise) sehr restriktiv ein. (I-31)	❑	❑	❑	❑	❑	❑
... stellt sicher, dass die Beteiligung an Ausschreibungen (im Internet) nicht zur Fokussierung auf den Preis als einziges Wettbewerbsinstrument führt. (I-32)	❑	❑	❑	❑	❑	❑
... greift bei der Bekämpfung von Reimporten entweder auf eine länderspezifische Leistungsdifferenzierung oder auf eine länderübergreifende Preisharmonisierung zurück. (I-33)	❑	❑	❑	❑	❑	❑

6. Das Zahlengerüst der Vertriebsstrategie – Ziele und Ressourcen

... hat in der Vertriebsstrategie quantifiziert, welche Absatzmengen es in welchen Segmenten langfristig erreichen will. (I-34)	❑	❑	❑	❑	❑	❑
... hat in der Vertriebsstrategie quantifiziert, welche Marktanteile es in welchen Segmenten langfristig erreichen will. (I-35)	❑	❑	❑	❑	❑	❑
... hat in der Vertriebsstrategie quantifiziert, welche Preisniveaus (im Vergleich zum Basisjahr) in welchen Segmenten gehalten werden sollen. (I-36)	❑	❑	❑	❑	❑	❑
... richtet seine Vertriebsarbeit konsequent auf die Realisierung der quantifizierten Ziele aus. (I-37)	❑	❑	❑	❑	❑	❑

... hat klar definiert, welche Vertriebsressourcen (Human- und Sachressourcen) in welcher Qualität und in welcher Quantität vorgehalten werden sollen. (I-38)	❑	❑	❑	❑	❑	❑	
... achtet darauf, dass in keinem Vertriebsbereich überschüssige Vertriebsressourcen vorgehalten werden. (I-39)	❑	❑	❑	❑	❑	❑	
... hat klar definiert, für welche Zielgruppen und Zwecke die vorhandenen Vertriebsressourcen (z. B. Call Center, Innen- und Außendienst) eingesetzt werden sollen. (I-40)	❑	❑	❑	❑	❑	❑	
... hat klar definiert, mit welchem Gewicht die Ressourcen für Neukundengewinnung vs. Kundenbindung einzusetzen sind. (I-41)	❑	❑	❑	❑	❑	❑	

Teil II: Vertriebsmanagement – Strukturen und Prozesse gestalten, Menschen führen und Kultur leben

Was auch immer im Vertrieb eines Unternehmens geschieht – ob gut durchdachte Vertriebsstrategien umgesetzt werden oder den „Tod in der Schublade" sterben, ob Vertriebsmitarbeiter sich engagiert für die Belange des Unternehmens einsetzen oder „Dienst nach Vorschrift" verrichten, ob verschiedene Vertriebsbereiche mit- oder gegeneinander arbeiten – all dies hängt vom Vertriebsmanagement ab. Wir haben immer wieder erlebt, dass die besten Strategien wirkungslos verpuffen, wenn im Managementbereich nachhaltige Defizite vorhanden sind. Vor diesem Hintergrund ist das Vertriebsmanagement eine eigenständige Dimension im Rahmen des Sales-Ex-Ansatzes. Wir behandeln in diesem Teil die folgenden vier zentralen Themenfelder:

- die Gestaltung der Vertriebsorganisation (Kapitel 7),
- die Planung und Kontrolle der Vertriebsaktivitäten (Kapitel 8),
- das Personalmanagement im Vertrieb (Kapitel 9) sowie
- die Gestaltung der Kultur im Vertrieb (Kapitel 10).

Bei vielen Unternehmen konnten wir in diesen Bereichen Defizite feststellen. Zahlreiche Vertriebsorganisationen leiden z.B. unter einer lähmenden Bürokratie, die die Umsetzung einer flexiblen, marktorientierten Vertriebsstrategie behindert. Ferner haben wir beobachtet, dass in manchen Unternehmen die Planungs- und Kontrollsysteme nicht marktorientiert gestaltet sind. In kleineren Unternehmen wird die Marktbearbeitung zum Teil überhaupt nicht geplant. In größeren Unternehmen herrscht dagegen oft die reinste „Planungstechnokratie": Planung erfolgt nicht markt- und umsetzungsorientiert, sondern äußert sich primär im ziellosen „Number-Crunching". Das Resultat sind Zahlenfriedhöfe, die in der täglichen Vertriebsarbeit keine Rolle spielen.

Auch dem Bereich der Personalführung wird oft zu wenig Aufmerksamkeit geschenkt. Personal wird zum Teil unsystematisch rekrutiert und wenig zielgerichtet weiterentwickelt. Schließlich wird die Vertriebsarbeit vielerorts durch kulturelle Probleme behindert: relevante Informationen werden nicht an andere Bereiche weitergegeben, andere Abteilungen nicht als interne Kunden betrachtet. Abteilungs- und Bereichsegoismen binden viele Ressourcen für unnötige Grabenkämpfe. In den folgenden Kapiteln wollen wir Wege zur Überwindung dieser Defizite im Vertriebsmanagement aufzeigen.

7. Vertriebsorganisation – Strukturen und Prozesse erfolgreich gestalten

Organisationsentscheidungen über Strukturen oder Prozesse im Unternehmen bilden den Rahmen für das Handeln der Mitarbeiter. Sie fördern bestimmte Verhaltensweisen und erschweren andere. In vielen Unternehmen wird übersehen, dass Strukturentscheidungen auch Einstellungen und Denkweisen von Mitarbeitern beeinflussen.

Grundsätzlich kann jede Vertriebsorganisation nach Produkten, Regionen, Absatzkanälen oder Kunden ausgerichtet sein (vgl. Kieser/Kubicek 1992, Frese 1998). Vertriebsorganisationen sind in aller Regel nicht nur nach einem einzigen Kriterium strukturiert. Vielmehr werden in der Unternehmenspraxis häufig mehrere Strukturierungskriterien mit unterschiedlicher Gewichtung angewendet. Der erste Abschnitt dieses Kapitels befasst sich mit den grundlegenden Vor- und Nachteilen dieser Strukturierungsansätze.

Danach wenden wir uns einem weiteren Problemfeld zu: dem Schnittstellenmanagement. Reibungsverluste zwischen verschiedenen Vertriebsbereichen oder auch zwischen dem Vertrieb und anderen Funktionsbereichen beeinträchtigen die Vertriebsproduktivität in vielen Unternehmen auch heute noch massiv. Umgekehrt haben wir bei der Untersuchung von Unternehmen, die uns im Vertrieb durch Professionalität überzeugt haben, immer wieder festgestellt, dass hier der durch Schnittstellen bedingte „Sand im Getriebe" weniger stark zu wirken scheint als in anderen Unternehmen.

Ein weiterer Faktor, der die Produktivität vieler Unternehmen im Vertriebsbereich beeinträchtigt, ist ein Übermaß an Bürokratie. Wir werden uns daher auch mit diesem Problemfeld und entsprechenden Lösungsansätzen befassen.

Im letzten Abschnitt dieses Kapitels behandeln wir ein spezielles Problem an der Schnittstelle zwischen Unternehmen und Markt: Es geht um die Frage, inwieweit im Unternehmen einfache Möglichkeiten für Kunden existieren, das Unternehmen anzusprechen. Dass dies eine Selbstverständlichkeit ist, steht für Unternehmen, die sich Kundenorientierung auf die Fahnen schreiben, außer Frage. Dass die Praxis häufig anders aussieht, wissen wir alle aus leidvollen Erfahrungen, wenn man sich selbst als Kunde einmal an ein Unternehmen wendet – sei es um eine Information zu erhalten oder auch um eine Beschwerde zu äußern. Wir wollen daher der Frage der organisatorischen Regelung von Anlaufstellen für Kunden nachgehen.

7.1 Die grundsätzliche Ausrichtung im Vertrieb – Produkte, Regionen, Absatzkanäle oder Kunden?

Grundsätzlich kann eine Vertriebsorganisation nach Produkten, Regionen, Absatzkanälen oder Kunden ausgerichtet sein (vgl. Köhler 1993). Primäres Gliederungskriterium zur Zusammenfassung von Aufgaben im Vertrieb sind bei der *produktorientierten* Struktur die Produkte bzw. Leistungen des Unternehmens. Bei einer *regionenorientierten* Strukturierung erfolgt eine Aufteilung der Verantwortungsbereiche nach Kontinenten, Ländern, Regionen innerhalb eines Landes usw.. Die *kundenorientierte* Vertriebsorganisation basiert auf einer unternehmensspezifisch festgelegten Unterscheidung verschiedener Kundengruppen. Beispiele hierfür sind die Unterscheidung zwischen Firmen- und Privatkunden, die im Firmenkundengeschäft weit verbreitete Aufteilung der Kunden nach Branchen oder auch eine Kundenstrukturierung nach ihrer Bedeutung für das Unternehmen (vgl. hierzu auch die Ausführungen zur Kundensegmentierung in Kapitel 2 und zum Kundenportfolio in Kapitel 12). Bei einer Strukturierung nach *Absatzkanälen* werden Vertriebsbereiche anhand der Wege, über die Kunden angesprochen werden, abgegrenzt. Ein Beispiel hierfür ist die Unterscheidung zwischen den Organisationseinheiten Außendienst, Innendienst (z. B. Telefonverkauf) oder E-Commerce.

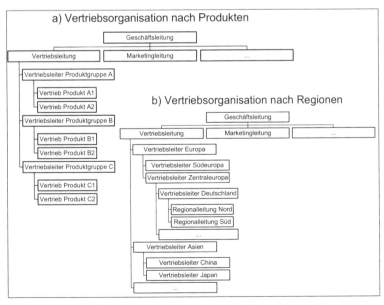

Abbildung 7-1a: Vertriebsorganisation nach Produkten bzw. Regionen

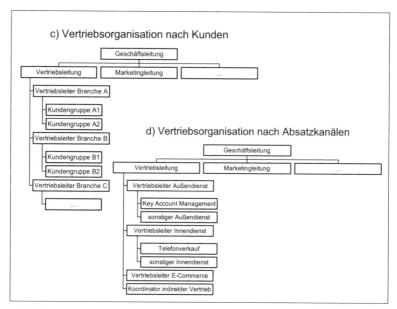

Abbildung 7-1b: Vertriebsorganisation nach Absatzkanälen bzw. Kunden

Abbildung 7-1 zeigt grundlegende Beispiele für diese Organisationsformen. Natürlich treten sie im Regelfall nicht in Reinkultur auf. In nahezu allen Unternehmen ergibt sich die Vertriebsorganisation aus einer Mischung dieser Kriterien. Abbildung 7-2 zeigt zwei in der Praxis verbreitete „Mischformen". Im ersten Fall wird die Vertriebsorganisation zunächst regional gegliedert, bevor eine weitere Strukturierung nach Kunden erfolgt. Im zweiten Fall wird die Vertriebsorganisation zunächst nach Kunden gegliedert, bevor auf der zweiten Ebene nach Produkten strukturiert wird.

Die im Rahmen der Vertriebsorganisation zu beantwortende Frage lautet also nicht „Welches der vier Kriterien wird zur Gliederung des Vertriebs genutzt?", sondern vielmehr „Wie stark werden die einzelnen Kriterien bei der Vertriebsstrukturierung berücksichtigt?". Es geht also nicht um eine Auswahlentscheidung, sondern um eine Gewichtungsentscheidung. Derartige Entscheidungen führen z. B. dazu, dass ein Gliederungskriterium auf höherer Ebene als ein anderes angewendet wird (vgl. Abbildung 7-2).

Die Frage nach der Gewichtung der grundlegenden Strukturierungskriterien führt unmittelbar zu der Frage nach den *Vor- und Nachteilen der Organisationsformen.* Diese wollen wir im Folgenden kurz darstellen (vgl. Tabelle 7-1).

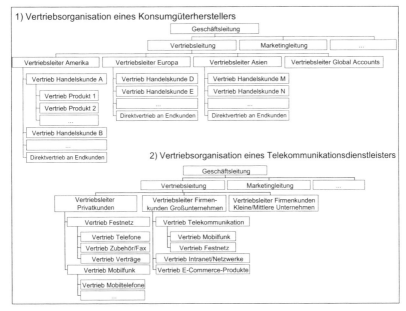

Abbildung 7-2: Beispiele für Vertriebsorganisationen mit mehreren
Gliederungskriterien

Tabelle 7-1: Vor- und Nachteile der Organisationsformen im Überblick

Differenzie-rung nach ...	Vorteile	Nachteile
... Produkten	▣ hohes produktspezifisches Know-how ▣ einfachere Koordination mit anderen produktorientierten Unternehmenseinheiten	▣ mangelnde Kundenorientierung ▣ geringe Ausschöpfung von Cross-Selling-Potenzialen ▣ diffuser Auftritt gegenüber dem Kunden
... Regionen	▣ Berücksichtigung regionaler Marktbesonderheiten ▣ „physische Nähe" zum Kunden	▣ Beharrungsvermögen durch „Regionalfürstentum" ▣ problematische Koordination zwischen den Regionen ▣ erschwerte Bearbeitung internationaler Kunden
... Absatz-kanälen	▣ vertriebswegspezifische Kenntnisse	▣ fehlende Gesamtbetrachtung des Kundenkontaktes ▣ geringere produktspezifische Kenntnisse ▣ geringere kundenspezifische Kenntnisse
... Kunden	▣ ganzheitliche Sicht des Kunden ▣ engere Beziehungen zum Kunden ▣ Unterstützung des Cross-Selling	▣ geringere produktspezifische Kenntnisse ▣ notwendige Anpassung der Informations- und Controlling-Systeme

Der zentrale Vorteil der *produktorientierten Vertriebsorganisation* liegt auf der Hand: Die Vertriebsmitarbeiter verfügen über ein hohes Maß an produktbezogenem Knowhow. Sie sind Produktspezialisten, die auch komplexe Produkte und Produktinnovationen relativ problemlos vertreiben können. Vertriebsmitarbeiter, die in solchen Strukturen tätig sind, benötigen oftmals relativ wenig technischen Support aus dem Stammhaus und können auch schwierigere technische Fragestellungen beim Kunden lösen. Ein weiterer Vorteil der produktorientierten Vertriebsorganisation kann darin liegen, dass die Koordination mit anderen produktorientierten Unternehmenseinheiten einfacher als bei anderen Formen der Vertriebsorganisation ist. Dieser Vorteil greift z. B. dann, wenn die Sparten des Unternehmens produktorientiert definiert sind. Die Zusammenarbeit mit dem Produktmanagement in den Sparten ist in dieser Organisation typischerweise einfacher als bei anderen Vertriebsorganisationsformen.

Diesen Vorteilen der produktorientierten Vertriebsorganisation stehen allerdings schwerwiegende Nachteile gegenüber. An erster Stelle ist die mangelnde Kundenorientierung zu nennen: Mitarbeiter, die primär für die Vermarktung bestimmter Produktgruppen zuständig sind, denken eher produktorientiert und sind oft zu stark auf die Umsatzzahlen eines Produktes fokussiert.

Häufig vernachlässigen sie eine umfassende Betrachtung der Kundenbedürfnisse und durchleuchten das Anwendungsumfeld des Produktes beim Kunden nur unzureichend. Hierdurch entgehen dem Unternehmen in vielen Fällen beträchtliche Cross-Selling-Potenziale. *Cross-Selling* – gemeint ist das Angebot zusätzlicher Produkte und Dienstleistungen, die mit dem bereits vermarkteten Produkt in Verbindung stehen – ist nach unseren Beobachtungen eines der am stärksten vernachlässigten Vertriebsinstrumente (vgl. Homburg/Schäfer 2000). Eine branchenübergreifende empirische Untersuchung kam zu dem Ergebnis, dass Anbieter im Schnitt nur rund 30 % ihres Cross-Selling-Potenzials ausschöpfen (vgl. Homburg/Schäfer 2001, Schäfer 2002). Ein wichtiger Grund für diesen geringen Cross-Selling-Erfolg ist die produktorientierte Vertriebsorganisation.

Besonders deutlich werden die Probleme der produktorientierten Vertriebsorganisation, wenn der Kunde verschiedene Produktgruppen beim Unternehmen bezieht. Die Konsequenz einer produktorientierten Vertriebsorganisation ist dann, dass mehrere Vertriebsmitarbeiter für denselben Kunden zuständig sind. Je nachdem, um welche Produktgruppe es geht, hat der Kunde unterschiedliche Ansprechpartner. Die Gefahr eines diffusen, unkoordinierten Auftritts gegenüber dem Kunden ist unübersehbar. Um keine Missverständnisse aufkommen zu lassen: Es gibt Situationen, in denen derartige Konstellationen unvermeidbar sind, beispielsweise in Unternehmen mit einer sehr breiten und heterogenen Produktpalette. Wir haben allerdings häufig beobachtet, dass derartige Organisationsformen historisch gewachsen sind, ohne dass dies von der Produktpalette her heute noch erforderlich wäre.

Der zentrale Vorteil *regionenorientierter Vertriebsorganisation* ist ebenfalls offensichtlich: zwischen verschiedenen Regionen existieren häufig erhebliche Unterschiede im Hinblick auf die Kundenbedürfnisse, das Kaufverhalten der Kunden, die Wettbewerbssituation sowie das allgemeine Marktumfeld. Regional orientierte Vertriebsorganisationen sichern die Berücksichtigung dieser Besonderheiten im Rahmen der Marktbearbeitung. Außerdem können sie eine „physische Kundennähe" gewährleisten, die trotz des rasanten Bedeutungszuwachses neuer Kommunikationsmedien ein zentraler Faktor bleiben wird.

Der zentrale Nachteil regionenorientierter Vertriebsorganisationen liegt in ihrem häufig sehr starken Beharrungsvermögen bzw. in ihrer Autonomie: Verantwortung und Entscheidungskompetenz für einzelne Regionen sind in der Regel zu einem wesentlichen Teil in der Region selbst angesiedelt. Auf diese Weise entsteht das „Regionalfürstentum", das in vielen Unternehmen sehr deutlich zu beobachten ist. Mächtige Regionalleiter oder „Landes-Chefs" bauen gezielt Gegenpositionen zur Unternehmenszentrale auf. Regionale Marktbesonderheiten werden zur Absicherung der eigenen Position häufig überbetont. Marktinformationen aus den Regionen fließen nur spärlich in die Unternehmenszentrale. Schon so manches Erfolg versprechende Marktbearbeitungskonzept ist an der Macht dieser Regionalfürsten gescheitert, nur weil es aus der Zentrale kam.

Ein weiteres Problem in diesem Zusammenhang ist die fehlende Lernbereitschaft: Über Konzepte, die sich in bestimmten Regionen bewährt haben, wird kaum gesprochen. Noch seltener erfolgt die Übertragung solcher Best Practices auf andere Regionen. Derartige Lerndefizite sind auf subtile Weise in den Denkstrukturen stark regionenorientierter Vertriebsorganisationen verankert: wer Konzepte aus anderen Regionen übernimmt, gibt damit implizit zu, dass die eigene Region vielleicht doch nicht so unterschiedlich von den Übrigen ist, und stellt sich als Regionalmanager ein wenig selbst in Frage.

Auch die Preishoheit vieler Regionalfürsten verursacht Probleme. Durch das Internet und den Euro wird die Preistransparenz über Landesgrenzen hinweg immer größer (vgl. Abschnitt 5.7). Während in der Vergangenheit Preisentscheidungen in verschiedenen Ländern weitgehend unkoordiniert erfolgen konnten, ist dies in Zukunft immer weniger der Fall. Eine zentrale Koordination ist daher zukünftig unerlässlich.

Zunehmend schwieriger wird die Arbeit mit stark regional orientierten Vertriebsorganisationen auch bei der Zusammenarbeit mit international tätigen Kunden. Viele
Großunternehmen verlangen heute von ihren Zulieferern international konsistente
Konditionen, was bisweilen sogar zur Forderung nach einem einheitlichen „Weltpreis"
führt. Als Beispiele für solche Entwicklungen können die Automobilbranche sowie der
zunehmend internationale Einzelhandel genannt werden. In solchen Situationen wird
ein konsistentes Key Account Management über Landesgrenzen hinweg zum überle-
benswichtigen Faktor (vgl. Kapitel 20). In vielen Unternehmen kann ein solches internationales Key Account Management nur umgesetzt werden, wenn die Macht der Regionalfürsten beschnitten wird (vgl. Homburg/Workman/Jensen 2000).

Der wesentliche Vorteil der *absatzkanalorientierten Vertriebsorganisation* besteht sicherlich im vertriebswegspezifischen Know-how der Mitarbeiter, die für einen bestimmten Vertriebskanal zuständig sind. Insbesondere im Hinblick auf die Entwicklung neuer Vertriebskanäle wie das Internet oder Call Center kann eine solche Spezialisierung sinnvoll sein. Eine Gefahr dieser Organisationsform liegt jedoch darin, dass
der Kundenkontakt gewissermaßen „zerlegt" wird. Eine ganzheitliche Betrachtung des
Kundenkontakts über verschiedene Absatzkanäle hinweg ist in dieser Organisationsform nicht angelegt (vgl. die Ausführungen zum Customer Relationship Management
in Kapitel 16). Darüber hinaus kann z. B. auf E-Commerce spezialisierten Mitarbeitern
sowohl das Produkt- als auch das Kunden-Know-how fehlen.

Vertriebsorganisationen, die sich primär an Produkten, Regionen oder auch Absatzkanälen ausrichten, können heutzutage kaum den gestiegenen Ansprüchen der Kunden
gerecht werden. Wir haben hierauf bereits im Zusammenhang mit der „Kundenzufriedenheitsfalle" in Kapitel 1 hingewiesen. Insbesondere die Forderung nach qualifizierten, individuellen und umfassenden Beratungsleistungen wird in vielen Branchen
zunehmend intensiver. Wer hier den Kunden überzeugen will, muss dessen Umfeld,
Ziele und Probleme genau verstehen.

Dies wird am besten durch die *kundenorientierte Vertriebsorganisation* unterstützt. Sie
setzt sich umfassend mit der Situation und den Bedürfnissen der Kunden auseinander.
Denken in Kundenbedürfnissen anstatt in Produkten ist in dieser Organisationsform
am stärksten ausgeprägt (vgl. Homburg/Workman/Jensen 2000, Köhler 2001). Vertriebsmitarbeiter werden gewissermaßen zu „Kundenspezialisten". Eine höhere Zufriedenheit des Kunden mit der individuelleren Betreuung ist die logische Folge (vgl.
Homburg/Bucerius 2001). Die Vorteile dieser Organisationsform machen sich aber
nicht nur in einer höheren Kundenzufriedenheit bemerkbar, sondern schlagen sich in
vielen Fällen direkt in der Vertriebseffizienz nieder: z. B. führt der in solchen Organi-

sationsformen erzielte Cross-Selling-Erfolg im Allgemeinen dazu, dass die Kunden-profitabilität beträchtlich gesteigert werden kann (vgl. Homburg/Schäfer 2000). Ein möglicher Nachteil der kundenorientierten Vertriebsorganisation liegt in den geringeren Produktkenntnissen der Vertriebsmitarbeiter. Dieser Nachteil ist nicht ganz von der Hand zu weisen. Nach unserer Einschätzung überwiegen aber die Vorteile des Kundenspezialisten. Zudem kann man diesen potenziellen Nachteil durch ergänzende Strukturen auffangen. Beispielsweise praktizieren einige Banken im Bereich vermögender Privatkunden ein Betreuungskonzept, bei dem den Kunden ein Hauptansprechpartner angeboten wird. Er ist der Kundenspezialist und arbeitet im Betreuungsteam mit weiteren Produktspezialisten zusammen. Hat der Kunde eine detailliertc Frage zu einem Produkt, die die Kompetenz des Kundenspezialisten übersteigt, greift dieser – auch im Beisein der Kunden – auf den Produktspezialisten zurück.

An dieser Stelle ist noch ein weiterer Hinweis erforderlich: wir haben in zahlreichen Unternehmen kundenorientierte Organisationsstrukturen kennen gelernt, die nicht gut funktionierten, weil sie nicht durch entsprechende Systeme unterstützt wurden. Beispielsweise müssen kundenorientierte Organisationsstrukturen durch kundenorientierte Informations- und Controlling-Systeme unterstützt werden. Erfolgt die Kosten- und Ergebnisrechnung rein produktorientiert, so ist es sehr schwierig, die Leistungen von kundenorientiert definierten Vertriebseinheiten zu bewerten. Auf diesen Aspekt gehen wir noch in Kapitel 12 ein.

Eine spezielle Ausprägung einer kundenorientierten Vertriebsorganisation ist der Einsatz von „Spezialvertrieben" – Organisationseinheiten, die sich auf die Akquisition von Neukunden bzw. auf die Bindung von Bestandskunden spezialisieren. Solche Modelle werden häufig „Hunter & Farmer-Modelle" genannt (vgl. Blattberg/Deighton 1997). Während die Interessentengewinnung und die eigentliche Neukundenakquisition durch spezialisierte „Hunter" betrieben wird, erfolgt die nachgelagerte Betreuung/Bindung durch andere Abteilungen/Mitarbeiter (die „Farmer"). Ein gewonnener Kunde wird also an den Farmer „übergeben". Eine solche Organisation hat eine Reihe von Vor- und Nachteilen: Zu den Vorteilen zählt das bessere Ausnutzen individueller Stärken der Verkaufsmitarbeiter. Dies gilt insbesondere für die anspruchsvolle Akquisition neuer Kunden. Darüber hinaus wird dadurch gewährleistet, dass keines dieser beiden grundsätzlichen Vertriebsziele vernachlässigt wird. Allerdings ist die o. g. „Übergabe" des Kunden nicht unproblematisch (vgl. ausführlicher Homburg/Fargel 2006).

Jede der aufgezeigten Organisationsformen hat spezifische Vor- und Nachteile. Eine pauschale Empfehlung zu Gunsten einer Organisationsform ist daher nicht möglich.

Überhaupt sind generelle Aussagen über „gute" und „schlechte" Organisationsstrukturen problematisch. Organisationsentscheidungen hängen immer in hohem Maße von den Besonderheiten des Unternehmens ab. Allerdings können wir auf der Basis unserer Beobachtungen und Untersuchungen durchaus die Aussage treffen, dass die kundenorientierte Vertriebsorganisation in vielen Unternehmen zu schwach gewichtet ist. Häufig dominiert historisch bedingt eine produkt- oder regionenorientierte Struktur. Angesichts immer anspruchsvollerer Kunden ist davon auszugehen, dass eine stärkere Kundenorientierung der Vertriebsorganisation in vielen Unternehmen und Branchen eine zwangsläufige Entwicklung darstellt.

7.2 Der Fluch der Schnittstellen

In jedem Unternehmen existiert eine Vielzahl von Schnittstellen. In gewissem Umfang sind sie sicherlich nicht zu vermeiden. Zum Fluch werden Schnittstellen dann, wenn internes Kompetenzgerangel, Konkurrenzkämpfe und Informationsdefizite zwischen den Bereichen derart überhand nehmen, dass die Handlungsfähigkeit des Unternehmens deutlich beeinträchtigt wird. Aufwändige Abstimmungsprozesse und langwierige Entscheidungsprozesse sind die Konsequenz.

Gerade der Vertrieb ist ein sehr schnittstellenintensiver Funktionsbereich. In Abbildung 7-3 sind die wichtigsten Schnittstellen dargestellt. Es ist zwischen Schnittstellen innerhalb des Vertriebs und Schnittstellen des Vertriebs mit anderen Funktionsbereichen zu unterscheiden. Schnittstellen innerhalb des Vertriebs existieren in vielfältiger Form. Die drei wichtigsten Ausprägungen sind Schnittstellen zwischen

- Zentral- und Regionalvertrieb,

- Vertriebsbereichen, die für unterschiedliche Produkte verantwortlich sind, und

- Vertriebsbereichen, die unterschiedliche Kontaktwege zum Kunden nutzen.

Gerade die zuletzt genannten *Schnittstellen zwischen Vertriebsbereichen, die unterschiedliche Kontaktwege nutzen*, sind von großer Bedeutung: hier ist zunächst die Schnittstelle zwischen Außen- und Innendienst zu nennen. Der Außendienst pflegt den persönlichen Kundenkontakt, der Innendienst stützt sich auf Medien wie Telefon oder Fax. In neuerer Zeit haben viele Unternehmen Call Center installiert, in denen zum Teil auch anspruchsvolle Beratungsleistungen erbracht werden (vgl. Kapitel 18).

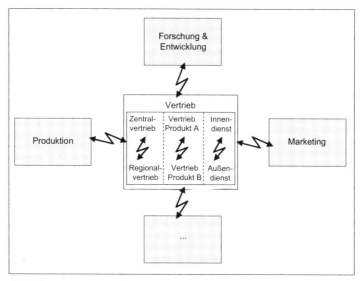

Abbildung 7-3: Die Schnittstellenproblematik im Vertrieb

Darüber hinaus befassen sich diverse Unternehmen in eigens eingerichteten Vertriebs-abteilungen mit dem Thema E-Commerce (Kapitel 18). Ein Problemfeld, das an der Schnittstelle zwischen Außen- und Innendienst besonders häufig auftritt, betrifft die Frage der Preishoheit. In vielen Unternehmen, die den aktiven Telefonverkauf durch Innendienst und Call Center forcieren, beobachtet man, dass der Außendienst immer noch die alleinige Preishoheit beansprucht. Die Folge ist oftmals ein enormer Abstim-mungsbedarf, wenn Telefonverkäufer bei Preisverhandlungen mit einem Kunden stän-dig mit dem jeweils zuständigen Außendienstbetreuer Rücksprache halten müssen (zur Zusammenarbeit zwischen Außen- und Innendienst vgl. auch Abschnitt 7.4).

Der Vertrieb hat auch vielfältige *Schnittstellen mit anderen Funktionsbereichen* (vgl. Abbildung 7-3). Viele Leser denken hier sicherlich an Schnittstellen zu Bereichen wie Produktion, Controlling und Produktentwicklung/Anwendungstechnik. Eine Schnitt-stelle des Vertriebs, die in ihrer Bedeutung häufig unterschätzt wird, ist die mit dem *Marketingbereich*. Wir haben in vielen Unternehmen beobachtet, dass zwischen Mar-keting und Vertrieb große Probleme existieren (vgl. Homburg/Jensen/Klarmann 2005). Diese Beobachtung mag auf den ersten Blick überraschen. Eigentlich sollten Marke-ting und Vertrieb aufgrund der Verbundenheit ihrer Aufgaben „eine Sprache sprechen" und „an einem Strang ziehen". Das Gegenteil ist leider häufig der Fall. Massive Infor-mationsdefizite, verhärtete Fronten bis hin zur wechselseitigen Arroganz sind alles an-dere als Ausnahmen. Viele Marketingverantwortliche verstehen den Vertrieb als rein ausführendes Organ, das allenfalls informiert werden muss. Vertriebsmanager bezeichnen die Marketingmitarbeiter ihrer Unternehmen häufig als marktferne Theoretiker, die bei der Arbeit eher stören als unterstützen. Im Kern des Problems steht unseres Erachtens die Tatsache, dass es in vielen Unternehmen eine Marketingkultur und eine Vertriebskultur gibt. Die Marketingkultur ist eher analytisch-konzeptionell orientiert, die Vertriebskultur ist sehr stark handlungsorientiert. Vereinfacht ausgedrückt könnte man von den „Denkern" und den „Machern" sprechen.

Unsere Untersuchungen belegen: Unternehmen, denen es gelingt, die Schnittstellen zwischen Vertrieb und Marketing in den Griff zu bekommen, sind erfolgreicher im Markt und überdurchschnittlich profitabel. Diese Unternehmen schaffen es besser, die Einheitlichkeit der Marktbearbeitung sicherzustellen und auf wichtige Veränderungen im Markt schnell zu reagieren (vgl. Homburg/Jensen/Klarmann 2005).

Werden Schnittstellenprobleme nicht behoben, hat dies schwerwiegende Folgen: Die langwierigen Abstimmungs- und Entscheidungsprozesse binden die Kapazitäten vieler Mitarbeiter häufig in extremem Ausmaß. So hat uns ein Vertriebsmitarbeiter eines Konsumgüterunternehmens von der Planung einer markenübergreifenden Verkaufsförderungsaktion berichtet, für die er im Vorfeld die Genehmigung aller 14 involvierten Markenverantwortlichen einholen musste. Allein dieser Prozess kostete den Mitarbeiter drei Wochen, in denen er die Markenmanager überzeugen und deren „Verbesserungsvorschläge" einarbeiten musste. Die mit solchen Prozessen zusammenhängenden Kosten sind vielen Managern oft nicht bewusst. Schnittstellenprobleme machen sich aber nicht nur innerhalb des Unternehmens negativ bemerkbar. Die Konsequenz für den Kunden liegt oft in nicht nachvollziehbaren Verzögerungen bei der Beantwortung seiner Anfragen oder Abwicklung seiner Aufträge. Im schlimmsten Fall kann die Verärgerung über solche Verzögerungen zur vollständigen Abwanderung des Kunden führen.

Um derart negative Konsequenzen zu begrenzen, ist ein systematisches Schnittstellenmanagement notwendig. Bevor wir uns aber mit speziellen Instrumenten des Schnittstellenmanagements befassen, macht es Sinn, darüber nachzudenken, wie Schnittstellenprobleme im Unternehmen eigentlich entstehen.

Schnittstellenprobleme sind zum Teil sicherlich eine Konsequenz der Aufgabenspezialisierung im Unternehmen. Nun führt Spezialisierung an sich noch nicht unbedingt zu schweren Schnittstellenproblemen. Intensive Schnittstellenprobleme treten insbesondere auf bei

- übermäßig starker Spezialisierung,

- hoher Abhängigkeit der Abteilungen voneinander bei der Aufgabenerfüllung,

- mangelndem Informationsaustausch zwischen den Abteilungen,

- stark divergierenden Zielen bzw. Interessen der Abteilungen,

- großer räumlicher Distanz zwischen den Abteilungen sowie

- großer kultureller Distanz zwischen den Abteilungen.

Es stellt sich die Frage, mit welchen Instrumenten man einer übermäßigen Spezialisierung begegnen und den Koordinationsaufwand begrenzen bzw. senken kann (vgl. Bauer/Huber 1997). Hierbei lassen sich prinzipiell vier Typen von Instrumenten unterscheiden:

- strukturbezogene Instrumente,

- prozessbezogene Instrumente,

- personalführungsbezogene Instrumente sowie

- kulturbezogene Instrumente.

Diese Instrumente haben prinzipiell zwei Wirkungen: Zum einen reduzieren sie den überflüssigen Koordinationsbedarf. Zum anderen helfen sie, den unvermeidbaren Koordinationsbedarf mit vertretbaren Mitteln zu bewältigen. Die wichtigsten Instrumente sind in Abbildung 7-4 dargestellt. Einige davon werden im Folgenden kurz erläutert.

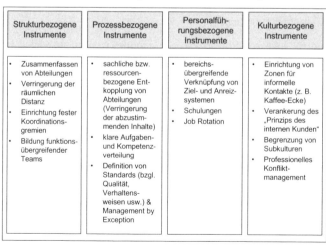

Abbildung 7-4:Instrumente des Schnittstellenmanagements
im Überblick

Im Rahmen *strukturbezogener Instrumente* besteht natürlich generell die Möglichkeit, *Abteilungen zusammenzufassen.* Darüber hinaus lässt sich z. B. der Informationsaustausch zwischen den Abteilungen durch die Einrichtung von *Koordinationsgremien* steigern. In diesen Gremien erfahren Mitarbeiter, welche aktuellen Projekte in anderen Abteilungen bearbeitet werden oder was für die nahe Zukunft geplant ist. Mögliche Schnittstellen können somit schon im Voraus identifiziert und die Zusammenarbeit geplant werden. Die *Verringerung der räumlichen Distanz* ist ein Instrument, das von vielen Managern unterschätzt wird. Räumliche Nähe fördert informelle Abstimmungsprozesse in sehr nachhaltiger Weise. Viele Probleme des Tagesgeschäfts können bereits durch ein formloses Gespräch auf dem Gang geklärt werden.

Ein weiteres *strukturbezogenes Instrument*, das in letzter Zeit stark an Bedeutung gewonnen hat, ist die *Bildung funktionsübergreifender Teams* (vgl. Bühner/Tuschke 1999). Teambildung ist dann sinnvoll, wenn die gestiegenen Anforderungen der Kunden nur durch abteilungsübergreifende Zusammenarbeit befriedigt werden können. Im Business-to-Business-Bereich geht die Zusammenarbeit mit Kunden heute oft über den Verkauf hinaus. Viele Anbieter arbeiten mit ihren Kunden auch in anderen Bereichen wie Logistik oder Marktforschung eng zusammen. Um diese Zusammenarbeit kompetent leisten zu können, sind Teams oft unumgänglich. Aber auch die zunehmende Komplexität der angebotenen Leistungen macht Teamarbeit immer notwendiger. Im Finanzdienstleistungsbereich z. B. sind Kundenbetreuer oft auf Produktexperten angewiesen, wenn sie ihren Kunden komplexere Dienstleistungspakete – im Sinne des Cross-Selling – anbieten wollen.

Teams können für unterschiedliche Zwecke gebildet werden. In vielen Unternehmen werden funktionsübergreifende Teams heute schon in der Neuproduktentwicklung eingesetzt, wobei z. B. Mitarbeiter aus Forschung & Entwicklung, Controlling, Marketing, Vertrieb oder auch Kunden einbezogen werden. Diese Teams werden auf Projektbasis gebildet und lösen sich nach Beendigung des Projektes wieder auf. Im Vertrieb werden in der letzten Zeit immer häufiger langfristig zusammenarbeitende Verkaufsteams eingerichtet (vgl. Homburg/Workman/Jensen 2000). Mitglieder eines solchen Verkaufsteams sind neben den Vertriebsmitarbeitern z. B. Mitarbeiter aus den Bereichen Marketing/Produktmanagement, Logistik oder Informationstechnologie. In Abbildung 7-5 ist ein „multifunktionales Verkaufsteam" eines Konsumgüterherstellers abgebildet, das zur Bearbeitung von Handelskunden eingerichtet wurde.

Entscheidet sich ein Unternehmen für den Einsatz solcher Teams, so müssen bestimmte *Erfolgsfaktoren für den Teameinsatz* beachtet werden.

1. *Teamgröße:* die Größe eines Teams hat einen wesentlichen Einfluss auf die Team-effektivität und -effizienz. Ist ein Team zu klein, kann es die ihm zugeteilten Auf-gaben nicht bewältigen, während ein zu großes Team häufig mit hohem team-internen Koordinationsaufwand zu kämpfen hat. In zu großen Teams kann darüber hinaus das Phänomen des „Trittbrettfahrens" auftreten, wenn sich einzelne Team-mitglieder weniger engagieren und hoffen, dass ihre Aufgaben von anderen Mit-gliedern erledigt werden.

2. *Heterogenität der Teammitglieder:* Teammitglieder mit unterschiedlichem Hinter-grund haben grundsätzlich mehr Möglichkeiten, voneinander zu lernen. Ein Über-maß an Heterogenität kann allerdings dazu führen, dass Verständigungsprobleme oder eine mangelnde Vertrautheit die Zusammenarbeit behindern.

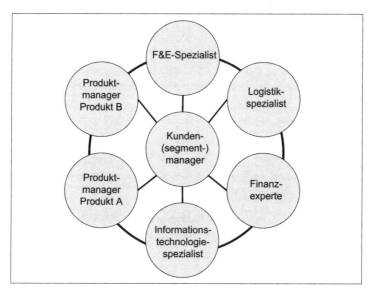

Abbildung 7-5: Funktionsübergreifendes Verkaufsteam am Beispiel eines Konsumgüterherstellers

3. *Teamgeist:* ein starker Zusammenhalt im Team führt im Allgemeinen dazu, dass die Motivation der Teammitglieder selbst unter starkem Druck erhalten bleibt. Für den Teamleiter besteht die schwierige Aufgabe darin, im Team eine Atmosphäre des Vertrauens und der Lockerheit bei gleichzeitiger Leistungsorientierung zu etab-

lieren. Die Teamkultur sollte darüber hinaus durch ein einheitliches Verständnis über grundlegende Normen wie Fairness, Ehrlichkeit oder Leistungsorientierung geprägt sein.

4. *Klarheit von Zielen und Rollen:* die Ziele der Teamarbeit müssen ausreichend spezifisch und jedem Teammitglied klar sein. Außerdem müssen die Rollen innerhalb des Teams eindeutig abgegrenzt sein. Vor allem im Kundenkontakt sollte z. B. die Führungsrolle des Teamleiters oder die Expertenrolle eines IT-Spezialisten nie von anderen Teammitgliedern in Frage gestellt werden.

5. *Ausreichende Ressourcenausstattung:* das Team braucht den Zugang zu notwendigen Ressourcen wie z. B. Räumlichkeiten, technischer oder finanzieller Ausstattung oder auch Zeit. Sind diese Ressourcen zu knapp bemessen, kann politisches Taktieren oder Konkurrenzverhalten zwischen den Teammitgliedern oder zwischen dem Team und anderen Unternehmenseinheiten die Teamleistung schmälern.

6. *Leistungsbewertungs- und Anreizsysteme:* wir haben immer wieder festgestellt, dass Unternehmen den Teamgedanken zwar forcieren wollen, ihn aber nicht belohnen. Problematisch ist beispielsweise, wenn ein Mitarbeiter einen wesentlichen Anteil seiner Arbeitszeit in ein Team einbringt, das nicht von seinem disziplinarisch Vorgesetzten geleitet wird. Häufig entsteht dann die Situation, dass der disziplinarisch Vorgesetzte sich bei der Leistungsbewertung hauptsächlich an der in der Linie erbrachten Leistung orientiert und die Teamleistung nicht ausreichend berücksichtigt. Ein Erfolg versprechendes Modell ist eine an der Teamleistung orientierte Vergütung der Mitglieder. Dieses hat den Vorteil, dass kooperatives und nicht kompetitives Verhalten im Team gefördert wird. Dem steht allerdings der Nachteil des möglichen „Trittbrettfahrens" einiger Mitglieder gegenüber.

Trotz des großen Nutzens von Teams wollen wir vor blindem Aktionismus bei der Teambildung warnen. Häufig werden Arbeitsgruppen gebildet, wo eigentlich keine notwendig wären und ein Mitarbeiter die Aufgabe allein schneller und besser lösen könnte. In vielen Unternehmen beobachtet man auch, dass die Bildung von immer neuen Teams einen Mechanismus darstellt, unangenehme Aufgaben auf die lange Bank zu schieben und Verantwortung abzuwälzen („Dafür haben wir einen Arbeitskreis!"). Wichtig ist, dass der Teambildung eine klare Zeit- und Ergebnisorientierung zugrunde liegt. Die Abkürzung Team darf also nicht als „Toll, ein anderer macht's" interpretiert werden.

Im Rahmen der *prozessbezogenen Instrumente* ist es möglich, gewisse *Standards zu definieren,* deren Überschreitung erst zu einem Abstimmungsbedarf führt. Ein Beispiel hierfür läge vor, wenn sich Telefonverkäufer in Verkaufsverhandlungen mit einem vom Kunden geforderten Preisnachlass konfrontiert sehen, den sie ohne Zustimmung des Produktmanagements oder des zuständigen Kundenbetreuers im Außendienst nicht gewähren können. Bleibt der Preisnachlass unterhalb dieses Standards, ist eine Abstimmung nicht notwendig.

Bei den *personalführungsbezogenen Instrumenten* ist vor allem die *Job Rotation* hervorzuheben. Durch die Arbeit in fremden Abteilungen gewinnen Mitarbeiter und Führungskräfte einen Einblick in die dortigen Strukturen, Prozesse und Denkweisen. Für hochgradig problematisch halten wir es beispielsweise, wenn jemand in einem Unternehmen Vertriebsverantwortung auf höherer Ebene übernimmt, ohne jemals im Marketing tätig gewesen zu sein – oder umgekehrt. Manche Unternehmen wenden gegen dieses Konzept ein, es sei mit einem außerordentlich hohen Einarbeitungsaufwand der Mitarbeiter in die jeweils neuen Bereiche verbunden. Dieser Einwand ist nicht völlig von der Hand zu weisen. Allerdings zeigt die Erfahrung, dass der langfristige Nutzen einer breit angelegten Berufserfahrung weitaus bedeutender ist als der kurzfristige Einarbeitungsaufwand. „Schornsteinkarrieren" sind ein wesentlicher Grund für die Entstehung von Schnittstellenproblemen.

Im Rahmen der *kulturbezogenen Instrumente* soll insbesondere das *„Prinzip des internen Kunden"* Erwähnung finden. Zwischen den unterschiedlichen Unternehmensbereichen bestehen oft interne Kunden-Lieferanten-Beziehungen. Die Vertriebsabteilung ist beispielsweise auf Informationen oder Auswertungen aus der Marketingabteilung angewiesen. Kundenorientierung kann auch auf diese internen Leistungsverflechtungen angewendet werden. Folgende Leitfragen sind hierbei hilfreich:

- Wer sind meine internen Kunden?

- Welche Bedürfnisse haben sie?

- Wie kann ich diesen Bedürfnissen entsprechen?

Die Umsetzung dieses Prinzips können interne Kundenzufriedenheitsmessungen unterstützen. Auf die Messung der Kundenzufriedenheit gehen wir in Abschnitt 12.4 ein.

7.3 Bremsklotz Bürokratie

Mit dem Bremsklotz Bürokratie haben sicherlich die meisten Leser schon einmal Bekanntschaft gemacht. Wer hat sich nicht schon einmal über die „Bürokraten in den Amtsstuben" geärgert, wenn es z. B. um die Steuererklärung oder um die Beantragung einer Baugenehmigung ging? Bürokratie findet man aber auch in Unternehmen.

Ein Firmenkundenbetreuer einer Bank konnte uns dies eindrucksvoll schildern, als er den Prozess der Bearbeitung einer Kreditanfrage in seinem Hause beschrieb. Nachdem er die notwendigen Informationen über die Bonität und Geschäftsentwicklung des Firmenkunden zusammengestellt und ausgewertet hatte, reichte er den Kreditantrag mit unzähligen Formblättern an den verantwortlichen Kreditbetreuer weiter. Nach einem zunächst positiven Signal dieser Stelle folgten jedoch immer wieder Anfragen nach zusätzlichen Informationen, die der Mitarbeiter beim Kunden einholen musste. Dieser Prozess zog sich über weitere zehn Tage hin. Der zuständige Kreditbetreuer musste sich schließlich aufgrund interner Sicherheitsbestimmungen vor der Kreditfreigabe noch bei einem zweiten Kreditbetreuer rückversichern. Die Rückversicherung kostete zwei weitere Tage, so dass der Kunde die Anfrage schließlich entnervt zurückzog. Dabei verlor das Institut nicht nur das großvolumige Kreditgeschäft: Der Kunde brach die Geschäftsbeziehung vollständig ab und wechselte zur Konkurrenz.

Dies ist nur ein Beispiel dafür, dass übertrieben bürokratische Organisationen den heutigen Kundenanforderungen nach Flexibilität, Schnelligkeit und Kundennähe nicht mehr gerecht werden können. Bürokratie kann dabei in unterschiedlichen Formen auftreten. Im Wesentlichen lassen sich vier Dimensionen von Bürokratie feststellen:

- die Spezialisierung,

- die Hierarchietiefe,

- die Regelungsintensität sowie

- die Dokumentationsintensität.

Die Problematik der übertriebenen Spezialisierung wurde bereits in Abschnitt 7.2 diskutiert. *Hierarchietiefe* bezeichnet die Anzahl der Hierarchiestufen in der Organisationsstruktur eines Unternehmens. Tiefe Hierarchien führen üblicherweise zu aufwändigen Abstimmungs- und Entscheidungsprozessen im Unternehmen. Hohe *Regelungsintensität* liegt vor, wenn für die Aufgabenerfüllung zahlreiche, bis ins Detail gehende Regeln fixiert sind. Solche Regeln können sich auf standardisierte Vorgehensweisen, die „Einhaltung des Dienstweges", Unterschriftsbefugnisse usw. beziehen. *Dokumentationsintensität* bezieht sich darauf, inwieweit im Unternehmen die Schriftform dominiert. Beispielsweise beobachtet man in vielen Großunternehmen, dass auch kleinste Informationen auf dem Schriftweg weitergegeben werden. In solchen Situationen wird auf nicht schriftlich vorliegende Informationen häufig gar nicht reagiert.

Übertriebene Bürokratie beeinflusst das Denken und Handeln der Mitarbeiter und Führungskräfte sowie die Prozesse im Unternehmen. Die Folgen der Bürokratie in diesen

Bereichen wirken sich wiederum negativ auf den Unternehmenserfolg aus. Abbildung 7-6 verdeutlicht diese Zusammenhänge.

Bürokratie führt bei *Mitarbeitern* zu Frustration und Demotivation, weil Eigeninitiative und selbstständiges Arbeiten kaum möglich sind. Darunter leidet schließlich auch die Kreativität. Ein weiteres Problem ist in der Überlastung einzelner Mitarbeiter zu sehen, die z. B. vor lauter Dokumentationsaufgaben nicht mehr zu ihrem eigentlichen Tagesgeschäft kommen. Schließlich führt Bürokratie bei vielen Mitarbeitern auch zu einem verminderten Verantwortungsbewusstsein: Nicht man selbst, sondern die bürokratischen Prozesse sind schuld, wenn ein Kunde abspringt, nachdem er mehrere Wochen auf ein Angebot warten musste.

Bürokratie führt bei *Führungskräften* häufig zu kurzfristigem Karrieredenken. Dominantes Ziel ist das möglichst rasche Aufsteigen in der Hierarchie. Ja-Sagertum macht sich breit, um möglichst schnell die Karriereleiter „heraufzufallen". Querdenker bzw. neue Ideen haben kaum eine Chance. Bürokratie führt darüber hinaus bei Führungskräften auch zu einem operativen Overload. Häufig sind Führungskräfte in sehr bürokratischen Unternehmen mit Detailentscheidungen und Formalitäten derart überhäuft, dass für die wirklich wichtigen Aufgaben kaum noch Zeit verbleibt.

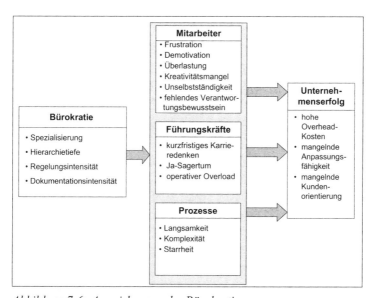

Abbildung 7-6: Auswirkungen der Bürokratie

Bürokratie beeinflusst schließlich auch die gesamten *Prozesse* in einem Unternehmen. Langsamkeit, Komplexität und Starrheit kennzeichnen die Abläufe in bürokratischen Organisationen. Das unerfreuliche Resultat ist die Gefährdung des Unternehmenserfolgs durch hohe Overhead-Kosten, eine mangelnde Anpassungsfähigkeit an Veränderungen im Wettbewerbsumfeld und mangelnde Kundennähe.

Angesichts dieser fatalen Auswirkungen stellt sich die Frage, wie man ein Übermaß an Bürokratie verhindern kann (vgl. Abbildung 7-7). In diesem Zusammenhang ist zunächst darauf hinzuweisen, dass die Ansatzpunkte, auf die wir im Zusammenhang mit der Spezialisierung zum Teil schon eingegangen sind (vgl. Abschnitt 7.2), auch zur Einschränkung von Bürokratie einzusetzen sind. Beispielhaft sei die Teamarbeit genannt. Wir wollen an dieser Stelle daher nur auf ausgewählte Ansatzpunkte näher eingehen.

Der *Abbau von Hierarchieebenen*, die *Delegation von Entscheidungskompetenz* und das *Empowerment der Mitarbeiter* sind Ansatzpunkte, die eng verwoben sind. Der Abbau von Hierarchieebenen hat im Allgemeinen zur Folge, dass sich die Führungsspanne der einzelnen Führungsperson verbreitert. Das heißt z. B., dass ein Vertriebsleiter beim Wegfall der regionalen Vertriebsleitungsebene die Arbeit sämtlicher regionaler Außendienstmitarbeiter koordinieren und steuern muss. Eine solche Reduzierung der Hierarchieintensität kann jedoch nur tragbar sein, wenn gewisse Entscheidungskompetenzen an die Außendienstmitarbeiter delegiert werden. Eine solche Delegation hat sowohl für die Führungskräfte als auch für die Mitarbeiter positive Effekte. Führungskräfte können ihre Zeit für Aufgaben einsetzen, die nur sie erledigen können. Mitarbeiter können ihren Aufgabenbereich um interessante und verantwortungsvolle Aufgaben erweitern, was letztlich auch der Motivation der Mitarbeiter dient.

Empowerment bedeutet die Übertragung von Entscheidungskompetenzen in begrenztem Rahmen an Mitarbeiter mit direktem Kundenkontakt. Dies soll insbesondere sicherstellen, dass Mitarbeiter in der Lage sind, auf auftretende Probleme wie z. B. Beschwerden schnell und unbürokratisch zu reagieren. Viele Hotels haben ihren Mitarbeitern an der Rezeption zugestanden, dass sie bis zu einem bestimmten Betrag Gutschriften für unzufriedene Kunden vornehmen können (z. B. für eine kostenlose Übernachtung). Empowerment kann ein sehr wirkungsvolles Instrument zur Bekämpfung bürokratischer Phänomene im Kundenkontakt sein. Allerdings ist seine erfolgreiche Anwendung an einige Voraussetzungen gebunden.

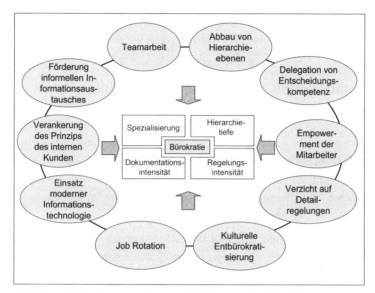

Abbildung 7-7: Ansatzpunkte zur Reduzierung der Bürokratie

Von zentraler Bedeutung ist, dass die Anwendung des Empowerment in eine Vertrauenskultur im Unternehmen eingebunden ist. Es reicht erfahrungsgemäß nicht aus, einfach die Mitarbeiter im Kundenkontakt mit zusätzlicher Entscheidungskompetenz auszustatten. Die Mitarbeiter müssen auch das Gefühl haben, dass das Management ihnen dahingehend vertraut, dass sie diese Entscheidungskompetenz sinnvoll einsetzen werden.

Der *Einsatz moderner Informationstechnologien* kann erheblich zur Reduzierung der Bürokratie beitragen. Neue Kommunikationsmedien wie E-Mail und Intranet verkürzen interne Kommunikationswege. Workflow-Management-Systeme können dazu beitragen, interne Arbeitsprozesse transparent zu machen. Zum einen kann der idealtypische Ablauf verschiedener Arbeitsprozesse im System dokumentiert und eingesehen werden. Zum anderen ist der Status quo eines in Bearbeitung befindlichen Prozesses jederzeit im System nachvollziehbar. Dies kann z. B. umständliche Meldevorgänge an den Vorgesetzten oder an weitere Mitarbeiter nach Beendigung eines Arbeitsschrittes überflüssig machen.

Letztlich können aber sämtliche Maßnahmen zum Abbau von Bürokratie nicht fruchten, wenn die Bürokratie sehr stark in der *Unternehmenskultur* verankert ist. In vielen Unternehmen beobachtet man, dass unabhängig von den offiziellen Regelungen eine starke „Bürokratie in den Köpfen" existiert („Da will ich lieber den Chef fragen",

„Geben Sie mir diese Information doch lieber schriftlich" usw.). Auf Möglichkeiten zur Beeinflussung solcher kultureller Defizite gehen wir in Kapitel 10 ein.

7.4   Anlaufstellen für Kunden – Unkompliziert, zuverlässig und schnell

Für einen Kunden gibt es wohl kaum eine negativere Erfahrung mit einem Anbieter, als in einer Problemsituation keinen kompetenten Ansprechpartner zu finden. Oft kommt die Suche nach einem solchen Ansprechpartner einer wahren Odyssee gleich. Im Hinblick auf die Gestaltung von zentralen Anlaufstellen für Kunden im Unternehmen sind einige Grundsätze zu berücksichtigen:

▪ Definieren Sie eindeutige Anlaufstellen für Ihre Kunden. Bei einer überschaubaren Zahl von Kunden können Sie jedem Kunden einen persönlichen Betreuer zuordnen. Ab einer bestimmten Anzahl von Kunden sollten Sie Servicenummern einrichten, z. B. für eine zentrale Reparaturannahme oder eine technische Hotline.

▪ Kommunizieren Sie dem Kunden seinen *Ansprechpartner* bzw. die *Servicenummer*, z. B. in Mailings oder durch sichtbaren Vermerk auf der Verpackung oder in der Betriebsanleitung. Das „Kleingedruckte" lesen die wenigsten Kunden.

▪ Stellen Sie sicher, dass diese Anlaufstellen für den Kunden auch wirklich *erreichbar* sind. Lange Warteschleifen oder Anrufbeantworter steigern die Verärgerung von Kunden nur.

▪ Setzen Sie an den Anlaufstellen Mitarbeiter ein, die fachlich hinreichend kompetent und im Kommunikationsverhalten geschult sind. Ein „Guten Tag, Firma XY, mein Name ist Peter Meier, was kann ich für Sie tun?" ist am Telefon sicherlich angenehmer als ein „Firma XY, Meier".

Interessanterweise treten Probleme mit Anlaufstellen für Kunden nicht nur im Business-to-Consumer-Bereich auf, wo man eine große Zahl von Kunden betreut, sondern auch im Firmenkundengeschäft. Kunden, die hauptsächlich mit einem Außendienstler zusammenarbeiten, beklagen oft dessen schlechte Erreichbarkeit. Mitunter wenden sich Kunden in solchen Situationen an den Innendienst. Ist die Zusammenarbeit zwischen Außen- und Innendienst jedoch nur schlecht koordiniert, kann es vorkommen, dass sich der Innendienst nicht verantwortlich fühlt, den Kunden nicht kennt, keinen Zugriff auf die Kundendaten hat oder fachlich nicht kompetent ist.

Abhilfe für derartige Probleme kann ein so genanntes „*Tandem-Konzept*" bieten. Ein Beispiel mag dies verdeutlichen: Eine Versicherung lässt ihre (unabhängigen) Versicherungsvermittler durch so genannte Maklerbetreuer betreuen. Jeder Maklerbetreuer bildet ein „Tandem" mit einem Mitarbeiter im Innendienst. Wenn der Maklerbetreuer nicht erreichbar ist, wird der Anruf automatisch an den zuständigen und über die Aktivitäten des Außendienstes informierten Innendienstler weitergeleitet. Technische Voraussetzung hierfür ist der vollständige dezentrale Zugriff auf eine Kundendatenbank. Auf die informatorischen Voraussetzungen solcher Konzepte werden wir in den Kapiteln 12 und 16 noch gesondert eingehen.

Ein möglicher Schwachpunkt des Tandem-Konzepts ist, dass ein Kunde bei gleichzeitigem Ausfall beider Tandem-Mitarbeiter (z. B. durch Krankheit, Urlaub oder Weiterbildung) wiederum ohne Ansprechpartner dasteht. Einige Unternehmen setzen daher anstatt auf Tandems bewusst auf sog. „*Innendienst-Pools*". In diesen Pools ist jeder Mitarbeiter für jeden Kunden zuständig. Die Abwesenheit eines Mitarbeiters führt somit im Idealfall nicht zu einem Rückgang der Betreuungsqualität. Zudem können in Phasen starken Andrangs Wartezeiten für anrufende Kunden oder Außendienstler reduziert werden, da eine Anfrage von jedem Innendienstler beantwortet werden kann. Befürworter des Pool-Konzepts vertreten zudem die Auffassung, dass die Möglichkeit zur Ansprache unterschiedlicher Mitarbeiter die negativen Konsequenzen von persönlichen Differenzen zwischen einem Kunden und einem bestimmten Mitarbeiter begrenzt. Dem ist jedoch entgegenzuhalten, dass ein Pool mit mehreren Ansprechpartnern u. U. auch die Entstehung einer engen persönlichen Beziehung zwischen einem Kunden und einem Innendienstler erschwert. Welches Konzept im Einzelfall genutzt werden sollte, hängt stark von den besonderen Gegebenheiten im Unternehmen ab (z. B. Anzahl der zu betreuenden Kunden, Aufgabenverteilung zwischen Außen- und Innendienst). Pauschale Empfehlungen lassen sich daher leider nicht geben.

8. Planung und Kontrolle – Der Mittelweg zwischen „Blindflug" und „Zahlenfriedhöfen"

Im Mittelpunkt des ersten Teils dieses Buches stand die Forderung nach einer gut durchdachten Vertriebsstrategie, die u. a. Aussagen über die Zielkunden, die strategische Stoßrichtung ihrer Bearbeitung und den anzustrebenden Wettbewerbsvorteil trifft. Eine Vertriebsstrategie darf jedoch nicht nur auf dem Papier existieren, sondern muss auch umgesetzt werden. Ein zentraler Aspekt ist hierbei die *operative Vertriebsplanung*, die in vielen Unternehmen im jährlichen Rhythmus stattfindet und in deren Mittelpunkt häufig die Absatzplanung steht. Eng verbunden mit dem Prozess der operativen Planung ist die *operative Vertriebskontrolle*, die in der Regel in kürzeren Zeitabständen (z. B. quartalsweise) erfolgt.

In vielen Unternehmen erfolgt eine Absatzplanung nur in Ansätzen oder überhaupt nicht. Dies kann man vor allem in kleinen und mittelständischen Unternehmen beobachten. Der Aussage, dass sehr kleine Unternehmen so etwas nicht benötigen, mag man in Grenzen noch folgen können. Wir haben allerdings beobachtet, dass auch solche Unternehmen auf die Absatzplanung verzichten, die mittlerweile eine Größe erreicht haben, die das Arbeiten mit Absatzplänen sinnvoll bzw. notwendig macht. Häufig hat diese Unterlassung historische Gründe: Es ging ja bisher auch ohne Planung. Viele Vertriebsverantwortliche fühlen sich in solchen Konstellationen recht wohl, da sie ohnehin mehr auf Intuition als auf systematische Planung setzen.

Werden die Vertriebsaktivitäten eines Unternehmens jedoch nicht oder nur in Ansätzen geplant und kontrolliert, so kann dies regelrecht zum „Blindflug" eines Unternehmens durch den Markt führen. Das frühzeitige Erkennen und Beheben von Fehlentwicklungen ist in solchen Fällen nahezu unmöglich (zur Erfolgsrelevanz der Planung vgl. z. B. Jenner 2001 und Homburg/Schenkel 2005). In unserer Zusammenarbeit mit Unternehmen mussten wir in vielen Fällen beobachten, dass in den Vertriebsplänen gerade kundenbezogene Planungselemente – also z.B. Aussagen zu Marktanteilen, Preisen und Kostenbudgets pro Kundensegment – im Vergleich zu produktbezogenen Aspekten vernachlässigt werden.

Auf der anderen Seite stößt man aber auch häufig auf Unternehmen, in denen eine unglaubliche „Planungsbürokratie" herrscht. Hier wird sehr detailliert und mit ungeheurem Aufwand geplant. Die Resultate – teilweise gigantische „Zahlenfriedhöfe" – haben wenig Einfluss auf die tatsächlichen Vertriebsaktivitäten. In vielen Fällen beobachtet man auch, dass der horrende Aufwand, der für Planungszwecke betrieben wird, in bemerkenswertem Gegensatz zur inhaltlichen Qualität der Planung (z. B. Rea-litätsnähe der marktbezogenen Planungsprämissen) steht. Manche Unternehmen legen sich selbst über Wochen – ja Monate – hinweg lahm. Von einem Kunden eines bedeu-tenden Hochtechnologie-Herstellers hörten wir, dass er wochenlang auf einen Termin mit seinem Ansprechpartner warten musste, weil „gerade die Planung für das nächste Jahr" lief – im Februar des aktuellen Jahres. Eine zentrale Schwierigkeit besteht also darin, den Mittelweg zwischen zu viel und zu wenig Planung zu finden.

Planungs- und Kontrollaktivitäten sollten systematisch und kontinuierlich ablaufen (vgl. Köhler 1993). Hierfür bietet sich ein im Folgenden erläuterter Prozess an, der sowohl zentral als auch dezentral ablaufende Aktivitäten umfasst (vgl. Abbildung 8-1).

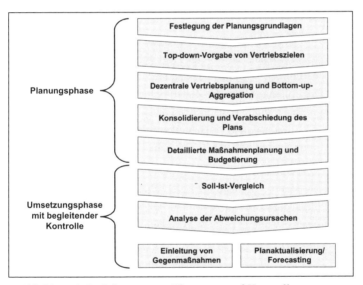

Abbildung 8-1: Schema eines Planungs- und Kontrollprozesses

Im ersten Schritt müssen die *Planungsgrundlagen* festgelegt werden. Beispielsweise muss geklärt werden, welche marktbezogenen Prämissen der Planung zugrunde liegen sollen. Hierbei geht es z. B. um die Annahmen bezüglich der erwarteten Entwicklung der gesamtwirtschaftlichen Konjunktur (z. B. Wirtschaftswachstum, Einkommensent-wicklungen usw.), der Entwicklungen im rechtlichen Umfeld (z. B. Umwelt- oder Ju-gendschutzauflagen usw.) oder auch der Entwicklungen auf dem betrachteten Absatz-markt (z. B. Marktwachstum oder -stagnation) (vgl. Kapitel 14). Neben den marktbezogenen Prämissen müssen auch unternehmensbezogene Prämissen (z. B. hinsichtlich der Kapazitätssituation) geklärt werden.

Im zweiten Schritt erfolgt üblicherweise in einem *Top-down-Prozess* die *Vorgabe von Vertriebszielen*. Meist handelt es sich hierbei um recht aggregierte Aussagen über Marktanteile, Absatzmengen, Umsätze, Kundenzufriedenheit und letztlich Profitabilitätsziele. Wichtig ist, hierbei das mittelfristige Zahlengerüst aus der Vertriebsstrategie (vgl. Kapitel 6) angemessen zu berücksichtigen. Dieser Hinweis ist im Grunde trivial, allerdings haben wir in vielen Unternehmen beobachtet, dass die strategische Vertriebsplanung und die operative Jahresplanung nicht verknüpft sind. Die Verknüpfung muss in zweierlei Hinsicht erfolgen: Zum einen muss das strategische Zahlengerüst bei der Jahresplanung berücksichtigt werden, zum anderen müssen aus der Jahresplanung Aktualisierungsimpulse für das strategische Zahlengerüst resultieren.

Im dritten Schritt, mit dem üblicherweise der größte Aufwand verbunden ist, erfolgt die *dezentrale Vertriebsplanung*. Sie ist im Regelfall Aufgabe der dezentralen Vertriebsorganisationen (Länder, Regionen, Divisionen usw.). Dabei werden zum einen sehr viel detailliertere Aussagen über die Zielerreichung (z. B. über die Zusammensetzung des Absatzes nach Produkten) als in der Top-down-Vorgabe getroffen. Zum anderen werden hier auch Maßnahmen (z. B. Verkaufsförderungsaktionen) und Ressourcen (z. B. Personal- und Sachmittel) zur Zielerreichung definiert.

Hierbei erscheint es ratsam, operative Vertriebsziele ebenso wie strategische Ziele aus zuvor quantifizierten Markt-/Kundenpotenzialen abzuleiten, anstatt simple Daumenregeln wie „Status quo plus x %" anzuwenden. Diese potenzialorientierte Vertriebsplanung hat u. a. folgende Vorteile (vgl. Winkelmann 2003):

- Die zur Zielquantifizierung notwendige Potenzialanalyse erfordert von den Beteiligten die systematische Auseinandersetzung mit den zu erwartenden vertrieblichen Rahmenbedingungen. Sie erzwingt somit mehr Stringenz bei der Vertriebsplanung.

- Die potenzialorientierte Planung fördert die frühere Erkennung von bislang unausgeschöpften bzw. neuen Marktpotenzialen (z. B. veränderte Bedürfnisse oder neue Produktanwendungen).

- In Zeiten konjktureller Schwäche bildet die potenzialorientierte Planung die Realität meist besser ab als simple Wachstumsziele. Gleiches gilt, wenn das Markt- bzw. Kundenpotenzial einer dezentralen Einheit bereits weitgehend ausgeschöpft ist. In diesem Fall würden simple Wachstumsziele oft das Erkaufen von Mehrabsätzen durch Preisnachlässen nach sich ziehen.

■ Planen dezentrale Vertriebseinheiten auf Basis von Markt-/Kundenpotenzialen anstatt von Umsatzsteigerungen, so nimmt im Allgemeinen die Motivation zum „Wildern" an den Gebietsgrenzen ab.

Die Ergebnisse der dezentralen Planung (Teilpläne) werden anschließend *Bottom-up aggregiert*, so dass sie der Top-down-Vorgabe gegenübergestellt werden können (*Gegenstromprinzip der Planung*). Da bei dieser Gegenüberstellung typischerweise Diskrepanzen auftreten, ist vor der Verabschiedung des Plans eine *Konsolidierungsphase* erforderlich. In dieser Phase werden in der Praxis viele Fehler begangen. Häufig beobachtet man z. B., dass durch einen autoritären Top-down-Mechanismus die Zahlenvorschläge aus den dezentralen Einheiten nach oben „korrigiert" werden, ohne dass die betroffenen Manager in diesen Prozess eingebunden sind. Hierdurch entsteht das Problem, dass die verantwortlichen Manager in den dezentralen Vertriebseinheiten nicht mehr hinter den Plänen stehen. Wir empfehlen daher dringend, in der Konsolidierungsphase genug Zeit für etwaige Abklärungsschleifen einzuplanen. Extremer Zeitdruck in dieser Phase („Wir müssen übernächste Woche unsere Zahlen im Aufsichtsrat vorlegen") kann die Qualität des resultierenden Plans stark beeinträchtigen.

Auch die beste Planung ist relativ wertlos, wenn in der Umsetzungsphase nicht eine systematische *Kontrolle* erfolgt. Nur sie ermöglicht die frühe Erkennung von Fehlentwicklungen sowie entsprechende Reaktionen. Systematisches Vertriebscontrolling umfasst somit einen permanenten Prozess, dessen wesentlichste Schritte ebenfalls in Abbildung 8-1 dargestellt sind.

Zunächst hat ein systematischer *Soll-Ist-Vergleich* im Hinblick auf die Ziele, Maßnahmen und Ressourcen stattzufinden. Dieser darf sich nicht auf eine aggregierte Betrachtung beschränken. Beispielsweise ist ein Soll-Ist-Vergleich im Stil „Land A 30 % über Plan, Land B 30 % unter Plan – insgesamt passt es schon" nicht zielführend. Vielmehr muss der Soll-Ist-Vergleich auf detailliertere Planungsobjekte heruntergebrochen werden. Querkompensationen können hierbei nur dann akzeptiert werden, wenn auch wirklich Wechselwirkungen vorliegen (z. B. Ressourcenverlagerung von einem Segment in ein anderes).

Im nächsten Schritt werden die *Ursachen analysiert*, die für die identifizierten *Abweichungen* vom Soll-Zustand verantwortlich sind. Hier gibt es zum einen *unternehmensexterne Ursachen* wie z. B. verändertes Kaufverhalten der Kunden, unvorhersehbare Maßnahmen von Wettbewerbern (z. B. Neuprodukteinführungen) oder auch Fehler der externen Vertriebspartner. Zum anderen können *Planungsdefizite* für Abweichungen verantwortlich sein. Unrealistische Planungsprämissen sowie Inkonsistenzen (u. a. zwischen Zielen und benötigten Ressourcen) sind die häufigsten Beispiele hierfür. Eine dritte Kategorie von Ursachen sind Probleme in *anderen Unternehmensbereichen* (z. B. Verlust von Aufträgen durch den längeren Ausfall einer wichtigen Produktionsanlage). Schließlich können auch *Fehler im Vertriebsmanagement* Soll-Ist-Abweichungen hervorrufen. Beispielhaft seien eine falsche Personalauswahl bzw. Personalentwicklung oder Fehler bei der Ressourcenallokation genannt.

Wichtig ist in diesem Zusammenhang, dass die Abweichungsanalyse systematisch und fundiert erfolgt. In vielen Unternehmen haben wir beobachtet, dass Vertriebsmanager externe Ursachen („Der Markt hat sich eben anders entwickelt") vorschieben.

Anhaltspunkte zur Identifizierung konkreter Abweichungsursachen können u. a. aus der Analyse von *Vertriebskennzahlen* gewonnen werden. Isoliert betrachtet ist der Informationsgehalt vieler Kennzahlen gering, aber durch geeignete Vergleiche (z. B. mit anderen Einheiten im Unternehmen oder mit anderen Unternehmen) gewinnen sie an Aussagekraft. Kennzahlen im Vertrieb lassen sich grundsätzlich in drei Kategorien einteilen: wirtschaftliche Kennzahlen, kundenbezogene Kennzahlen und akquisitionsbezogene Kennzahlen (vgl. Abbildung 8-2). Wichtig ist in diesem Zusammenhang, sich im Rahmen der laufenden Kontrolle auf eine relativ geringe Zahl aussagekräftiger Kennzahlen zu beschränken. Die permanente Überwachung eines undurchschaubaren „Zahlenwusts" bindet nicht nur unnötig Kapazitäten, sondern kann auch die Klarheit der abzuleitenden Aussagen schmälern. Wir haben einige Unternehmen kennen gelernt, die ihr Kennzahlensystem für die laufende Vertriebskontrolle auf nur vier bis acht Indikatoren verdichten (vgl. ähnlich Weber/Schäffer 2000b). Welche dies im Einzellfall sind, hängt allerdings stark vom jeweiligen Kontext ab – pauschale Empfehlungen lassen sich nicht abgeben.

Aus der Analyse der Abweichungsursachen können sich grundsätzlich zwei mögliche Konsequenzen ergeben, die in der Praxis typischerweise parallel auftreten. Zunächst können *Gegenmaßnahmen* zur Reduktion der Soll-Ist-Abweichungen eingeleitet werden. Diese Maßnahmen können sich zum einen auf die Beeinflussung des Verhaltens der in den gesamten Vertriebsprozess eingebundenen Personen/Unternehmen beziehen. Beispielhaft seien spezielle Verkaufsförderungsaktionen, spezielle absatzmittlergerichtete Maßnahmen sowie mitarbeiterorientierte Maßnahmen (z. B. Personalentwicklungsmaßnahmen sowie „Zuckerbrot und Peitsche") genannt. Zum anderen sind Maßnahmen zu nennen, die auf die Anpassung der Rahmenbedingungen des Vertriebssystems abzielen. Diese beziehen sich z. B. auf die kurzfristige Aufstockung vorhandener Kapazitäten.

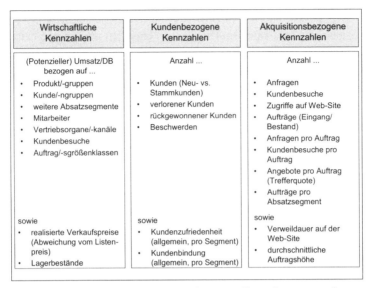

Wirtschaftliche Kennzahlen	Kundenbezogene Kennzahlen	Akquisitionsbezogene Kennzahlen
(Potenzieller) Umsatz/DB bezogen auf ... • Produkt/-gruppen • Kunde/-ngruppen • weitere Absatzsegmente • Mitarbeiter • Vertriebsorgane/-kanäle • Kundenbesuche • Auftrag/-sgrößenklassen	Anzahl ... • Kunden (Neu- vs. Stammkunden) • verlorener Kunden • rückgewonnener Kunden • Beschwerden	Anzahl ... • Anfragen • Kundenbesuche • Zugriffe auf Web-Site • Aufträge (Eingang/ Bestand) • Anfragen pro Auftrag • Kundenbesuche pro Auftrag • Angebote pro Auftrag (Trefferquote) • Aufträge pro Absatzsegment
sowie • realisierte Verkaufspreise (Abweichung vom Listenpreis) • Lagerbestände	sowie • Kundenzufriedenheit (allgemein, pro Segment) • Kundenbindung (allgemein, pro Segment)	sowie • Verweildauer auf der Web-Site • durchschnittliche Auftragshöhe

Abbildung 8-2: Kennzahlen zur Analyse von Abweichungsursachen

Die zweite Konsequenz besteht in der *Aktualisierung von Plandaten* im Rahmen des regelmäßigen *Forecasting*. Sie erfolgt, wenn klar ist, dass auch mit entsprechenden Gegenmaßnahmen die vollständige Planerreichung nicht gewährleistet werden kann.

Aus unserer Sicht wird gerade das Thema Kostenkontrolle im Vertrieb an Bedeutung gewinnen. Viele Unternehmen haben hier noch einige Hausaufgaben zu machen. Der Weg aus der Leistungszange (vgl. Kapitel 1.1) kann nur über eine systematische Kontrolle aller Vertriebsaktivitäten erfolgen.

Abschließend sollen nochmals die aus unserer Sicht wesentlichen Anforderungen an eine Vertriebsplanung und -kontrolle aufgeführt werden:

▨ Die Inhalte der Vertriebsplanung müssen sich aus den Zielvorgaben der Vertriebsstrategie ableiten und mit ihnen konsistent sein.

▨ Strategische und operative Vertriebspläne müssen zueinander konsistent sein.

▨ Die Inhalte der Vertriebsplanung sollten einen ausgewogenen Mix an „harten" Zielgrößen (z. B. Umsätze oder Absatzmengen) und „weichen" Zielgrößen (z. B. Kundenzufriedenheit oder Kundenbindung) enthalten.

▨ Vertriebsplanung sollte nicht nur nach Produkten, sondern auch nach Marktsegmenten erfolgen. Im Extremfall kann sogar die Planung auf der Ebene des einzelnen Kunden sinnvoll sein.

▨ Es müssen Anreize für eine möglichst realitätsnahe Planung gesetzt werden: Extreme Planunterschreitungen sollten ebenso vermieden werden wie extreme Planüberschreitungen. Falsche Leistungsanreize (z. B. „Prämie für die Vertriebseinheit, die die Planvorgaben am stärksten übertrifft") können dazu führen, dass im Vorfeld zu konservativ geplant wird, um später die Planvorgaben möglichst weit zu übertreffen. Kapazitätsengpässe sind in diesen Fällen vorprogrammiert.

▨ Bei der Planung nach dem Gegenstromprinzip sollte der Phase der Konsolidierung von Top-down- und Bottom-up-Plänen ausreichende Sorgfalt gewidmet werden. Vorhandene Unterschiede zwischen den zentralen und dezentralen Vorstellungen dürfen nicht einfach „weggebügelt" werden.

▨ Vertriebsziele und Maßnahmen zur Zielerreichung müssen zeitlich heruntergebrochen werden. Beispielsweise sollten Jahrespläne unterjährig mindestens auf Quartalsebene präzisiert werden – allerdings nicht durch die einfache Viertelung der Jahresplanzahlen, sondern auch unter Berücksichtigung saisonaler Aspekte.

▨ Im Rahmen der Vertriebskontrolle müssen Abweichungen sorgfältig analysiert werden. Die vorschnelle Begründung von Planabweichungen mit externen Ursachen mag zwar bequem sein, verhindert aber die Einleitung der notwendigen Verbesserungsmaßnahmen.

▨ Die Verbindlichkeit des Vertriebsplans ist für die einzelnen Vertriebsmanager sicherzustellen.

▨ Vertriebsplanung muss mit angemessenem Aufwand erfolgen. Wichtig ist die Balance zwischen Aktualität und Genauigkeit der in der Planung verwendeten Informationen. Der Mittelweg zwischen „Blindflug" und „Zahlenfriedhöfen" ist zwar nicht leicht zu finden, aber er existiert.

▨ Machtspiele sollten im Rahmen der Vertriebsplanung unbedingt unterbleiben!

▨ Ein angemessener Einfluss von Marketing *und* Vertrieb sollte sichergestellt sein.

9. Personalmanagement – Das Stiefkind des Vertriebs

Unserer Erfahrung nach wird das Thema Personalmanagement im Vertrieb bislang vielerorts stark vernachlässigt. Für viele Führungskräfte stehen das Tagesgeschäft und die kurzfristigen Umsatzziele im Vordergrund. Die Vernachlässigung des Themas Personalmanagement überrascht umso mehr, wenn man bedenkt, dass Führungskräfte durch professionelles Personalmanagement die Leistung ihrer Mitarbeiter und somit auch den Vertriebserfolg beträchtlich steigern können. So konnte in einer Untersuchung nachgewiesen werden, dass Unterschiede im Vertriebserfolg von Bankfilialen zu bis zu 50 % auf das Führungsverhalten des Geschäftsstellenleiters zurückzuführen sind (vgl. Steyrer/Geyer 1998).

Die Probleme im Personalmanagement sind vielfältig (vgl. Scholz 2000): Führungskräfte, die die Einflussfaktoren der Mitarbeiterleistung nicht kennen, unprofessionelle Mechanismen der Personalgewinnung, hohe Personalfluktuation, massive Defizite im Führungsstil der Manager, fehlender systematischer Einsatz von Führungsinstrumenten (z. B. Zielvereinbarungen oder leistungsorientierte Vergütungssysteme) – all dies sind Phänomene, die in den Vertriebsbereichen vieler Unternehmen auch heute noch überraschend häufig anzutreffen sind.

Diese Probleme wiegen umso schwerer, weil die *Anforderungen an Mitarbeiter im Vertrieb* gestiegen sind und in Zukunft noch weiter steigen werden. Die Leistungszange („Doing more with less") bekommt auch der einzelne Vertriebsmitarbeiter deutlich zu spüren (vgl. Kapitel 1): immer anspruchsvollere Kunden, die umfassende Beratungs- und Problemlösungskompetenz fordern, komplexere Leistungsbündel sowie der ständig steigende Produktivitätsdruck sind die wesentlichen Triebkräfte.

Vor diesem Hintergrund ist eine Professionalisierung des Personalmanagements in den Vertriebsbereichen vieler Unternehmen dringend erforderlich. Die relevanten Aspekte und Instrumente werden in den folgenden Abschnitten behandelt.

9.1 Verstehen, wovon Leistung abhängt

Um das Leistungspotenzial eines Mitarbeiters optimal auszuschöpfen, muss sich eine Führungskraft im Klaren darüber sein, welche Einflussfaktoren auf die Leistung eines Mitarbeiters wirken. Hier sind im Wesentlichen fünf Einflussgrößen zu nennen:

▪ Persönlichkeitsmerkmale (z. B. Einfühlungsvermögen, Optimismus),

▪ Sozialkompetenz (z. B. Kommunikations- und Wahrnehmungsfähigkeit),

▪ Fachkompetenz (z. B. produkt- und kundenbezogene Kenntnisse),

▪ Motivation sowie

▪ Ziel- und Rollenklarheit (Wissen über die Ziele und die Erwartungen an die eigene Person).

Auf die ersten drei genannten Aspekte gehen wir in Kapitel 17 nochmals ausführlicher ein. Diese fünf Faktoren können gezielt durch bestimmte Führungsinstrumente beeinflusst werden (vgl. Abbildung 9-1). Hierzu zählen die *Personalgewinnung*, die *Personalentwicklung*, der *Führungsstil*, die *Zielplanung und -vereinbarung* sowie die *Leistungsbewertung* und die *Anreizsysteme*. Im Folgenden wollen wir auf jedes dieser Instrumente und dessen Wirkung auf die Einflussfaktoren der Leistung detaillierter eingehen.

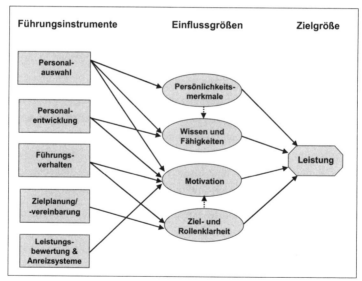

Abbildung 9-1: Führungsinstrumente und Einflussgrößen der Leistung

9.2 Personalgewinnung – Professionalität von Anfang an

Die Personalgewinnung wirkt sich in mehrfacher Hinsicht positiv auf die Leistung der Mitarbeiter aus. Über sie lässt sich gewährleisten, dass nur Mitarbeiter mit den erwünschten Persönlichkeitsmerkmalen sowie entsprechender Sozial- und Fachkompetenz in das Unternehmen eintreten. Zudem kann bei der Personalgewinnung auch auf die Auswahl entsprechend motivierter Mitarbeiter geachtet werden.

Eine Fehlentscheidung bei der Personaleinstellung ist im Vertrieb mit hohen Folgekosten verbunden. Beispiele hierfür sind entgangene Aufträge oder gar verlorene Kunden aufgrund von nicht ausreichend qualifizierten Mitarbeitern oder hohe Kosten für die Personalentwicklung zum Schließen von Qualifikationslücken. Schließlich führt eine unprofessionelle Personalgewinnung auch zu erheblichen Kosten aufgrund der hohen Mitarbeiterfluktuation.

Wir wollen daher in diesem Abschnitt erläutern, wie eine professionelle Personalgewinnung abläuft. Dieser Prozess beinhaltet generell drei Phasen:

1. die Entwicklung der Anforderungsprofile,

2. die Ansprache und Begeisterung potenzieller Mitarbeiter sowie

3. die Auswahl zukünftiger Mitarbeiter.

Anforderungsprofile beschreiben unabhängig von den aktuellen oder zukünftigen Stelleninhabern, welche Merkmale und Fähigkeiten ein Mitarbeiter mitbringen muss, der eine bestimmte Stelle im Vertrieb besetzt. Bei der *Entwicklung eines Anforderungsprofils* sind zunächst im Rahmen einer *Aufgabenanalyse* die folgenden Fragen zu beantworten:

- Welches sind die Kernaufgaben der zu besetzenden Stelle?

- Welche Verantwortung muss durch diese Stelle getragen werden?

- Welche weiteren Aufgaben fallen möglicherweise an?

- Mit wem muss der Stelleninhaber zur Aufgabenerfüllung kommunizieren?

- Mit welchen besonderen Belastungen ist die Stelle verbunden (z. B. extreme Reisetätigkeit)?

- Welche natürlichen Weiterentwicklungsmöglichkeiten können sich aus dieser Stelle ergeben?

Auf der Basis dieser Aufgabenanalyse erfolgt dann die *Ableitung* fachlicher und persönlicher *Anforderungen*, die im Anforderungsprofil zu dokumentieren sind. Anforderungsprofile müssen anwendungsorientiert entwickelt werden. In vielen Unternehmen füllen sie zwar ganze Aktenordner, werden aber bei der Auswahl der Mitarbeiter aufgrund ihres Umfangs und ihrer Komplexität nicht berücksichtigt. Anforderungsprofile müssen zudem die Kundenerwartungen an einen Vertriebsmitarbeiter berücksichtigen. Eine empirische Studie kam zu dem Ergebnis, dass die Sichtweise der Kunden und die Sichtweise der Manager bezüglich der Anforderungen an die Vertriebsmitarbeiter zum Teil weit auseinander gehen (vgl. Lancioni/Oliva 1995). Manager überschätzen im Vergleich zu Kunden typischerweise die Bedeutung analytischer Fähigkeiten und der Verkaufserfahrung, während sie die Wichtigkeit von Eigenschaften wie Kommunikationsfähigkeit und Einfühlungsvermögen (die „Soft-Skills" also) unterschätzen.

Im nächsten Schritt müssen *potenzielle Kandidaten* angesprochen und *begeistert werden*. Hierfür müssen zunächst deren Erwartungen an einen Arbeitgeber bzw. an eine Tätigkeit ermittelt werden. Fragt man heutzutage Berufseinsteiger oder Berufswechsler danach, was sie von ihrem zukünftigen Arbeitgeber erwarten, so werden z. B. häufig die Übertragung eigener Verantwortung, Abwechslungsreichtum in der Beschäftigung oder auch die Möglichkeit zur Weiterentwicklung genannt.

Nachdem man sich Klarheit über die Erwartungen verschafft hat, müssen die Attraktivitätsmerkmale der zu besetzenden Stelle bestimmt werden. Die Attraktivität einer Stelle im Vertrieb kann z. B. durch einen Aufenthalt bei ausländischen Vertriebsgesellschaften oder frühe Verantwortung für ein bestimmtes Umsatzvolumen oder eine Kundengruppe gesteigert werden. Darüber hinaus sollten auch die Entwicklungsmöglichkeiten eines Mitarbeiters im Vertrieb festgelegt werden, indem Karrierepfade aufgezeigt werden.

Auf Basis dieser Attraktivitätsmerkmale kann sich das Unternehmen im nächsten Schritt als interessanter Arbeitgeber im hart umkämpften Markt für qualifizierte Mitarbeiter positionieren (vgl. Bauer et al. 2000). Hierfür muss jedoch ein klares *Kommunikationskonzept* vorliegen, d. h. es muss systematisch geplant werden, über welche Medien und mit welchen Inhalten man die relevante Zielgruppe ansprechen will. Viele Unternehmen verfolgen allerdings immer noch den „Schrotflinten-Ansatz": z. B. schalten viele Unternehmen Stellen- oder Imageanzeigen in Zeitungen eher planlos, anstatt gezielt vorzugehen. Ein viel versprechender Weg, der bisher nur von wenigen Unternehmen professionell genutzt wird, ist die Personalansprache über Hochschulkontakte. Durch die Zusammenarbeit mit ausgewählten Partnern an Hochschulen (z. B. Marketinglehrstühle oder studentische Organisationen) lassen sich hoch qualifizierte Berufseinsteiger mit Interesse am Vertrieb ansprechen. Die Streuverluste der traditionellen Personalansprache können so reduziert werden.

Für die *Personalauswahl* stehen verschiedene Instrumente zur Verfügung. Einige klassische Instrumente wie z. B. den Personalfragebogen oder das Interview haben wir in Tabelle 9-1 dargestellt.

Grundsätzlich bietet es sich an, verschiedene Instrumente kombiniert einzusetzen, da mit unterschiedlichen Instrumenten unterschiedliche Facetten eines Bewerbers analysiert werden. Ferner müssen die Instrumente situationsspezifisch eingesetzt werden. Es stellt sich zudem stets die Frage nach dem Kosten-Nutzen-Verhältnis der einzusetzenden Instrumente. Beispielsweise macht es wenig Sinn, ehemalige Praktikanten, die sich bereits bewährt haben, noch einmal ein teures Assessment Center durchlaufen zu lassen.

Man sollte einen Bewerber auch mit mehreren ausgewählten Mitarbeitern sprechen lassen. Dies hat Vorteile für den Bewerber und das Unternehmen: Der Bewerber lernt unterschiedliche Charaktere und Meinungen kennen und gewinnt einen besseren Eindruck von seinem potenziellen Arbeitgeber. Das Unternehmen kann die Auswahlentscheidung auf Basis der verschiedenen Eindrücke vom Bewerber treffen und die Subjektivität bei der Auswahl verringern. Schließlich muss bereits im Bewerbungsgespräch das Entwicklungspotenzial des Bewerbers abgeschätzt werden. Die weiteren Maßnahmen der Personalentwicklung können somit bereits frühzeitig geplant werden.

Tabelle 9-1: Instrumente der Personalauswahl im Überblick

Instrument	Annahmen	Vorteile	Nachteile
Personalfrage-bogen (Abfrage „harter Fakten", des bisherigen Werdegangs und zukünftiger Pläne)	früheres Verhalten als Indikator für zukünftiges Verhalten im Berufsalltag	▪ zufrieden stellende Aussagekraft ▪ individuelle Gestaltungsfreiheit ▪ mögliche Basis für anschließende Interviews	Oberflächlichkeit der Fragen
Interview/ Vorstellungs-gespräch (freie oder strukturierte Gespräche zwischen Bewerber und einem/ mehreren Vertreter(n) des Unternehmens)		▪ Gewinnung spezifischer Informationen über den Bewerber, seine Persönlichkeit/seinen Charakter und sein Fachwissen ▪ Möglichkeit des gegenseitigen Kennenlernens ▪ Interaktivität	▪ Aussagekraft abhängig von der Strukturierung des Gesprächs und Erfahrung des Interviewers ▪ starker situativer Einfluss ▪ stärkere Gewichtung negativer Informationen ▪ Subjektivität des Interviewers

Instrument	Annahmen	Vorteile	Nachteile
Situatives Inter-view (Simulation mögli-cher Arbeitssitua-tionen z. B. durch Plan-/Rollen-spiele)	Verhalten in der „künstlichen" Situa-tion als Indikator für späteres Ver-halten in realen Situationen	▪ motivierende Wirkung für den Bewerber ▪ direkter Bezug zum Arbeitsverhalten	hoher Aufwand für Vorberei-tung bzw. Entwicklung der Simulationen
Referenzen (Einholung von Informationen bei früheren Arbeitge-bern)	früheres Verhalten als Indikator für zukünftiges Verhal-ten im Berufsalltag	▪ relativ geringer Aufwand ▪ schnelle Beschaffung der Informationen	▪ Aussagekraft abhängig von der Objektivität des Ansprechpartners ▪ problematisch bei gro-ßen Veränderungen im Tätigkeitsfeld
Formale Tests (z. B. Persönlich-keits- oder Fähig-keitstests)	▪ unterschiedli-che Ausprä-gungen der ge-testeten Cha-rakteristika bei unterschied-lichen Bewer-bern ▪ Beziehung zwischen Aus-prägung der getesteten Merkmale und Erfüllung der Arbeits-anforderungen	▪ Objektivität: Schutz vor subjektiven Vorurteilen ▪ statistische Auswertbar-keit ▪ Standardisierung	▪ keine Betrachtung der ganzen Persönlichkeit/ des ganzen Wissens ▪ u. U. geringer Bezug zum tatsächlichen Ver-halten in der Arbeits-situation ▪ ggf. Eindringen in die Privatsphäre ▪ z. T. begrenzte An-wendbarkeit der Tests
Assessment Center (Kombination for-maler Tests und (situativer) Inter-views)	Gewinnung eines Gesamtbildes des Bewerbers nur durch Einsatz meh-rerer Instrumente	▪ größere Realitätsnähe ▪ höhere Objektivität ▪ Beobachtung tatsächli-chen Verhaltens ▪ Berücksichtigung von Dynamik und Interaktion	▪ hoher finanzieller Auf-wand ▪ hoher zeitlicher Aufwand ▪ Aussagekraft abhängig von Erfahrung der Be-obachter

9.3   Personalentwicklung – Stillstand bedeutet Rückschritt

Die Personalentwicklung – das zweite von uns betrachtete Führungsinstrument – wirkt sich über die Beeinflussung von Sozialkompetenz, Fachkompetenz sowie Motivation der Mitarbeiter auf deren Leistung aus (vgl. Abbildung 9-1). Mit Hilfe von Personal-entwicklungsmaßnahmen können Fähigkeiten der Mitarbeiter geweckt und trainiert werden. Dies dient letztlich der Steigerung der Produktivität des Unternehmens. Wer z. B. Verkaufstechniken, Verhandlungsführung oder Zeitmanagement beherrscht, wird produktiver sein als jemand, der in diesen Bereichen deutliche Defizite hat. Mitarbeiter empfinden Weiterbildungsmaßnahmen häufig als Chance, als Belohnung oder als

Wertschätzung durch den Vorgesetzten bzw. durch das Unternehmen. Diese Anerkennung wirkt wiederum motivierend.

Personalentwicklung ist jedoch nicht nur eine Investition in die Mitarbeiter, sondern auch in die Zukunft des Unternehmens. Das Personal muss mit den Veränderungen der Märkte, des Wettbewerbs, der Technologien sowie des eigenen Unternehmens Schritt halten können. Ein Stichwort, das in letzter Zeit häufig in diesem Zusammenhang genannt wird, ist das „lebenslange Lernen". Ein Unternehmen und seine Mitarbeiter müssen sich kontinuierlich den Forderungen des Marktes stellen und ihr Wissen anreichern. Des Weiteren sind folgende Aspekte zu beachten:

- Personalentwicklung dient der Kommunikation der Vertriebsziele und bringt den Vertriebsmitarbeitern die daraus resultierenden Aufgaben nahe.

- Personalentwicklung erhöht gerade im Außendienst die Bindung an das Stammhaus und fördert das Commitment der Mitarbeiter gegenüber dem Unternehmen.

- Personalentwicklung dient der Sicherung eines entsprechenden Ausbildungsniveaus und garantiert damit einen bestimmten Qualitätsstandard.

Zahlreiche Unternehmen haben diese Vorteile erkannt und investieren in die Personalentwicklung. Vor kurzem stießen wir auf ein Beispiel für die Personalentwicklung neuer Vertriebsmitarbeiter: Bei einem Chemieunternehmen durchläuft ein neuer Vertriebsmitarbeiter zunächst ein sechsmonatiges Trainingsprogramm. Die ersten sechs Wochen verbringt er in einem speziellen Trainingscenter, in dem er nicht nur alles über den Vertrieb, die Produkte und das Marketing des Unternehmens lernt, sondern auch ein Gefühl für die Firmenphilosophie und Firmenkultur vermittelt bekommt. In einem sechswöchigen Rhythmus wechseln sich dann Außendienst und Schulungen ab. Während des gesamten Prozesses bekommt der neue Mitarbeiter einen Mentor zur Seite gestellt, der ihm bei allen Fragen behilflich ist. Nach sechs Monaten wird dem Mitarbeiter ein Vertriebsgebiet zugewiesen. Der Erfolg dieses Programms wird in vier Stufen regelmäßig überprüft. Auf der ersten Stufe wird die Zufriedenheit des Mitarbeiters ermittelt. Auf der zweiten Stufe werden Tests durchgeführt, um das neu gewonnene Wissen des Mitarbeiters zu überprüfen. Auf der dritten Stufe wird überprüft, mit welchem Erfolg der Mitarbeiter sein Wissen im Job anwendet. Schließlich wird auf der vierten Stufe der Beitrag zum Unternehmenserfolg ermittelt.

Die Personalentwicklung hat einen Prozesscharakter, wie in Abbildung 9-2 dargestellt wird. Zu unterscheiden sind hierbei zwei Betrachtungsebenen: die Unternehmensebene und die individuelle Ebene des Mitarbeiters. In einem ersten Schritt muss auf Unternehmensebene der *Weiterbildungsbedarf* ermittelt werden, der sich aus der Vertriebsstrategie (vgl. Teil I) ergibt.

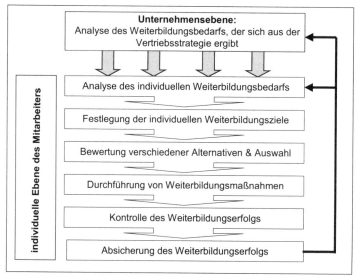

Abbildung 9-2:   Weiterbildung als Prozess

Die folgenden Schritte auf der individuellen Ebene des Mitarbeiters basieren auf dem Ergebnis der Analyse des strategischen Weiterbildungsbedarfs. Hier erfolgt zunächst die *Analyse des individuellen Weiterbildungsbedarfs*. Zu diesem Zweck muss die aktuelle Qualifikation des Mitarbeiters (Ist-Zustand) ermittelt werden. Aufbauend auf einer Analyse der zukünftigen Aufgaben des Mitarbeiters erfolgt dann die Ableitung der notwendigen Qualifikation. Folgende Fragen können bei der Ableitung des Qualifikationsbedarfs behilflich sein:

▨ Inwieweit erfüllt der Mitarbeiter das Anforderungsprofil der von ihm besetzten Stelle?

▨ Was erwarten die Kunden von unseren Vertriebsmitarbeitern?

▨ In welchen Bereichen ist das Vertriebspersonal des Wettbewerbs besser?

▨ Warum ist das Vertriebspersonal des Wettbewerbs besser?

▨ Welche Weiterbildung bietet der Wettbewerber mit dem „besten" Vertrieb an?

Unserer Erfahrung nach ist der Qualifikationsbedarf in Bezug auf Produktwissen oder Verkaufstechnik besonders bei langjährigen Vertriebsmitarbeitern eher gering. Schulungen zum Produkt oder zu Verkaufstechniken sind die Grundausbildung im Vertrieb und werden entsprechend forciert. Umfragen zufolge werden Produktschulungen und Schulungen zur Verkaufsrhetorik am häufigsten durchgeführt (vgl. Zahn 1997). Weiterbildungsbedarf besteht jedoch oft im Hinblick auf Fähigkeiten zur Vermarktung von komplexen Problemlösungen. Im Firmenkundengeschäft sind hierfür beispielsweise solide betriebswirtschaftliche Kenntnisse sowie Kenntnisse über das Geschäftssystem oder die Kostenstruktur des Kunden erforderlich. Auch im Hinblick auf die Sozialkompetenz besteht in den Vertriebsbereichen vieler Unternehmen erheblicher Verbesserungsbedarf.

Die *Festlegung der individuellen Weiterbildungsziele* erfolgt im nächsten Schritt. In jährlichen Gesprächen, am besten im Rahmen der Zielvereinbarung, muss mit jedem Mitarbeiter gemeinsam festgelegt werden, welche Schulungen er besuchen soll und mit welchen Ergebnissen er sie abschließen soll. Dabei macht es unserer Meinung nach wenig Sinn, wenn sich Mitarbeiter völlig frei aus einer „Wunschliste" verschiedene Schulungen zusammenstellen können.

Im Anschluss an die Festlegung der individuellen Weiterbildungsziele sind die alternativen Maßnahmen zur Zielerreichung zu *bewerten* und *auszuwählen*. Schulungen können natürlich sehr unterschiedlich gestaltet sein. Wie in Abbildung 9-3 dargestellt wird, unterscheidet man im Wesentlichen Maßnahmen *into the job*, *on the job*, *near/off the job* und *out of the job*.

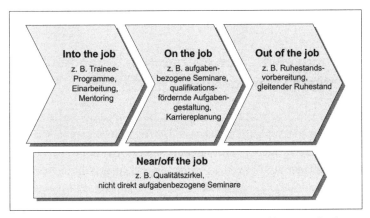

Abbildung 9-3: Möglichkeiten für Personalentwicklungsmaßnahmen

Zwei weitere Entscheidungen, die in diesem Zusammenhang getroffen werden müssen, ist die Festlegung, wer die Weiterbildung durchführt und wie viel Zeit auf die einzelnen Maßnahmen verwendet wird. Weiterbildungsmaßnahmen können z. B. von internen Mitarbeitern oder aber von externen Trainern durchgeführt werden. Schulungen von wenigen Stunden sind ebenso möglich wie solche über mehrere Monate.

Zur Absicherung des Trainingserfolges muss in einem letzten Schritt *kontrolliert* werden, inwieweit in der Weiterbildung Lösungen für die individuellen Defizite der Teilnehmer gefunden wurden. Zur Kontrolle des Weiterbildungserfolgs bieten sich verschiedene Möglichkeiten an:

- die Messung der Zufriedenheit der Mitarbeiter mit der Weiterbildung,

- die Durchführung von Tests zur Überprüfung des erlernten Wissens/der erlernten Fähigkeiten,

- der Vergleich der Leistungen vor und nach der Weiterbildung sowie

- der Vergleich des Vertriebserfolgs vor und nach der Weiterbildung.

Wichtig ist es, dass die Größen, anhand derer der Erfolg von Personalentwicklungsmaßnahmen später bewertet werden soll, schon im Vorfeld festgelegt werden. Schließlich ist zu betonen, dass eine einmalige Weiterbildung in den wenigsten Fällen Sinn macht. Vielmehr muss der Weiterbildungserfolg auch langfristig durch kontinuierliche Weiterbildung abgesichert werden. In diesem Zusammenhang spielt das Konzept der „lernenden Organisation" eine wichtige Rolle. Mitarbeiter müssen motiviert werden, ihre Kenntnisse kontinuierlich zu verbessern, d. h. sie müssen „lernen zu lernen".

9.4 Führungsstile – Von Patriarchen, Despoten und „richtigen" Managern

Der Führungsstil von Vorgesetzten beeinflusst die Motivation der Mitarbeiter sowie die Ziel- und Rollenklarheit ganz entscheidend. In vielen Unternehmen kann man beobachten, dass aufgrund eines problematischen Führungsstils im Vertrieb erhebliche Produktivitätsprobleme auftreten. Was macht einen „guten Führungsstil" aus? Nach einer Antwort auf diese Frage suchen sicherlich viele Manager mit Personalverantwortung. Um uns einer Antwort zu nähern, wollen wir Führungsstile zunächst anhand von zwei zentralen Dimensionen charakterisieren: Mitarbeiterorientierung und Leistungsorientierung (vgl. Homburg/Stock 2000, S. 100 ff.):

▦ *Mitarbeiterorientierung* drückt sich in einem offenen zwischenmenschlichen Verhältnis zwischen Vorgesetztem und Mitarbeitern aus. Die Zusammenarbeit ist von gegenseitigem Respekt und Vertrauen geprägt. Zudem werden die Mitarbeiter in Entscheidungsprozesse eingebunden und können ihre eigenen Ideen einbringen.

▦ *Leistungsorientierung* dokumentiert sich in einer starken Ausrichtung des Führungsstils auf Leistungsziele. Den Mitarbeitern werden anspruchsvolle, aber auch realistische Ziele gesetzt. Die Zielerreichung wird regelmäßig überprüft.

Je nachdem, ob eine hohe oder niedrige Ausprägung der Dimensionen vorliegt, lassen sich vier grundsätzliche Führungsstile unterscheiden (vgl. Abbildung 9-4): der bürokratische, der autoritäre, der patriarchalisch-fürsorgliche und der kooperative Führungsstil.

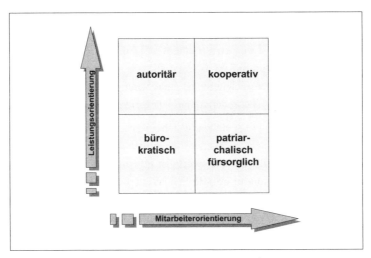

Abbildung 9-4:   Vier grundlegende Führungsstile
(vgl. Homburg/Stock 2000, S. 101)

Der *bürokratische* Führungsstil ist durch eine geringe Leistungs- und Mitarbeiterorientierung gekennzeichnet. Die Einhaltung von Regeln ist oftmals wichtiger als das Erreichen von Leistungszielen sowie die offene Kommunikation mit Mitarbeitern. Die Vorgesetzten zeigen ein eher distanziertes Verhalten gegenüber den Mitarbeitern und legen auf zwischenmenschliche Beziehungen wenig Wert. Der Austausch zwischen Vorgesetzten und Mitarbeitern findet überwiegend formalisiert, z. B. in Form von Anweisungen, statt. Der bürokratische Führungsstil ist insbesondere in Behörden, teilweise jedoch auch in Großunternehmen anzutreffen.

Der *autoritäre* Führungsstil ist durch hohe Leistungs- und geringe Mitarbeiterorientierung gekennzeichnet. Ziele werden eher diktiert als vereinbart. Die Belange oder Vorschläge des Mitarbeiters interessieren wenig. Es wird vor allem großer Wert auf die Nutzung der Arbeitskraft der Mitarbeiter gelegt. Dieser Führungsstil ist auch heute noch in sehr vielen Unternehmen verbreitet.

Der *patriarchalisch-fürsorgliche* Führungsstil ist durch geringe Leistungs- und hohe Mitarbeiterorientierung gekennzeichnet. Das persönliche Wohlergehen der Mitarbeiter ist wichtiger als die Erfüllung der Leistungsziele. Kritik an den Mitarbeitern wird oft vermieden, um möglichen Konflikten aus dem Weg zu gehen. Einen derartigen Führungsstil kann man insbesondere in Familienunternehmen mit einer dominanten Unternehmerpersönlichkeit beobachten.

Der *kooperative* Führungsstil ist durch hohe Leistungs- und hohe Mitarbeiterorientierung gekennzeichnet. Der Vorgesetzte bemüht sich um ein gutes Verhältnis zu den Mitarbeitern, er legt viel Wert auf ihr Wohlergehen. Gemeinsam mit den Mitarbeitern werden anspruchsvolle, aber realisierbare Ziele vereinbart. Die Mitarbeiter werden aktiv in Entscheidungen und Veränderungsprozesse eingebunden.

Mancher Leser wird nun die Frage stellen, welcher Führungsstil optimal ist. Diese Frage ist in dieser Allgemeinheit nicht zu beantworten. Unterschiedliche Situationen erfordern unterschiedliche Führungsstile. Beispielsweise ist im Fall einer Unternehmenssanierung häufig ein autoritärer Führungsstil erforderlich. Weiterhin ist zu beachten, dass der Erfolg eines Führungsstils auch vom Mitarbeiter abhängt. Bei Mitarbeitern, die nur wenig Motivation und Eigeninitiative entwickeln, ist ebenfalls häufig ein autoritärer Führungsstil notwendig. Allerdings weiß man heute, dass der kooperative Führungsstil unter zahlreichen Gesichtspunkten langfristig die besten Ergebnisse hervorbringt.

Gerade im Vertrieb ist allerdings noch eine dritte Dimension des Führungsverhaltens – die *Kundenorientierung* – von großer Bedeutung. Ein Vertriebsmanager kann in hohem Maße leistungs- und mitarbeiterorientiert sein, sich aber dennoch weitgehend auf unternehmensinterne Aspekte konzentrieren. Ein solcher Führungsstil fördert die Kundenorientierung der Mitarbeiter nicht sonderlich. Kundenorientierung muss beim Vorgesetzten beginnen. Ein kundenorientierter Vorgesetzter lebt seinen Mitarbeitern Kundenorientierung vor und stellt somit ein Vorbild dar (vgl. Stock 2001). Ferner legt ein kundenorientierter Vorgesetzter viel Wert auf die kontinuierliche Verbesserung der kundenbezogenen Prozesse. Dieses ist auch in den Zielen der Mitarbeiter dokumentiert. Vor diesem Hintergrund stellt die Kundenorientierung die dritte zentrale Dimension des Führungsverhaltens dar (vgl. Abbildung 9-5).

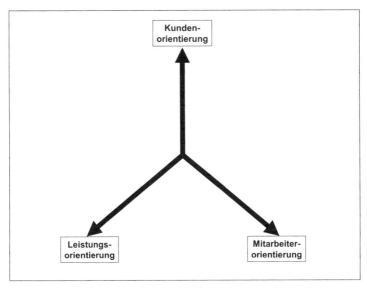

Abbildung 9-5: Drei Dimensionen des Führungsstils
(vgl. Homburg/Stock 2000, S. 107)

Unserer Erfahrung nach nehmen viele Vorgesetzte für sich in Anspruch, sowohl leistungs- als auch mitarbeiter- und kundenorientiert zu führen. Nicht selten handelt es sich hierbei jedoch um eine krasse Fehleinschätzung. Sie resultiert aus dem Wunsch, „modern" und „richtig" zu führen. Relevant ist jedoch nicht, welchen Führungsstil ein Manager zu praktizieren glaubt. Relevant ist letztlich, wie die Mitarbeiter den Führungsstil wahrnehmen. Um dies zu erfassen, ist eine systematische Bewertung des Führungsstils erforderlich. Ein entsprechendes Bewertungsinstrument, das sich auf die drei genannten Dimensionen bezieht, ist in Tabelle 9-2 dargestellt.

Mit Hilfe dieses Instruments kann beispielsweise auf Basis einer Mitarbeiterbefragung eine systematische Bewertung des Führungsstils eines Managers erfolgen. Nach unseren Erfahrungen treten dabei immer wieder typische Profile auf (vgl. Abbildung 9-6).

Tabelle 9-2:   *Checkliste zur Beurteilung des Führungsstils (vgl. Homburg/Stock 2000, S. 104 ff.)*

Der Vorgesetzte ...	trifft voll und ganz zu (100)	trifft im Wesentlichen zu (75)	trifft teilweise zu (50)	trifft in geringem Maße zu (25)	trifft überhaupt nicht zu (0)	keine Beurteilung möglich
Leistungsorientierung						
... kommuniziert seinen Mitarbeitern aktiv und regelmäßig die Unternehmensziele.	❑	❑	❑	❑	❑	❑
... setzt sich und seinen Mitarbeitern klare Ziele.	❑	❑	❑	❑	❑	❑
... bewertet regelmäßig den Grad der Zielerreichung seiner Mitarbeiter.	❑	❑	❑	❑	❑	❑
... konzentriert sich auf die wichtigsten Aufgaben.	❑	❑	❑	❑	❑	❑
... misst den Wert seiner Leistungen an Ergebnissen und nicht am Aufwand.	❑	❑	❑	❑	❑	❑
... delegiert Aufgaben in sinnvoller Weise an seine Mitarbeiter.	❑	❑	❑	❑	❑	❑
... schiebt dringende Entscheidungen nicht auf.	❑	❑	❑	❑	❑	❑
... ermutigt die Mitarbeiter zu besonderen Leistungen.	❑	❑	❑	❑	❑	❑
... belohnt gute Leistungen seiner Mitarbeiter (z. B. durch Übertragung attraktiver Aufgaben).	❑	❑	❑	❑	❑	❑
... kritisiert schlechte Leistungen seiner Mitarbeiter.	❑	❑	❑	❑	❑	❑
Mitarbeiterorientierung						
... schätzt seine Mitarbeiter persönlich.	❑	❑	❑	❑	❑	❑
... nimmt Rücksicht auf die Belange seiner Mitarbeiter.	❑	❑	❑	❑	❑	❑
... legt Wert auf gute zwischenmenschliche Beziehungen zu seinen Mitarbeitern.	❑	❑	❑	❑	❑	❑
... achtet auf das Wohlergehen seiner Mitarbeiter.	❑	❑	❑	❑	❑	❑
... stellt sich auch in schwierigen Situationen hinter seine Mitarbeiter.	❑	❑	❑	❑	❑	❑
... fördert Ideen und Initiativen seiner Mitarbeiter.	❑	❑	❑	❑	❑	❑
... macht es den Mitarbeitern leicht, unbefangen und frei mit ihm zu sprechen.	❑	❑	❑	❑	❑	❑
... fördert Teamarbeit.	❑	❑	❑	❑	❑	❑
... bindet Mitarbeiter in für sie relevante Entscheidungen ein.	❑	❑	❑	❑	❑	❑

Kundenorientierung						
... lebt Kundenorientierung vor.	❏	❏	❏	❏	❏	❏
... empfindet Kundenorientierung nicht als Selbstzweck.	❏	❏	❏	❏	❏	❏
... richtet die Ziele der Mitarbeiter an Kundenorientierung aus.	❏	❏	❏	❏	❏	❏
... erkennt kundenorientierte Verhaltensweisen von Mitarbeitern an.	❏	❏	❏	❏	❏	❏
... kritisiert Verhaltensweisen seiner Mitarbeiter, die nicht kundenorientiert sind.	❏	❏	❏	❏	❏	❏
... fördert kundenorientierte Mitarbeiter in besonderem Maße.	❏	❏	❏	❏	❏	❏
... spricht mit seinen Mitarbeitern häufig über die Bedeutung der Kunden für sie persönlich.	❏	❏	❏	❏	❏	❏
... spricht mit seinen Mitarbeitern häufig über die Bedeutung der Kunden für das Unternehmen.	❏	❏	❏	❏	❏	❏
... arbeitet an der Verbesserung der kundenbezogenen Prozesse in seinem Verantwortungsbereich.	❏	❏	❏	❏	❏	❏

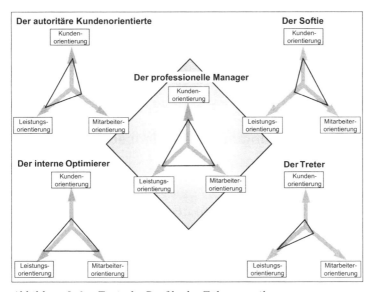

Abbildung 9-6:   Typische Profile des Führungsstils
(vgl. Homburg/Stock 2000, S. 108)

Recht häufig ist im Vertrieb beispielsweise der „Treter" zu finden, der lediglich bei der Leistungsorientierung hohe Werte aufweist. Der „professionelle Manager" weist beispielsweise hohe Bewertungen bei allen drei Dimensionen auf. Für eine ausführliche Darstellung dieses Bewertungsinstruments sei der interessierte Leser auf Homburg/ Stock (2000, S. 100 ff.) verwiesen.

Im Anschluss an eine solche Bewertung stellt sich die Frage, wie gegebenenfalls Defizite im Hinblick auf die drei zentralen Dimensionen reduziert werden können. Es existieren verschiedene Ansatzpunkte und Instrumente dafür, aktiv auf eine Verbesserung der Leistungs-, der Mitarbeiter- und/oder der Kundenorientierung hinzuarbeiten. Tabelle 9-3 zeigt hierzu beispielhaft einige Möglichkeiten auf.

Tabelle 9-3:   Ansatzpunkte und Instrumente zum Abbau von Defiziten im Führungsstil

Defizite in der Leistungs-orientierung können Sie abbauen durch ...	Defizite in der Mitarbeiter-orientierung können Sie abbauen durch ...	Defizite in der Kunden-orientierung können Sie abbauen durch ...
... Delegation von Aufgaben und Verantwortung an den Mitarbeiter.	... Einnehmen der Mitarbeiter-perspektive, um seine Einstellungen und sein Verhalten besser zu verstehen.	... die Schaffung von Möglichkeiten für Kundenkontakte.
... Verwendung von leistungs-orientierten Vergütungs-systemen.	... Mitarbeitergespräche zur allgemeinen Zufriedenheit mit dem Unternehmen sowie zu den persönlichen Perspektiven im Unternehmen.	... Verankerung der Kunden-orientierung in den eigenen Zielen und in den Zielen der Mitarbeiter.
... Formulierung von Leistungs-zielen.	... Aktivierung des informellen Informationsaustauschs mit dem Mitarbeiter.	... Verwendung eines kunden-orientierten Vergütungssys-tems.

9.5   Zielvereinbarungen – Die Balanced Scorecard im Vertrieb

Während wir im vorigen Abschnitt den *Führungsstil* eines Managers betrachtet haben, geht es nun um ein zentrales *Instrument der Personalführung* – die operative Mitarbeitersteuerung durch Zielvereinbarungen. Sie kommt häufig in Verbindung mit dem Instrument der *Balanced Scorecard* zur Anwendung (vgl. hierzu u. a. Kaplan/Norton 1997, Weber/Schäffer 1998, 2000a, Günther/Grüning 2001). Werden individuelle Ziele der Mitarbeiter richtig und ausgewogen gesetzt, können die Ziele des Unternehmens besser erreicht werden. In diesem Abschnitt wollen wir wesentliche Erfolgsfaktoren für die Arbeit mit Zielvereinbarungen darstellen. Für die Anwendung von Zielvereinbarungen sind folgende grundsätzliche Empfehlungen zu geben:

- Leichte Ziele werden mit weitaus weniger Engagement angegangen als „spannende" Ziele. Unrealistische Ziele wirken dagegen demotivierend.

- *Zielakzeptanz:* Stellen Sie sicher, dass die Mitarbeiter hinter den vereinbarten Zielen stehen. Dies bedeutet zum einen, dass die Bedeutung des Ziels verstanden und akzeptiert wird, zum anderen, dass das angestrebte Niveau vom Mitarbeiter angenommen wird. Im Zweifelsfall empfiehlt es sich, eher ein etwas weniger ehrgeiziges Ziel zu vereinbaren, hinter dem der Mitarbeiter dann auch voll steht.

- *Exaktheit der Zielbestimmung:* Formulieren Sie Ziele präzise. Ein Ziel wie z. B. „Der Umsatz mit dem Kunden Meier steigt um 5 %" ist effektiver als ein Ziel „Ich tue mein Bestes, um den Umsatz mit dem Kunden Meier zu steigern".

- *Rahmenbedingungen:* Lassen Sie Ihren Mitarbeiter mit den Zielen nicht allein. Überprüfen Sie auch, ob die Rahmenbedingungen die Zielerreichung ermöglichen, und passen Sie diese gegebenenfalls an.

- *Kontrolle und Feedback:* Überprüfen Sie die Zielerreichung regelmäßig (auch unterjährig) und geben Sie zeitnah Feedback. Greifen Sie bei Schwierigkeiten in der Zielerreichung rechtzeitig ein.

- *Belohnung der Zielerreichung:* Stellen Sie sicher, dass sich die Zielerreichung für den Mitarbeiter lohnt (vgl. Abschnitt 9.6). Mögliche Anreize sind nicht nur materieller, sondern auch immaterieller Art (z. B. Lob, Anerkennung).

Wie diese Empfehlungen zeigen, geht es nicht nur um die Qualität der Zielvereinbarungen selbst. Sie muss vielmehr in einen systematischen Prozess, wie er in Abbildung 9-7 dargestellt ist, eingebettet sein. Noch während des Zielgespräches muss überlegt werden, ob die notwendigen Ressourcen (z. B. Sach- und Personalmittel) zur Zielerreichung vorhanden sind. Liegen die Ressourcen nicht ausreichend vor, sind die notwendigen Maßnahmen zur Ressourcenbereitstellung und Zielerreichung einzuleiten. In bestimmten Zeitabständen ist der Stand der Zielerreichung zu kontrollieren und eine Abweichungsanalyse vorzunehmen. Im Zentrum dieser Analyse stehen die Fragen, ob die Ziele erreicht wurden bzw. ob ihre Erreichung im definierten Zeitraum wahrscheinlich ist und welche Gründe für ein eventuelles Nicht-Erreichen der Ziele vorliegen. Auf dieser Basis erfolgt die Aktualisierung der Zielvereinbarung bzw. die Zielvereinbarung für die kommende Periode.

Nachdem wir bisher primär auf formale Aspekte bei der Gestaltung von Zielvereinbarungen eingegangen sind, wollen wir im Folgenden die *Inhalte von Zielvereinbarungen* im Vertrieb näher betrachten. Grundsätzlich können sich Ziele sowohl auf Ergebnisse der Tätigkeiten als auch auf Verhaltensweisen des einzelnen Vertriebsmitarbeiters beziehen (vgl. Abbildung 9-8). *Ergebnisziele* können wiederum in wirtschaftliche Ergebnisgrößen wie Umsatz oder Absatzmengen und weiche Ergebnisgrößen wie Kundenzufriedenheit oder Kundenbindung unterschieden werden.

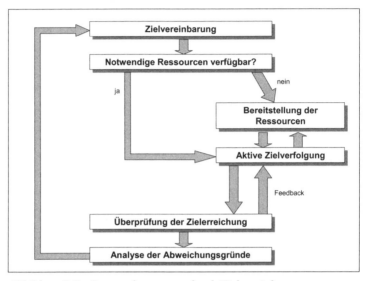

Abbildung 9-7: Personalsteuerung durch Zielvereinbarungen

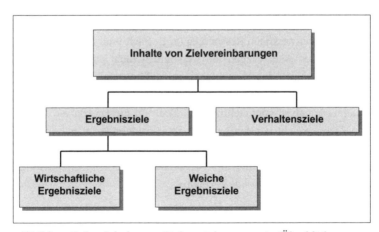

Abbildung 9-8:   Inhalte von Zielvereinbarungen im Überblick

Eine effektive Zielvereinbarung sollte in diesem Zusammenhang zwei elementaren Anforderungen genügen: Zunächst sollten neben Ergebnis- auch *Verhaltensziele* berücksichtigt werden. Sie beziehen sich vor allem auf Maßnahmen, deren positive Effekte für das Unternehmen nicht unmittelbar greifbar bzw. langfristiger Art sind. Verhaltensziele sollten Führungskräfte z. B. dazu motivieren, ihre Mitarbeiter regelmäßig auf Schulungen zu schicken oder eine offene Informationspolitik gegenüber Mitarbeitern ihrer Abteilungen, aber auch gegenüber anderen Abteilungen zu pflegen. Derartige Verhaltensziele wirken also einer zu kurzfristigen Orientierung entgegen.

Verhaltensziele können sich aber auch auf das operative Arbeitsverhalten von Mitarbeitern beziehen (z. B. auf die Verteilung des persönlichen Zeitbudgets auf Kunden). Obwohl der Einsatz solch detaillierter Zielvorgaben in den letzten Jahren im Zuge der zunehmenden Arbeitsflexibilisierung stark abgenommen hat, können sie im Einzelfall durchaus sinnvoll sein – z. B. zur Beschleunigung der Umsetzung einer strategischen Neuausrichtung im Vertrieb oder bei der Steuerung noch unerfahrener Nachwuchskräfte.

Wie hilfreich die Vorgabe solcher Verhaltensziele sein kann, stellten wir vor einiger Zeit bei einem Energieversorger fest. Das Unternehmen hatte im Firmenkundenbereich bislang ohne zeitbezogene Vorgaben gearbeitet. Jeder Kundenbetreuer plante sein Zeitbudget und dessen Verteilung selbst, was u. a. dazu führte, dass vor allem eine Gruppe junger Nachwuchskräfte (vgl. die „jungen Aktivisten" in Abbildung 9-9) relativ ineffizient arbeitete. Trotz einer hohen effektiven Verkaufszeit erwirtschafteten die „jungen Aktivisten" nur geringe Deckungsbeiträge - kaum mehr als jene Kundenbetreuer, die man aufgrund ihres begrenzten Arbeitseinsatzes und -erfolgs gemeinhin als „Schwachpunkte" betrachtete.

Weitergehende Analysen ergaben, dass dies vor allem an der Verteilung ihrer Arbeitszeit lag: Im Vergleich zu Mitarbeitern, die hohe Deckungsbeiträge erwirtschafteten (vgl. die „erfahrenen Optimierer" bzw. die „fleißigen Aufsteiger"), investierten die „jungen Aktivisten" zu viel Zeit in potenzialschwache B- und C-Kunden, aber zu wenig Zeit in A-Kunden. Darüber hinaus beeinträchtigte bei ihnen die hohe effektive Verkaufszeit die systematische Gesprächsvorbereitung, was zu geringen Akquisitions- und Cross-Selling-Quoten führte. Als Resultat der Analyse wurden die Zielvereinbarungen für noch unerfahrene Mitarbeiter überarbeitet und um grobe Vorgaben für die Verteilung des Zeitbudgets ergänzt.

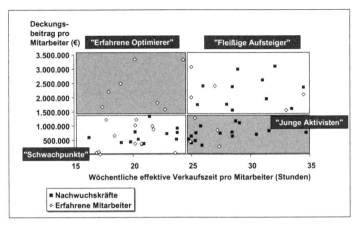

Abbildung 9-9:   *Gegenüberstellung von erwirtschaftetem Deckungs-*
                  beitrag und wöchentlicher Verkaufszeit pro Mit-
                  arbeiter am Beispiel eines Energieversorgers

Effektive Zielvereinbarungen sollten ferner neben Verhaltenszielen und wirtschaftlichen Ergebniszielen auch *weiche Ergebnisziele* berücksichtigen. Hier ist z. B. an die Kundenzufriedenheit zu denken, die ein wichtiger Vorlaufindikator für viele wirtschaftliche Ergebnisgrößen ist. An dieser Stelle mag mancher Leser einwenden, dass es aufgrund des subjektiven Charakters von Kundenzufriedenheitsdaten problematisch ist, diese in Vergütungsmechanismen einfließen zu lassen.

Hierzu ist Folgendes zu sagen: Wirtschaftliche Ergebnisgrößen werden in nahezu allen Unternehmen als Basis für Vergütungssysteme akzeptiert – sie sind „objektiv". Bei Licht betrachtet stellt man allerdings fest, dass die Mechanismen zur Ermittlung dieser Größen viele subjektive Elemente beinhalten. Beispielsweise werden bei der Berechnung der Renditen/Margen dezentraler Vertriebseinheiten Zentralkosten umgelegt, interne Verrechnungspreise angewendet, kalkulatorische Kosten berücksichtigt usw. Diese Mechanismen sind keineswegs objektiv, viele der Rechenprozesse könnten auch anders erfolgen. Der Unterschied zwischen diesen vermeintlich objektiven Größen und Größen wie der Kundenzufriedenheit liegt im Wesentlichen darin, dass für die Ermittlung der wirtschaftlichen Erfolgsgrößen Regeln und Verfahrensweisen im Unternehmen existieren, die akzeptiert und (manchmal) verstanden werden. Diesen Zustand müssen Unternehmen auch bei den weichen Größen erreichen: Es müssen systematische und transparente Mechanismen zur Quantifizierung dieser Größen entwickelt werden (zur systematischen Kundenzufriedenheitsmessung vgl. Abschnitt 12.4).

Traditionell sind Zielvereinbarungen im Vertrieb eher umsatzorientiert bzw. an wirtschaftlichen Ergebnisgrößen ausgerichtet (vgl. Zahn 1997). Die Gründe für diese starke *Umsatzorientierung* liegen auf der Hand: Umsätze werden in jedem Unternehmen erhoben und sind zahlenmäßig leicht fassbar. Darüber hinaus verlangt die Verfolgung umsatzbezogener Ziele wenig Führungs- und Bewertungsinitiative der Führungskraft. Leider übersehen viele Unternehmen dabei die gravierenden Nachteile der Fokussierung auf den Umsatz als Zielgröße:

▪ Umsatzvorgaben führen zu einer *kurzfristigen Orientierung*: Nur die aktuell umsatzstarken Kunden oder Produkte werden betreut, potenzialstarke, aber noch umsatzschwache Kunden werden dagegen vernachlässigt. Auch auf die „wirklichen" Kundenbedürfnisse wird u. U. wenig Rücksicht genommen. Es geht oft primär darum, bestehende Produkte „in den Markt zu drücken". Die Suche nach neuen Absatzmärkten für bestehende Produkte oder der Aufbau neuer Produkte wird vernachlässigt. Es wird kaum Zeit investiert, um Kunden für neue Produkte zu interessieren und Cross-Selling-Potenziale auszuschöpfen.

▪ Bei *Umsatzeinbußen* geraten die Mitarbeiter *unter Druck*. Vermeintlich einfache, aber langfristig falsche Lösungen wie höhere Preisnachlässe und Verkäufe an Kunden, die die Leistung eigentlich nicht benötigen, sind die Folge.

Ein häufiges Problem in vielen Vertriebsorganisationen ist zudem, dass Mitarbeiter nicht motiviert genug sind, um der schwierigen Gewinnung neuer Kunden nachzugehen. Es ist viel angenehmer für den Mitarbeiter, zu seinen bekannten Bestandskunden zu gehen. Diese kennt er, und er weiß, wo und was wann „zu holen ist". Dass ein solches Verhalten nicht sanktioniert wird, liegt häufig an fehlenden Zielvorgaben, die nach Bestandskunden und Neukunden differenzieren. Neukundenakquisitions- und Bestandskundenziele sollten also explizit und verbindlich (in der für das Unternehmen sinnvollen Gewichtung) als Zielgrößen vorgegeben werden (vgl. Homburg/Fargel 2006).

Die Fokussierung auf wenige, primär wirtschaftlich ausgerichtete Zielgrößen erscheint insgesamt also problematisch. Professionelle Unternehmen versuchen daher, eine Balance von Zielgrößen zu finden, deren Erfüllung zur Umsetzung der Vertriebsstrategie und zur langfristigen Entwicklung des Unternehmens(wertes) beiträgt. Ein vielversprechendes Konzept ist in diesem Zusammenhang die *Balanced Scorecard*. In ihr wird eine begrenzte Anzahl von Zielgrößen (ca. 12-20) aus vier Dimensionen „ausbalanciert". Diese sind

▫ die wirtschaftliche Dimension,

▫ die kundenbezogene Dimension,

▫ die interne Prozessdimension sowie

▫ die Lern- und Entwicklungsdimension.

Die *wirtschaftliche Dimension* bildet den direkten Beitrag des einzelnen Mitarbeiters zur Steigerung des Unternehmenswertes ab. Sie definiert die wirtschaftliche Leistung, die von einem Mitarbeiter erwartet wird (z. B. Umsatz oder Deckungsbeitrag). Die *kundenbezogene Dimension* reflektiert die Ziele eines Mitarbeiters für die Betreuung „seiner" Kunden- und Marktsegmente (z. B. die Kundenzufriedenheit).

Aufgabe der *internen Prozessdimension* ist es, Ziele für die Verhaltensweisen zu setzen, die letztlich der Erfüllung der wirtschaftlichen und der kundenbezogenen Ziele dienen. Hier fließen beispielsweise Ziele ein, die sich auf die Befolgung des Prinzips des internen Kunden (vgl. Kapitel 7) beziehen. Aber auch Qualitätsstandards für kundenbezogene Prozesse (z. B. Dauer der Auftragsbearbeitung, Bearbeitung von Kundenbeschwerden) schlagen sich in dieser Dimension nieder.

Zielgrößen aus der *Lern- und Entwicklungsdimension* stellen auf Aktivitäten zur langfristigen Mitarbeiter- und Unternehmensentwicklung ab. Die Qualifizierung und Motivierung von Mitarbeitern sowie die Pflege bzw. der Ausbau der Informationssysteme sind wesentliche Eckpunkte dieser Dimension.

Jede Dimension integriert somit diverse Teilziele, die in die Zielvereinbarungen der Mitarbeiter einfließen. Die Zielerreichungsgrade des einzelnen Mitarbeiters werden im Rahmen der Balanced Scorecard quantitativ bewertet. Grundsätzlich sind alle vier Dimensionen für ein Unternehmen wichtig. Allerdings kann die Bedeutung der Dimensionen im Einzelfall unterschiedlich gewichtet werden. Abbildung 9-10 illustriert den Aufbau einer Balanced Scorecard an einem Beispiel (für weitere Anwendungserfahrungen vgl. z. B. Speckbacher/Bischof 2000, Kauffmann 2002, Welge/Lattwein 2002).

Nachdem wir die Gestaltung und Inhalte von Zielvereinbarungen diskutiert haben, stellt sich die Frage, wie ein Unternehmen die Zielverfolgung und -erreichung in den Anreizsystemen verankern kann. Im folgenden Abschnitt wollen wir daher insbesondere auf die Gestaltung von Anreizsystemen im Vertrieb eingehen.

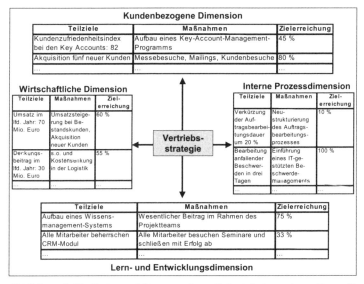

Kundenbezogene Dimension		
Teilziele	**Maßnahmen**	**Zielerreichung**
Kundenzufriedenheitsindex bei den Key Accounts: 82	Aufbau eines Key-Account-Management-Programms	45 %
Akquisition fünf neuer Kunden	Messebesuche, Mailings, Kundenbesuche	80 %
...	...	...

Wirtschaftliche Dimension

Teilziele	Maßnahmen	Zielerreichung
Umsatz im lfd. Jahr: 70 Mio. Euro	Umsatzsteigerung bei Bestandskunden, Akquisition neuer Kunden	60 %
Deckungsbeitrag im lfd. Jahr: 30 Mio. Euro	s.o. und Kostensenkung in der Logistik	55 %
...	...	...

Interne Prozessdimension

Teilziele	Maßnahmen	Zielerreichung
Verkürzung der Auftragsbearbeitungsdauer um 20 %	Neustrukturierung des Auftragsbearbeitungsprozesses	10 %
Bearbeitung anfallender Beschwerden in drei Tagen	Einführung eines IT-gestützten Beschwerdemanagements	100 %
...	...	...

Vertriebsstrategie

Teilziele	**Maßnahmen**	**Zielerreichung**
Aufbau eines Wissensmanagement-Systems	Wesentlicher Beitrag im Rahmen des Projektteams	75 %
Alle Mitarbeiter beherrschen CRM-Modul	Alle Mitarbeiter besuchen Seminare und schließen mit Erfolg ab	33 %
...	...	...

Lern- und Entwicklungsdimension

Abbildung 9-10: Balanced Scorecard am Beispiel eines ehemaligen (!)
Vertriebsleiters eines Pharmaunternehmens

9.6 Anreizsysteme – What gets rewarded, gets done!

Es ist eine Binsenweisheit, dass man Mitarbeiter durch entsprechende Anreize zur Zielerreichung motivieren sollte. Umso erschreckender ist es, dass viele Unternehmen diesen Aspekt im täglichen Kampf um Umsätze und Marktanteile vernachlässigen. Vielfach werden Vertriebsmitarbeiter rein mengen- oder umsatzbezogen entlohnt (vgl. Homburg/Jensen 1998), insbesondere für die Erreichung „weicher" Erfolgsgrößen werden nur wenige Anreize gesetzt.

Leistungsorientierte Anreize können grundsätzlich *monetär* und *nicht-monetär* sein. Monetäre Anreize lassen sich vor allem in Vergütungssystemen abbilden (vgl. Albers 1995 und 2003, Krafft 1995). Nicht-monetäre Anreize sind z. B. ein umfangreiches Angebot von Weiterbildungsmöglichkeiten, die Übertragung interessanter Projekte, der Zugang zu Netzwerken oder interessante Karrieremöglichkeiten (vgl. Hassmann 2003). Wir wollen uns im Folgenden vor allem auf leistungsorientierte Vergütungssysteme konzentrieren. Zur Erarbeitung eines leistungsorientierten Vergütungssystems müssen prinzipiell fünf Phasen durchlaufen werden (vgl. Abbildung 9-11):

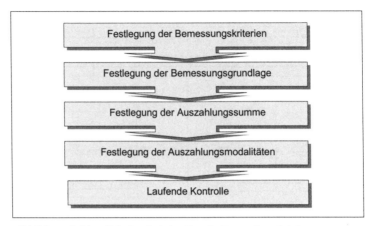

*Abbildung 9-11:   Schritte bei der Erarbeitung eines leistungs-
                   orientierten Vergütungssystems*

Im ersten Schritt müssen die *Bemessungskriterien* festgelegt werden. Wir sind in Abschnitt 9.5 bereits darauf eingegangen, dass bei der Festlegung der Bemessungskriterien ein ausgewogener Mix unterschiedlicher Kriterien angestrebt werden sollte.

Die *Festlegung der Bemessungsgrundlage* erfolgt im zweiten Schritt. Es muss eine Basis festgelegt werden, anhand derer die Veränderung der gewählten Bemessungskriterien gemessen werden kann. Dieses kann z. B. die prozentuale Erhöhung des Kundendeckungsbeitrages oder eine Erhöhung der Kundenzufriedenheit sein.

Im dritten Schritt erfolgt die *Festlegung der Auszahlungssumme*. Hierzu kann man z. B. einen Auszahlungsplan erarbeiten, der je nach Grad der Zielerreichung eine bestimmte Auszahlung vorsieht. In diesem Zusammenhang bieten sich verschiedene Möglichkeiten an (vgl. Abbildung 9-12).

Im Modell 1 wächst die prozentuale Ausschüttung mit dem steigenden Zielerreichungsindex. Dies bezeichnet man als ein einfaches lineares Modell (vgl. Jensen 2001b). Modell 2 ist ein einfaches Stufenmodell. Bei diesem Modell bleibt die Ausschüttung über ein Intervall von Zielerreichungsgraden konstant und „springt" ab einem bestimmten Grad eine Stufe höher. Modell 3 ist ein lineares Modell mit Toleranzbereich. Hierbei handelt es sich um eine Kombination von Modell 1 und Modell 2. Bereiche mit kontinuierlich steigender Ausschüttungsquote werden mit stagnierenden Bereichen kombiniert. Modell 4 bezeichnet man als differenziertes Stufenmodell. Im Gegensatz zum Modell 2 sind die Intervalle kleiner, in denen die Ausschüttungsquote konstant ist.

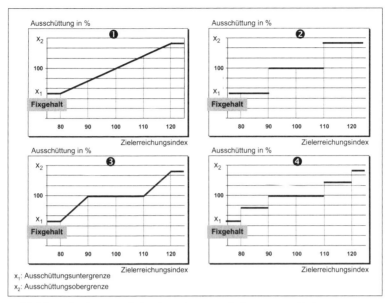

Abbildung 9-12: *Mögliche Ausschüttungsfunktionen im Rahmen leistungsorientierter Vergütungssysteme (in Anlehnung an Homburg/Jensen 1998 bzw. Jensen 2001b)*

Das lineare Modell 1 hat den Vorteil, dass es sehr „gerecht" ist: Auch kleinste Veränderungen im Zielerreichungsgrad ziehen unmittelbar Veränderungen in der Ausschüttung nach sich. Dieser vermeintliche Vorteil kann sich in der Praxis jedoch schnell als Nachteil erweisen, da das System in der Anwendung sehr „nervös" ist. Recht statisch ist dagegen das einfache Stufenmodell (Modell 2). Es hat den Nachteil, dass es in Teilbereichen nicht sehr motivierend wirkt. So hat beispielsweise ein Mitarbeiter, der im Oktober des Jahres einen Zielerreichungsgrad von etwas über 90 vorhersieht, keinen wirklichen Anreiz, intensive Anstrengungen in der verbleibenden Zeit zu unternehmen. Vor diesem Hintergrund stellt das differenzierte Stufenmodell (Modell 4) einen sinnvollen Kompromiss dar.

Die Festlegung der *Modalitäten der Auszahlung* schließt sich im vierten Schritt an. Hier geht es insbesondere um die Häufigkeit und die Methode der Auszahlung. Im letzten Schritt erfolgt schließlich die laufende *Kontrolle* und *Überarbeitung* des Vergütungssystems, d. h. vor allem die Anpassung an die sich verändernden Marktgegebenheiten.

Abschließend wollen wir noch auf verschiedene *Erfolgsfaktoren* eingehen, die bei der Gestaltung leistungsorientierter Vergütungssysteme berücksichtigt werden sollten (vgl. auch Albers 2003):

▪ *Transparenz:* Das Vergütungssystem muss den Mitarbeitern bekannt und verständlich sein.

▪ *Differenzierung:* Bei der Gestaltung von Vergütungssystemen müssen die unterschiedlichen Aufgabengebiete und Positionen der Mitarbeiter berücksichtigt werden.

▪ *Flexibilität:* Ein Unternehmen ist kein statisches Gebilde, sondern verändert sich durch vielfältige externe und interne Einflüsse. Das Vergütungssystem muss deshalb so flexibel sein, dass es sich den veränderten Umweltbedingungen anpassen kann.

▪ *Motivation:* Das Vergütungssystem muss so ausgerichtet sein, dass es das erwünschte Verhalten der Mitarbeiter sicherstellt. Die Entlohnung muss dabei auch attraktiv genug sein, um leistungsfähige Mitarbeiter zu gewinnen, zu halten und zu entwickeln.

▪ *Wirtschaftlichkeit:* Vergütungssysteme dienen nicht der Umverteilung von Erträgen zu Gunsten von Mitarbeitern, sondern sind mit einem ganz klaren Leistungsanspruch verbunden. Das „Plus" an Vergütung kann nur dem „Plus" an Leistung entsprechen.

▪ *Begrenzung kompensatorischer Effekte:* Werden mehrere Kriterien als Bemessungsgrundlage für die Entlohnung verwendet, so muss vermieden werden, dass die Nicht-Erreichung eines Ziels in beliebigem Ausmaß durch die Erreichung/Übererfüllung eines anderen kompensiert werden kann (z. B. der Ausgleich einer sinkenden Kundenzufriedenheit durch steigende Umsätze).

▪ *Vertikale Konsistenz:* Die Kriterien, anhand derer die leistungsbezogene Vergütung einer Führungskraft ermittelt wird, müssen konsistent mit den Kriterien für die Mitarbeiter dieser Führungskraft sein. Das Anreizsystem muss also durchgängig über alle Hierarchiestufen sein.

▪ *Horizontale Konsistenz:* Die Anreizsysteme in verschiedenen Vertriebsbereichen sollten sowohl hinsichtlich ihrer Zielinhalte als auch ihrer Auszahlungssummen konsistent sein. Das Vergütungssystem muss so gestaltet sein, dass es prinzipiell jedem Mitarbeiter in vergleichbarer Position und mit vergleichbaren Aufgabenbereichen die gleiche Chance gibt. Wenn ein Mitarbeiter in einem Vertriebsbereich trotz gleicher Leistung signifikant weniger verdient als seine Kollegen in anderen Bereichen, so führt dies zwangsläufig zu Demotivation und Neid.

▪ *Langfristige Ausrichtung:* Es lässt sich vielerorts beobachten, dass Anreizsysteme kurzfristig ausgerichtet sind. Die Folge ist, dass viele Mitarbeiter an kurzfristig exzellenten Ergebnissen interessiert sind, damit sie eine Karrierestufe höher klettern können. Strukturelle Veränderungen beispielsweise, die langfristig notwendig und Gewinn bringend wären, jedoch kurzfristig mit einem Produktivitäts- oder Umsatzrückgang verbunden sind, werden aus diesem Grund oft nicht eingeleitet.

▪ *Schrittweises Vorgehen bei der Einführung „weicher" Zielgrößen als Bemessungsgrundlage:* Manche weichen Zielgrößen (z. B. die Kundenzufriedenheit) wurden in vielen Unternehmen noch nie gemessen. Wenn sie als Bemessungsgrundlage für eine leistungsabhängige Vergütung dienen sollen, müssen die Mitarbeiter schrittweise daran gewöhnt werden.

10. Kultur im Vertrieb – Die Macht der ungeschriebenen Gesetze

Immer wieder beobachtet man, dass Veränderungsprozesse in Unternehmen daran scheitern, dass sich das Management zu stark auf die „harten" Faktoren (z. B. Organisationsstrukturen, Managementsysteme) konzentriert und „weiche" Aspekte wie die Unternehmenskultur vernachlässigt. Man weiß heute jedoch, dass die Unternehmenskultur die Denk- und Verhaltensweisen von Mitarbeitern stärker beeinflusst als viele harte Faktoren. Diese Beeinflussungsmechanismen sind zwar subtil und schwer zu fassen, aber von größter Nachhaltigkeit.

Im Vertrieb vieler Unternehmen beobachtet man massive kulturelle Defizite. Fehlender Informationsaustausch zwischen Abteilungen, eine übermäßige „Hemdsärmeligkeit", bei der regelmäßig Entscheidungen „aus dem Bauch heraus" gefällt werden, sowie die Dominanz des produktorientierten Denkens gegenüber der Kundenorientierung sind nur einige typische Problemfelder. Vor diesem Hintergrund kann ein Konzept wie der Sales-Ex-Ansatz, der auf umfassende Professionalität im Vertrieb abzielt, den Aspekt der Kultur nicht ausklammern.

Viele Manager befassen sich nicht systematisch mit der Kultur, weil sie Kultur als ein Phänomen empfinden, das nicht greifbar ist und daher auch nicht aktiv gemanagt werden kann. Es existieren heute jedoch Ansätze zur systematischen Erfassung der Unternehmenskultur. Ein solches Instrument für den Vertriebsbereich werden wir in Abschnitt 10.1 darstellen. Damit wird die Kultur im Vertriebsbereich messbar und für das Management zugänglich. Wie man gestützt auf eine solche Messung kulturelle Veränderungen erreichen kann, stellt Abschnitt 10.2 dar.

10.1 Die Kultur im Vertrieb greifbar machen

Die Kultur als Erfolgsfaktor rückte in den letzten Jahrzehnten verstärkt ins Zentrum des Interesses (vgl. Peters/Waterman 1982, Pflesser 1999, Homburg/Pflesser 2000). Eine gesunde Kultur kann sich in mehrfacher Hinsicht positiv auswirken:

▪ Die Kultur begründet Identität und stützt das „Wir-Gefühl" der Mitarbeiter.

▪ Die Kultur vermittelt den Sinn des unternehmerischen Handelns: Sie motiviert die Mitarbeiter und legitimiert ihr Handeln gegenüber Außenstehenden.

▪ Die Kultur stiftet Konsens, indem sie ein gemeinsames Verständnis über fundamentale Werte und Normen schafft.

▪ Die Kultur gibt einen Orientierungsrahmen für das Handeln vor und vereinfacht die (informelle) Koordination der Aktivitäten im Unternehmen.

Aber was genau bedeutet „gesunde" Kultur für den Vertrieb und wie kann man sie messen? Eine Kultur greifbar zu machen setzt voraus, dass man ihre verschiedenen Facetten versteht. Im Vertrieb zählen hierzu vor allem die folgenden:

▪ Kundenorientierung,

▪ Systematik,

▪ Offenheit im Informationsaustausch innerhalb des Vertriebs,

▪ Offenheit im Informationsaustausch mit anderen Funktionsbereichen,

▪ abteilungsübergreifende Kooperation,

▪ Förderung von Kundenkontakten,

▪ Vertrauen und Eigenverantwortung sowie

▪ Commitment zum Unternehmen.

Kundenorientierung haben sich in den letzten Jahren viele Unternehmen auf die Fahnen geschrieben. Oftmals sind solche Bekundungen kaum mehr als Lippenbekenntnisse. In einer wirklich kundenorientierten Vertriebskultur steht der Kunde im Zentrum der Aktivitäten. Ausgangspunkt der Vertriebsarbeit sind die Kundenbedürfnisse und weniger das technisch Machbare. Nicht die technische Überlegenheit der Produkte wird als Garant für hohe Absatzzahlen gesehen, sondern deren Eignung zur Befriedigung von Kundenbedürfnissen. Kundenorientierung im Vertrieb bedeutet aber auch, Umsätze nicht um jeden Preis zu erzielen. Im Zweifel wird eher auf ein Geschäft verzichtet, als dem Kunden Produkte „aufzudrängen", die an seinen Bedürfnissen vorbeigehen. Kundenorientierung manifestiert sich auch nicht zuletzt darin, dass sich der Vertrieb bereits bei der Entwicklung neuer Produkte aktiv einbringt und als Sprachrohr des Kunden fungiert. Die Erfolgswirksamkeit der Kundenorientierung der Kultur ist mittlerweile unbestritten. So konnte Schäfer (2002) empirisch nachweisen, dass die Kundenorientierung der Kultur z. B. die kundenorientierte Gestaltung von Informations- und Anreizsystemen sowie das kundenorientierte Verhalten von Mitarbeitern positiv beeinflusst. Dies wirkt sich wiederum positiv auf den Vertriebserfolg aus.

Eine fehlende *Systematik* in der Vertriebskultur zeigt sich nicht selten in einer übertriebenen Hemdsärmeligkeit bei der täglichen Vertriebsarbeit. Unterschiedlich attraktive Kunden werden nach dem „Gießkannenprinzip" bearbeitet, in Kunden wird nach
dem Gefühl investiert, Entscheidungen werden kaum mit Hilfe von Analysen fundiert.
Im Gegensatz hierzu zeichnet sich eine systematische Vertriebskultur durch eine wohl
überlegte und strukturierte Entscheidungsfindung aus. Statt nur auf Intuition stützt sich
der Vertriebsmitarbeiter auch auf vorhandene Informationen (u. a. über Kunden oder
Wettbewerber), stellt Wirtschaftlichkeitsbetrachtungen zur Bewertung von Handlungsalternativen an und zieht auch die langfristigen Effekte von Entscheidungen ins
Kalkül. Ein systematisches Problemlösungsverhalten zeigt sich auch darin, dass bei erkannten Problemen nicht nur die Symptome, sondern die tiefer liegenden Ursachen angegangen werden. Sinkt z. B. der eigene Marktanteil, so könnte auf den ersten Blick
ein überhöhter Preis die Ursache hierfür sein. In Unternehmen mit einer systematischen Kultur würde dieses Problem differenzierter untersucht: Neben generellen
Markttrends würde z. B. das Anbieterwechselverhalten der Kunden und die Gründe
hierfür untersucht. Um keine Missverständnisse aufkommen zu lassen: Intuition wird
stets eine Entscheidungsgrundlage in der Vertriebsarbeit bleiben. Es kommt allerdings
darauf an, die Balance zwischen Intuition und Systematik zu finden.

Die *Offenheit des Informationsaustauschs innerhalb des Vertriebs* umfasst die proaktive Weiterleitung von Informationen an Vertriebsbereiche, die für andere Produkte,
Regionen, Kundensegmente oder Absatzkanäle verantwortlich sind. In derartigen Kulturen sind Informationen „Bringschuld". Jeder Mitarbeiter, der über Informationen
verfügt, sollte sich fragen, für wen diese Informationen sonst noch relevant sein könnten, und sie entsprechend weiterleiten. Insbesondere durch den Austausch von Informationen über Kundenbedürfnisse, die nicht durch den eigenen Vertriebsbereich befriedigt werden können, lassen sich in vielen Fällen erhebliche Gewinnpotenziale z. B.
durch Cross-Selling ausschöpfen. Offener Informationsaustausch bedeutet auch das
Best Practice Sharing zwischen den Vertriebsbereichen. Werden in einem Vertriebsbereich z. B. neue Instrumente oder Verfahren zur Lösung bekannter Probleme entwickelt, so werden diese proaktiv im Vertrieb verteilt – selbst wenn es sich nur um ein
simples Excel-Spreadsheet zur Berechnung der Kundenprofitabilität handelt. Die
Kommunikation muss dabei nicht immer auf „offiziellem" Weg ablaufen. Auch informelle Kontakte zwischen den Kollegen spielen eine wichtige Rolle – insbesondere für
die Lösung operativer Probleme.

Problematischer als die Kommunikation im Vertrieb ist unserer Erfahrung nach die
Offenheit im Informationsaustausch zwischen Vertrieb und anderen Funktionsberei-

chen (Marketing, Produktion/Operations, Produktentwicklung usw.). Die „Marketing-Leute" oder die „Controller" sprechen aus Sicht der Vertriebsmitarbeiter oft eine andere Sprache und denken anders. Zudem ist vielen Vertriebsmitarbeitern nicht bewusst, wofür andere Funktionsbereiche Vertriebsinformationen brauchen. Schließlich dominiert vielfach die Einstellung, dass „Informationen über meine Kunden die anderen doch nichts angehen". Solche Überzeugungen sind fatal. In Zeiten, in denen Kundennähe schon fast unabdingbar für den Unternehmenserfolg ist, müssen vor allem umfassende Informationen über Trends im Markt oder Kundenbedürfnisse an die betroffen „marktfernen" Funktionsbereiche weitergeleitet werden. Natürlich muss der Vertrieb als interner Kunde im Gegenzug auch von anderen Funktionen mit Informationen versorgt werden.

In offenen Kulturen ziehen verschiedene Abteilungen gemeinsam „an einem Strang", um umfassende Problemlösungen für Kunden zu finden. Es werden also nicht nur Informationen ausgetauscht, sondern gemeinsam Projekte bearbeitet. Die *abteilungsübergreifende Kooperation* ist heutzutage unumgänglich, da Kunden immer höhere Ansprüche stellen und die Lösungen hierfür vielfach immer komplexer werden. Im Rahmen der funktionsübergreifenden Zusammenarbeit werden aber auch Schnittstellenprobleme und kulturelle Differenzen zwischen Abteilungen abgebaut (vgl. Abschnitt 7.2). Vor kurzem haben wir bei einem Unternehmen aus der Automobilindustrie die Einführung eines Customer-Relationship-Management-Systems (vgl. Kapitel 16) begleitet. Die Projektbeteiligten stammten aus den unterschiedlichsten Funktionsbereichen, z. B. Vertrieb, Logistik, IT, Controlling oder Marketing. Der wohl wichtigste Nebeneffekt bei der gemeinsamen Projektarbeit war, dass die Beteiligten viel über die Aufgaben und Informationsbedürfnisse der anderen Funktionsbereiche lernten. Ergebnis des Projekts war somit nicht nur ein neues CRM-System, sondern auch eine neue Form des „Miteinander-Umgehens".

Verbunden mit der Kooperation ist auch die *Förderung von Kundenkontakten* sog. „kundenferner" Abteilungen durch den Vertrieb. Der Vertrieb muss sich z. B. dafür stark machen, dass auch Kollegen aus Marketing oder Produktentwicklung „ihre" Kunden kennen und verstehen lernen. Kundenforen, Fokusgruppen oder Messen sollten regelmäßig auch von Mitarbeitern interner Bereiche besucht werden. In vielen Unternehmen haben wir jedoch beobachtet, dass der Vertrieb Kundenkontakte interner Bereiche systematisch be- bzw. verhindert. Ein solches Verhalten ist kurzsichtig, verhindert man damit doch, dass Mitarbeiter anderer Funktionsbereiche ein tieferes Verständnis für die Probleme und Notwendigkeiten im Vertrieb entwickeln.

Eine Vertriebskultur, die durch *Vertrauen und Eigenverantwortung* geprägt ist, zeichnet sich dadurch aus, dass der Einzelne selbstständig handelt. Verantwortung wird nicht an Vorgesetzte „hochdelegiert". Es existiert keine übertriebene Absicherungsmentalität oder Risikoscheue. Vielmehr verfügen Mitarbeiter über einen gewissen unternehmerischen Freiraum, können (und sollen) Entscheidungen selbst treffen und sind nicht dazu gezwungen, jede ihrer Handlungen zu dokumentieren. Vertrauenskulturen unterstützen zudem Fehlertoleranz und Experimentierfreude. Mitarbeiter werden nicht in ihrer Kreativität eingeschränkt und können selbstständig Verbesserungen anstoßen.

Commitment zum Unternehmen liegt vor, wenn sich Vertriebsmitarbeiter mit dem Unternehmen verbunden fühlen und gegenüber Dritten zu diesem Unternehmen stehen. Gerade im Außendienst vieler Unternehmen fehlt aber dieses Commitment. Die Außendienstler signalisieren im Kundengespräch nicht, dass sie von ihrem Unternehmen und dessen Leistungen überzeugt sind. Vielmehr beobachtet man oft, dass Außendienst und Kunde eine Art „unheilige Allianz" schließen. Gestützt auf zynische Aussagen über das eigene Unternehmen wird der Außendienstler zum „Verbündeten" des Kunden gegen die Unternehmenszentrale. In Kulturen mit hohem Commitment herrscht dagegen ein ausgesprochener Teamgeist und ein positives „Wir-Gefühl".

Wie kann man die beschriebenen Facetten einer effektiven Vertriebskultur bewerten? Die beste Möglichkeit besteht darin, die Wahrnehmung der Kulturfacetten durch die Mitarbeiter zur messen. Tabelle 10-1 enthält für diesen Zweck einen Kriterienkatalog.

Die Ergebnisse der Kulturbewertung lassen sich anschließend in einem so genannten Kulturprofil darstellen. Abbildung 10-1 enthält ein solches Profil, das wir bei einem Transportdienstleister ermittelt haben.

Tabelle 10-1: Beispielhafte Kriterien zur Bewertung der Vertriebskultur

	trifft voll und ganz zu (100)	trifft im Wesentlichen zu (75)	trifft teilweise zu (50)	trifft in geringem Maße zu (25)	trifft überhaupt nicht zu (0)	keine Beurteilung möglich
Kundenorientierung						
Im Vertrieb steht der Kunde im Zentrum des Denkens und Handelns.	❑	❑	❑	❑	❑	❑
Die Vertriebsarbeit orientiert sich stark an den Kundenbedürfnissen.	❑	❑	❑	❑	❑	❑
Der Vertrieb ist intensiv in die Produktentwicklung eingebunden.	❑	❑	❑	❑	❑	❑

Systematik						
Wichtige Entscheidungen im Vertrieb werden nur auf Basis systematischer Analysen getroffen.	❏	❏	❏	❏	❏	❏
Der Vertrieb berücksichtigt bei Entscheidungen nicht nur kurzfristige, sondern auch langfristige Konsequenzen.	❏	❏	❏	❏	❏	❏
Bei der Problemlösung werden im Vertrieb nicht nur die sichtbaren Symptome, sondern auch die tiefer liegenden Ursachen korrigiert.	❏	❏	❏	❏	❏	❏
Offenheit im Informationsaustausch innerhalb des Vertriebs						
Der Vertrieb gibt relevante Informationen proaktiv an andere Vertriebsbereiche weiter.	❏	❏	❏	❏	❏	❏
Best Practices werden zwischen den Vertriebsbereichen ausgetauscht.	❏	❏	❏	❏	❏	❏
Es gibt viele informelle Kontakte zwischen Mitarbeitern unterschiedlicher Vertriebsbereiche.	❏	❏	❏	❏	❏	❏
Offenheit im Informationsaustausch zwischen Vertrieb und anderen Funktionsbereichen						
Der Vertrieb gibt Informationen über Markttrends oder Kundenbedürfnisse proaktiv an andere Funktionsbereiche weiter.	❏	❏	❏	❏	❏	❏
Der Vertrieb beantwortet Anfragen aus anderen Funktionsbereichen schnell und qualitativ hochwertig.	❏	❏	❏	❏	❏	❏
Andere Funktionsbereiche informieren den Vertrieb proaktiv.	❏	❏	❏	❏	❏	❏
Andere Funktionsbereiche beantworten Anfragen des Vertriebs schnell und qualitativ hochwertig.	❏	❏	❏	❏	❏	❏
Abteilungsübergreifende Kooperation						
Bei Bedarf arbeitet der Vertrieb intensiv und konstruktiv mit dem Marketing zusammen.	❏	❏	❏	❏	❏	❏
Bei Bedarf arbeitet der Vertrieb intensiv und konstruktiv mit Produktentwicklern/Anwendungstechnikern zusammen.	❏	❏	❏	❏	❏	❏
Bei Bedarf arbeitet der Vertrieb intensiv und konstruktiv mit der internen Leistungserstellung (Produktion/Operations/Logistik) zusammen.	❏	❏	❏	❏	❏	❏
Bei Bedarf arbeitet der Vertrieb intensiv und konstruktiv mit dem Controlling zusammen.	❏	❏	❏	❏	❏	❏
Im Vertrieb werden funktionsübergreifende Teams zur Kundenbetreuung eingesetzt.	❏	❏	❏	❏	❏	❏
Im Vertrieb wird die Kompetenz verschiedener Funktionsbereiche genutzt, um für Kunden passende Problemlösungen zu erarbeiten.	❏	❏	❏	❏	❏	❏
Förderung von Kundenkontakten						
Auch Vertriebsmitarbeiter im Innendienst haben regelmäßig persönlichen Kundenkontakt.	❏	❏	❏	❏	❏	❏
Der Vertrieb fördert den Kundenkontakt von Mitarbeitern interner Bereiche (z. B. Produktentwicklung, Produktion usw.).	❏	❏	❏	❏	❏	❏

Vertrauen und Eigenverantwortung						
Vertriebsmanager leiten ihre Mitarbeiter zu selbstständigem und eigenverantwortlichem Handeln an.	❏	❏	❏	❏	❏	❏
Im Vertrieb wird nur wenig Arbeitszeit für administrative Aufgaben aufgewendet.	❏	❏	❏	❏	❏	❏
Die Vertriebsmitarbeiter sind bereit, Verantwortung zu übernehmen	❏	❏	❏	❏	❏	❏
Im Vertrieb herrscht kaum Hierarchiedenken.	❏	❏	❏	❏	❏	❏
Commitment zum Unternehmen						
Die Vertriebsmitarbeiter zeigen ihre Loyalität zum Unternehmen auch gegenüber Kunden.	❏	❏	❏	❏	❏	❏
Unsere Vertriebsmitarbeiter identifizieren sich mit den Zielen des Unternehmens.	❏	❏	❏	❏	❏	❏
Unsere Vertriebsmitarbeiter fühlen sich stark mit dem Unternehmen verbunden.	❏	❏	❏	❏	❏	❏

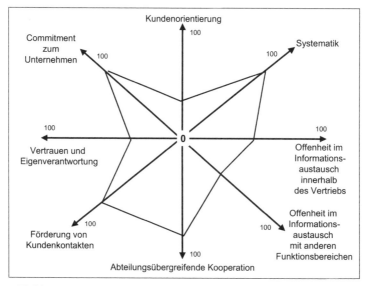

Abbildung 10-1: Kulturprofil am Beispiel des Vertriebs eines Transportdienstleisters

Derartige Profile sind vielseitig anwendbar. Beispielsweise können Kulturprofile, die auf Wahrnehmungen der Vertriebskultur durch Vertriebsmitarbeiter basieren („Selbsteinschätzung"), den Profilen gegenübergestellt werden, die auf Wahrnehmungen anderer Funktionen basieren („Fremdeinschätzung"). Interessant kann auch der Vergleich der Vertriebskulturbewertung durch Führungskräfte mit der Bewertung durch Vertriebsmitarbeiter sein. Solche Vergleiche sensibilisieren in hohem Maße für den vorhandenen Veränderungsbedarf. Schließlich ist es notwendig, die Veränderung des Kulturprofils nach der Einleitung von Maßnahmen zur Behebung kultureller Defizite zu betrachten. Einen Prozess zur Kulturveränderung stellen wir im folgenden Abschnitt dar.

10.2 Kultur managen und verändern

Wie kann man zu einer effektiven Vertriebskultur gelangen? Ausgangspunkt eines entsprechenden Veränderungsprozesses sollte die systematische Bewertung der existierenden Vertriebskultur sein. Sie kann z. B. anhand der in Tabelle 10-1 genannten Kriterien erfolgen und führt zu einem Kulturprofil (vgl. Abbildung 10-1).

Im Zusammenhang mit der anschließenden Veränderung der Kultur ist zu beachten, dass die Instrumente zur Kulturbeeinflussung an verschiedenen „Hebeln" ansetzen können. Denn eine Kultur besteht aus verschiedenen Komponenten. Hierzu zählen Werte, Normen und Artefakte (vgl. Pflesser 1999), die letztlich die Verhaltensweisen der Mitarbeiter beeinflussen:

- *Werte* stellen die grundsätzlichen Ziele eines Unternehmens dar. Sie beziehen sich auf allgemeine Aspekte, auf die im Unternehmen „Wert gelegt" wird. Sie werden typischerweise in Leitsätzen festgelegt. Als Beispiele für Werte können Innovation, der wirtschaftliche Erfolg oder die Kundenorientierung genannt werden.

- *Normen* sind explizite oder implizite Regeln über wünschenswerte Verhaltensweisen im Unternehmen. Sie sind konkreter als Werte und haben einen stärkeren Verhaltensbezug. Beispielsweise könnte eine konkrete Norm zur Ausgestaltung des allgemeinen Wertes „Kundenorientierung" fordern, dass Kundenanfragen prompt beantwortet werden. Solche Normen werden in hohem Maße durch Führungsstile und Führungsinstrumente beeinflusst.

- *Artefakte* sind zwar direkt wahrnehmbar, jedoch schwierig zu erfassen und zu interpretieren. Zu den Artefakten zählen z. B. Erzählungen, Sprache oder Rituale. In allen Unternehmen existieren in gewissem Umfang Erzählungen, die bestimmte Werte oder Normen vermitteln. Ein Beispiel aus dem Unternehmen Bosch kann dieses erläutern: Von Robert Bosch erzählt man sich, dass er – zumindest solange das Unternehmen eine gewisse Größe nicht überschritt – jeden neuen Mitarbeiter persönlich an dessen Arbeitsplatz begrüßte und im Vorfeld dafür sorgte, dass dort eine Büroklammer auf dem Boden lag. Bosch soll die Büroklammer dann in Anwesenheit des

Mitarbeiters aufgehoben und ihm gezeigt haben. Auf die Frage von Bosch, was er gerade getan habe, wird jeder neue Mitarbeiter nahe liegender Weise geantwortet haben, dass Bosch gerade eine Büroklammer aufgehoben habe. Bosch soll hierauf mit den Worten „Nein, ich habe Geld aufgehoben" geantwortet haben. Unabhängig vom Wahrheitsgehalt dieser Erzählung kann festgestellt werden, dass hier ein zentraler Wert des Unternehmens – nämlich Sparsamkeit – kommuniziert wird. Dies verdeutlicht, wie sichtbare Artefakte (z. B. Erzählungen) gewissermaßen Werte für den Mitarbeiter greifbar machen.

Wir wollen im Folgenden einen Überblick über Instrumente zur Herbeiführung kultureller Veränderungen geben. Grundsätzlich lassen sich Instrumente zur Veränderung des Selbstverständnisses, zur Motivation bzw. Kommunikation und zur Schulung bzw. zur Förderung der aktiven Mitarbeit unterscheiden (vgl. Tabelle 10-2). Instrumente zur Veränderung des Selbstverständnisses dienen der Verankerung der neuen kulturellen Ausrichtung. Mit den Instrumenten zur Motivation bzw. Kommunikation soll die Akzeptanz und Unterstützung der Mitarbeiter sichergestellt werden. Die Instrumente zur Schulung und aktiven Mitarbeit dienen schließlich der Vorbereitung der Mitarbeiter auf die neuen Anforderungen.

Tabelle 10-2: Instrumente zur Veränderung der Kultur

Selbstverständnis	Kommunikation/ Motivation	Schulungen/ aktive Mitarbeit
♦ Leitsätze	♦ Plakate	♦ Seminare
♦ Visionen	♦ Broschüren	♦ Workshops
♦ Verhaltensregeln	♦ Hauszeitschriften	♦ Einzelgespräche
♦ bewusste Gestaltung von Artefakten (Erzählungen, Ritualen, Sprache, Architektur)	♦ Führungsstile	
	♦ Führungsinstrumente	
	♦ Veranstaltungen	

Beispielsweise dienen Leitsätze und Visionen der Verdeutlichung neuer Wertvorstellungen. Veränderungen des Selbstverständnisses mit Hilfe von Artefakten erfordern die bewusste Beeinflussung z. B. der Rituale oder der Sprache. In einer empirischen Untersuchung kamen Homburg/Pflesser (1999) zu dem Ergebnis, dass das Management von Artefakten systematisch vernachlässigt wird. Dieses Resultat untermauern auch Beobachtungen in Unternehmen: Artefakte sind üblicherweise historisch gewachsen. Sie werden oft nicht bewusst gemanagt. Vielerorts werden sie auch nicht wirklich ernst, sondern eher schmunzelnd zur Kenntnis genommen. Es sind häufig die „Marotten" im Unternehmen, an die man sich gewöhnt hat, mit denen man gelernt hat zu leben.

Das systematische, zielorientierte Gestalten von Artefakten bezeichnet man als *Symbolic Management*. Es geht im Kern darum, die (abstrakten) Werte und Normen anhand einfach interpretierbarer Gegebenheiten und Situationen zu veranschaulichen und mit Leben zu erfüllen. Grundsätzlich kann Symbolic Management auf zwei Ebenen stattfinden. Zum einen ist das Konzept auf der Ebene des einzelnen Managers anwendbar. Ein einzelner Manager kann z. B. bewusst die eigene Sprache durchleuchten. Er kann auch gezielt in Besprechungen auf Formulierungen von Mitarbeitern einwirken. Zudem plaudern Manager hin und wieder mit ihren Mitarbeitern. Sich die Frage zu stellen, welche Geschichten man bei dieser Gelegenheit über das Unternehmen erzählt und welche Werte und Normen man damit implizit kommuniziert, ist eine lohnende Übung. Zum anderen kann Symbolic Management auf der Ebene des gesamten Unternehmens bzw. einzelner Unternehmensbereiche stattfinden. Die architektonische Unterstützung der innerbetrieblichen Kommunikation durch eine offene und freundliche Gestaltung der Büroräume wäre ein Beispiel hierfür.

Zur Kommunikation neuer Normen und Motivation neuen Verhaltens können z. B. Führungsinstrumente eingesetzt werden. Aus Vergütungssystemen oder Zielvereinbarungen, die die Kundenzufriedenheit als Zielgröße enthalten, lässt sich beispielsweise ablesen, dass kundenorientiertes Verhalten gewünscht und honoriert wird. Begleitende Schulungen und die aktive Mitarbeit der Angestellten setzen schließlich an allen drei Komponenten (Werte, Normen, Artefakte) an.

Natürlich ist die Veränderung der Vertriebskultur ein langwieriger Prozess. In der Vergangenheit ließ sich häufig beobachten, dass z. B. viele Versuche, bürokratische Organisationen in dynamische, kundenorientierte Unternehmen zu transformieren, irgendwann ins Stocken gerieten oder ganz eingestellt wurden. Der Grund hierfür liegt in den wenigsten Fällen in einer fehlenden Vision, sondern eher in der mangelhaften Umsetzung. Alte Strukturen wurden nur ungenügend destabilisiert, Mitarbeiter zu wenig eingebunden oder für ihre Kooperation ungenügend belohnt. Abschließend wollen wir daher *Erfolgsfaktoren* für die Veränderung der Vertriebskultur nennen:

■ *Einbettung in ein unternehmensweites Gesamtkonzept:* Kulturelle Veränderungsprozesse im Vertrieb müssen in die Gesamtkultur eingebettet sein. Insellösungen sind kontraproduktiv. Sie haben keine integrierende Wirkung, sondern schaffen neue Gräben.

▦ *Unterstützung durch das Top-Management:* Führungskräfte stehen im Mittelpunkt des Mitarbeiterinteresses und haben daher eine Vorbildfunktion. Nur wenn die „neue" Kultur von ihnen vorgelebt wird, wird sie auch von der breiten Masse angenommen. Denkbar sind auch so genannte „Change Agents". Dies sind Führungskräfte (u. U. auch Mitarbeiter), die eingesetzt werden, um das gewünschte „Gedankengut" zu verbreiten. Diesen Change Agents kommt dabei erstens eine Beratungs- und Unterstützungsfunktion zu. Sie stellen zweitens Methodenwissen und Erfahrungen aus anderen Veränderungsprojekten zur Verfügung, fungieren drittens als Prozessmanager und kontrollieren viertens die Umsetzung der Ideen und Konzepte. Beispielsweise könnte ein Vertriebsmanager, der früher bei einem Konsumgüterhersteller gearbeitet hat, als Change Agent in einem Maschinenbauunternehmen agieren.

▦ *„Schockieren":* In verkrusteten Strukturen können Veränderungen großen Ausmaßes nur erreicht werden, wenn der Status quo mit einem Schlag zerstört wird.

▦ *Langfristige Orientierung:* Kulturelle Veränderungsprozesse brauchen Zeit. In diesem Fall zählen nicht die kurzfristigen Erfolge, wichtiger ist ein „langer Atem".

▦ *Offene Informationspolitik:* Der gesamte Prozess muss von einer offenen Informationspolitik begleitet werden. Nur so kann die Auseinandersetzung der Mitarbeiter mit dem Thema gewährleistet und Gerüchte und Angst vermieden werden.

▦ *Einbeziehung aller Betroffenen:* Möglichst das gesamte Unternehmen sollte bei der Entwicklung der Zielkultur eingebunden werden. Eine Kultur kann nicht übergestülpt, sondern muss angenommen werden. Unseren Schätzungen zufolge begrüßen ca. 20 % der Mitarbeiter einen kulturellen Wandel, 50 % stehen ihm eher neutral gegenüber und 30 % opponieren offen. Tatsächlich stellen die Opponenten nicht das Hauptproblem dar, denn mit ihnen kann ein Dialog eröffnet werden. Allerdings muss ihnen von vornherein klar gemacht werden, dass sie sich entweder dem Wandel anschließen oder langfristig das Unternehmen verlassen müssen. Am gefährlichsten sind die Neutralen. Sie bekennen sich zwar offiziell zum kulturellen Wandel, handeln aber nach alten Strukturen. Gerade die Neutralen müssen daher aktiv in den Veränderungsprozess einbezogen werden.

▦ *Anpassung der Personalgewinnung:* Wird ein kultureller Wandel angestrebt, so müssen auch die Prozesse der Personalauswahl überdacht werden. Neue Strukturen verlangen nach neuen Profilen. Querdenker und Seiteneinsteiger haben mehr als einmal gezeigt, dass erst durch sie kulturelle Veränderungen zum Erfolg wurden.

▦ *Klarheit und Einfachheit der Kommunikation:* Das Top-Management muss den Kern der angestrebten kulturellen Veränderung immer wieder in einfachen Worten kommunizieren.

▦ *Kommunikation erster Erfolge:* Erste Erfolge müssen durch das Top-Management konsequent in die Breite getragen werden, auch wenn sie eher punktueller Art sind. Dabei bietet es sich an, mit „Quick Wins" zu starten - Veränderungsprozesse also mit Maßnahmen zu beginnen, die für Kunden und Mitarbeiter besonders sichtbar sind und schnelle Wirkung zeigen.

▦ *Management by Fact:* Der Prozess der kulturellen Veränderung muss sich auf eine systematische Bewertung der Kultur stützen. Nur was man messen kann, kann man auch managen. Zu einer Veränderung hin zu mehr Kundenorientierung gehört damit auch die systematische Messung der Kundenzufriedenheit (vgl. Kapitel 12.4).

Checkliste zu Teil II: Vertriebsmanagement – Strukturen und Prozesse gestalten, Menschen führen und Kultur leben

Das Unternehmen ... (Kriterium-Nr.)	trifft voll und ganz zu (100)	trifft im Wesent-lichen zu (75)	trifft teil-weise zu (50)	trifft in gerin-gem Maße zu (25)	trifft über-haupt nicht zu (0)	Krite-rium nicht rele-vant	Bele-ge für die Be-wer-tung
7. Vertriebsorganisation – Strukturen und Prozesse erfolgreich gestalten							
... hat die Vor- und Nachteile unterschiedlicher Organisationsstrukturen (z. B. nach Produkten oder Regionen) bei der Gestaltung der Strukturen im Vertrieb sorgfältig gegeneinander abgewogen. (II-1)	❑	❑	❑	❑	❑	❑	
... hat kundenbezogene Aspekte bei der Gestaltung der Organisationsstruktur im Vertrieb ausreichend berücksichtigt. (II-2)	❑	❑	❑	❑	❑	❑	
... setzt in ausreichendem Umfang strukturbezogene Instrumente zur Reduzierung von vertriebsrelevanten Schnittstellenproblemen ein (z. B. Verringerung der räumlichen Distanz zwischen Abteilungen, Koordinationsgremien, funktionsübergreifende Teams). (II-3)	❑	❑	❑	❑	❑	❑	
... setzt in ausreichendem Umfang prozessbezogene Instrumente zur Reduzierung von vertriebsrelevanten Schnittstellenproblemen ein (z. B. klare Aufgaben- und Kompetenzverteilung, Definition von Standards der Zusammenarbeit). (II-4)	❑	❑	❑	❑	❑	❑	
... setzt in ausreichendem Umfang personalführungsbezogene Instrumente zur Reduzierung von vertriebsrelevanten Schnittstellenproblemen ein (z. B. Job Rotation, Schulungen). (II-5)	❑	❑	❑	❑	❑	❑	
... setzt in ausreichendem Umfang kulturbezogene Instrumente zur Reduzierung von vertriebsrelevanten Schnittstellenproblemen ein (z. B. Einrichtung von Zonen für informelle Kontakte, Verankerung des „Prinzips des internen Kunden"). (II-6)	❑	❑	❑	❑	❑	❑	
... formuliert präzise Ziele für die Arbeit von Teams, in die Vertriebsmitarbeiter involviert sind. (II-7)	❑	❑	❑	❑	❑	❑	

Kriterium							
... berücksichtigt den Erfolg von Teamarbeit bei der Leistungsbewertung von Vertriebsmitarbeitern. (II-8)	❏	❏	❏	❏	❏	❏	
... begrenzt das Ausmaß der Bürokratie im Vertrieb (z. B. durch angemessene Delegation von Verantwortung, Vermeidung von Überregulierung). (II-9)	❏	❏	❏	❏	❏	❏	
... hat für Kunden eindeutige Anlaufstellen bei Fragen / Problemen definiert. (II-10)	❏	❏	❏	❏	❏	❏	
... hat den Kunden die Anlaufstellen für Fragen / Probleme kommuniziert. (II-11)	❏	❏	❏	❏	❏	❏	
... stellt die Erreichbarkeit der Anlaufstellen für Kunden sicher. (II-12)	❏	❏	❏	❏	❏	❏	
... setzt an den Anlaufstellen kompetente Mitarbeiter ein. (II-13)	❏	❏	❏	❏	❏	❏	

8. Planung und Kontrolle – Der Mittelweg zwischen „Blindflug" und „Zahlenfriedhöfen"

Kriterium							
... leitet die Inhalte der Vertriebsplanung aus der Vertriebsstrategie ab. (II-14)	❏	❏	❏	❏	❏	❏	
... berücksichtigt bei der Vertriebsplanung einen ausgewogenen Mix an „harten" (z. B. Umsatz) und „weichen" Zielgrößen (z. B. Kundenzufriedenheit). (II-15)	❏	❏	❏	❏	❏	❏	
... plant im Vertrieb nicht nur nach Produkten, sondern auch nach Kunden(segmenten). (II-16)	❏	❏	❏	❏	❏	❏	
... sanktioniert eine unrealistische Vertriebsplanung. (II-17)	❏	❏	❏	❏	❏	❏	
... plant nach dem Gegenstromprinzip (d. h. Verbindung von Top-down-Planung mit Bottom-up-Planung). (II-18)	❏	❏	❏	❏	❏	❏	
... konsolidiert die Ergebnisse aus Top-down- und Bottom-up-Planung sorgfältig. (II-19)	❏	❏	❏	❏	❏	❏	
... bricht Vertriebspläne auch auf unterjährige Perioden herunter. (II-20)	❏	❏	❏	❏	❏	❏	
... berücksichtigt bei der unterjährigen Planung auch saisonale Effekte. (II-21)	❏	❏	❏	❏	❏	❏	
... analysiert Planabweichungen sorgfältig. (II-22)	❏	❏	❏	❏	❏	❏	
... toleriert nicht, dass Planabweichungen vorschnell mit externen Ursachen begründet werden. (II-23)	❏	❏	❏	❏	❏	❏	
... plant mit angemessenem Aufwand. (II-24)	❏	❏	❏	❏	❏	❏	
... konzentriert sich bei der Planung auf eine geringe Anzahl aussagekräftiger Kennzahlen. (II-25)	❏	❏	❏	❏	❏	❏	

... passt die Planungsinhalte regelmäßig an veränderte Rahmenbedingungen an. (II-26)	❑	❑	❑	❑	❑	❑	

9. Personalmanagement – Das Stiefkind des Vertriebs

... berücksichtigt klare Anforderungsprofile bei der Personalauswahl. (II-27)	❑	❑	❑	❑	❑	❑	
... definiert die Anforderungsprofile für Vertriebspositionen auf Basis einer sorgfältigen Aufgabenanalyse. (II-28)	❑	❑	❑	❑	❑	❑	
... betreibt professionelles Personalmarketing zur Gewinnung exzellenter Vertriebsmitarbeiter. (II-29)	❑	❑	❑	❑	❑	❑	
... unterstützt die Personalauswahl systematisch durch verschiedene Instrumente (z. B. persönliche Interviews, formale Tests). (II-30)	❑	❑	❑	❑	❑	❑	
... leitet den Personalweiterbildungsbedarf aus der Vertriebsstrategie ab. (II-31)	❑	❑	❑	❑	❑	❑	
... analysiert den Weiterbildungsbedarf aller Vertriebsmitarbeiter individuell. (II-32)	❑	❑	❑	❑	❑	❑	
... definiert klare Ziele für Personalentwicklungsmaßnahmen (z. B. Seminare). (II-33)	❑	❑	❑	❑	❑	❑	
... kontrolliert regelmäßig den Erfolg von Personalentwicklungsmaßnahmen. (II-34)	❑	❑	❑	❑	❑	❑	
... beschäftigt im Vertrieb Führungskräfte mit einem leistungsorientierten Führungsstil. (II-35)	❑	❑	❑	❑	❑	❑	
... beschäftigt im Vertrieb Führungskräfte mit einem mitarbeiterorientierten Führungsstil. (II-36)	❑	❑	❑	❑	❑	❑	
... beschäftigt im Vertrieb Führungskräfte mit einem kundenorientierten Führungsstil. (II-37)	❑	❑	❑	❑	❑	❑	
... setzt im Rahmen der Personalsteuerung im Vertrieb Zielvereinbarungen für Führungskräfte und Mitarbeiter ein. (II-38)	❑	❑	❑	❑	❑	❑	
... arbeitet im Rahmen der Zielvereinbarung im Vertrieb mit präzisen, herausfordernden und realistischen Zielen. (II-39)	❑	❑	❑	❑	❑	❑	
... stellt sicher, dass die Inhalte der Zielvereinbarungen verstanden und akzeptiert werden. (II-40)	❑	❑	❑	❑	❑	❑	
... bewertet die Zielerreichung der einzelnen Führungskräfte und Mitarbeiter auch unterjährig. (II-41)	❑	❑	❑	❑	❑	❑	
... nutzt leistungsorientierte Vergütungssysteme im Vertrieb für Führungskräfte und Mitarbeiter. (II-42)	❑	❑	❑	❑	❑	❑	

... stellt sicher, dass die Bemessungsgrundlagen der leistungsorientierten Vergütungssysteme mit den langfristigen Zielen des Unternehmens konsistent sind. (II-43)	❑	❑	❑	❑	❑	❑	
... stützt die leistungsorientierte Vergütung im Vertrieb auf einen ausgewogenen Mix an „harten" (z. B. Umsatz) und „weichen" (z. B. Kundenzufriedenheit) Zielgrößen. (II-44)	❑	❑	❑	❑	❑	❑	
... stützt die leistungsorientierte Vergütung im Vertrieb neben wirtschaftlichen Zielen auch auf Ziele, die sich auf Kunden, interne Prozesse sowie Lern- und Entwicklungsprozesse im Unternehmen beziehen. (II-45)	❑	❑	❑	❑	❑	❑	
... stützt die leistungsorientierte Vergütung im Vertrieb neben Ergebniszielen auch auf Verhaltensziele. (II-46)	❑	❑	❑	❑	❑	❑	
... begrenzt kompensatorische Effekte in den Vergütungssystemen (z. B. den Ausgleich sinkender Kundenzufriedenheit durch steigende Umsätze). (II-47)	❑	❑	❑	❑	❑	❑	

10. Kultur im Vertrieb – Die Macht der ungeschriebenen Gesetze

... hat eine Vertriebskultur, bei der Kunden im Zentrum des Denkens und Handelns stehen. (II-48)	❑	❑	❑	❑	❑	❑	
... hat eine Vertriebskultur, in der wichtige Entscheidungen systematisch und nicht nur intuitiv gefällt werden. (II-49)	❑	❑	❑	❑	❑	❑	
... hat eine Vertriebskultur, die sich durch offenen Informationsaustausch innerhalb des Vertriebs (z. B. zwischen verschiedenen Vertriebsbereichen) auszeichnet. (II-50)	❑	❑	❑	❑	❑	❑	
... hat eine Kultur, die sich durch offenen Informationsaustausch zwischen dem Vertrieb und anderen Funktionsbereichen (z. B. Marketing, Produktion) auszeichnet. (II-51)	❑	❑	❑	❑	❑	❑	
... hat eine Kultur, die sich durch intensive Kooperation zwischen dem Vertrieb und anderen Funktionsbereichen (z. B. Marketing, Produktion) auszeichnet. (II-52)	❑	❑	❑	❑	❑	❑	
... hat eine Vertriebskultur, in der Kundenkontakte von Angehörigen anderer Funktionsbereiche (z. B. Technik, Controlling) gefördert werden. (II-53)	❑	❑	❑	❑	❑	❑	
... hat eine Vertriebskultur, die auf gegenseitigem Vertrauen basiert und Eigenverantwortung von Mitarbeitern fördert. (II-54)	❑	❑	❑	❑	❑	❑	

... hat eine Vertriebskultur, die durch ein hohes Maß an Verbundenheit (Commitment) der Führungskräfte und Mitarbeiter mit dem Unternehmen gekennzeichnet ist. (II-55)	❏	❏	❏	❏	❏	❏	
... bekämpft Defizite der Vertriebskultur systematisch. (II-56)	❏	❏	❏	❏	❏	❏	
... setzt regelmäßig Instrumente zur Förderung einer effektiven Vertriebskultur ein (z. B. Leitsätze, Workshops). (II-57)	❏	❏	❏	❏	❏	❏	

Teil III: Informationsmanagement als Schlüssel zur Professionalität im Vertrieb

In Teil II haben wir verschiedene Aspekte des Vertriebsmanagements diskutiert. Wir sind auf die Gestaltung der Vertriebsorganisation, die Planung und Kontrolle der Vertriebsaktivitäten, das Personalmanagement sowie auf die Gestaltung der Kultur im Vertrieb eingegangen. In diesem Teil stehen die für das Vertriebsmanagement erforderlichen Informationen im Mittelpunkt. Systematisches Informationsmanagement fördert die Professionalität der Vertriebsarbeit in mehrfacher Hinsicht:

▓ Informationsmanagement kann die in vielen Branchen unumgängliche Differenzierung der Marktbearbeitung in die richtigen Bahnen lenken. Eine Voraussetzung hierfür ist, dass die Informationssysteme detaillierte Informationen über die Bedürfnisse und Verhaltensweisen der unterschiedlichen Kunden(segmente) enthalten.

▓ Informationsmanagement kann bei der Bewältigung des kontinuierlich zunehmenden Produktivitätsdrucks im Vertrieb einen wesentlichen Beitrag leisten. Voraussetzung hierfür ist, dass die Informationssysteme Aussagen über die Wirtschaftlichkeit einzelner Bereiche der Marktbearbeitung treffen (z. B. über die Rentabilität einzelner Kunden(segmente) oder Vertriebsaktivitäten).

▓ Informationsmanagement kann zur frühzeitigen Anpassung der Vertriebsaktivitäten an veränderte Marktgegebenheiten beitragen. Voraussetzung hierfür ist, dass die Informationssysteme relevante Veränderungen im Markt rechtzeitig identifizieren und aufzeigen.

In mehreren empirischen Studien konnte der positive Einfluss eines systematischen Informationsmanagements auf den Verkaufs- und Unternehmenserfolg nachgewiesen werden (vgl. Schäfer 2001, Fargel 2006) In der Praxis bestehen heute aber immer noch erhebliche Defizite im Hinblick auf marktbezogene Informationen. Beispielsweise verfügen viele Unternehmen nicht über aussagekräftige Informationen, bei welchen Kunden sie Geld verdienen bzw. verlieren. Zudem beobachtet man oft, dass sich Kundenstrukturanalysen ausschließlich am Umsatz orientieren (z. B. die umsatzorientierte ABC-Analyse), der mit den Kunden derzeit erzielt wird. Die wenigsten Unternehmen betrachten ihre Kundenstruktur systematisch nach Potenzialen. Für diese und andere Defizite sind im Wesentlichen zwei Gründe verantwortlich: Zum einen sind die Informationssysteme vielerorts historisch gewachsen und nicht auf die heutigen Bedürfnisse der Entscheidungsträger zugeschnitten. Veraltete Systeme können oft nur Fragen beantworten, die niemand mehr stellt.

Zum anderen ist zu beobachten, dass in vielen Unternehmen in dieser Hinsicht beinahe blinder Aktionismus ausgebrochen ist. Viele Vertriebsverantwortliche glauben z. B., schnellstmöglich ein *Customer Relationship Management- (CRM-) System* einführen zu müssen, ohne sich über die genauen Anwendungsmöglichkeiten oder Voraussetzungen im Klaren zu sein. Eine Studie ergab beispielsweise, dass immerhin 31 % der befragten Unternehmen in den nächsten Jahren die Einführung eines CRM-Systems planen (vgl. Wilde et al. 2000). Bei der Einführung dominieren allerdings oft umsetzungstechnische Aspekte die Diskussion, die dann schnell technokratische Züge annimmt. Die Informationsbedürfnisse der Entscheidungsträger treten in den Hintergrund, statt Pragmatismus wird Perfektionismus praktiziert. Ein inhaltlich mangelhaft konzipiertes Informationssystem wird aber auch durch eine perfekte IT-Implementierung nicht erfolgreich. Uns geht es daher in diesem Teil um inhaltliche Aspekte des Informationsmanagements im Vertrieb.

In Kapitel 11 werden elementare Aspekte der Gestaltung von Informationssystemen behandelt. Neben grundlegenden Anforderungen geht es insbesondere um den Prozess von der Entwicklung bis zur Einführung eines Vertriebsinformationssystems. In den Kapiteln 12 bis 15 stehen inhaltliche Dinge im Vordergrund. Hier stellen wir dar, welche Informationen ein Vertriebsinformationssystem enthalten sollte und mit Hilfe welcher Instrumente man diese Informationen gewinnen bzw. nutzen kann. Informationen über Kunden, Wettbewerb, Markt und interne Vertriebsprozesse sind jeweils Gegenstand eines Kapitels. Das Kapitel 16 geht auf integrierte Informationssysteme zur Unterstützung der Vertriebsarbeit ein, die häufig unter den Begriffen Computer-Aided-Selling- (CAS-) oder Customer Relationship Management- (CRM-) Systeme diskutiert werden.

11. Grundlagen zum Verständnis von Informationssystemen

Wir behandeln in diesem Kapitel drei zentrale Aspekte von Informationssystemen. Zunächst gehen wir in Abschnitt 11.1 auf grundsätzliche Anforderungen an Informationssysteme ein. Im Anschluss daran stellen wir den Prozess der Entwicklung eines Vertriebsinformationssystems dar. Mit der in der Praxis besonders relevanten Problematik der unternehmensinternen Akzeptanz von Informationssystemen befasst sich der letzte Abschnitt dieses Kapitels.

11.1 Anforderungen an ein Informationssystem

Ziel des Informationsmanagements ist es, den jeweiligen Vertriebsmitarbeitern und Führungskräften die von ihnen benötigten Informationen möglichst reibungslos und anschaulich zur Verfügung zu stellen. Letztlich soll damit die Qualität ihrer Entscheidungen erhöht werden. Hierfür muss ein Vertriebsinformationssystem vor allem folgende Anforderungen erfüllen:

- Benutzerorientierung,
- Integrationsfähigkeit,
- Wirtschaftlichkeit und
- Sicherheit.

Während *Wirtschaftlichkeit* und *Sicherheit* von Informationssystemen vielfach im Zentrum der Aufmerksamkeit stehen, werden Benutzerorientierung und Integrationsfähigkeit häufig vernachlässigt. Aus diesem Grund widmen wir uns im Folgenden insbesondere diesen Punkten.

Die *Benutzerorientierung* hängt von verschiedenen Einflussfaktoren ab, wie in Abbildung 11-1 verdeutlicht wird. Hiervon wollen wir einige Aspekte kurz erläutern.

Die bedarfsgerechte *Verdichtung der Informationsflut* setzt eine restriktive Auswahl der bereitzustellenden Informationen voraus. Unserer Erfahrung nach nutzen z. B. viele Unternehmen nur einen Bruchteil der umfangreichen Transaktionsdaten, die sie u. a. mit Hilfe von Kundenkarten sammeln. Die zum Teil recht aufwändige Gewinnung und Aufbereitung der Daten ist letztlich eine Verschwendung von Ressourcen, wenn sie nicht aussagefähig verdichtet und genutzt werden.

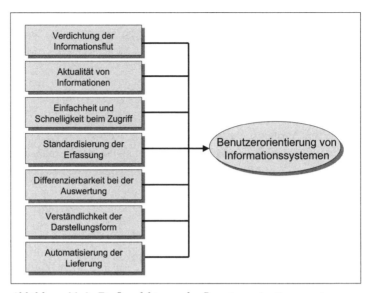

Abbildung 11-1: Einflussfaktoren der Benutzerorientierung eines Informationssystems

Die für die *Aktualität der Informationen* notwendige Datenpflege wird leider allzu oft als „lästig" empfunden. Viele Außendienstmitarbeiter sträuben sich z. B. dagegen, der Zentrale relevante Kundeninformationen in Form von Besuchsberichten zur Verfügung zu stellen. Vielerorts beobachtet man sogar, dass selbst die kundenbezogenen Grunddaten (wie z. B. Adresse, Ansprechpartner) nicht aktualisiert werden.

Auch die *Standardisierung bei der Erfassung* von Daten ist häufig noch unzureichend. Gerade bei der Erstellung von Besuchsberichten wird der Kreativität der Außendienstmitarbeiter oft keine Grenze gesetzt, weshalb der Informationsgehalt der Berichte stark variiert und eine Verdichtung der enthaltenen Informationen oftmals kaum möglich ist.

Die zweite grundlegende Anforderung an ein Informationssystem ist die *Integrationsfähigkeit*: Jeder betriebliche Funktionsbereich wie Vertrieb, Logistik, Personalmanagement oder Einkauf benötigt spezielle Informationen. Allerdings muss der Vertrieb auch auf Informationen aus dem Controlling oder der Logistik zugreifen, wenn z. B. die Kundenprofitabilität untersucht werden soll. Häufig wird deswegen heutzutage ein integriertes Data Warehouse genutzt, aus dem sämtliche Abteilungen die für sie relevanten Informationen ziehen können (vgl. Hansen 1998, Wilde 2001; Kapitel 16).

11.2 Sechs Schritte auf dem Weg zu einem benutzerorientierten Informationssystem

Stößt man in Unternehmen auf grundlegende Defizite der vorhandenen Informationssysteme, so kommen zwei Handlungsalternativen in Betracht. Erstens kann ein vollständiger Neuaufbau eines Informationssystems notwendig sein (zur Gestaltung von Informationssystemen vgl. z. B. Scheer 2001, Schweiger 2001). Zweitens kann sich eine Modifikation bestehender Systeme anbieten. In beiden Fällen sollten bestimmte Schritte zur *Entwicklung* und *Einführung* von Informationssystemen durchlaufen werden. Hierbei lassen sich sechs Schritte identifizieren, auf die wir im Überblick eingehen wollen (vgl. Abbildung 11-2).

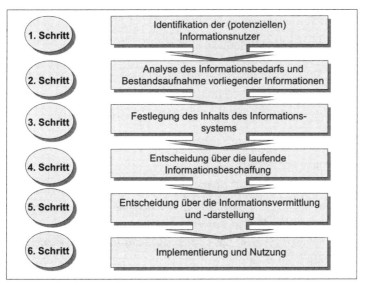

Abbildung 11-2: Sechs Schritte bei der Entwicklung und Einführung eines Informationssystems

Im *ersten Schritt* müssen zunächst die Nutzer des Informationssystems identifiziert werden. Hierunter fallen auch solche Mitarbeiter bzw. Abteilungen, die bisher noch nicht mit einem Informationssystem gearbeitet haben.

Nach der Identifikation der potenziellen Informationsnutzer müssen im *zweiten Schritt* deren Informationsbedarf und die Qualität der vorliegenden Informationen analysiert werden. Unter Informationsbedarf verstehen wir die Menge, Art und Qualität von Informationen, die für die Aufgabenerfüllung benötigt werden. Unterschiedliche Nutzer haben dabei unterschiedliche Ansprüche an die Informationsverdichtung. So wird ein Vorstandsmitglied die Umsatzzahlen beispielsweise weniger detailliert untersuchen wollen als ein regionaler Vertriebsleiter. Im Rahmen der Informationsbedarfsanalyse und -bestandsaufnahme müssen grundsätzlich folgende Fragen beantwortet werden:

- Welche spezifischen Informationen brauchen die verschiedenen Nutzer?

- Für welche Zwecke bzw. warum werden diese Informationen benötigt?

- Welche Informationen liegen bereits an welcher Stelle vor?

- Welche Mängel weisen diese bestehenden Informationen auf und warum?

- Welche Schnittstellen-/Informationsaustausch-Beziehungen bestehen?

Grundsätzlich stehen verschiedene *Techniken* der Informationsbedarfsanalyse zur Verfügung, die zum Teil aus der Marktforschung bekannt sind:

- die Analyse vorliegender Informationsträger (z. B. Dokumente),

- die Befragung der (potenziellen) Informationsnutzer,

- das Brainstorming im Projektteam,

- die Erstellung von Arbeitsberichten durch die Bedarfsträger,

- die Analyse der Aufgaben der Bedarfsträger sowie

- die Beobachtung der Bedarfsträger.

Eine einzelne Methode reicht in der Regel nicht für eine umfassende Bedarfsanalyse aus. Sinnvoll ist vielmehr die aufgabengerechte Kombination der verschiedenen Methoden. Dem Informationsbedarf entsprechend sollten später auch unterschiedliche Zugriffsrechte definiert werden, um sämtlichen betroffenen Mitarbeitern – nicht nur den Führungskräften – den Zugang zu dem für sie relevanten Teil des Informationssystems zu ermöglichen.

Im *dritten Schritt* muss festgelegt werden, welchen *Inhalt* das Informationssystem letztlich umfassen soll. Aufgrund der hohen Relevanz dieses Schrittes wollen wir eine gesonderte Betrachtung in den folgenden Kapiteln vornehmen. Dort beschäftigen wir uns beispielsweise mit wichtigen Informationen über

- die Kunden (vgl. Kapitel 12),

- die Wettbewerber (vgl. Kapitel 13),

- den Markt (vgl. Kapitel 14) und

▣ die internen Prozesse (vgl. Kapitel 15),

die im System vorliegen sollten. Im *vierten Schritt* wird über die *permanente Informationsbeschaffung* entschieden. Hier stellt sich zunächst die Frage, wann Primär- und wann Sekundärdaten verwendet werden sollen. Primärdaten werden für einen konkreten Zweck wie z. B. für die Analyse der Kundenzufriedenheit erhoben. Sekundärdaten sind bereits vorhanden, wurden also schon einmal für diesen oder einen anderen Zweck erhoben.

Ferner muss entschieden werden, ob die Informationen vom eigenen Unternehmen erhoben werden sollen oder von externen Quellen bezogen werden müssen. Wenn z. B. Informationen über einen noch nicht bearbeiteten Auslandsmarkt beschafft werden sollen, bieten sich der Fremdbezug von Sekundärdaten wie z. B. Länderberichte der Industrie- und Handelskammern oder auch die Angebote von Internet-Informationsdienstleistern an. Wenn die Entscheidung über den Rückzug aus einem Markt ansteht, wird ein Unternehmen auch auf interne Sekundärdaten wie z. B Verkaufsstatistiken der letzten Jahre zurückgreifen.

Im Zusammenhang mit der Informationsbeschaffung bietet das *Internet* neue Optionen. Hierbei lassen sich im Wesentlichen drei Ansatzpunkte identifizieren:

▣ die Gewinnung kundenbezogener Informationen (Marktforschung),

▣ die Wettbewerbsbeobachtung und

▣ die Gewinnung von Informationen über den Erfolg des eigenen Web-Auftritts.

Viele Unternehmen betreiben mittlerweile systematische Marktforschung über das Internet (vgl. Bauer/Wölfer 2001). Beispielsweise werden Kunden über Preisausschreiben, bei Gratisbestellungen oder über ähnliche Incentives dazu motiviert, an Befragungen über ihre Interessen oder Bedürfnisse auf der Homepage des Anbieters oder bei Infobrokern teilzunehmen.

Ferner können Unternehmen die Aktivitäten ihrer Wettbewerber über das Internet verfolgen. Zum einen lässt sich der generelle Web-Auftritt der Konkurrenten inklusive der (strategischen) Aussagen und Implikationen analysieren. Zum anderen lassen sich zum Teil sogar Transaktionsvolumina und Preise von Wettbewerbsprodukten auf Internet-Marktplätzen beobachten (vgl. Abschnitt 5.6).

Schließlich können Unternehmen den Erfolg ihrer eigenen Internet-Aktivitäten über die Analyse bestimmter Kennzahlen wie z. B. der Besucherzahlen der Homepage pro Tag oder der Anzahl abgeschlossener Transaktionen im Internet kontrollieren.

Grundsätzlich müssen folgende Fragen bei der Entscheidung über die Art der Informationsbeschaffung beantwortet werden:

▧ In welchem Umfang müssen Informationen beschafft werden?

▧ In welchen Zeitintervallen müssen welche Informationen beschafft werden?

▧ Welche Personal- und Sachressourcen sind zur Informationsbeschaffung erforderlich?

▧ Wie sieht das Kosten-Nutzen-Verhältnis der unternehmensinternen Beschaffung im Vergleich zur Fremdbeschaffung aus?

Im Rahmen des *fünften Schritts* muss über *die Informationsvermittlung und -darstellung* entschieden werden. Hierbei geht es z. B. darum, welche Informationen mit welchen grafischen Darstellungsformen unterlegt werden. In diesem Zusammenhang ist auf Erkenntnisse aus der Wahrnehmungspsychologie hinzuweisen, dass Bilder bezüglich Aufmerksamkeit und Erinnerung deutlich besser abschneiden als rein textliche oder numerische Informationen. Darüber hinaus ist zu klären, für welche Nutzergruppen Standardberichte vorkonfiguriert werden müssen. Vor allem für Führungskräfte bieten sich solche Standardberichte an, da sie bestimmte Informationen regelmäßig in komprimierter Form benötigen.

Im *sechsten Schritt* erfolgt die *Implementierung und Nutzung* des Systems. Ein wesentlicher Erfolgsfaktor für die Nutzung ist es, Akzeptanzbarrieren bei den Mitarbeitern zu überwinden. Diesem Problem wenden wir uns im Folgenden zu.

11.3 Die Akzeptanzbarrieren überwinden

Viele Mitarbeiter fühlen sich durch Informationssysteme eingeschränkt oder kontrolliert. Auch der zusätzliche Aufwand für die Pflege der Informationen sorgt häufig für Ablehnung. Diese Probleme sollten bereits frühzeitig angegangen werden. Nach unseren Erfahrungen existieren hierfür drei zentrale Ansatzpunkte (vgl. Abbildung 11-3): Information und Kommunikation, Training sowie Motivation.

Informations- und Kommunikationsmaßnahmen setzen bereits in frühen Phasen des Projekts ein. Schon bei der Konzeption des Systems müssen ausgewählte Mitarbeiter, die später damit arbeiten sollen, in das Projektteam eingebunden werden. Eine weitere Maßnahme besteht in der Befragung zusätzlicher Mitarbeiter im Rahmen der Informationsbedarfsanalyse. Nach Einführung des Systems muss der Erfahrungsaustausch der Mitarbeiter – z. B. in regelmäßigen Gesprächszirkeln – ermöglicht werden. Auf diese

Weise kann nicht nur die gegenseitige Unterstützung bei der Systemnutzung, sondern auch die Erkennung von „Kinderkrankheiten" gefördert werden.

Mit Hilfe von *Trainingsmaßnahmen* werden Mitarbeiter zum einen im rein manuellen Umgang mit dem System geschult. Darüber hinaus müssen sie auf die effektive Nutzung des Vertriebsinformationssystems bei der täglichen Arbeit vorbereitet werden.

*Abbildung 11-3: Ansatzpunkte zur Überwindung von Akzeptanz-
barrieren gegenüber neuen Informationssystemen*

Motivationsmaßnahmen lassen sich in das Angebot immaterieller und materieller Anreize unterscheiden: Bei den *immateriellen Anreizen* ist z. B die Anerkennung durch Vorgesetzte zu nennen. Bei den *materiellen Anreizen* kann die Nutzung des Systems durch in der Zielvereinbarung festgelegte Effizienzsteigerungsziele stimuliert werden (vgl. Kapitel 9). Ferner könnten z. B. Prämien für Vorschläge zur Verbesserung des Systems ausgesetzt werden.

12. Der Kunde – Das unbekannte Wesen?

Kundeninformationen machen den Kern eines Vertriebsinformationssystems aus. Wir wollen daher in diesem Kapitel systematisch zeigen, über welche Kundeninformationen ein Unternehmen unbedingt verfügen muss. Nach einer Klassifizierung der grundlegenden Arten kundenbezogener Informationen (Abschnitt 12.1) diskutieren wir, welche Informationen insbesondere über

▪ die Kundenstruktur (Abschnitt 12.2),

▪ die Kundenprofitabilität (Abschnitt 12.3) und

▪ die Kundenzufriedenheit bzw. Kundenbindung (Abschnitt 12.4)

vorliegen müssen. Während die Ausführungen in diesen Abschnitten für Firmen- und Endkunden gleichermaßen gelten, stellen wir in Abschnitt 12.5 einen speziellen Leitfaden zur Analyse des Beschaffungsverhaltens von Firmenkunden vor. Aber auch in den Abschnitten 12.2 bis 12.4 beschränken wir uns nicht auf die Darstellung der erforderlichen Informationen, sondern zeigen zudem moderne Analyseinstrumente auf. Das Kundenportfolio in Abschnitt 12.2 ist ein Beispiel dafür. Unserer Überzeugung nach sollten hierbei nicht nur Informationen über aktive Kunden genutzt werden. Auch Informationen über potenzielle oder verlorene Kunden können für ein Unternehmen wertvoll sein. Immerhin besteht grundsätzlich die Möglichkeit, im Rahmen eines systematischen Kundenbeziehungsmanagements verlorene Kunden wiederzugewinnen und profitabel zu bearbeiten (vgl. Kapitel 21 sowie Homburg/Schäfer 1999). Eine wesentliche Voraussetzung dafür ist jedoch die Verfügbarkeit der Informationen, die wir im Folgenden darstellen.

12.1 Kundeninformationen, auf die Sie nicht verzichten können

Grundsätzlich lassen sich die unterschiedlichsten Informationen über Kunden gewinnen. Dabei kann aber sehr schnell der Blick für das Wesentliche verloren gehen. Einen Wegweiser im „Kundeninformationsdschungel" stellt die Strukturierung in

▪ Grunddaten (Wer sind unsere Kunden?),

▪ Potenzialdaten (Was brauchen unsere Kunden?),

■ Aktionsdaten (Was tun wir für unsere Kunden?) und

■ Reaktionsdaten (Wie erfolgreich sind wir/unsere Wettbewerber bei unseren Kunden?) dar.

Abbildung 12-1 fasst Kundeninformationen innerhalb dieser Kategorien im Überblick zusammen. Viele dieser Daten können sowohl auf Ebene des einzelnen Kunden als auch auf Kundensegmentebene betrachtet werden.

Wer sind unsere Kunden? Grunddaten zur Kundenbeschreibung	Was brauchen unsere Kunden? Potenzialdaten über Kundenbedürfnisse	Was tun wir für unsere Kunden? Aktionsdaten über Kundenbearbeitung	Wie erfolgreich sind wir/unsere Wettbewerber? Reaktionsdaten
• demographische Daten • sozio-ökonomische Daten • psychographische Daten • Segmentzugehörigkeit • ...	• Bedürfnisse • Bedarf an bisher gekauften Produkten • zeitliche Verteilung des Bedarfs • optimale Kontaktzeiten • Cross-Selling-Potenzial • erzielbares Preisniveau • Serviceanforderungen • sonstige Erwartungen des Kunden • ...	• Art der Bearbeitungsaktivitäten • Intensität der Bearbeitung • Häufigkeit der Bearbeitung • Zeitpunkte der Bearbeitung • Kosten der Bearbeitungsaktivitäten • ...	• Umsatz mit dem Kunden • Kundendeckungsbeitrag • Customer Lifetime Value • eigener Bedarfsdeckungsanteil • Kundenzufriedenheit • Kundenbindung • Image beim Kunden • Cross-Selling-Erfolg • Preissensitivität • Werbeelastizität • ...

Abbildung 12-1: Zentrale Kundeninformationen im Überblick

Mit Hilfe von *Grunddaten* lässt sich die Frage „Wer sind unsere Kunden?" beantworten. Sie sind produktunabhängig und meist langfristig stabil. Demographische Grunddaten für Privatkunden wären beispielsweise Geschlecht, Name, Anschrift, Bankverbindung, Alter, Familienstand. Für Firmenkunden sind Daten wie Branche, Kontaktperson, Mitarbeiterzahl, Bonität oder Rechtsform zu nennen. Auch sozio-ökonomische Daten (z. B. Einkommen bzw. Umsatz und Ausbildung) und psychographische Kundendaten zählen zur Gruppe der Grunddaten. Unter psychographischen Kundendaten versteht man zum einen die allgemeinen Persönlichkeitsmerkmale wie Lebensstil, Einstellungen oder Interessen. Zum anderen werden darunter auch produktspezifische Nutzenkriterien für die Kunden wie Preisnutzen, Qualitätsnutzen oder Imagenutzen verstanden (vgl. Kapitel 2).

Potenzialdaten sind produkt- und zeitbezogen. Sie liefern Informationen über das kundenindividuelle Nachfragevolumen und beziehen sich auf die Frage „Was brauchen unsere Kunden?". Auf ihrer Basis kann man ermitteln, welcher Gesamtbedarf für welches Produkt zu welchem Zeitpunkt bei einem Kunden auftreten wird. Potenzialdaten liefern auch einen wichtigen Input für das Kundenportfolio, das wir in Abschnitt 12.2 behandeln werden.

Hervorheben wollen wir in diesem Zusammenhang die Informationen über produktübergreifende Umsatzpotenziale der Kunden – so genannte *Cross-Selling-Potenziale*, die zunehmend an Bedeutung gewinnen (vgl. Homburg/Schäfer 2000, Schäfer 2002). Hierbei geht es um die Frage, welche Produkte ein Kunde zusätzlich zu den bisher bezogenen Produkten noch vom Unternehmen beziehen könnte.

Zur Bestimmung des Cross-Selling-Potenzials gibt es unterschiedliche Verfahren. Zwei einfache Methoden sind die Kundenbefragung und die Mitarbeitereinschätzung. Viele Unternehmen (z. B. aus dem Versandhandelsbereich) entwickeln auf Basis von Grunddaten, konsumgeographischen Segmentierungen und Produktnutzungsprofilen umfangreiche Scoring-Modelle zur Beurteilung von Cross-Selling-Potenzialen (vgl. Homburg/Schäfer 2001). Häufig betrachtet man auch die Verbundwirkungen zwischen den Produkten eines Anbieters (vgl. hierzu ausführlich Schäfer 2002). Die Idee ist hierbei, dass zwischen unterschiedlichen Produkten ein Beschaffungsverbund besteht: Kauft ein Kunde ein Produkt A, so besteht eine Wahrscheinlichkeit für den Kauf weiterer Produkte B, C oder D. Diese Wahrscheinlichkeit kann mit Hilfe von Warenkorboder Data-Mining-Analysen geschätzt werden (vgl. Hippner/Wilde 2001). Im Finanzdienstleistungsbereich untersucht man die Abschlusswahrscheinlichkeiten von Zusatzversicherungen in Abhängigkeit von der bisherigen Produktnutzung mit Hilfe von Verbundmatrizen. Diese Matrizen enthalten Aussagen über die Wahrscheinlichkeit, mit der Nutzer eines bestimmten Einstiegsproduktes ein weiteres Zusatzprodukt nutzen (vgl. Tabelle 12-1). Im folgenden Beispiel könnte es sich u. a. lohnen, dem Inhaber einer Hypothek auch eine Hausratversicherung anzubieten.

Tabelle 12-1: Auszug aus der Verbundmatrix eines Finanzdienstleisters

Zusatzprodukt / Einstiegsprodukt	Kreditkarte	Bauspar-vertrag	Hypothek	Aktienfonds	Hausrat-sicherung
Girokonto	0,6	0,3	0,1	0,4	0,1
Kreditkarte		0,5	0,3	0,5	0,2
Bausparvertrag	0,3		0,7	0,5	0,2
Hypothek	0,1	0,3		0,1	0,8
Aktienfonds	0,3	0,4	0,2		0,3

Aktionsdaten erfassen kundenspezifische Bearbeitungsmaßnahmen des Anbieters. Sie beantworten die Frage „Was tun wir für unsere Kunden?". Hierzu zählen Art, Intensität, Häufigkeit, Zeitpunkt und anteilige Kosten der Aktionen. Beispiele sind Mailings, Katalogzusendungen, Angebotserstellungen, Außendienstbesuche oder Telefonate. Aktionsdaten bilden die Grundlage für eine systematische Erfolgskontrolle der Kundenbearbeitung.

Reaktionsdaten geben Aufschluss über die Reaktionen der Kunden auf Bearbeitungsaktionen des eigenen, aber auch fremder Unternehmen. Darüber hinaus geben Reaktionsdaten auch Auskunft über die wirtschaftliche Bewertung von einzelnen Aktionen oder Kundenbeziehungen. Sie beantworten also die Frage „Wie erfolgreich sind wir/unsere Wettbewerber bei den Kunden?". Wichtig ist hier die Erfassung von ökonomischen (wie z. B. Umsatz, Kundendeckungsbeitrag oder Auftragseingang) und nicht-ökonomischen Erfolgsgrößen (wie z. B. Kundenzufriedenheit, Kundenbindung, Bekanntheit der Produkte beim Kunden). Folgende Fragestellungen können mit Hilfe von Reaktionsdaten beantwortet werden:

- Welchen Gewinnbeitrag liefern uns die Kunden, wie wertvoll sind sie für uns?

- Inwieweit haben wir die Potenziale der Kunden ausgeschöpft?

- Wie zufrieden sind die Kunden mit uns?

- Wie gebunden sind die Kunden an uns?

- Wie reagieren Kunden auf Aktionen von uns/unseren Wettbewerbern?

Das enorme Potenzial professioneller Informationssysteme lässt sich dann erschließen, wenn diese Informationen aus allen Kategorien in integrierter Form im Unternehmen vorliegen. Ein Beispiel aus dem Finanzdienstleistungsbereich soll dies illustrieren: Eine unzufriedene Kundin ruft bei der Beschwerdemanagement-Hotline ihrer Bank an. Ihr Anruf löst bei der Bank mehrere Prozesse aus: Anhand ihrer Telefonnummer, die im System gespeichert ist (Grunddaten), wird die Kundin identifiziert. Im System ist auch hinterlegt, dass die Kundin dem Segment der „jungen Aufstrebenden" mit einem hohen (aber noch nicht realisierten) Umsatzpotenzial angehört (Potenzialdaten). Komplexe *Data-Mining-Algorithmen* analysieren die bisherige Produktnutzung der Kundin (Reaktionsdaten), vergleichen sie mit anderen Nutzungsmustern und schlagen insgesamt sechs Produkte für Cross-Selling-Angebote vor. Vier davon werden als geeignet für den Telefonverkauf bewertet, zwei erfordern ein persönliches Beratungsgespräch (Aktionsdaten). Aufgrund des hohen Potenzials der Kundin wird sie direkt zu einem qualifizierten Mitarbeiter des Call Centers durchgestellt. Dieser löst ihre Beschwerde nach dem Vorschlag des Systems entsprechend großzügig und vermerkt im System, dass die Kundin ein paar Tage später noch einmal kontaktiert wird, damit ihr zusätzliche Angebote unterbreitet werden können.

12.2 Die Kundenstruktur – Wegweiser für den Ressourceneinsatz

Angesichts des zunehmenden Produktivitätsdrucks, dem die Marktbearbeitung in vielen Unternehmen ausgesetzt ist (vgl. Kapitel 1), wird eine fokussierte Marktbearbeitung immer wichtiger. Unternehmen müssen sich noch intensiver als bisher mit der Frage auseinander setzen, für welche Kunden welche Ressourcen eingesetzt werden sollen. Fokussierte Marktbearbeitung bedeutet den Abschied von der Marktbearbeitung nach dem „Gießkannenprinzip", die nach wie vor in vielen Unternehmen beobachtet werden kann.

Wir behandeln in diesem Abschnitt Instrumente zur Analyse der Kundenstruktur, die Aussagen über die Ressourcenallokation bzw. die Fokussierung der Marktbearbeitung ermöglichen. Hierfür eignen sich vor allem

▪ das Scoring-Modell,

▪ die ABC-Analyse und

▪ das Kundenportfolio.

Das *Scoring-Modell* ist ein relativ einfaches Instrument, das sich in erster Linie zur Bewertung der Attraktivität von Kunden eignet. Scoring-Modelle verfolgen im Allgemeinen das Ziel, die Kunden mit der höchsten Kaufwahrscheinlichkeit und Attraktivität zu identifizieren. Das so genannte *RFM*-Modell wurde bereits vor langer Zeit für US-amerikanische Versandhäuser entwickelt. Zur Bestimmung der Attraktivität von Kunden wurden drei Kriterien berücksichtigt: der Zeitpunkt des letzten Kaufs (*Recency of Purchase*), die Kaufhäufigkeit (*Frequency of Purchase*) und der monetäre Wert des Kaufs (*Monetary Value of Purchase*). Hohe Ausprägungen dieser Kriterien deuten auf eine hohe Attraktivität eines Kunden hin. Im Laufe der Zeit wurden diese Kriterien verfeinert bzw. ergänzt.

Heute werden Scoring-Modelle in vielen Branchen angewendet. Ein Scoring-Modell am Beispiel eines Mobilfunkanbieters stellen wir in Tabelle 12-2 dar. Dieses Unternehmen verfolgt mit dem Scoring-Modell das Ziel, die Attraktivität der Mobilfunkteilnehmer zu ermitteln.

Die für die Berechnung des Scores notwendigen Informationen sind für alle Kunden des Mobilfunkanbieters in einer Kundendatenbank verfügbar. Je nach Ausprägung der Einflussgröße erhalten die Kunden Punkte bzw. bekommen Punkte abgezogen. Beispielsweise telefoniert ein Kunde ca. 16 Stunden im Monat. Er telefoniert dabei primär tagsüber, d. h. während der Peak-Time, und ausschließlich mit Teilnehmern im Inland. Der Kunde hat bereits seit drei Jahren einen regulären Vertrag mit dem Unternehmen. Dienste wie die Handvermittlung nimmt er nie in Anspruch, auch Anrufe bei der Hotline kommen nie vor. Leider zahlt der Kunde nicht immer pünktlich, sondern nur ca. jedes dritte Mal. Aus diesen Informationen lässt sich ein Scoring-Wert von 30 ermitteln.

Tabelle 12-2: Scoring-Modell am Beispiel eines Mobilfunkanbieters

Einflussgröße	Skala (Pkt. = Punkte)					
Gesprächszeit pro Monat	> 40h: +40 Pkt.	20–40h: +25 Pkt.	15–20h: +15 Pkt.	10–15h: +5 Pkt.	5–10h: -5 Pkt.	< 5h: -15 Pkt.
Primärer Zeitpunkt der Gespräche	Peak: +20 Pkt.			Off-Peak: -5 Pkt.		
Anteil Auslandsgespräche	> 60 %: +15 Pkt.		30–60 %: +10 Pkt.	15–30 %: +5 Pkt.	< 15 %: -5 Pkt.	
Art des Vertrages	Regulärer Vertrag: +15 Pkt.			Pre-Paid-Karte: +5 Pkt.		
Dauer der Geschäftsbeziehung	> 4 Jahre: +15 Pkt.		2–4 Jahre: +10 Pkt.	1–2 Jahre: +5 Pkt.	< 1 Jahr: 0 Pkt.	
Inanspruchnahme eigener Dienste (z. B. Handvermittlung)	> 10 im Monat: +15 Pkt.		2–10 im Monat: +10 Pkt.	1–2 im Monat: +5 Pkt.	0 -10 Pkt.	
Betreuungsintensität (Anrufe bei Hotline)	0 +5 Pkt.		1–2 im Monat: 0 Pkt.	2–5 im Monat: -5 Pkt.	> 5 im Monat: -15 Pkt.	
Zahlungsverhalten	immer pünktlich: +10 Pkt.		nicht immer, aber in mehr als 50 % der Fälle pünktlich: -10 Pkt.	in weniger als 50 % der Fälle pünktlich: -20 Pkt.	nie pünktlich: -100 Pkt.	

Die für jeden Kunden ermittelten Scoring-Werte sagen über die Kundenstruktur eines Unternehmens noch nicht sehr viel aus. Hierfür müssen die Kunden entsprechend ihrer Scoring-Werte in Gruppen eingeteilt werden. In unserem Beispiel zählen Kunden mit einem Scoring-Wert von über 80 zur Gruppe der Top-Kunden, die es entsprechend zu pflegen gilt. Kunden mit einem Scoring-Wert von 25 Punkten oder weniger werden hingegen als wenig attraktiv eingestuft und nicht mehr aktiv bearbeitet.

An dieser Stelle weisen Scoring-Modelle einen engen Bezugspunkt zur *ABC-Analyse* auf, die viele Leser sicherlich im Zusammenhang mit der Klassifikation von Produkten kennen. Bei der ABC-Analyse werden Kunden z. B. gemäß Umsatz, Deckungsbeitrag, Umsatzpotenzial oder Betreuungskosten in A-, B- und C-Kunden klassifiziert.

Wir wollen die Vorgehensweise der ABC-Analyse am Beispiel eines Herstellers medizinisch-technischer Geräte verdeutlichen. Die Kunden dieses Unternehmens sind der medizinische Großhandel, der Sanitätseinzelhandel, die Apotheken und die Ärzte. Insgesamt hat das Unternehmen 4 800 Kunden. Auf die 800 umsatzstärksten Kunden entfallen ca. 85 % des Umsatzes. Sie machen 16,7 % der Kunden aus. Diese Kunden werden als A-Kunden bezeichnet. Auf die in der Umsatzrangfolge nachfolgenden 1 500 Kunden – die B-Kunden (31,2 %) – entfallen ca. 12 % des Umsatzes. Die verbleibenden 52,1 % der Kunden stehen für 3 % des Umsatzes. Diese werden auch als C-Kunden bezeichnet. In Abbildung 12-2 veranschaulichen wir dieses beispielhafte Ergebnis noch einmal grafisch.

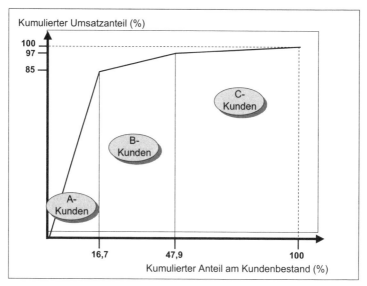

Abbildung 12-2: ABC-Analyse am Beispiel eines Herstellers für
medizinisch-technische Geräte

Die in diesem Beispiel genannten Zahlen sind keineswegs untypisch für eine ABC-Analyse. Sehr häufig werden 80:20-Strukturen identifiziert, d. h. sehr viele Unternehmen erwirtschaften mit ca. 20 % ihrer Kunden ca. 80 % ihres Umsatzes.

Sowohl das Scoring-Modell als auch die ABC-Analyse liefern erste Anhaltspunkte zur kundenbezogenen Ressourcenallokation. Generell geht es darum, kostenintensive Betreuungsformen wie z. B. Außendienstbesuche auf ausgewählte Kundengruppen zu konzentrieren und für wenig attraktive Kunden (z. B. die C-Kunden) kostengünstige Bearbeitungsformen zu finden (z. B. die Betreuung durch ein Call Center).

Die bisher diskutierten Ansätze stellen relativ einfache Instrumente der Kundenstrukturanalyse dar. Sie sind in der Praxis sowohl im Privat- als auch im Firmenkundengeschäft weit verbreitet. Allerdings ist ihre Anwendung nicht ganz unproblematisch. Im Rahmen der umsatzbezogenen ABC-Analyse (vgl. Abbildung 12-2) bleibt beispielsweise das Potenzial der Kunden unberücksichtigt. Ein C-Kunde kann also ein Kunde sein, der wenig Bedarf an den Leistungen eines Anbieters hat, oder aber ein Kunde, der einen großen Bedarf hat, diesen aber im Wesentlichen beim Wettbewerb deckt. Solche unterschiedlichen Kunden in einer Kategorie zusammenzufassen, kann offensichtlich zu Fehlentscheidungen führen. Scoring-Modelle können neben dem aktuellen Geschäftsvolumen zwar auch Potenzialdaten berücksichtigen. Durch die Verdichtung in einer einzigen Kennzahl geht jedoch viel Information verloren.

Das *Kundenportfolio* stellt eine Weiterentwicklung dieser einfachen Instrumente dar, das den genannten Kritikpunkten gerecht wird. Es wird durch die beiden Dimensionen Kundenattraktivität und Anbieterposition gebildet. Es geht also um die Bewertung der Kunden im Hinblick auf zwei zentrale Fragestellungen:

- Wie attraktiv ist der Kunde prinzipiell für den Anbieter?
- Wie stark ist die Position des Anbieters beim Kunden?

Beide Dimensionen werden in der Anwendung üblicherweise aus verschiedenen Kriterien zusammengesetzt. Bei der Bewertung der *Kundenattraktivität* ist wichtig, dass diese vollkommen losgelöst von der Position des Anbieters beim Kunden und dem bei diesem Kunden erzielten Umsatz/Deckungsbeitrag/Gewinn erfolgt. Es geht um die *potenzielle* Geschäftsbeziehung – nicht um die tatsächliche. Kriterien zur Bewertung der Kundenattraktivität sind beispielsweise

- der jährliche Bedarf des Kunden (d. h. das prinzipiell erreichbare Absatz-/Umsatzvolumen beim Kunden),
- das geschätzte Wachstum des relevanten Bedarfs,

▓ das Preisniveau, das beim Kunden erzielt werden kann,

▓ die strategische Bedeutung des Kunden (z. B. zukünftiges Potenzial, Image des Kunden oder Funktion als Meinungsbildner) sowie

▓ die Möglichkeiten der Zusammenarbeit mit dem Kunden (z. B. Kooperationen in der Logistik oder der Produktentwicklung).

Die *Anbieterposition* ergibt sich in der Regel aus dem relativen Bedarfsdeckungsanteil (Share of Customer) des Anbieters. Es wird also eine Art „kundenbezogener Marktanteil" errechnet. Diese Kennzahl kann um qualitative Kriterien wie die Qualität der Geschäftsbeziehung ergänzt werden.

Die Aufstellung des Kundenportfolios vollzieht sich in mehreren Schritten:

1. Bestimmung der Kriterien für die Dimensionen Kundenattraktivität und Anbieterposition,

2. Operationalisierung der Kriterien (d. h. Ermittlung von Mess-Skalen),

3. Gewichtung der Kriterien,

4. Bewertung der Kunden hinsichtlich der Kriterien,

5. Aufstellung des Kundenportfolios,

6. Aufstellung von Teil-Portfolios (z. B. pro Vertriebsregion oder -mitarbeiter) und

7. Ableitung von Bearbeitungsstrategien.

Im *ersten Schritt* müssen die Kriterien für die Dimensionen Kundenattraktivität und Anbieterposition ausgewählt werden. Sehr häufig bieten sich pro Dimension mehrere Kriterien an. Unternehmen sollten jedoch bei der Auswahl sehr selektiv vorgehen und sich auf drei bis maximal fünf Kriterien beschränken, da es mit zunehmender Anzahl der Kriterien zu Kompensationseffekten zwischen den einzelnen Kriterien kommt, d. h. dass sich positive Bewertungen eines Kriteriums und negative eines anderen Kriteriums aufheben. Das Modell verliert somit an Aussagekraft und gleichzeitig steigt der Aufwand mit der Zahl von Kriterien.

Im *zweiten Schritt* müssen die ausgewählten Kriterien operationalisiert werden, d. h. es müssen Mess-Skalen entwickelt werden. Beispielsweise wird der Bedarfsdeckungsanteil eines Anbieters mit Hilfe des Quotienten aus dem Leistungsumfang, den das betrachtete Unternehmen an den Kunden liefert, und dem jährlich relevanten Bedarf des Kunden gemessen. Der relative Bedarfsdeckungsanteil ergibt sich aus dem Quotienten aus dem eigenen Bedarfsdeckungsanteil und dem Bedarfsdeckungsanteil des stärksten Wettbewerbers.

Wenn pro Dimension mehrere Kriterien verwendet werden, ist im *dritten Schritt* über eine Gewichtung der unterschiedlichen Kriterien nachzudenken. So ist es beispielsweise denkbar, zur Bestimmung der Anbieterposition den Bedarfsdeckungsanteil mit dem Faktor 0,6 und die Qualität der Geschäftsbeziehung mit dem Faktor 0,4 zu gewichten.

Nach der Bewertung hinsichtlich Kundenattraktivität und Anbieterposition erfolgt im *fünften Schritt* die Aufstellung des Kundenportfolios, d. h. die betrachteten Kunden

Der Kunde – Das unbekannte Wesen?

werden gemäß ihrer Bewertung in die vier Kategorien

▦ Starkunden,

▦ Fragezeichenkunden,

▦ Ertragskunden und

▦ Mitnahmekunden eingeteilt (vgl. Abbildung 12-3).

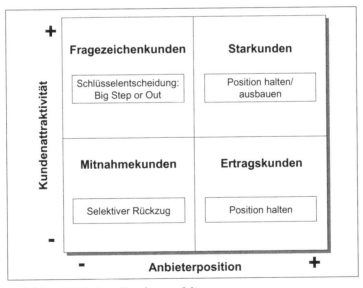

Abbildung 12-3: Das Kundenportfolio

Auf Basis dieser Typologie können Aussagen über Vertriebs-, Service- und Marketingaktivitäten, aber auch über Kundenbindungsmaßnahmen im Hinblick auf die einzelnen Kundenkategorien getroffen werden. Grundsätzlich liegt die Empfehlung dieses

Modells darin, den Ressourceneinsatz bei Ertrags- und Mitnahmekunden zu begrenzen. Dieser Hinweis ist insbesondere bei Ertragskunden wichtig: In der Praxis beobachtet man häufig, dass Außendienstmitarbeiter gerade diese Kunden intensiver betreuen, als es von der Bedeutung der Geschäftsbeziehung her angebracht wäre. Der Grund für diese Übergewichtung in der Marktbearbeitung liegt auf der Hand: In dieser Kundenkategorie findet man häufig die „guten alten Freunde", der Wettbewerb tritt aufgrund der begrenzten Attraktivität nur selten auf – es ist dort „einfach nett".

Eine strategische Schlüsselentscheidung ist bei Fragezeichenkunden erforderlich. Vereinfacht ausgedrückt lautet diese Grundsatzentscheidung: Big Step or Out? Der Anbieter muss sich also fragen, ob er willens und in der Lage ist, die Position bei diesen Kunden nachhaltig zu verbessern, so dass sie zu Starkunden werden. Im anderen Fall sollte man seine schwache Position akzeptieren und den Ressourcenaufwand stark reduzieren. Dies kann bis zur Beendigung der Geschäftsbeziehung führen.

Der Leser mag sich an dieser Stelle fragen, warum diese harte Entscheidung erforderlich ist, warum man nicht auch in der Position „links oben" verharren kann. Der Grund liegt darin, dass diese Kunden aufgrund ihrer hohen Attraktivität in der Regel sehr anspruchsvoll sind. Sie erwarten vom Anbieter speziellen Service, spezielle Konditionen usw. Ihre Bearbeitung ist also aufwändig. Dieser Aufwand kann sich nur lohnen, wenn man bei dem Kunden eine starke Position hat. Aus zahlreichen Anwendungen des Kundenportfolios in den verschiedensten Branchen wissen wir, dass Fragezeichenkunden für den Anbieter in der Regel unprofitabel sind. Dies ist die logische Konsequenz der beschriebenen Konstellation: Man betreibt viel Aufwand, erhält aber nur einen kleinen „Teil des Kuchens".

Wir empfehlen aus der praktischen Erfahrung allerdings, die Entscheidung für eine Big-Step-Strategie an klar quantifizierte Ziele und zeitliche Vorgaben (Meilensteine) zu koppeln. Es besteht nämlich die Gefahr, dass der Big-Step-Versuch zu einer „Never-ending-Story" wird – und es gibt wohl nichts Teureres in der Marktbearbeitung als permanentes, erfolgloses Anrennen bei Fragezeichenkunden. Stellt man also fest, dass man die definierten Meilensteine um Größenordnungen verfehlt, so sollte man sich ernsthaft die Frage stellen, ob die zweite Alternative (das „Out") nicht der sinnvollere Weg ist.

Das in Abbildung 12-3 dargestellte Kundenportfolio eignet sich am ehesten für Bestandskunden. Bei potenziellen Neukunden kann z. B. nicht von einer „Anbieterposition" gesprochen werden. Für die gerade im Kontext der (zumeist ressourcenintensiven) Neukundenakquisition notwendige Priorisierung empfiehlt sich eine Variante des Kundenportfolios: das Prospect-Portfolio (vgl. Homburg/Fargel 2006, Stahl/Matzler 2001). Die vertikale Achse dieses Portfolios erfasst die erwartete Attraktivität des

Prospects (des potenziellen Neukunden). Diese ist der Attraktivität von Bestandskunden sehr ähnlich und kann sich ebenfalls aus quantitativen und qualitativen Größen zusammensetzen. Im Gegensatz zu klassischen Kundenportfolios steht an der horizontalen Achse aber die „*Akquisitionswahrscheinlichkeit*". Diese Akquisitionswahrscheinlichkeit ergibt sich durch Kombination einer Kunden- und einer Unternehmensperspektive: Erstere erfasst die Anforderungen, die ein Kunde an die Produkte und den Vertrieb der Anbieter hat. Ist der Prospect aktuell Kunde des Wettbewerbs, ist überdies die Art und Stärke dieser Geschäftsbeziehung bzw. seine aktuelle Kundenzufriedenheit von Bedeutung. Die Unternehmensperspektive dagegen erfasst die Verfügbarkeit der Ressourcen und die Kompetenzstärke des Unternehmens. Hier geht es darum, inwiefern das Unternehmen in der Lage ist, die Bedürfnisse des Prospects zu erfüllen und ihn ggfs. aus einer bestehenden Anbieterbeziehung lösen kann. Im Rahmen der Bewertung der Akquisitionswahrscheinlichkeit erfolgt also ein Abgleich folgender Fragen (vgl. Homburg/Fargel 2006):

- „Was will der Prospect?"

- „Wie (stark) ist er aktuell gebunden?" und

- „Was kann ich ihm bieten?"

In Tabelle 12-3 stellen wir noch einmal die grundsätzlichen Stoßrichtungen sowie mögliche Maßnahmen der Kundenbearbeitung für die einzelnen Kategorien dar und gehen auch auf potenzielle Gefahren ein, die für ein Unternehmen mit den verschiedenen Kundentypen verbunden sind.

Wir wollen die Aufstellung des Kundenportfolios sowie die Maßnahmen zur Ressourcenallokation, die sich daraus ableiten lassen, am Beispiel einer überregionalen Tageszeitung verdeutlichen: Der jährliche Anzeigenumsatz dieser Zeitung mit 2 500 Anzeigenkunden beläuft sich auf rund 50 Mio. Euro. Mit Hilfe des Kundenportfolios sollen die Anzeigenkunden klassifiziert und individuelle Bearbeitungsstrategien abgeleitet werden.

Im ersten Schritt erfolgt die Bestimmung der Kriterien. Für die Kundenattraktivität werden das jährliche Anzeigenvolumen, das potenzielle Wachstum des Anzeigenvolumens, das Preisniveau sowie das Referenzpotenzial ermittelt. Für die Anbieterposition wird lediglich der Auftragsanteil als Kriterium herangezogen.

Tabelle 12-3: Kundenbearbeitung für die vier Kundentypen im Überblick

	Starkunden	Fragezeichen-kunden	Ertragskunden	Mitnahmekunden
Position im Kundenportfolio	hohe Kunden-attraktivität, starke Anbieterposition	hohe Kunden-attraktivität, schwache Anbie-terposition	geringe Kunden-attraktivität, starke Anbieterposition	geringe Kunden-attraktivität, schwache Anbie-terposition
Grundsatzaus-sage zum Ressourcen-einsatz	intensiver Res-sourceneinsatz	*Big Step:* sehr intensiver Res-sourceneinsatz *Out:* stark redu-zierter Ressour-ceneinsatz	begrenzter Res-sourceneinsatz	stark begrenzter Ressourcenein-satz
Ziel der Kunden-bearbeitung	Halten bzw. Aus-bauen der starken Position	nachhaltige Ver-besserung der Position oder Rückzug	Halten der Positi-on	selektiver Rück-zug
Maßnahmen	Firmenkunden-bereich: z. B. individuali-sierte Betreuungs-konzepte, Value-Added Services, Kooperationen, gemeinsame Pro-duktentwicklung, Aufnahme in Kun-denbeirat	Firmenkunden-bereich: *Big Step:* z. B. gemeinsame Stra-tegieentwicklung für den Kunden, Aufbau neuer per-sönlicher Kontak-te, Angebot spe-zieller individua-lisierter Leistungs-pakete *Out:* starke Re-duktion der Be-treuungsintensität, ggf. Aufgabe der Geschäfts-beziehung	Firmenkunden-bereich: z. B. vorsichtige Reduktion der Betreuungsintensi-tät, ergänzende Nutzung kosten-günstiger Betreu-ungskonzepte	Firmenkunden-bereich: Betreuung mit geringem Res-sourceneinsatz, z. B. über Ab-satzmittler oder das Internet
	Privatkunden-bereich: z. B. exklusive Kundenclubs und Kundenkarten, individuelle Betreuung, exklu-sive Einladungen	Privatkunden-bereich: *Big Step:* z. B. Einladungen zu speziellen Events, Änderung des Be-treuers, Incentives *Out:* starke Re-duktion der Be-treuungsintensität, ggf. Aufgabe der Geschäftsbezie-hung	Privatkunden-bereich: z. B. vorsichtige Reduktion der Betreuungsintensi-tät, ergänzende Nutzung kosten-günstiger Betreu-ungskonzepte (z. B. Call Center), Kundenzeitschrift	Privatkunden-bereich: Betreuung mit geringem Res-sourceneinsatz, z. B. über Ab-satzmittler oder das Internet
Gefahr	Abwerbung durch Wettbewerb	auf Dauer erfolg-loses und kosten-intensives An-rennen	zu starke Res-sourcenbindung	auf Dauer Verluste durch unwirtschaft-liche Bearbeitung

Im nächsten Schritt erfolgt die Operationalisierung der Kriterien, d. h. die Ermittlung von Mess-Skalen. Beispielsweise ergibt sich die Skala für das Kriterium „potenzielles Wachstum des Anzeigenvolumens" wie folgt:

6 = mehr als 20-prozentiges Wachstum des Anzeigenvolumens
5 = 15- bis 20-prozentiges Wachstum des Anzeigenvolumens
4 = 10- bis 15-prozentiges Wachstum des Anzeigenvolumens
3 = 5- bis 10-prozentiges Wachstum des Anzeigenvolumens
2 = 0- bis 5-prozentiges Wachstum des Anzeigenvolumens
1 = stagnierendes Anzeigenvolumen
0 = Rückgang des Anzeigenvolumens

In ähnlicher Weise werden alle Kriterien auf einer Skala von 0 bis 6 skaliert. Die Gewichtung der Kriterien schließt sich dann im nächsten Schritt an. Für die Kriterien, die für die Kundenattraktivität ermittelt wurden, ergibt sich folgende Gewichtung:

jährliches Anzeigenvolumen:	45 %
potenzielles Wachstum des Anzeigenvolumens:	30 %
Preisniveau:	15 %
Referenzpotenzial:	10 %

Alle Anzeigenkunden der Tageszeitung werden im Hinblick auf die oben genannten Kriterien bewertet. Auf Basis dieser Bewertungen lässt sich für jeden Kunden seine Position im Kundenportfolio berechnen. Aus der Positionierung sämtlicher Kunden ergibt sich zum einen die Häufigkeitsverteilung der Kunden und zum anderen die Umsatzverteilung auf die vier Kategorien (vgl. Abbildung 12-4).

Aus Abbildung 12-4 wird ersichtlich, dass sowohl die meisten Kunden als auch der größte Umsatzanteil auf die Kategorie der Ertragskunden entfallen. Auffallend ist weiterhin, dass die Kunden mit geringer Attraktivität deutlich besser durchdrungen werden als die Kunden mit hoher Attraktivität: Bei den Kunden im unteren Bereich der Matrix (geringe Attraktivität) sind nahezu drei von vier Kunden rechts der senkrechten Trennlinie positioniert (starke Anbieterposition), bei den Kunden im oberen Bereich der Matrix (hohe Attraktivität) nur weniger als die Hälfte. Diese Beobachtung legt die Schlussfolgerung nahe, dass die Marktbearbeitung sich zu stark auf wenig attraktive Kunden (insbesondere auf Ertragskunden) konzentriert und interessante Potenziale bei Fragezeichenkunden nicht angemessen ausschöpft. Bei einer entsprechenden Korrektur dieser Schieflage kann bei gleichem Ressourceneinsatz für die Marktbearbeitung deutlich mehr Umsatz erzielt werden.

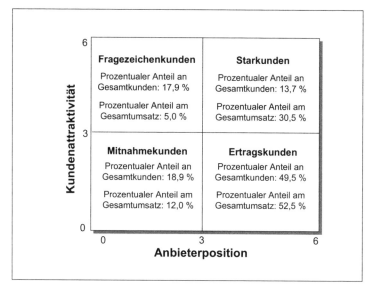

Abbildung 12-4: Portfoliostruktur einer überregionalen Tageszeitung
im Anzeigenkundengeschäft

Im nächsten Schritt werden Teil-Portfolios bezüglich der Kunden der einzelnen Vertriebsmitarbeiter aufgestellt. Ein Beispiel ist in Abbildung 12-5 dargestellt. Dieser Vertriebsmitarbeiter weist eine durchaus günstige Kundenstruktur auf. Insbesondere ist es ihm gelungen, die Potenziale bei den meisten attraktiven Kunden zu erschließen, wie aus dem günstigen Verhältnis zwischen der Anzahl der Starkunden und der der Fragezeichenkunden ersichtlich ist. Einschränkend ist allerdings darauf hinzuweisen, dass das weitere Wachstumspotenzial in diesem Kundenstamm begrenzt ist.

Im letzten Schritt werden für jede der vier Kundengruppen Bearbeitungsstrategien entwickelt. Beispielhafte Maßnahmen im Rahmen dieser Bearbeitungsstrategien sind in Tabelle 12-4 dargestellt.

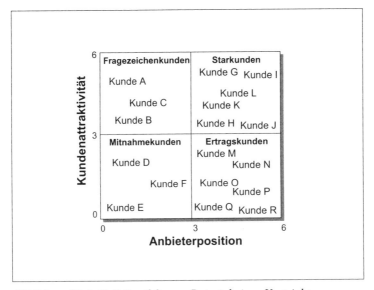

*Abbildung 12-5: Teil-Portfolio am Beispiel eines Vertriebs-
mitarbeiters einer überregionalen Tageszeitung*

*Tabelle 12-4: Maßnahmen der portfolioorientierten Kundenbetreuung am Beispiel
einer überregionalen Tageszeitung*

Starkunden	Fragezeichenkunden	Ertragskunden	Mitnahmekunden
• regelmäßige Betreuung entsprechend der individuellen Bedürfnisse • Betreuung durch hoch qualifiziertes Personal (z. B. durch einen Key Account Manager) • Angebot von Zusatzleistungen (z. B. gemeinsame Marktforschungsstudien)	• regelmäßige Besuche eines spezialisierten Anzeigenkundenberaters • Entwicklung eines speziellen Betreuungsprogramms und schrittweises Einsetzen der einzelnen Elemente (z. B. Präsentation der Zeitung, kostenlose Internet-Präsenz für vier Wochen, Marktforschung) • Rückzug, wenn keine signifikante Verbesserung des Umsatzes nach einem halben Jahr	• Senkung der Betreuungskosten durch parallelen Einsatz neuer Medien • Standardisierung der Anzeigenformate	• deutliche Senkung der Betreuungsintensität • ausschließlich telefonische Betreuung oder Internet-Betreuung • Standardisierung der Anzeigenformate

Eine grundsätzliche Frage, die sich bei der praktischen Arbeit mit dem Kundenportfolio häufig ergibt, ist die, ob eine ermittelte Portfoliostruktur z. B. im Hinblick auf die
Umsatzverteilung (vgl. Abbildung 12-4) „gut" oder „gesund" ist. Diese Frage ist allgemein nicht ganz einfach zu beantworten. Als Richtwerte für eine gesunde Umsatzverteilung auf die einzelnen Kategorien können wir auf der Basis unserer Erfahrungen
jedoch folgende Eckdaten nennen:

▦ Starkunden: 40–60 %

▦ Fragezeichenkunden: 10–20 %

▦ Ertragskunden: 20–40 %

▦ Mitnahmekunden: ≤ 10 %

Die Anwendung des Kundenportfolios in der Praxis zeigt auch, dass immer wieder
typische problematische Umsatzstrukturen auftreten. Die wichtigsten davon haben wir
in Abbildung 12-6 dargestellt.

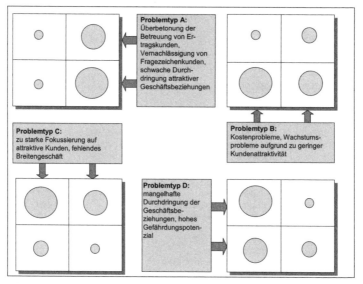

Abbildung 12-6: Problematische Umsatzverteilungen im Kunden-
portfolio

An dieser Stelle wird mancher Leser einwenden, dass eine Reduzierung der Betreuung
– wie sie das Portfolio-Konzept beispielsweise für die Mitnahmekunden nahe legt –

oder sogar der bewusste Verzicht auf einen Kunden geschäftsschädigend ist. Dieser Einwand greift jedoch nicht. Sicherlich kann kurzfristig ein gewisser Umsatzrückgang durch die Maßnahmen bei Mitnahmekunden verursacht werden. Allerdings werden durch die Reduzierung der Betreuung von weniger attraktiven Kunden Ressourcen für die Betreuung der wirklich attraktiven Kunden freigesetzt. Die Erfahrung zeigt, dass dieser auf attraktive Kunden fokussierte Ressourceneinsatz sich mittelfristig bezahlt macht. *Produktivitätssteigerungen* (z. B. im Hinblick auf die Außendiensttätigkeit) *um 20–30 %* sind durch ein gezieltes Kundenportfoliomanagement durchaus realisierbar (vgl. Homburg/Daum 1997, S. 64 ff.). Dies gilt beispielsweise im Hinblick auf außendienstbezogene Kennzahlen wie „Umsatz pro Außendienstler" oder „Deckungsbeitrag pro Außendienstler".

Das Kundenportfolio kann besonders gut von Unternehmen mit einem übersichtlichen Kundenkreis angewendet werden, wie es häufig im Firmenkundenbereich der Fall ist. Hierbei werden typischerweise einzelne Kunden im Portfolio positioniert. Da im Privatkundenbereich die Anzahl der Kunden in der Regel sehr viel größer ist, ist die Bewertung und Einordnung der einzelnen Kunden kaum noch möglich. Darüber hinaus sind auch viele Kunden dem Unternehmen nicht direkt bekannt. Dennoch ist die Anwendung des Kundenportfolios hier sinnvoll, wenn sie nicht auf Ebene des einzelnen Kunden, sondern auf Kundensegmentebene erfolgt. In bestimmten Fällen lässt sich die Kundenportfolioanalyse jedoch auch für einzelne Privatkunden durchführen, wenn die entsprechenden Informationen vorhanden sind. Typischerweise ist dies bei Unternehmen der Fall, die im direkten Kontakt mit den Privatkunden stehen. Hierzu zählen beispielsweise Finanzdienstleister, Telekommunikationsanbieter oder Autohäuser.

In Verbindung mit dem Kundenportfolio werden auch *Kennzahlen* angewendet, um die Kundenstrukturanalyse zu vervollständigen. Im Wesentlichen sind dies wirtschaftliche Kennzahlen zur Kundenstruktur, Kennzahlen zur Kundenzufriedenheit und Kundenbindung sowie Kennzahlen zum Ressourceneinsatz. Abbildung 12-7 gibt einen Überblick über diese Kennzahlen. Man unterscheidet zwischen wirtschaftlichen Kennzahlen, Kennzahlen zur Kundenzufriedenheit und -bindung sowie Kennzahlen zum Ressourceneinsatz. Besonders interessant sind hierbei die Kennzahlen der zweiten Kategorie. Erstrebenswert sind hohe Werte bei den Star- und Ertragskunden, während bei den Mitnahmekunden niedrigere Werte toleriert werden können. Fragezeichenkunden sind differenziert zu betrachten. Hohe Werte sind vor allem bei den Kunden erstrebenswert, die zu Starkunden gemacht werden sollen.

Hiermit haben wir die wichtigsten Instrumente zur Kundenstrukturanalyse behandelt. Sie unterstützen Unternehmen auf dem Weg vom „Gießkannenprinzip" zur fokussierten Marktbearbeitung. Allerdings weisen die ABC-Analyse und das Kundenportfolio eine zentrale Schwachstelle auf: Sie berücksichtigen die Kosten der Kundenbearbeitung nur implizit und sagen damit auch nichts über die Kundenprofitabilität aus. Auch Scoring-Modelle berücksichtigen Kosten nur durch einen Punktabzug und nicht den tatsächlichen monetären Aufwand. Instrumente zur Analyse der Kundenprofitabilität sind Gegenstand des folgenden Abschnitts.

Abbildung 12-7: Kennzahlen zum Kundenportfolio (in Anlehnung an Homburg/Werner 1998, S. 134)

12.3 Die Kundenprofitabilität – Bei welchen Kunden wird Geld verdient?

Ein grundlegender Aspekt im Hinblick auf Kundeninformationen ist die Frage, bei welchen Kunden Geld verdient und bei welchen Geld verloren wird. Antwort geben in diesem Zusammenhang

▨ die kundenbezogene Rentabilitätsbetrachtung und

▨ der Customer Lifetime Value (CLV).

Diese beiden Instrumente wollen wir in diesem Abschnitt vorstellen. Sie stellen eine wesentliche Ergänzung der im vorhergehenden Abschnitt beschriebenen Kundenstrukturanalyse dar.

Voraussetzung für eine kundenbezogene Rentabilitätsbetrachtung ist die Erfassung der kundenspezifischen Kosten. Genau hier besteht bereits die erste Schwierigkeit. In vielen Unternehmen wird der Schwerpunkt bei der Erfassung der Kosten eher auf die produktbezogene Perspektive gelegt. Im Vordergrund steht vielerorts die Frage „Mit welchen Produkten verdienen wir Geld?" und nicht „Mit welchen Kunden verdienen wir Geld?". Darüber hinaus werden bei der produktorientierten Betrachtung die Vollkosten eines Produktes häufig mit Hilfe einer Pauschalisierung derjenigen Kosten berechnet, die außerhalb des Produktionsbereiches anfallen. Für Vertriebskosten wird so beispielsweise ein Zuschlag von X % veranschlagt. Dabei muss es sich um Durchschnittswerte handeln, die im Hinblick auf den einzelnen Kunden zu einer groben Fehleinschätzung der tatsächlichen Kosten führen können.

Ohne aussagefähige Informationen über die Profitabilität von Kunden ist eine an Rentabilitätsgesichtspunkten orientierte Vertriebssteuerung kaum möglich. In wirtschaftlicher Hinsicht erfolgt die Marktbearbeitung gewissermaßen im „Blindflug". Auch für die Beurteilung des Erfolgs von Key Account Managern (vgl. Kapitel 20) werden kundenbezogene Profitabilitätsinformationen benötigt.

Ein erster Schritt in die richtige Richtung besteht in der Strukturierung der kundenbezogenen Kosten. Hier erweist sich eine hierarchische Anordnung als sinnvoll, wie sie in Abbildung 12-8 dargestellt wird.

Nach einer Zuordnung der Kosten zu Produkten erfolgt eine sukzessive Zuordnung zu Aufträgen und dann zu Kunden. Somit wird eine Profitabilitätsbetrachtung auf allen Ebenen möglich. Sicherlich ist damit ein gewisser Erfassungsaufwand verbunden. Bei einem pragmatischen Vorgehen hält sich der Aufwand allerdings in Grenzen und wird nach unseren Erfahrungen durch die gewonnenen Informationen zur Kundenprofitabilität überkompensiert. In diesem Zusammenhang ist auch darauf hinzuweisen, dass es durchaus sinnvoll sein kann, kundenbezogene Ergebnisbetrachtungen nicht permanent, sondern nur punktuell durchzuführen. Viele der benötigten Informationen sind auch ohnehin vorhanden (z. B. kundenspezifische Rabatte, Werbekostenzuschüsse), werden aber bislang nicht zur Betrachtung der Kundenrentabilität herangezogen. Auf methodische Aspekte der *kundenbezogenen Rentabilitätsbetrachtung* wollen wir an dieser Stelle nicht detailliert eingehen. Wir verweisen den Leser in diesem Zusammenhang auf die Ausführungen zur Prozesskostenrechnung bei Homburg/Daum (1997, S. 87 ff.), Coenenberg (1999) oder Reckenfelderbäumer/Welling (2001).

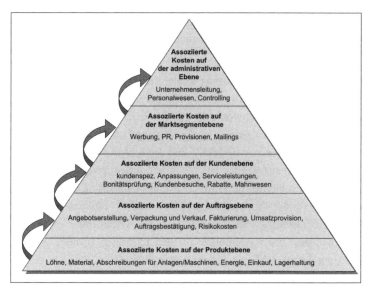

*Abbildung 12-8: Hierarchie relevanter Kosten (in Anlehnung an
            Knöbel 1995)*

Die kundenbezogene Rentabilitätsbetrachtung erfolgt meist in Form der gestuften Deckungsbeitragsrechnung (vgl. Rese 2001, Tomczak/Rudolf-Sipötz 2001). Sie ist in
Tabelle 12-5 am Beispiel eines Industriegüterunternehmens dargestellt, wobei wir vier
Kunden A, B, C und D detailliert betrachten. Wie aus dem oberen Teil der Tabelle
ersichtlich ist, arbeitet das Unternehmen mit einer Preisliste, auf die hohe Rabatte gewährt werden. Ausgangspunkt der kundenbezogenen Rentabilitätsbetrachtung sind die
kundenspezifischen Nettoerlöse. Hiervon werden im nächsten Schritt zunächst die va-
riablen Kosten der von den Kunden bezogenen Leistungen abgezogen. Dies liefert den
klassischen kundenbezogenen Deckungsbeitrag, den so genannten Deckungsbeitrag I
(DB I). Im Anschluss daran werden nacheinander die verursachungsgerecht zugeord-
neten fixen Kosten der Bereiche Produktion und Vertrieb abgezogen. So kommt man
zum Deckungsbeitrag III (DB III). Diese Größe gibt an, wie viel von der Bearbeitung
eines bestimmten Kunden nach Abzug aller Kosten, die dem Kunden sinnvoll zugeordnet werden können, zur Deckung der allgemeinen (d. h. nicht kundenspezifisch
zuzuordnenden) Fixkosten des Unternehmens übrig bleibt. Dieser DB III ist offensichtlich die entscheidende Größe zur Beurteilung der kundenbezogenen Rentabilität.

Tabelle 12-5: Kundenbezogene Rentabilitätsbetrachtung am Beispiel eines Industrie-güterunternehmens (vgl. Homburg/Daum 1997, S. 89)

Kunde	A	B	C	D	Übrige	Summe
Bruttoerlöse auf der Basis von Listen-preisen	1 150 (100 %)	600 (100 %)	1 940 (100 %)	340 (100 %)	600 (100 %)	4 630 (100 %)
./. kunden-spezifische Erlösschmäle-rungen	550 (48 %)	250 (42 %)	1 040 (54 %)	140 (41 %)	250 (42 %)	2 230 (48 %)
= Nettoerlöse	**600 (100 %)**	**350 (100 %)**	**900 (100 %)**	**200 (100 %)**	**350 (100 %)**	**2 400 (100 %)**
./. Variable Kosten	276 (46 %)	140 (40 %)	405 (45 %)	100 (50 %)	173 (49 %)	1 094 (46 %)
= DB I	**324 (54 %)**	**210 (60 %)**	**495 (55 %)**	**100 (50 %)**	**177 (51 %)**	**1 306 (54 %)**
./. Fixe Kosten der Produktion (produkt- und kundenspezi-fisch)	66 (11 %)	122 (35 %)	90 (10 %)	34 (17 %)	57 (17 %)	369 (15 %)
= DB II	**258 (43 %)**	**88 (25 %)**	**405 (45 %)**	**66 (33 %)**	**120 (34 %)**	**937 (39 %)**
./. Vertriebs-kosten (kun-denspezifisch)	78 (13 %)	88 (25 %)	153 (17 %)	36 (18 %)	60 (17 %)	415 (17 %)
= DB III	**180 (30 %)**	**0**	**252 (28 %)**	**30 (15 %)**	**60 (17 %)**	**522 (22 %)**
./. nicht kun-denspezifisch zugeordnete Kosten (Ver-waltung und F&E)						456
= Ergebnis						**66**

An den Zahlen des Beispiels lassen sich zwei grundsätzlich wichtige Dinge verdeutli-chen: Erstens zeigt sich, dass eine Bewertung der Kundenprofitabilität anhand des DB I – wie sie in der Praxis häufig vorzufinden ist – zu krassen Fehleinschätzungen führen kann: Kunde B weist unter allen Kunden den höchsten prozentualen DB I auf, unter Berücksichtigung aller kundenspezifischen Kosten ergibt sich für diesen Kunden der niedrigste DB III. Der DB I stellt somit keinen aussagefähigen Bewertungsmaßstab für Kundenprofitabilität dar. Das Kernproblem liegt darin, dass der kundenspezifische Aufwand in dieser Kenngröße keine Berücksichtigung findet.

Ein zweiter Aspekt wird durch das Beispiel verdeutlicht: Viele Unternehmen orientie-ren sich in Ermangelung besserer Informationen im Hinblick auf die Kundenprofitabi-lität an dem Preisniveau, das bei den einzelnen Kunden erzielt wird („hoher Preis = profitabler Kunde"). Auch dies kann zu eklatanten Fehleinschätzungen führen (vgl. Tabelle 12-5). Kunde C erhält prozentual die höchsten Rabatte und Boni, weist aber dennoch einen sehr hohen DB III auf. Im Gegensatz dazu erhält der unprofitable

Kunde B relativ niedrige Rabatte und Boni. Die einfache Deckungsbeitragsbetrachtung sowie die Orientierung am Preisniveau führen also eher in die Irre als zum Ziel. An einer systematischen Kundenergebnisrechnung führt auf die Dauer kein Weg vorbei.

Die kundenbezogene Rentabilitätsbetrachtung ist ein statisches Verfahren zur Beurteilung der heutigen Kundenprofitabilität. In manchen Situationen stellt sich darüber hinaus aber die Frage nach der voraussichtlichen *zukünftigen Profitabilität* eines Kunden. Ist ein Kunde beispielsweise heute unprofitabel für den Anbieter, sieht man bei dem Kunden aber ein erhebliches Wachstumspotenzial, so kommt man fast zwangsläufig zu dieser Frage. Die Beantwortung dieser Frage ist auch wichtig für die Entscheidung, wie zukünftig mit einem Fragezeichenkunden verfahren werden soll (vgl. das Kundenportfolio in Abschnitt 12.2). Die Grundsatzfrage lautet hier, ob in die Geschäftsbeziehung investiert werden soll (Big Step) oder nicht (Out). Die mittel- bis langfristige wirtschaftliche Bewertung von Investitionen in Geschäftsbeziehungen kann mit Hilfe des *Customer Lifetime Value (CLV)* erfolgen.

Der CLV ist in konzeptioneller Hinsicht nichts Neues (vgl. Gierl/Kurbel 1997, Bruhn et al. 2000). Er entspricht der klassischen *Kapitalwertmethode*. Das Neue liegt darin, diese Methode nicht auf klassische Investitionsobjekte wie z. B. Anlagen oder Gebäude anzuwenden, sondern auf Geschäftsbeziehungen mit Kunden(segmenten). Bei der Berechnung des CLV werden von den erwarteten Einnahmen aus der Geschäftsbeziehung die erwarteten Ausgaben für die Geschäftsbeziehung periodenweise abgezogen. Da zukünftige Einnahmeüberschüsse weniger wert sind als gegenwärtige, wird das Ergebnis mit einem Kalkulationszinsfuß abgezinst. Die Ergebnisse werden über alle Perioden addiert und ergeben den CLV:

$$\text{CLV} = \sum_{t=0}^{t=n} \frac{e_t - a_t}{(1+i)^t} = e_0 - a_0 + \frac{e_1 - a_1}{(1+i)} + \frac{e_2 - a_2}{(1+i)^2} + ... + \frac{e_n - a_n}{(1+i)^n}$$

e_t: (erwartete) Einnahmen aus der Geschäftsbeziehung in der Periode t
a_t: (erwartete) Ausgaben für die Geschäftsbeziehung in der Periode t
i: Kalkulationszinsfuß zur Abzinsung auf einen einheitlichen Referenzzeitpunkt
t: Periode (t = 0, 1, 2, ..., n)
n: Dauer des Betrachtungshorizontes

Hierzu ein Beispiel: Ein Chemieunternehmen muss über die Annahme eines fünfjährigen Rahmenvertrages mit einem Kunden entscheiden. Dieser beinhaltet einen jährlichen garantierten Umsatz in Höhe von 1 Mio. Euro für das erste Jahr; für die folgenden Jahre ist eine Preissenkung von jeweils 50 000 Euro vorgesehen. Parallel hierzu liefert ein Servicevertrag einen Umsatz von 8 000 Euro jährlich. Zur Bewertung der Vorteilhaftigkeit des Rahmenvertrages schätzt das Unternehmen nun die anfallenden Herstell-, Vertriebs- und Vertriebsunterstützungskosten ab. Tabelle 12-6 zeigt die Berechnung des CLV für diesen Kunden. Der Kalkulationszinsfuß beträgt 10 %. Das Beispiel zeigt, dass trotz des positiven kumulierten Einnahmeüberschusses ein negativer CLV resultiert.

Tabelle 12-6: Berechnung eines CLV am Beispiel eines Chemieunternehmens

	1. Jahr (t=0)	2. Jahr (t=1)	3. Jahr (t=2)	4. Jahr (t=3)	5. Jahr (t=4)	Summe
Bruttoumsatz	1 000 000	950 000	900 000	850 000	800 000	4 500 000
begleitende Erlöse	8 000	8 000	8 000	8 000	8 000	40 000
Herstellkosten	850 000	650 000	630 000	560 000	520 000	3 210 000
Vertriebskosten	75 000	76 000	73 000	66 000	59 000	349 000
Vertriebsunterstützungskosten (Anwendungstechnik, Logistik)	180 000	185 000	190 000	196 000	225 000	976 000
jährlicher Einnahmeüberschuss	-97 000	47 000	15 000	36 000	4 000	5 000
Einnahmeüberschuss diskontiert (10 %)	-97 000	42 727	12 397	27 047	2 732	CLV = -12 097

Die Berechnung des CLV ist prinzipiell auch für Privatkunden möglich und in einigen Branchen durchaus üblich. So wurde beispielsweise für einen Tiefkühlheimservice ein durchschnittlicher Kundenwert von 17 500 Euro errechnet. Ein Automobilhersteller geht von einem durchschnittlichen CLV von 85 000 Euro aus (vgl. Schulz 1995).

Allerdings liegt es im Privatkundenbereich aufgrund der Vielzahl der Kunden häufig nahe, die Berechnung für ein ganzes Kundensegment bzw. eine Kundengruppe vorzunehmen. Wir wollen diese Vorgehensweise an einem Beispiel aus dem Mobilfunkbereich verdeutlichen (vgl. Tabelle 12-7). Ein Anbieter hat im Rahmen einer Marktstudie eine Gruppe (potenzieller) Kunden identifiziert, die „vermögenden jungen Quasselstrippen". In diese Gruppe fallen 5 000 Kunden mit einem durchschnittlichen monatlichen Umsatz von 100 Euro. Es kann davon ausgegangen werden, dass dieser Umsatz pro Halbjahr um 10 % steigt. Die Berechnung des CLV macht in diesem dynamischen Markt in erster Linie für die Laufzeit eines Vertrages, d. h. für zwei Jahre Sinn. Es ist

ferner anzunehmen, dass die Vertriebs- sowie die Vertriebsunterstützungskosten nach
dem Vertragsabschluss zunächst sinken, dann aber im vierten Halbjahr deutlich an-
steigen, da es hier gilt, die Kunden zu einer Vertragsverlängerung zu bewegen. Wie
aus Tabelle 12-7 ersichtlich ist, ergibt sich hierbei ein positiver CLV.

Tabelle 12-7: Berechnung eines CLV am Beispiel eines Mobilfunkanbieters

	1. Halbjahr (t=0)	2. Halbjahr (t=1)	3. Halbjahr (t=2)	4. Halbjahr (t=3)	Summe
Bruttoumsatz	3 000 000	3 300 000	3 630 000	3 993 000	13 923 000
Kosten der Leistungs-erbringung	2 200 000	1 800 000	1 800 000	1 800 000	7 600 000
Vertriebs- und Kunden-betreuungskosten	1 000 000	800 000	760 000	850 000	3 410 000
Vertriebsunterstüt-zungskosten (Mailings, Kundenzeitschriften)	90 000	80 000	76 000	100 000	346 000
Jährlicher Einnahme-überschuss	-290 000	620 000	994 000	1 243 000	2 567 000
Einnahmeüberschuss diskontiert (10 %)	-290 000	563 636	821 488	933 884	CLV = 2 029 008

Für den Vertrieb liefert der CLV wichtige Informationen für die Anbahnung, die Steuerung und die Kontrolle von Geschäftsbeziehungen. Hilfreich ist die Berechnung des
Customer Lifetime Value vor allem

■ bei der Bewertung von Großkunden im Hinblick auf den Aufbau einer langfristigen
  Geschäftsbeziehung,

■ bei der Argumentation in Verhandlungen mit Kunden,

■ bei der Überprüfung der Wirtschaftlichkeit von Projekten und Plänen wie z. B. der
  Kundenbearbeitungsstrategien sowie

■ bei der Überprüfung der Wirtschaftlichkeit der zukünftigen Zusammenarbeit (insbesondere im Hinblick auf Fragezeichenkunden, vgl. Abschnitt 12.2).

Natürlich führt ein negativer CLV nicht automatisch zur Aufgabe einer Geschäftsbeziehung. Vielmehr muss geprüft werden, ob durch Umsatzsteigerungen und/oder Kostensenkungen eine Geschäftsbeziehung mit einer zufrieden stellenden Bewertung er-

zielt werden kann. Auch wenn dies nicht der Fall ist, kann es strategische Gründe geben, eine Geschäftsbeziehung fortzusetzen.

Bei der praktischen Anwendung dieses Konzepts stellt sich natürlich die Frage nach
der Datenbeschaffung. Sicherlich ist die Schätzung zukünftiger Einnahmen und Kosten im Zusammenhang mit Geschäftsbeziehungen keine ganz einfache Aufgabe. Wir
haben allerdings festgestellt, dass es sich hier eher um ein Einstellungsproblem bei
vielen Vertriebsverantwortlichen handelt: Jede Investitionsrechnung – auch solche im
Produktionsbereich – basieren im Wesentlichen auf Schätzungen. Wenn ein Produkti-
onsleiter eine neue Anlage anschaffen möchte, wird von ihm erwartet, dass er seine
Argumentation in eine derart stringente Form bringt, dass sie einer Investitionsrechnung standhält. Die gleiche Stringenz muss zukünftig auch von Vertriebsleitern verlangt werden. In zahlreichen Worthülsen die Notwendigkeit „der Investition in einen
strategischen Kunden" zu beschwören, entspricht sicherlich nicht dem Anspruch von
Sales-Excellence. Haben Vertriebsverantwortliche diesen Anspruch an sich selbst akzeptiert, so ist die Datenbeschaffung für eine CLV-Betrachtung machbar. Gegebenenfalls kann man der Unsicherheit zukünftiger Entwicklungen durch das Arbeiten mit
Positiv- und Negativ-Szenarien Rechnung tragen.

Ein weiteres Problem im Zusammenhang mit dem CLV ergibt sich bei der Festlegung
des Betrachtungshorizontes. Im Regelfall führt die Wahl eines langen Betrachtungshorizontes zu einer tendenziell positiven Bewertung der Kundenbeziehung. Wählt man
unrealistisch lange Betrachtungszeiträume, so kann man sich nahezu jede Geschäftsbeziehung und jede Investition „schön rechnen". Kurze Betrachtungshorizonte führen
dagegen zu einer kritischen Bewertung der Geschäftsbeziehung. Im Extremfall kann
man mit sehr kurzfristigen Betrachtungen jede Geschäftsbeziehung und jede Investition „kaputt rechnen". Vor diesem Hintergrund muss die Entscheidung über den Be-
trachtungshorizont sorgfältig abgewogen werden.

Im Firmenkundengeschäft macht es in der Regel wenig Sinn, sich an der tatsächlichen
Dauer der Geschäftsbeziehung zu orientieren, da hier Geschäftsbeziehungen oft über
mehrere Jahrzehnte hinweg bestehen. In diesem Fall bezieht man sich auf aus heutiger
Sicht überschaubare Zeiträume. Üblich sind in der Praxis Betrachtungszeiträume von
maximal drei bis fünf Jahren. Im Fall von langfristig angelegten spezifischen Investitionen und entsprechend langfristigen Verträgen kann dieser Zeitraum auch überschrit-
ten werden.

Im Privatkundenbereich gestaltet sich die Festlegung des Betrachtungshorizontes
komplexer – sieht man einmal von Krankenkassen und Lebensversicherungen ab (die

den Begriff „Lifetime" wörtlich interpretieren). Hier ist eine fallweise Festlegung unter Berücksichtigung folgender Größen vorzunehmen:

▓ typische Dauer von Produktnutzungs- und Kaufzyklen,

▓ typische Vertragslaufzeiten sowie

▓ Wechselwahrscheinlichkeiten von Kunden.

Anbieter sollten bei derartigen Betrachtungen berücksichtigen, dass diese Größen zu einem wesentlichen Teil auch durch Marketing- und Vertriebsaktivitäten beeinflusst werden können.

Das Wissen über die Kundenprofitabilität allein reicht jedoch nicht für professionelles Kundenmanagement aus. Darüber hinaus müssen Unternehmen auch systematisch Informationen über die Zufriedenheit und die Bindung ihrer Kunden sammeln. Auf diesen Aspekt gehen wir aufgrund seiner hohen Bedeutung im Folgenden detaillierter ein.

12.4 Kundenzufriedenheit und Kundenbindung – Wie stabil sind Geschäftsbeziehungen?

Über die Schlagworte „Kundenzufriedenheit" und „Kundenbindung" wurde in den letzten Jahren viel geredet und geschrieben. Trotzdem herrscht viel Unklarheit darüber, was sich wirklich hinter diesen Begriffen verbirgt.

Kundenzufriedenheit ist das Ergebnis eines komplexen, psychischen Vergleichsprozesses (vgl. Homburg/Stock 2001): Ein Kunde vergleicht nach der Nutzung eines Produktes oder einer Dienstleistung die wahrgenommene Leistung (Ist-Leistung) mit seinen Erwartungen (Soll-Leistung). Wird die Soll-Leistung erreicht oder übertroffen, ist der Kunde zufrieden. Wird sie nicht erreicht, ist der Kunde unzufrieden. Kundenzufriedenheit ist also immer subjektiv. *Kundenbindung* geht nach modernem Verständnis (vgl. Homburg/Giering/Hentschel 2000) über den reinen Wiederkauf hinaus und umfasst auch die Weiterempfehlung an Dritte sowie das Cross-Buying, d. h. den Kauf zusätzlicher Produkte beim gleichen Anbieter. Kundenzufriedenheit ist eine notwendige, aber nicht hinreichende Bedingung für Kundenbindung, d. h. ohne Kundenzufriedenheit kann es keine dauerhafte Kundenbindung in diesem umfassenden Sinn geben. Andererseits folgt aus Kundenzufriedenheit nicht automatisch auch Kundenbindung (vgl. Diller 1995, Herrmann/Johnson 1999). Die Erfahrung zeigt, dass selbst zufriedene Kunden den Anbieter wechseln, z. B. weil sie nach Abwechslung suchen.

Es ist offensichtlich, dass ein effektives Kundenbeziehungsmanagement, wie wir es in Teil IV dieses Buches beschreiben, fundierte Informationen zur Kundenzufriedenheit und Kundenbindung voraussetzt. Wir wollen daher in diesem Abschnitt Grundlagen der professionellen Messung von Kundenzufriedenheit und Kundenbindung erläutern (für Überblicke über diesbezügliche Messverfahren vgl. Stauss 1999, Beutin 2001).

Damit Kundenzufriedenheit erfolgreich gemanagt werden kann, sind an die Messung einige grundlegende Anforderungen zu stellen. Sie sollte

▓ systematisch,

▓ regelmäßig,

▓ inhaltlich umfassend,

▓ differenziert nach Marktsegmenten (z. B. Regionen, Kundengruppen oder Vertriebswegen),

▓ im Firmenkundenbereich differenziert nach Befragten (z. B. Einkäufern, technischen Planern oder Qualitätssicherungsspezialisten) erfolgen und

▓ in systematische Verbesserungsprozesse im Unternehmen münden.

Die Forderung nach einer *systematischen* Messung bezieht sich sowohl auf die Konzeption als auch auf die Durchführung. In konzeptioneller Hinsicht geht es hierbei um die Festlegung der Zielgruppe, die Entscheidung über Art und Umfang der Stichprobe sowie um die Form der Befragung.

Bei der *Festlegung der Zielgruppe* muss entschieden werden, welche Kundengruppen befragt werden sollen. Dies können neben den Produktnutzern auch Händler, Weiterverarbeiter oder sonstige beratende Institutionen sein. Über diese grundsätzliche Entscheidung hinaus können weitere Eingrenzungen der Zielgruppe erfolgen. So kann man sich beispielsweise auf Kunden mit einer gewissen wirtschaftlichen Bedeutung konzentrieren oder regionale Schwerpunkte setzen. Im Firmenkundenbereich müssen darüber hinaus die zu befragenden Ansprechpartner im Unternehmen definiert werden (z. B. Einkäufer oder Produktnutzer).

Bei der *Festlegung der Stichprobe* wird zum einen der Umfang der Erhebung, zum anderen der Auswahlmechanismus der zu Befragenden definiert. Beim Umfang der Stichprobe ist die Entscheidung über eine Voll- oder Teilerhebung zu treffen. Diese Entscheidung ist prinzipiell abhängig von der Kundenzahl. Bei einem Unternehmen im Anlagenbau mit sehr wenigen Kunden ist eine Vollerhebung häufig der einzig sinnvolle Weg, während bei Unternehmen mit einer großen Kundenzahl eine Vollerhebung in der Regel wirtschaftlich nicht sinnvoll ist.

Eine wichtige Entscheidung bezieht sich in diesem Zusammenhang auf den *Stichprobenumfang*. Hierbei sind mehrere Parameter zu berücksichtigen. Zum einen ist von entscheidender Bedeutung, wie stark Kundenzufriedenheitsergebnisse später differenziert werden sollen (z. B. nach Kundensegmenten oder Regionen). Als Faustregel gilt, dass bei einer Differenzierung für jede Kategorie mindestens 30 Kundenantworten vorliegen sollten, da sonst die Gefahr zu groß wird, Entscheidungen auf Zufallseffekte zu stützen. Geht man also von einer Rücklaufquote von 20 % aus, so müssen pro Differenzierungskategorie mindestens 150 Kunden in der Stichprobe vertreten sein. Über diesen Weg kann man also einen Mindeststichprobenumfang errechnen (vgl. hierzu ausführlich Homburg/Werner 1998, S. 73 ff.). Zum anderen spielt die gewünschte Genauigkeit der Ergebnisse eine zentrale Rolle. Sie nimmt mit zunehmendem Stichprobenumfang zu. Möchte ein Unternehmen beispielsweise die Kundenzufriedenheitsergebnisse in Vergütungssysteme einfließen lassen (vgl. Abschnitt 9.6), so wird man aufgrund der erforderlichen Genauigkeit einen hohen Stichprobenumfang wählen.

Die Auswahl der zu Befragenden kann entweder zufällig oder bewusst erfolgen. Bei der bewussten Auswahl muss allerdings unbedingt vermieden werden, dass die Ergebnisse der Untersuchung durch die Auswahl von vornherein geschönt werden.

Grundsätzlich lassen sich drei *Formen der Befragung* unterscheiden:

■ die schriftliche Befragung (postalisch oder per Internet),

■ die telefonische Befragung und

■ die persönliche Befragung.

Man kann keine generelle Empfehlung darüber abgeben, welche Methode am besten geeignet ist. Diese Entscheidung hängt von der Situation und dem Ziel der Untersuchung ab. Eine telefonische Erhebung ist beispielsweise bei Entscheidungsträgern wenig sinnvoll, die schwer erreichbar sind. Bei langer Interviewdauer (z. B. aufgrund komplexer Fragestellungen) und einer überschaubaren Zielgruppe ist die persönliche Befragung häufig die angemessene Methode. Detaillierte Ausführungen zur Auswahl der Befragungsform findet der Leser bei Homburg/Werner (1998, S. 74 ff.). In letzter Zeit werden wir häufig gefragt, inwieweit das Internet ein sinnvolles Hilfsmittel bei einer Kundenbefragung sein kann. Die Praxis zeigt, dass man hier nicht zu euphorisch sein sollte. Das Internet bietet zwar die Möglichkeit, die Kosten einer schriftlichen Befragung deutlich zu senken (vgl. Beutin 2001). Die Qualität sinkt allerdings im Regelfall noch deutlicher. Die Flut an E-Mails, mit der nahezu jeder Internet-Nutzer heute konfrontiert wird, führt in der Regel zu extrem niedrigen Rücklaufquoten.

In diesem Zusammenhang stellt sich auch die Frage, wer die Messung durchführen soll: das Unternehmen selbst oder ein externer Dienstleister. Für die Durchführung im Alleingang mögen die auf den ersten Blick geringeren Kosten sprechen. Allerdings kann die Datengewinnung durch Mitarbeiter gerade bei kontaktintensiven Erhebungsformen (d. h. persönlich oder telefonisch) die Ergebnisse verzerren: Kunden antworten im Allgemeinen weniger kritisch, wenn ihr Gegenüber für das betrachtete Unternehmen arbeitet. Rechtfertigungsversuche der Befrager während des Interviews tragen ebenfalls zur Verzerrung der Ergebnisse bei. Daher ist es bei telefonischer oder persönlicher Befragung in der Regel unerlässlich, einen externen Dienstleister einzuschalten. Darüber hinaus ist unserer Erfahrung nach die für die Analyse der gewonnen Daten notwendige Methodenkenntnis nur selten in Unternehmen vorhanden. Aussagefähige Kundenzufriedenheitsanalysen können sich nicht auf Mittelwerte beschränken, sondern erfordern die Nutzung anspruchsvoller statistischer Verfahren. Auch aus diesem Grund bietet sich die Zusammenarbeit mit externen Partnern an.

Ein weiteres Qualitätsmerkmal ist die *regelmäßige Messung* der Kundenzufriedenheit. Regelmäßige Zufriedenheitsmessungen erlauben es, bei einer rechtzeitig erkannten Verschlechterung der Zufriedenheit entsprechende Gegenmaßnahmen einzuleiten und einer drohenden Kundenabwanderung vorzubeugen. Regelmäßigkeit ist auch erforderlich, damit der Erfolg von Verbesserungsmaßnahmen bewertet werden kann. Eine generelle Aussage, in welchen Zeitabständen solche Messungen durchgeführt werden sollen, ist nicht möglich. Im Privatkundengeschäft besteht aufgrund der großen Kundenzahl häufig die Möglichkeit kurzer Befragungsintervalle. Im Firmenkundengeschäft haben viele Unternehmen mit jährlichen Befragungsintervallen gute Erfahrungen gemacht.

Die Forderung nach einer *inhaltlich umfassenden* Messung der Kundenzufriedenheit umfasst vier Aspekte:

- die Berücksichtigung aller relevanten Leistungskomponenten,

- die explizite Frage nach der Gesamtzufriedenheit,

- die Einarbeitung von ergänzenden offenen Fragen sowie

- die explizite Erfragung der verschiedenen Facetten der Kundenbindung.

Der erstgenannte Aspekt bezieht sich darauf, dass grundsätzlich alle *Leistungskomponenten* des Unternehmens in der Kundenzufriedenheitsmessung berücksichtigt werden müssen. Prinzipiell soll alles abgedeckt werden, womit der Kunde zufrieden oder unzufrieden sein kann. Dies bedeutet, dass neben dem Leistungskern (dem Produkt) auch die begleitenden Dienstleistungen, die kundenbezogenen Prozesse sowie die gesamte

Interaktion mit dem Kunden erfasst werden müssen. Gerade technisch orientierte Unternehmen vernachlässigen bei Kundenzufriedenheitsmessungen häufig die „weichen" Faktoren.

Diese Leistungskomponenten werden dann durch einzelne Leistungskriterien unterlegt. Auf diese Leistungskriterien beziehen sich dann die konkreten Kundenzufriedenheitsfragen. Tabelle 12-8 verdeutlicht eine solche Strukturierung am Beispiel eines Transportdienstleisters.

Tabelle 12-8: Leistungskomponenten und Leistungskriterien einer Kundenzufriedenheitsmessung am Beispiel eines Transportdienstleisters

Leistungskriterien	Gewicht	Leistungs-komponen-ten	Gewicht	Gesamt-zufriedenheit
Möglichkeit, gewünschten Sitzplatz zu buchen	17 %	Buchungs-prozess	13,8 %	Kunden-zufrieden-heitsindex (KZI)
Erreichbarkeit der Buchungsstelle	20 %			
Umbuchungsmöglichkeiten	22 %			
Fachliche Kompetenz	21 %			
Freundlichkeit	20 %			
Begrüßung beim Einsteigen	14 %	Mitarbeiter	19,7 %	
Auftreten der Mitarbeiter im Allgemeinen	17 %			
Fachliche Kompetenz des Serviceteams	23 %			
Auftreten des Serviceteams	24 %			
Eingehen auf besondere Wünsche	22 %			
Sauberkeit der Toiletten	29 %	Sauberkeit	14,7 %	
Sauberkeit des Innenraumes	38 %			
Sauberkeit des Transportmittels von außen	33 %			
Temperatur an Bord	23 %	Reiseumge-bung	18,4 %	
Geräuschkulisse an Bord	36 %			
Funktionalität des Platzes	41 %			
Qualität inklusiver Snacks und Getränke	21 %	Kulinari-sches An-gebot	17,8 %	
Angebot an inklusiven Snacks und Getränken	20 %			
Qualität zusätzlicher Snacks und Getränke	12 %			
Angebot an zusätzlichen Snacks und Getränken	17 %			
Preis-Leistungs-Verhältnis der Zusatzangebote	13 %			
Bar	17 %			
Zubringerverbindung			2,8 %	
Preis-Leistungs-Verhältnis			12,8 %	

Zur Ermittlung dieser Leistungskomponenten sollten ausführliche Interviews mit Kunden über ihre Anforderungen an das Unternehmen und ihre Wahrnehmung der Leistungsfähigkeit geführt werden. Unserer Erfahrung nach widmen viele Unternehmen gerade dieser qualitativen Arbeit zu wenig Aufmerksamkeit. Werden jedoch wichtige Leistungskomponenten in dieser Phase nicht erkannt, so erfasst eine spätere Kundenzufriedenheitsmessung nicht alle relevanten Einflussgrößen der Gesamtzufriedenheit.

Darüber hinaus liefern solche Interviews auch zahlreiche Anhaltspunkte für die Unterlegung der Leistungskomponenten mit einzelnen Leistungskriterien.

Die sorgfältige Erfassung der relevanten Leistungskomponenten ist deshalb so wichtig, weil man in der Praxis in der Regel extreme Unterschiede zwischen den einzelnen Zufriedenheitsurteilen beobachtet. Abbildung 12-9 verdeutlicht dies am Beispiel eines Herstellers von Lacken und Farben.

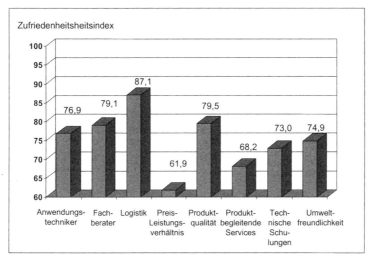

Abbildung 12-9: Kundenzufriedenheit mit einzelnen Leistungs-
komponenten am Beispiel eines Herstellers von La-
cken und Farben

Die zweite inhaltliche Forderung bezieht sich auf die *explizite Frage nach der Gesamtzufriedenheit*. Der so ermittelte Kundenzufriedenheitsindex (KZI) liefert eine aggregierte Aussage zur Kundenzufriedenheit für das Top-Management und kann für Benchmarking-Zwecke herangezogen werden. Aus methodischen Gründen raten wir davon ab, dieses Gesamtmaß durch Durchschnittsbildung über die einzelnen Leistungskriterien zu bilden.

Die *Einarbeitung von ergänzenden offenen Fragen* ist wichtig, weil hier häufig vertiefende Informationen zu den quantitativen Kundenzufriedenheitsurteilen gewonnen werden können. Eine gute Kundenzufriedenheitsmessung sollte daher immer eine gesunde Mischung aus geschlossenen Fragen, die der Kunde durch Ankreuzen beantwortet, und offenen Fragen, zu denen der Kunde selbst Antworten formuliert, beinhalten.

Die *explizite Erfragung der verschiedenen Facetten der Kundenbindung* ist notwendig, weil Kundenzufriedenheit und Kundenbindung durchaus nicht immer Hand in Hand gehen. Natürlich kann man in einer Befragung das zukünftige Verhalten der Kunden nicht exakt erfassen. Hier behilft man sich in der Praxis dadurch, dass Verhaltensabsichten des Kunden (z. B. im Hinblick auf Wiederkauf oder Cross-Buying) ermittelt werden. Diese liefern zwar keine Garantie für zukünftiges Kundenverhalten, aber doch einen sehr guten Indikator dafür, wie es um die Kundenbindung bestellt ist.

Eine weitere Qualitätsanforderung an Kundenzufriedenheitsmessungen ist die *Differenzierung nach Marktsegmenten* (z. B. Regionen, Kundengruppen oder Vertriebswegen). Dies ermöglicht die präzise Identifizierung von Defiziten und die sachgerechte Zuordnung von Verantwortlichkeiten. Im Firmenkundenbereich empfiehlt sich darüber hinaus die *Differenzierung nach Befragten* (z. B. Einkäufern, technischen Planern oder Qualitätssicherungsspezialisten). In der Praxis beobachtet man hier in der Regel erhebliche Unterschiede in den Zufriedenheitswerten. Auch ist es häufig erforderlich, die Kundenzufriedenheitskriterien auf die einzelnen Personengruppen auszurichten.

Die letzte Anforderung an Zufriedenheitsuntersuchungen (*Initiieren von Verbesserungsprozessen*) bezieht sich streng genommen weniger auf die Messung selbst, sondern vielmehr auf die Nutzung der Ergebnisse der Untersuchung. Selbst die beste Zufriedenheitsmessung nützt wenig, wenn sie in den Schubladen der Marktforschungsabteilung verschwindet. Im Anschluss an eine Kundenzufriedenheitsmessung geht es zum einen um einen systematischen Prozess zur Behebung erkannter Defizite (vgl. ausführlich Homburg/Werner 1998, S. 100 ff. sowie Beutin 2001, S. 118 ff.). Zum anderen empfiehlt es sich, Zufriedenheitsdaten in die Informations- und gegebenenfalls auch in die Vergütungssysteme einfließen zu lassen (vgl. Abschnitt 9.6).

In der Praxis beobachtet man häufig, dass im Anschluss an Zufriedenheitsstudien diverse Verbesserungsmaßnahmen ohne klare Priorisierung losgetreten werden. Ein solcher Aktionismus läuft sich in der Regel in kurzer Zeit tot. Effektives Management der Kundenzufriedenheit erfordert das Setzen von Prioritäten. Hierfür sind Kenntnisse über die Wichtigkeit einzelner Leistungskomponenten notwendig. Die direkte Erfragung dieser Wichtigkeiten ist aus verschiedenen Gründen problematisch. Es empfiehlt sich daher die indirekte Ermittlung anhand der Stärke des Zusammenhangs zwischen der Zufriedenheit mit einzelnen Leistungskomponenten und der Gesamtzufriedenheit (vgl. ausführlich Homburg/Werner 1998, S. 89 ff. sowie Beutin 2001, S. 115 ff.).

Stellt man die Zufriedenheit mit den einzelnen Leistungskomponenten ihrer Wichtigkeit gegenüber, so lässt sich das so genannte *Kundenzufriedenheitsprofil* aufstellen (vgl. Abbildung 12-10). Ein solches Profil erlaubt das Setzen von Prioritäten für die

Steigerung der Kundenzufriedenheit. Das Profil basiert auf der grundlegenden Erkenntnis, dass man unter wirtschaftlichen Gesichtspunkten nicht bei allen Leistungskomponenten hervorragende Zufriedenheitswerte erzielen kann. Bei besonders wichtigen Leistungskomponenten sollten daher die höchsten Zufriedenheitswerte erzielt werden. Bei weniger wichtigen Leistungskomponenten ist dagegen eine etwas geringere Kundenzufriedenheit zu tolerieren. Das Kundenzufriedenheitsprofil sollte von seiner Struktur her also von rechts oben nach links unten verlaufen, was durch den Idealbereich angedeutet ist. Massiver Handlungsbedarf besteht bei den links oben im Profil befindlichen strategischen Nachteilen. Hier sind die Kunden mit wichtigen Leistungsbestandteilen unzufrieden.

Besonders negativ fällt in unserem Beispiel das Beschwerdemanagement auf. Rechts unten im Profil befinden sich die Leistungskomponenten, mit denen die Kunden zwar zufrieden sind, die ihnen jedoch nicht besonders wichtig sind. Hier sollten höchstens so viele Ressourcen investiert werden, wie die Beibehaltung des Status quo erfordert. Man sollte sich auch die kritische Frage stellen, ob man hier nicht einen Aufwand betreibt, der vom Markt nicht honoriert wird.

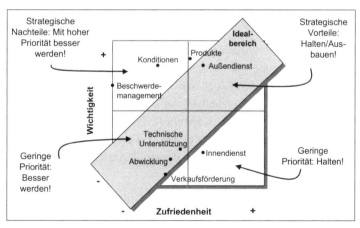

Abbildung 12-10: Kundenzufriedenheitsprofil am Beispiel eines Baustoffherstellers

Ein weiteres anschauliches Instrument zur Aufbereitung der Ergebnisse von Kundenzufriedenheitsuntersuchungen ist das so genannte Kundenzufriedenheits-Kundenbindungs-Profil. Wir wollen seine Interpretation am Beispiel des oben genannten Baustoffherstellers verdeutlichen (vgl. Abbildung 12-11).

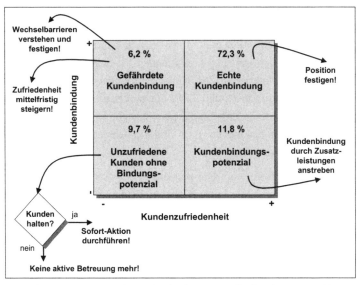

Abbildung 12-11: Kundenzufriedenheits-Kundenbindungs-Profil am
Beispiel eines Baustoffherstellers

In diesem Beispiel weisen immerhin 72,3 % der befragten Kunden echte Kundenbindung auf. Unserer Erfahrung nach sollten idealerweise mehr als 70 % der Kunden in
diesem Bereich des Profils angesiedelt sein. 11,8 % der Kunden sind zwar zufrieden,
weisen aber nur eine geringe Kundenbindung auf. Hier kann ein effektives Kundenbindungsmanagement ansetzen (vgl. Kapitel 19), falls man an diesen Kunden ein hohes Interesse hat. 6,2 % der befragten Kunden sind zwar an den Hersteller gebunden
(z. B. weil das gewünschte Produkt nur bei diesem Hersteller verfügbar ist), sind dabei
aber eher unzufrieden.

Zwei Vorgehensweisen sind in einem solchen Fall denkbar: Zum einen müssen die
Wechselbarrieren dieser Kunden identifiziert und gefestigt werden. Allerdings ist dies
mit Vorsicht zu genießen, da Wechselbarrieren langfristig wegfallen können. Aus
diesem Grund muss zum anderen die Kundenzufriedenheit bei diesen Kunden mittelfristig gesteigert werden. Besonders schwierig ist der Fall der unzufriedenen und un-
gebundenen Kunden, immerhin 9,7 % der Kunden in unserem Beispiel. Bei diesen
Kunden muss grundsätzlich die Frage gestellt werden, ob man sie halten möchte.
Wenn ja, müssen Sofort-Aktionen zur Steigerung der Kundenzufriedenheit und
-bindung durchgeführt werden.

Diese Betrachtung der Prozentzahlen im Profil ist natürlich noch recht oberflächlich. In der praktischen Anwendung dieses Instruments muss daher im Vorfeld von Entscheidungen auch betrachtet werden, welche Kunden(gruppen) wie stark in den einzelnen Bereichen des Profils auftreten.

12.5 Analyse des Beschaffungsverhaltens von Firmenkunden

Die bisher dargestellten Konzepte und Instrumente der Kundenanalyse eignen sich für den Vertrieb gegenüber Endkunden und Firmenkunden gleichermaßen. Firmenkundenmärkte zeichnen sich jedoch durch im Vergleich zu Endkundenmärkten deutlich langwierigere und komplexere Kauf- und Entscheidungsprozesse der Kunden aus. Im Firmenkundengeschäft ist es daher aus Anbietersicht von großer Bedeutung, die Strukturen und Prozesse der Beschaffungsentscheidung beim Kunden zu verstehen. Vor diesem Hintergrund werden wir im Folgenden einen Ansatz vorstellen, der sich explizit der Analyse des Beschaffungsverhaltens von Firmenkunden widmet.

Im Gegensatz zu Endkundenmärkten werden in Firmenkundenmärkten Einkaufsentscheidungen in der Regel unter Beteiligung mehrerer Personen getroffen. In diesem Fall spricht man vom so genannten „Buying Center" (vgl. Webster/Wind 1972a, Homburg/Krohmer 2003). Unter einem solchen Buying Center versteht man den gedanklichen Zusammenschluss der an einer bestimmten organisationalen Kaufentscheidung beteiligten Personen bzw. Gruppen. Es handelt sich bei einem Buying Center um eine informelle Gruppe, d.h. ein Buying Center ist in der Regel nicht als eigenständige Abteilung im Unternehmen organisatorisch verankert.

Die Mitglieder des Buying Centers nehmen verschiedene Rollen ein. Hierbei kann eine Person mehrere Rollen gleichzeitig einnehmen, und mehrere Personen können die gleiche Rolle wahrnehmen. Im Allgemeinen lassen sich fünf Rollen im Buying Center unterscheiden (vgl. Webster/Wind 1972a):

- Benutzer: Im Bereich des Benutzers wird das zu beschaffende Produkt verwendet. In vielen Fällen geht vom Benutzer die Initiative zur Anschaffung des Produktes aus.

- Einkäufer: Der Einkäufer besitzt die formale Autorität für die Vorbereitung von Kaufverträgen nach kaufmännischen und juristischen Gesichtspunkten sowie für die Wahl des Lieferanten.

▦ Beeinflusser: Beeinflusser sind meist Fachleute, die als Meinungsführer über besondere Informationen verfügen. Sie definieren häufig Spezifikationen und stellen
Informationen zusammen.

▦ Informationsselektierer: Die Informationsselektierer nehmen eine Vorstrukturie-
rung sowie eine Alternativenreduktion vor. Diese Rolle wird häufig von Assisten-
ten von Entscheidungsträgern wahrgenommen.

▦ Entscheider: Die Entscheider besitzen aufgrund ihrer Position die Entscheidungsbefugnis. Sie treffen letztlich die Kaufentscheidung.

Der Verkaufserfolg ist in hohem Maße davon abhängig, ob die Entscheidungsstrukturen sowie die Ansprüche der verschiedenen Parteien im Buying Center verstanden und
angemessen berücksichtigt werden. Vertriebliche Kundenbearbeitungsaktivitäten sind
häufig zu stark auf den Einkäufer fokussiert. Wir haben daher einen *Fragenkatalog zur
Kunden- bzw. Buying-Center-Analyse* entwickelt, den wir im Folgenden darstellen
wollen. Dabei eignen sich die folgenden Leitfragen nicht nur für große formale Buy-
ing-Center, sondern können zu großen Teilen auch für einfache Beschaffungsstruktu-
ren (z.B. von 2-3 Entscheidern bzw. Beeinflussern) angewandt werden. Dieser Leitfragenkatalog besteht aus 8 Fragefeldern ...

1) zur Formalisierung des Buying Centers

2) zu den Beschaffungskriterien des Buying Centers

3) zur Zusammensetzung des Buying Centers

4) zu den Rollen der Mitglieder des Buying Centers

5) zum informellen Organigramm und den Machtstrukturen des Buying Centers

6) zu den einzelnen Personen im Buying Center

7) zur Wahrnehmung des Anbieters durch die einzelnen Personen

8) zur Nutzengenerierung für die einzelnen Personen.

Tabelle 12-9: Leitfragen zur Analyse des Beschaffungsverhaltens von Firmenkunden

1) Leitfragen zur Formalisierung des Buying Centers
Existiert ein formales Buying Center in der Kundenorganisation?
Wie formalisiert sind die Beschaffungsprozesse im Rahmen des Buying Centers?
Ist eine Genehmigung einer zentralen Stelle notwendig, um zum jeweiligen Ansprechpartner zu gelangen?
2) Leitfragen zu den Beschaffungskriterien des Buying Centers
Gibt es systematische Checklisten zur Bewertung der Anbieter?
Wie wichtig ist dem Kunden die Produkt- und Dienstleistungsqualität?
Wie wichtig ist der Preis? Gibt es relevante Schwellenwerte?
Wie viele Vergleichsangebote wurden eingeholt?
3) Leitfragen zur Zusammensetzung des Buying Centers
Aus welchen Personen setzt sich das Buying Center zusammen?
Gibt es organisationsexterne Personen/Instanzen, die im Buying Center zu berücksichtigen sind?
4) Leitfragen zu den Rollen der Mitglieder des Buying Centers
Wer spielt welche Rolle im Rahmen des Buying Centers?
▪ Wer ist der wesentliche Entscheider im Beschaffungsprozess?
▪ Wer fällt die (kaufmännische) Einkaufsentscheidung? Wer hat die formale Budgethoheit?
▪ Wer fällt die fachliche (z.B. technische) Entscheidung?
▪ Wer ist der wesentliche Beeinflusser im Buying Center?
▪ Inwiefern gibt es einen „Vorselektierer", der die zu betrachtenden Alternativen im Vorfeld eingrenzt?
▪ Wer ist der eigentliche Nutzer der zu beschaffenden Leistung?
In welcher Phase im Beschaffungsprozess treten die identifizierten Beteiligten auf?
Inwieweit verändern sich ihre Rollen im Laufe des Entscheidungsprozesses?
5) Leitfragen zum informellen Organigramm und zu den Machtstrukturen des Buying Centers
Wie sind die Machtverhältnisse im Buying Center?
Gibt es bestimmte Personen, die die Beschaffung (aufgrund ihrer hierarchischen Stellung oder ihres fachlichen Einflusses) dominieren?
Wie sind die verschiedenen Personen untereinander vernetzt?
Wie erfolgen die genauen Berichtslinien? Wer berichtet an wen?
Welche Personen nehmen eine besonders zentrale Stellung ein?
Welche Personen sind nur wenig oder gar nicht vernetzt?

6) Leitfragen zu einzelnen Personen im Buying Center

Welchen fachlichen Hintergrund haben die einzelnen Personen?

Was sind die individuellen Ziele und Bedürfnisse dieser Person?

Welchen persönlichen Nutzen zieht diese Person aus einer Entscheidung für unser Unternehmen?

Inwieweit benötigt diese Person Detailinformationen, um zu einer Entscheidung zu kommen? Welche Art der Detailinformation benötigt diese Person?

Inwieweit hat diese Person eine eher ganzheitliche Betrachtungsperspektive und benötigt in erster Linie stark aggregierte Informationen, um zu einer Entscheidung zu kommen?

Ist diese Person eher offen gegenüber technischen oder kaufmännischen Argumenten?

Was ist der Karrierehintergrund dieser Person? Haben wir es hier mit einem Kaufmann, mit einem Naturwissenschaftler oder einem Techniker zu tun?

Ist diese Person nur für geschäftliche oder auch für private Themen offen?

Auf welche Aktivitäten, Themen und Initiativen reagiert diese Person positiv bzw. negativ?

7) Leitfragen zur Wahrnehmung des Anbieters

Wie nehmen uns die Beteiligten wahr?

Wie werden unsere Fähigkeiten wahrgenommen?

Wie viel Sympathie empfinden sie für uns (für mich als Person und für mein Unternehmen)?

Wer tritt aufgrund seiner hierarchischen Stellung als unser „Förderer" auf?

Wer tritt aufgrund seiner hierarchischen Stellung als „Bremser" gegenüber uns auf?

Wer tritt aufgrund seiner fachlichen Expertise als unser „Förderer" auf?

Wer tritt aufgrund seiner fachlichen Expertise als „Bremser" gegenüber uns auf?

Was ist der Eindruck der Beteiligten im Buying Center von unserem Wettbewerb?

8) Leitfragen zur Nutzengenerierung für die einzelnen Personen

Welchen emotionalen Nutzen bieten wir den einzelnen Personen?

Wie helfen wir den einzelnen Personen, in ihrem eigenen Unternehmen gut auszusehen?

13. Wettbewerbsinformationen – Den Gegner kennen

Nur wer seine Wettbewerber kennt, kann sich gegen sie behaupten. Die Auswirkungen von Fehleinschätzungen der Konkurrenz können im Vertrieb fatal sein. Zu Denken gibt das Ergebnis einer empirischen Studie, nach der rund 44 % der befragten Unternehmen keinen systematischen Wettbewerbsvergleich im Vertrieb durchführen (vgl. Zahn 1997). Häufig sind zwar gewisse Wettbewerbsinformationen im Unternehmen vorhanden, sie werden jedoch nicht systematisch gebündelt, aufbereitet und genutzt.

Ein professionelles *Wettbewerbsinformationssystem* sollte folgende Fragen beantworten (vgl. Abbildung 13-1):

▧ Wer sind unsere Wettbewerber?

▧ Wo stehen unsere Wettbewerber im Markt?

▧ Über welche Ressourcen verfügen unsere Wettbewerber, d. h. wie stark sind sie?

▧ Wo wollen unsere Wettbewerber hin?

▧ Was tun sie, um dorthin zu gelangen?

Abbildung 13-1: Informationen über Wettbewerber im Überblick

Zu den Informationen, die Wettbewerbsunternehmen grundlegend beschreiben („Wer sind unsere Wettbewerber?"), gehören u. a. die Organisations- und Eigentümerstruktur oder auch Verflechtungen mit anderen Unternehmen. Antwort auf die Frage „Wo stehen unsere Wettbewerber im Markt?" geben beispielsweise Daten wie Marktanteile, Distributionsgrade oder Image. Die Stärke der Wettbewerber lässt sich z. B. über die Quantität und Qualität der Ressourcen in unterschiedlichen Bereichen beschreiben. Dies dient als ein weiterer Indikator für das Ausmaß der Bedrohung, die ein Wettbewerber darstellen kann. Die Frage „Wo wollen unsere Wettbewerber hin?" betrifft im Wesentlichen Aussagen über Ziele, Budgets und Zeitpläne der Wettbewerber. Schließlich müssen Daten über die Marktbearbeitung der Wettbewerber gesammelt werden. Sie beziehen sich u. a. auf verschiedene Aspekte des Vertriebsmanagements oder auch der Ausgestaltung des Kundenbeziehungsmanagements.

Bei der *Gewinnung von Wettbewerbsinformationen* sind der Kreativität des Unternehmens prinzipiell keine Grenzen gesetzt, wobei natürlich rechtliche Rahmenbedingungen zu berücksichtigen sind. Informationen über Wettbewerber sind in den meisten Fällen aus verschiedensten Informationsquellen zu beschaffen. Die wichtigsten sind in Abbildung 13-2 dargestellt.

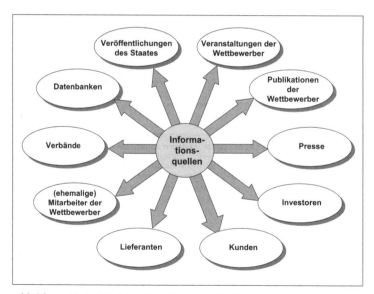

Abbildung 13-2: Wichtige Quellen von Wettbewerbsinformationen im Überblick

Relativ leicht zu gewinnen sind oft die Informationen, die Unternehmen selbst über sich verbreiten, z. B. durch Pressemitteilungen, Stellenanzeigen, Werbung, Informationsveranstaltungen, Messen, Werksführungen, Patentanmeldungen, Mitarbeiterzeitschriften, die Homepage im Internet oder auch durch Aussagen von (Vertriebs-)Mitarbeitern. Vielfach lassen sich bestimmte Informationen über Wettbewerber aber auch professionell aufbereitet von kommerziellen Anbietern wie Markforschungsinstituten, Beratungsunternehmen oder Investment-Banken beziehen.

Für den *Erfolg eines Wettbewerbsinformationssystems* muss eine Reihe von *Voraussetzungen* erfüllt sein. Sie ähneln zum Teil den bereits im Zusammenhang mit der Kundenzufriedenheitsmessung angesprochenen Anforderungen. So müssen Wettbewerbsinformationen systematisch, regelmäßig und differenziert (z. B. nach Produkten oder Regionen) gesammelt werden. Dezentral eingehende Informationen müssen z. B. vom Außendienst, von Mitarbeitern des Call Centers oder auch von Kundendienstverantwortlichen zusammengetragen und an eine zentrale Stelle weitergeleitet werden. Aufgabe dieser zentralen Einheit ist es, die Informationen zu sammeln, zu aggregieren und in komprimierter Form den Beteiligten wieder zur Verfügung zu stellen. In vielen Unternehmen werden hierfür Wettbewerbsprofile erstellt, die in den Vertriebsinformationssystemen abgelegt sind. Tabelle 13-1 enthält Auszüge aus einem solchen Profil am Beispiel des Wettbewerbers eines Baumaschinenherstellers.

Während sich Wettbewerbsinformationen auf die einzelnen Konkurrenten beziehen, sollte ein Unternehmen auch Informationen über die generelle Situation und Veränderungen im Markt sammeln. Auf diesen Aspekt wollen wir im folgenden Kapitel eingehen.

Tabelle 13-1: Auszug aus einem Wettbewerbsprofil eines Baumaschinenherstellers

Kriterium	Information	sonstige Anmerkungen	Quelle der Information
Wer ist unser Wettbewerber?			
Name	Construct-Automate		
Sitz des Unternehmens	Luxemburg		
Branche	Herstellung von Baumaschinen		
...	...	...	...
Wo steht unser Wettbewerber im Markt?			
Umsatz	2000: 130 Mio. Euro weltweit, 75 Mio. Euro in Europa	starke Umsatzkonzentration auf 3 wichtige Kunden (s. Anlage A)	Geschäftsbericht, Aussagen von Kunde B und Absatzmittler A

Kriterium	Information	sonstige Anmerkungen	Quelle der Information
Umsatzänderung i. V. zum Vorjahr	-7 %	zurückzuführen auf Markteinführung unseres Produktes Excavator X-10	Marktforschungsstudie Bau 2000
Marktanteil	Weltweit: 13 % Europa: 23 %		
Ertragslage	Return on Sales ca. 4 %	variiert stark nach Produkten und Kundengruppen (s. Anlage A)	Aussagen ehemaliger Mitarbeiter, Schätzungen unseres Außendienstes
...	...	...	...

Über welche Ressourcen verfügt unser Wettbewerber?

Kriterium	Information	sonstige Anmerkungen	Quelle der Information
Finanzressourcen (Liquidität)	kritisch	Gerüchte über Auflösung von Rückstellungen zur „Verschönerung" der letzten Jahresbilanz	Geschäftsbericht, Aussagen einer Finanzauskunftei
Niederlassungen/Standorte	Weltweit: 5 Europa: 3	Gerüchte über mögliche Auflösung der Auslandstöchter in Nordamerika	Auslandskunde Z des Wettbewerbers
Mitarbeiter (weltweit)	Marketing: 20 Vertrieb: ca. 35 (davon 18 Außendienst) Service: 10		
Mitarbeiter (Europa)	Marketing: 10 Vertrieb: ca. 20 (davon 10 Außendienst) Service: 5	relativ viele Mitarbeiter fortgeschrittenen Alters im Außendienst, Generationswechsel zu erwarten, damit verbunden „Einarbeitungsschwierigkeiten"	Aussagen von Kunden

Wo will unser Wettbewerber hin?

Kriterium	Information	sonstige Anmerkungen	Quelle der Information
langfristige Ziele	Besetzung der umsatzbezogen 10. Position weltweit	unrealistisch bei Betrachtung der derzeitigen Ertragslage (s. o.)	Aussagen des Geschäftsführers im Rahmen eines Vortrages auf der Baumesse ABC
...	...	...	...

Was tut er, um dorthin zu gelangen?

Kriterium	Information	sonstige Anmerkungen	Quelle der Information
Produktspektrum	insgesamt 5 Typen von Baumaschinen mit jeweils 3 Varianten (Abbildungen s. Anlage B) Wartungs- und Reparaturleistungen für die jeweiligen Produkte	Produktpalette in Teilen veraltet, insbesondere Typen Dig-Deep und Tom-Cat entsprechen nicht mehr den Kundenanforderungen	Kataloge des Wettbewerbers, Aussagen von Kunden im Rahmen der Fokusgruppe vom 20.12.2000
Preispositionierung	durchgängig „Economy", ca. 10 % unter den Preisen für vergleichbare Produkte aus unserem Produktprogramm	lt. Aussagen des stellv. Vertriebsleiters des Wettbewerbers sind keine größeren Variationen der Positionierung zu erwarten	Artikel in Zeitschrift „Construction" 11/00

Kriterium	Information	sonstige Anmerkungen	Quelle der Information
Kundenbin-dungs-management	nicht systematisch, persönliche Beziehungen stehen im Vordergrund	Überlegungen zum Aufbau eines Kundenbeirates wurden verworfen	Aussagen des Kunden C und ehemaliger Mitarbeiter
Vertriebsstra-tegie	Aufbau einer zusätzlichen Außendienstmannschaft zur Akquise neuer Kunden	Abwerbung erfahrener Vertriebsmitarbeiter von anderen Unternehmen	unser Außendienst
...	...	...	...

14. Der Markt – Trends frühzeitig erkennen

Marktinformationen sind für den Vertrieb in verschiedenen Situationen von Bedeutung. Ein wesentlicher Aspekt ist hierbei das rechtzeitige Erkennen von *Veränderungen und Trends* im Markt. Dies ist u. a. bei der Entwicklung der Vertriebsstrategie sowie bei der operativen Vertriebsplanung von Bedeutung. In diesem Zusammenhang müssen Informationen gesammelt und ausgewertet werden, die sich auf Veränderungen in den folgenden fünf Bereichen beziehen:

- Stellung des eigenen Unternehmens im betrachteten Markt,
- Wettbewerbsverhalten im betrachteten Markt,
- Kundenverhalten,
- allgemeine Marktcharakteristika sowie
- sonstige Umweltfaktoren.

Abbildung 14-1 gibt einen Überblick über relevante Informationen in diesen fünf Bereichen. Informationen über die *Stellung des eigenen Unternehmens* im Markt betreffen z. B. den Marktanteil, den Bekanntheitsgrad oder das Image des Unternehmens. In diesem Zusammenhang ist darauf zu achten, dass der Marktanteil nicht nur absolut, sondern auch relativ, d. h. in Relation zum größten Wettbewerber berechnet wird. Ferner müssen Unternehmen auch Informationen über die Marktanteile pro Produkt(gruppe) und pro Marktsegment besitzen. Der Bekanntheitsgrad und das Image sollten nicht nur unter den bestehenden Kunden, sondern auch unter Nicht-Kunden ermittelt werden.

Die Charakterisierung des *Wettbewerbsverhaltens* im betrachteten Markt lässt sich vor allem mit Informationen über den Eintritt neuer Wettbewerber, den Austritt alter Wettbewerber, die Gefahr durch Substitute sowie das Aufweichen von Branchengrenzen beschreiben. Informationen über den Eintritt neuer Wettbewerber dienen dazu, die Gefahr der Abwerbung eigener Kunden frühzeitig zu erkennen und entsprechend zu reagieren (für eine empirische Untersuchung von Verteidigungsstrategien gegen neue Wettbewerber vgl. Kuester et al. 2001). Der Austritt alter Wettbewerber bietet hingegen die Möglichkeit, die Kunden dieser Wettbewerber anzuwerben.

In vielen Märkten darf die Gefahr durch Substitute nicht unterschätzt werden. So muss beispielsweise ein Hersteller von Weinflaschen auch den Markt für Getränkekartons beobachten, da bereits einige Produzenten einfachen Wein in Getränkekartons abfüllen. Derartige potenzielle Probleme muss ein Unternehmen möglichst frühzeitig erkennen und mit entsprechenden Vertriebsaktivitäten reagieren.

Abbildung 14-1: Marktinformationen im Überblick

Indizien für das Aufweichen von Branchengrenzen sind ebenfalls wichtige Informationen für den Vertrieb. Derartige Entwicklungen sind heute vielerorts zu beobachten. Beispielhaft sei auf die Entwicklungen in den Branchen Telekommunikation bzw. Informationstechnologie hingewiesen. Die zunehmende Verschmelzung von Telekommunikations- und Informationstechnologien führt dazu, dass sich vollkommen neue Wettbewerbslandschaften herausbilden. Ehemals klassische Telekommunikationsdienstleister bieten nun umfassende Informations-/Kommunikationslösungen oder auch E-Commerce-Lösungen an, die vom Angebot der technischen Grundlagen („Enabling") teilweise bis hin zu den Anwendungen („Applications") gehen. Sie treten damit u. a. in den Wettbewerb zu etablierten IT-Dienstleistern.

Informationen über die *Veränderungen im Kundenverhalten* helfen dem Vertrieb, seine Bearbeitungs- und Betreuungsstrategien auf die neue Bedürfnissituation einzustellen. Besonders große Auswirkungen auf die Vertriebsarbeit haben Veränderungen im Informationsverhalten der Kunden. Aktuell lässt sich dieses im Zusammenhang mit dem Internet erkennen. So sehen sich viele Unternehmen gezwungen, ihre Präsenz im

Internet sicherzustellen, da immer mehr Kunden das Internet als Informationsmedium nutzen.

Auch Veränderungen des Einkaufsverhaltens stellen sehr wertvolle Informationen für den Vertrieb dar. Dieser muss mit einer entsprechenden Veränderung der Vertriebswege reagieren. In Bezug auf das Internet bedeutet dies wiederum die Sicherstellung der Präsenz auf einer eigenen Web-Site, in Produktkatalogen oder in virtuellen Warenhäusern (vgl. Kapitel 19).

Schließlich spielen auch Informationen über die Käufermacht bzw. Konzentrationsprozesse innerhalb der Kunden eine große Rolle. Mit dieser Problematik sehen sich zur Zeit vor allem Konsumgüterhersteller konfrontiert, die primär über den Einzelhandel vertreiben. Derartige Informationen sind relevant im Hinblick auf die Identifikation potenzieller Vertriebswege bzw. neuer Vertriebspartner.

Zu den *allgemeinen Marktcharakteristika* zählen Angaben über die Größe, das Wachstum, den Stand im Lebenszyklus, die Saisonalität und die Gewinnentwicklung der Anbieter im Markt. Diese Angaben sollten nicht nur für den Gesamtmarkt verfügbar sein, sondern beispielsweise auch für regionale Teilmärkte. In diesem Zusammenhang konnten wir häufig beobachten, dass Unternehmen ihre Märkte zu eng definieren. Es muss jedoch immer der *relevante* Markt betrachtet werden. Hierbei geht es um Kunden und ihre Bedürfnisse, unabhängig davon, mit Hilfe welcher Produkte diese Bedürfnisse befriedigt werden. So wäre es beispielsweise kurzsichtig, wenn eine Spedition lediglich das Marktvolumen für den LKW-Transport betrachtet und dabei den Schienen-, Luft- und Wassertransport vernachlässigt.

Neben der Größe ist auch das Wachstum des Marktes ein wichtiges allgemeines Marktcharakteristikum. Dabei ist nicht nur das aktuelle Wachstum, sondern auch das zukünftige, prognostizierte Wachstum von Interesse. Wichtige Informationen über zukünftige Wettbewerber und den Zeitpunkt ihres Markteintritts können daraus abgeleitet werden.

Informationen über eine mögliche Saisonalität dienen der Planungsverbesserung. Sie helfen, in den entsprechenden Zeiträumen z. B. mit Verkaufsförderung oder Kapazitätsanpassungen gegenzusteuern.

Die Gewinnentwicklung im betrachteten Markt dient ebenfalls der Planung und dem besseren Verständnis von (Re-)Aktionen der Wettbewerber. Eng verbunden mit der Gewinnentwicklung sind auch wirtschaftliche Kennzahlen. Beide Angaben sind für eine professionelle Marktbewertung unerlässlich. Daraus lassen sich z. B. wichtige Informationen über die Zukunft des Marktes ableiten und Entscheidungen über die notwendigen (Des-)Investitionen treffen. Erst vor kurzem haben wir die Struktur der Vertriebsregionen eines Herstellers für Sanitäreinrichtungen analysiert. Ein wesentlicher Aspekt war hier die Betrachtung der wirtschaftlichen Entwicklung der einzelnen Märkte. Es zeigte sich, dass die Ressourcen aufgrund von Informationsdefiziten im Vertrieb eindeutig falsch verteilt waren. Wachsende Märkte mit positiven wirtschaftlichen Daten wurden nur unzureichend betreut, während stagnierende, aber traditionelle Vertriebsregionen mit Überversorgung und entsprechend hohen Kosten bei niedrigen Umsätzen zu kämpfen hatten.

Umweltveränderungen dokumentieren sich in technologischem, gesamtwirtschaftlichem, politischem und gesellschaftlichem Wandel. Derartige Veränderungen können von den Unternehmen zwar nicht beeinflusst werden, sie sind aber Frühindikatoren für Entwicklungen, auf die sich das Unternehmen vorbereiten sollte.

Viele der genannten Marktinformationen sind qualitativ. Man erhält sie durch eine intensive Beobachtung des Marktes, durch die Analyse von Trendberichten oder aber durch Gespräche. Interessante Gesprächspartner sind in diesem Zusammenhang nicht nur die direkt betroffenen Marktteilnehmer, sondern auch Wirtschaftsforschungsinstitute, Vertreter anderer Branchen, Politiker usw. Die quantitativen ökonomischen Daten erhält man entweder durch Prognosen wirtschaftswissenschaftlicher Institute oder aber durch entsprechende branchenbezogene Trendstudien von Marktforschungsinstituten.

15. Informationen über interne Prozesse – Sand im Getriebe?

Die vergangenen Kapitel bezogen sich auf Informationen über unternehmensexterne Sachverhalte. In diesem Abschnitt wollen wir das Unternehmen selbst bzw. den Ablauf des Vertriebsprozesses im Unternehmen betrachten. Um die Effizienz und Effektivität des Vertriebsprozesses sicherzustellen, muss im Unternehmen für jede Prozessphase eine Reihe von Kennzahlen und qualitativen Informationen gesammelt und analysiert werden. Tabelle 15-1 gibt einen Überblick über die wichtigsten Phasen im Vertriebsprozess – von der Kundenakquisition bis zur Weiterbetreuung. Auch wird beispielhaft gezeigt, mit Hilfe welcher Informationen die Voraussetzungen, die Ablaufqualität und die Ergebnisse jeder Prozessphase analysiert werden können.

Kennzahlen bzw. Informationen über *Voraussetzungen des Vertriebsprozesses* informieren darüber, inwieweit überhaupt die Möglichkeit besteht, die betreffende Prozessphase effektiv und effizient abzuwickeln. Sie beziehen sich häufig auf die Quantität und Qualität von Human-, Sach- oder Finanzressourcen.

Ablaufbezogene Kennzahlen bzw. Informationen stellen vor allem auf die Schnelligkeit, Fehlerfreiheit und die Flexibilität der entsprechenden Prozessphase ab. *Ergebnisbezogene Kennzahlen bzw. Informationen* helfen schließlich, die Resultate einer Prozessphase zu bewerten.

Wir wollen hier nicht jede Prozessphase im Detail erläutern, sondern nur auf einige ausgewählte Beispiele eingehen. Bei der Betrachtung der *Kundenakquisitionsphase* stehen als *Voraussetzungen* auf Anbieterseite vor allem die Quantität und Qualität der Sach- und Humanressourcen (z. B. Fähigkeiten der Mitarbeiter) im Vordergrund. Darüber hinaus muss in kundenbezogener Hinsicht sichergestellt werden, dass aussagekräftige Informationen über potenzielle Kunden vorliegen (vgl. Homburg/Fargel 2005).

Hinsichtlich des *Ablaufs der Kundenakquisition* sollte eine Interessenqualifikation vorgenommen werden, d. h. für aufwändige Akquisitionsaktivitäten sollten die „wirklich interessierten Kunden" herausgefiltert werden. Unserer Erfahrung nach werden zu viele Ressourcen auf nicht wirklich ernst gemeinte Anfragen verwendet. In vielen Unternehmen wird auf jede Anfrage z. B. gleich mit einem Außendienstbesuch reagiert.

Tabelle 15-1: Kennzahlen und Informationen zur Analyse des Vertriebsprozesses

	Voraussetzungen	Ablauf	Ergebnis
Kundenakquisition	Quantität/Qualität von Sach-/Human-/Finanz-ressourcen	Qualität der Bewertung von Anfragen, Zeit-raum zwischen Erst-kontakt und Verkaufs-gespräch/Nachfass-aktion	Zahl der Neukunden pro Akquisitionsaktivi-tät, Akquisitionskosten pro Neukunde
Angebotserstellung	Breite/Tiefe des Pro-duktprogramms, Preis-spielraum bei der An-gebotserstellung	Dauer, Flexibilität, Fehlerfreiheit der An-gebotserstellung	Trefferquote (Aufträge pro Angebot), Kosten der Angebotserstellung
Auftragsbearbeitung	Quantität/Qualität von Sach-/Humanressour-cen, Automationsgrad der Auftragsbearbei-tung	Dauer/Flexibilität/Feh-lerfreiheit der Auftrags-bearbeitung	Anzahl bearbeiteter Aufträge pro Periode, Bearbeitungskosten pro Auftrag, durch-schnittliche Auftrags-höhe
Leistungs-erbringung/Lieferung	Lagerkapazitäten und -bestand, Produktver-fügbarkeit, Qualität des tangiblen Umfeldes bei Dienstleistern	Lieferdauer, Dauer der Leistungserbringung, Flexibilität gegenüber Änderungswünschen	Liefertreue, Lieferquali-tät, Reklamationsquote
Weiterbetreuung	Qualität/Quantität der Ressourcen für Kun-denbindung, Qualität und Quantität des Ser-vicepersonals	Erreichbarkeit, Reakti-onszeit auf Anfragen/Beschwerden, Zeit-raum zwischen Erst-kauf und Cross-Sel-ling-Aktivität	Kundenzufriedenheit, Zeitraum zwischen Beschwerde und Lö-sung, Cross-Selling-Erfolg

Ein amerikanischer Hersteller von Alarmanlagen hat eine Methode entwickelt, solche Streuverluste zu reduzieren. Jede Anfrage wird mit einem standardisierten Telefonge-spräch beantwortet. Im Telefonat wird der Interessent über das Produktangebot infor-miert. Hierbei werden die Kunden selektiert, die neben der Zusendung von Prospekt-material auch an einem zweiten Telefonat Interesse haben. Bei diesem Nachfassanruf wird noch einmal über Produkte informiert. Es werden aber auch weitere Fragen über das Informationsmaterial gestellt. Mit Hilfe von detaillierteren Fragen sollen die be-vorzugte Produktkategorie sowie die Kaufneigung abgeschätzt werden. Ziel des Ge-sprächs ist die Vereinbarung eines Beratungsgespräches beim Kunden. Die Erfahrung zeigt, dass bei einer solchen Vorgehensweise eine deutliche Effizienzsteigerung bei der Kundenakquisition erzielt werden kann.

Betrachtet man die *Auftragsbearbeitungsphase* und hier speziell die *Ergebnisse* dieser Phase, so werden die Bearbeitungskosten pro Auftrag noch zu häufig vernachlässigt. Selten wird z. B. ermittelt, wie viel Zeit es kostet, bis ein Sachbearbeiter einen Auftrag komplett in das IT-System eingestellt hat (inklusive aller Rückfragen beim Verkäufer, in der Produktion usw.). In einigen Fällen kann der Verwaltungsaufwand für einen Auftrag im Vergleich zum Auftragsvolumen so hoch sein, dass das Volumen unter den Kosten der Auftragsbearbeitung liegt. Unternehmen sollten daher das Verhältnis von Auftragsvolumen zu Auftragskosten erfassen und unrentable Kleinstaufträge nach Möglichkeit ablehnen.

Die *Phase der Leistungserbringung/Lieferung* umfasst im produzierenden Bereich vor allem Logistikleistungen, im Dienstleistungsbereich primär die eigentliche Leistungs-erbringung für den Kunden. Hinsichtlich der *Voraussetzungen* müssen z. B. bei Dienstleistungsunternehmen Informationen über die Erfüllung gewisser Qualitäts-standards bezüglich des tangiblen Umfeldes (z. B. Sauberkeit von Gebäuden oder Kleidung der Mitarbeiter) vorliegen. Unternehmen aus dem produzierenden Bereich müssen die Liefervoraussetzungen z. B. durch die Verfügbarkeit der Produkte im La-ger sicherstellen.

Zur Beschreibung des *Ablaufs der Auslieferung bzw. Leistungserbringung* sind vor allem durchschnittliche Lieferzeiten bzw. die Dauer der Leistungserbringung (z. B. Dauer eines Beratungsprojektes bis zur Erfüllung der Projektvorgaben) zu verfolgen. Zu den *ergebnisbezogenen Kenngrößen* zählen u. a. die Liefertreue und Lieferqualität. Die Lieferqualität umfasst beispielsweise die Vollständigkeit der Lieferung.

Am Schluss des Vertriebsprozesses stehen die *Weiterbetreuung* und der After Sales Service, die sämtliche Aktivitäten nach dem eigentlichen Verkauf umfassen. Kennzah-len bzw. Informationen über die *Voraussetzungen* für einen effektiven After Sales Ser-vice könnten sich z. B. auf die Qualität und Quantität des Servicepersonals beziehen. Beim *Ablauf* der Weiterbetreuung bietet sich z. B. die Analyse der Erreichbarkeit der Mitarbeiter oder der durchschnittlichen Reaktionszeit auf Anfragen bzw. Beschwerden an. Schließlich ließe sich die *Ergebnisqualität* des After Sales Service u. a. über die Kundenzufriedenheit, die Anzahl der gelösten Beschwerdefälle oder auch den Cross-Selling-Erfolg erfassen.

Wir haben hier nur einige Beispiele dafür aufgezeigt, mit welchen Informationen man die Effektivität und Effizienz des Vertriebsprozesses verfolgen kann. Sicherlich ist ein Informationssystem zur Erfassung dieser Qualitätsmerkmale stark unternehmens-spezifisch zu gestalten und kann weit über das hier Angedeutete hinausgehen.

16. CRM und CAS – Die Wegweiser im Dschungel der Informationen

Wir haben uns in diesem Teil bislang mit unterschiedlichen Facetten von Vertriebsinformationen beschäftigt und vor allem die Frage beantwortet, welche Informationen benötigt werden und wie diese gewonnen werden können. Dabei wurde deutlich, dass der Vertriebserfolg mit der Qualität und Quantität der Informationen steht und fällt. Erfolgreiche Vertriebsarbeit hängt aber letztlich auch davon ab, ob die diversen Informationen z. B. über Kunden, Wettbewerber oder den Markt integriert und systematisch genutzt werden.

Diese Frage wird jüngst vor allem im Zusammenhang mit dem Schlagwort des *Customer Relationship Management* (CRM) intensiv diskutiert (vgl. Hippner/Martin/Wilde 2001, Link 2001). IT-Unternehmen versprechen in großflächigen Werbeanzeigen steigende Kundenzufriedenheit und -loyalität, steigende Mitarbeiterproduktivität, steigende Umsatzrenditen und schließlich auch steigende Aktienkurse. Customer Relationship Management wird häufig nur als eine Frage der richtigen Software gesehen.

Wir warnen vor dieser einseitigen Sichtweise. Sicherlich steht außer Frage, dass moderne IT-Systeme im Rahmen des CRM eine wesentliche Hilfe sein können. Wie in den vorigen Kapiteln deutlich wurde, sind in vielen Unternehmen die für ein effektives Beziehungsmanagement erforderlichen Informationen nicht vorhanden. Hierzu zählen z. B. Informationen zur Kundenstruktur oder -profitabilität.

Außer Frage steht allerdings auch, dass IT-Lösungen nur bei entsprechenden Rahmenbedingungen ihre Leistungskraft entfalten können (vgl. Köhler 2001). Untersuchungen aus den USA zufolge scheitern immerhin rund 60 % aller CRM-Projekte (vgl. Wilde et al. 2000). Ähnliche Befragungen zeigen für Deutschland, dass viele Unternehmen nur mäßig zufrieden mit dem Nutzen ihrer CRM-Systeme sind (vgl. Schröder et al. 2002).

Um dies zu vermeiden, muss sich ein effektives Beziehungsmanagement auf ein klares Konzept stützen. So muss z. B. klar definiert sein, welche Kundensegmente mit welchen Instrumenten und mit welcher Priorität bearbeitet werden sollen (vgl. Sieben 2001, S. 306 ff.). Auch die Entwicklung und Implementierung eines Beschwerdemanagement-Systems ist mit einem hohen konzeptionellen Input verbunden (vgl. hierzu Abschnitt 19.4). Keine Software kann dies dem Manager abnehmen.

In diesem Kapitel wollen wir die Grundlagen eines Informationssystems für das CRM skizzieren, das die in Teil III behandelten Informationen über Kunden, Wettbewerber, den Markt und das eigene Unternehmen systematisch integriert. Die Konzeption des Kundenbeziehungsmanagements sowie die darunter zu subsumierenden Instrumente und Aktivitäten behandeln wir in den Kapiteln 18 bis 21.

Die informationstechnischen Grundlagen von CRM-Systemen lassen sich am besten verdeutlichen, wenn man die zentralen *Aufgabenbereiche* dieser IT-Systeme betrachtet (vgl. Hettich/Hippner/Wilde 2001). Sie umfassen

- das kommunikative CRM,

- das operative CRM und

- das analytische CRM.

Das *kommunikative CRM* bezieht sich auf die Koordination aller Kommunikationskanäle zum Kunden (z. B. Internet, Direct Mail, Telefon, WAP oder persönliche Kontakte). Dementsprechend umfassen CRM-Systeme verschiedene Softwareanwendungen, die sämtlichen Systemnutzern an der Schnittstelle zum Kunden (z. B. Mitarbeitern im Außendienst, Call Center oder im Servicebereich) ein koordiniertes und effizientes Auftreten im Kundenkontakt ermöglichen. Hierzu gehören beispielsweise so genannte „Workflow-Systeme", die den Status kundenbezogener Geschäftsprozesse dokumentieren und deren abteilungsübergreifende Bearbeitung erleichtern. Ein weiteres Beispiel sind „Computer-Telephony-Integration-Systeme" (CTI-Systeme), die einen anrufenden Kunden u. a. anhand seiner Telefonnummer identifizieren und automatisch an den verantwortlichen Kundenbetreuer weiterleiten (so genannte „Skill Based Routing") oder im Internet surfenden Kunden die Möglichkeit geben, per Mausklick einen Rückruf ihres Betreuers anzufordern.

Das *operative CRM* bezieht sich auf die Unterstützung von marketing-, vertriebs- und servicebezogenen Aktivitäten, die über die reine Kommunikation mit dem Kunden hinausgehen. Softwarelösungen zur so genannten „Marketing-, Sales- und Service-Automation" erleichtern beispielsweise die Planung und Abwicklung von Direktmarketing-Kampagnen, die Vor- und Nachbereitung von Kundenbesuchen des Außendienstes oder das Beschwerdemanagement (vgl. Abschnitt 19.4). Systeme aus dem Bereich der Sales-Automation werden häufig unter dem Begriff Computer-Aided-Selling (CAS) diskutiert. Auf sie werden wir später noch ausführlicher eingehen.

Schließlich dient das *analytische CRM* der systematischen Erfassung, Speicherung und Auswertung sämtlicher kunden-, wettbewerbs- und marktbezogener Daten (vgl. hierzu die Kapitel 12 bis 15). Im Kern steht hierbei eine integrierte Datenbank, das so genannte „Data Warehouse", das z. B. Kundendaten aus verschiedenen Quellen (etwa aus Enterprise-Resource-Planning- (ERP-) Systemen wie SAP R\3, aus CTI-Systemen oder externen Datenquellen) in eine einheitliche Softwareumgebung integriert und für spätere Analysen bereitstellt. Darüber hinaus beinhalten CRM-Systeme im Allgemeinen Softwaremodule, die den Systemnutzer bei der Analyse der im Warehouse abgelegten Daten unterstützen (z. B. so genannte OLAP- oder Data-Mining-Anwendungen; vgl. Hettich/Hippner/Wilde 2001).

Der Großteil der IT-Systeme, die heute als CRM-Produkte angeboten werden, geht ursprünglich auf Softwarelösungen aus dem Bereich der Vertriebsunterstützung zurück, auf so genannte *Computer-Aided-Selling-Systeme* (CAS-Systeme). CAS-Systeme sind integrierte Informationssysteme, die Vertriebsmitarbeiter in jeder Phase des Verkaufsprozesses unterstützen sollen, wobei auf verschiedene Softwaremodule (vgl. Abbildung 16-1) und eine vernetzte Hardwarearchitektur (z. B. zentraler Server, Data Warehouse, dezentrale Laptops oder WAP-fähige Mobiltelefone) zurückgegriffen wird. Durch die Vernetzung mit anderen Datenquellen im Unternehmen (z. B. Data Warehouse oder ERP-System) bieten CAS-Systeme den Vertriebsmitarbeitern jederzeit Zugriff auf unterschiedlichste Informationen, die für ihre Arbeit relevant sind (z. B. Produkt- oder Logistikdaten). CAS-Systeme speisen ihrerseits aber auch kundenbezogene Informationen (z. B. Besuchsberichte, Aufträge) in andere betriebliche Informationssysteme ein (vgl. Link 2003).

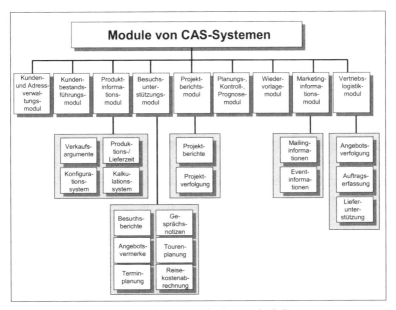

Abbildung 16-1: Beispielhafte Bestandteile von CAS-Systemen im Überblick (in Anlehnung an Kieliszek 1994)

Die verschiedenen Softwaremodule von CAS-Systemen (vgl. Abbildung 16-1) dienen
u. a. der Vorbereitung des Kundenkontakts, der Unterstützung des Verkaufsgesprä-
ches, der Angebotserstellung oder der Nachbereitung des Kundenkontakts (vgl.
Abbildung 16-2). Die in Abbildung 16-2 dargestellten Phasen eines Verkaufsprozesses
müssen aber nicht zwangsläufig sukzessiv ablaufen, sondern können auch zusam-
menfallen.

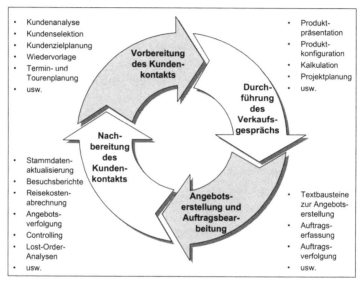

Abbildung 16-2: Ansatzpunkte zum Einsatz von CAS-Systemen im
Verkaufsprozess

Zur *Vorbereitung des Kundenkontakts* wird im Wesentlichen auf vorhandene Kundeninformationen zurückgegriffen. Sie dienen z. B. der Kundenanalyse, der Kundenselektion oder der Zielplanung. Ausgangspunkt der *Kundenanalyse* könnte das Kundenportfolio sein, das wir in Kapitel 12 vorgestellt haben. Darüber hinaus bietet ein CAS-System dem Vertriebsmitarbeiter die Möglichkeit, zusätzliche Informationen über die
Kaufhistorie des Kunden, Produktnutzungsdauern, Lieferzeiten usw. abzurufen. Bei
der *Kundenselektion* werden die Kunden ausgewählt, die in der bevorstehenden Periode vom Vertriebsmitarbeiter zu kontaktieren sind. Beispielsweise erinnert ein Soft-
wareanbieter ausgewählte Kunden an die bevorstehende Markteinführung von Updates
für von diesen Kunden genutzte Software. Schließlich müssen die *Kundenziele geplant*
werden. Solche Ziele können sich z. B. auf den Abschluss eines Rahmenvertrages für

die kommende Periode, die Erreichung einer gewissen Cross-Selling-Quote oder bestimmte Umsatzniveaus beziehen. *Wiedervorlagemodule* erinnern Vertriebsmitarbeiter an das Heranrücken von Wiederbeschaffungszeitpunkten (z. B. für abgeschriebene Fertigungsmaschinen) bei bestimmten Kunden, damit diese rechtzeitig zum Ersatzkauf bewogen werden können. CAS-Systeme unterstützen aber auch bei der *Termin- und Tourenplanung*, was vor allem für den Außendienst hilfreich ist. Beispielsweise nutzen Versicherungen diese Module, um die Kundenbesuche ihrer Vertreter zu koordinieren.

Für die *Durchführung des Kundengesprächs* sollten Informationen über die qualitativen, quantitativen, preislichen und terminlichen Leistungsmöglichkeiten des Anbieters vorhanden sein. Es müssen also Module wie elektronische Produktkataloge, Konfigurations- und Kalkulationssysteme oder Module zur Projektplanung bereitstehen. Elektronische Produktkataloge zur *Produktpräsentation* beinhalten die digitale Aufbereitung von Prospekten, Preislisten, Zeichnungen usw. Der Vorteil gegenüber der konventionellen Papierdarstellung ist die schnelle Suche nach bestimmten Produkten oder Produktmerkmalen, mit deren Hilfe Kundenwünsche schneller präzisiert werden können. Denken wir z. B. an einen Kunden, der ein bestimmtes Fahrzeug kaufen möchte. Die gewünschten Produkteigenschaften wie Farbe, Typ, Preis oder Motorleistung werden in das System eingegeben, worauf in Frage kommende Fahrzeuge vom System aufgelistet und realitätsnah grafisch präsentiert werden.

Besteht ein Produkt aus verschiedenen Einzelteilen, so kann mit Hilfe von *Konfigurationssystemen* im Verkaufsgespräch ein individualisiertes Angebot zusammengestellt und kalkuliert werden, da im Konfigurator sämtliche Produktteile, Kombinationsmöglichkeiten und Preise gespeichert sind. Konfigurationssysteme werden insbesondere im Firmenkundenbereich (z. B. im Systemgeschäft) genutzt. Doch auch im Privatkundengeschäft finden sie zunehmende Verwendung. Beispielsweise können Kunden, die sich für ein Fertighaus interessieren, gemeinsam mit einem Verkaufsberater ihr zukünftiges Traumhaus am Computer entwerfen. Standardisierte Bauteile stehen bereit, um den Grundriss und die Ausstattung der Zimmer zu gestalten. *Kalkulationssysteme* dienen der Kalkulation eines individuellen Angebots und sind häufig in Konfigurationssysteme integriert. In unserem Fertighaus-Beispiel kann ein Kalkulationssystem aufbauend auf der Konfiguration den Preis für das Traumhaus berechnen. Mit Hilfe von *Projektplanungsmodulen* lassen sich Produktverfügbarkeit, Lieferzeiten und die Montage beim Kunden planen. Eine detaillierte Projektplanung kann gerade bei zeitkritischen oder komplexen Projekten wie im Anlagengeschäft ein entscheidendes Verkaufsargument darstellen.

Angebotserstellung, Auftragserfassung und *-bearbeitung* können durch teilstandardisierte Textbausteine und vorgegebene Dokumentformate erheblich verkürzt werden (zur Angebotserstellung vgl. auch Albers/Krafft 2000). Dies nutzt nicht nur dem Kunden, sondern dient auch dem effizienteren Ablauf interner Prozesse beim Anbieter. Module zur *Auftragsverfolgung* sind vor allem dann hilfreich, wenn der Kunde nach Vertragsabschluss wissen möchte, in welchem Stadium sich ein Auftrag befindet. Kurierdienstleister bieten ihren Kunden beispielsweise an, jederzeit den momentanen Aufenthaltsort ihrer Sendungen zu überprüfen.

Bei der *Nachbereitung des Kundenkontaktes* geht es häufig um die Übermittlung von neuen oder aktualisierten Informationen über den Kunden sowie von Aufträgen an die Zentrale, die teilautomatisierte Erstellung von Besuchsberichten oder die Reisekostenabrechnung. Aber auch die spätere Verfolgung von unterbreiteten Angeboten oder die Erfolgskontrolle durch eine Analyse von kundenbezogenen Umsätzen oder Deckungsbeiträgen können durch entsprechende Module unterstützt werden. Schließlich existieren auch Module, die im Rahmen einer sog. Lost-Order-Analyse dokumentieren, weswegen unterbreitete Angebote zu keinem Auftrag geführt haben.

Unbestritten ist, dass ausgereifte CAS-Systeme die Profitabilität der Marktbearbeitung steigern können. Für eine individualisierte Kundenbearbeitung stehen Informationen im Idealfall „per Knopfdruck" zur Verfügung. Zeitaufwändige Rücksprachen mit der Zentrale zur Klärung von Verfügbarkeit oder Lieferzeiten entfallen. Prozesse können effizienter ablaufen, Kostensenkungen sind möglich. Schließlich kann ein CAS-System die Überzeugungsarbeit beim Kunden erleichtern, nicht nur durch die realitätsnahe Präsentation von individualisierten Produkten, sondern vor allem durch einen entsprechend gut informierten Vertriebsmitarbeiter.

Checkliste zu Teil III: Informationsmanagement als Schlüssel zur Professionalität im Vertrieb

Das Unternehmen ... (Kriterium-Nr.)	trifft voll und ganz zu (100)	trifft im Wesentlichen zu (75)	trifft teilweise zu (50)	trifft in geringem Maße zu (25)	trifft überhaupt nicht zu (0)	Kriterium nicht relevant	Belege für die Bewertung
11. Grundlagen zum Verständnis von Informationssystemen							
... verfügt über ein integriertes Informationssystem, in dem die vertriebsrelevanten Informationen enthalten sind. (III-1)	❑	❑	❑	❑	❑	❑	
... verfügt über ein Vertriebsinformationssystem, dessen Inhalte stets aktuell sind. (III-2)	❑	❑	❑	❑	❑	❑	
... verfügt über ein Vertriebsinformationssystem, das Informationen bedarfsgerecht bereitstellt, anstatt die Nutzer mit Informationen zu überfluten. (III-3)	❑	❑	❑	❑	❑	❑	
... verfügt über ein Vertriebsinformationssystem, auf das jederzeit einfach und schnell zugegriffen werden kann. (III-4)	❑	❑	❑	❑	❑	❑	
... passt das Vertriebsinformationssystem regelmäßig an die Bedürfnisse (potenzieller) Nutzer an. (III-5)	❑	❑	❑	❑	❑	❑	
... hat systematisch dafür gesorgt, dass das Vertriebsinformationssystem von den Mitarbeitern akzeptiert wird. (III-6)	❑	❑	❑	❑	❑	❑	
... schult die betroffenen Mitarbeiter systematisch in der Anwendung des Vertriebsinformationssystems. (III-7)	❑	❑	❑	❑	❑	❑	
... motiviert Mitarbeiter über die Anreizsysteme zur Nutzung und Pflege des Vertriebsinformationssystems. (III-8)	❑	❑	❑	❑	❑	❑	
12. Der Kunde – Das unbekannte Wesen?							
... verfügt über umfangreiche und aktuelle Grunddaten über seine Kunden (z. B. Adressen, Namen, Segmentzugehörigkeit). (III-9)	❑	❑	❑	❑	❑	❑	
... hat aussagefähige Informationen über Absatzpotenziale seiner Kunden. (III-10)	❑	❑	❑	❑	❑	❑	
... analysiert bei potenzialstarken Kunden systematisch die Cross-Selling-Potenziale. (III-11)	❑	❑	❑	❑	❑	❑	

... analysiert regelmäßig und systematisch die Bedürfnisse und Erwartungen der Kunden. (III-12)	❏	❏	❏	❏	❏	❏	
... erfasst und analysiert regelmäßig den Aufwand für die Bearbeitung einzelner Kunden(segmente). (III-13)	❏	❏	❏	❏	❏	❏	
... kennt bei wichtigen Kunden den Bedarfs-deckungsanteil (Share of Customer). (III-14)	❏	❏	❏	❏	❏	❏	
... analysiert seine Kundenstruktur regel-mäßig mit Hilfe des Kundenportfolios. (III-15)	❏	❏	❏	❏	❏	❏	
... orientiert sich beim Einsatz von Ver-triebsressourcen konsequent an der Po-sitionierung verschiedener Kunden(-seg-mente) im Kundenportfolio. (III-16)	❏	❏	❏	❏	❏	❏	
... führt für Kundensegmente und für wichti-ge Einzelkunden regelmäßig eine De-ckungsbeitragsrechnung durch. (III-17)	❏	❏	❏	❏	❏	❏	
... führt für Kundensegmente und für wichti-ge Einzelkunden regelmäßig eine gestuf-te Deckungsbeitragsrechnung mit kun-den(segment)spezifischer Zuordnung von Fixkosten durch. (III-18)	❏	❏	❏	❏	❏	❏	
... schätzt die langfristige Profitabilität wich-tiger Kunden(segmente) mit Hilfe des Customer Liftetime Value ab. (III-19)	❏	❏	❏	❏	❏	❏	
... misst regelmäßig die Kundenzufriedenheit. (III-20)	❏	❏	❏	❏	❏	❏	
... berücksichtigt bei der Messung der Kun-denzufriedenheit auch die Kundenbin-dung. (III-21)	❏	❏	❏	❏	❏	❏	
... misst sowohl die Gesamtzufriedenheit der Kunden als auch deren Zufriedenheit mit einzelnen Leistungskomponenten des Unternehmens (z. B. Service, Beschwer-demanagement, Produktqualität). (III-22)	❏	❏	❏	❏	❏	❏	
... legt bei Kundenzufriedenheitsmessungen systematisch die Zielgruppe fest. (III-23)	❏	❏	❏	❏	❏	❏	
... stellt bei der Messung der Kundenzufrie-denheit eine ausreichende Stichproben-größe sicher. (III-24)	❏	❏	❏	❏	❏	❏	
... wertet die Kundenzufriedenheit differen-ziert aus (z. B. nach Regionen oder Kun-dengruppen). (III-25)	❏	❏	❏	❏	❏	❏	
... lässt die Ergebnisse der Kundenzufrie-denheitsmessungen systematisch in in-terne Verbesserungsprozesse einfließen. (III-26)	❏	❏	❏	❏	❏	❏	

13. Wettbewerbsinformation – Den Gegner kennen

... hat seine (potenziellen) Wettbewerber klar identifiziert. (III-27)	❑	❑	❑	❑	❑	❑	
... verfügt über umfassende Basisinformationen über seine Wettbewerber (z. B. Eigentümer- und Organisationsstruktur, wichtige Manager) und aktualisiert diese regelmäßig und systematisch. (III-28)	❑	❑	❑	❑	❑	❑	
... verfügt über umfassende Informationen über die Marktposition seiner Wettbewerber (z. B. Marktanteile, Ertragslage, Kundenzufriedenheit) und aktualisiert diese regelmäßig und systematisch. (III-29)	❑	❑	❑	❑	❑	❑	
... verfügt über umfassende Informationen über Ressourcen seiner Wettbewerber (z. B. Qualität und Quantität von Vertriebs-/Servicemitarbeitern, finanzielle Ressourcen) und aktualisiert diese regelmäßig und systematisch. (III-30)	❑	❑	❑	❑	❑	❑	
... verfügt über umfassende Informationen über die Strategien seiner Wettbewerber (z. B. Ziele, Zeitpläne, Zielsegmente) und aktualisiert diese regelmäßig und systematisch. (III-31)	❑	❑	❑	❑	❑	❑	
... verfügt über umfassende Informationen über die Marktbearbeitung seiner Wettbewerber (z. B. Leistungsspektrum, Preispositionierung, Verkaufsförderung) und aktualisiert diese regelmäßig und systematisch. (III-32)	❑	❑	❑	❑	❑	❑	
... hat eine für Wettbewerbsinformationen verantwortliche Einheit/Person, die vorhandene Informationen bündelt, systematisch aufbereitet und allen relevanten Unternehmensbereichen zur Verfügung stellt (z. B. als Wettbewerbsprofile). (III-33)	❑	❑	❑	❑	❑	❑	

14. Der Markt – Trends frühzeitig erkennen

... verfügt über umfassende Informationen über Veränderungen der eigenen Stellung im Markt (z. B. Marktanteile, Bekanntheitsgrad, Image) und aktualisiert diese regelmäßig und systematisch. (III-34)	❑	❑	❑	❑	❑	❑	
... verfügt über umfassende Informationen über Veränderungen des Wettbewerbsverhaltens (z. B. Eintritt neuer Wettbewerber, Austritt alter Wettbewerber) und aktualisiert diese regelmäßig und systematisch. (III-35)	❑	❑	❑	❑	❑	❑	

... verfügt über umfassende Informationen über Veränderungen des Kundenverhaltens (z. B. Informations- und Kaufverhalten) und aktualisiert diese regelmäßig und systematisch. (III-36)	❑	❑	❑	❑	❑	❑
... verfügt über umfassende Informationen über (zu erwartende) Veränderungen allgemeiner Marktcharakteristika (z. B. Marktwachstum) und aktualisiert diese regelmäßig und systematisch. (III-37)	❑	❑	❑	❑	❑	❑
... verfügt über umfassende Informationen über Veränderungen bei sonstigen Umweltfaktoren (z. B. technologische, gesellschaftliche, gesamtwirtschaftliche Veränderungen) und aktualisiert diese regelmäßig und systematisch. (III-38)	❑	❑	❑	❑	❑	❑

15. Informationen über interne Prozesse – Sand im Getriebe?

... analysiert regelmäßig und systematisch die Qualität der Kundenakquisitionsaktivitäten (z. B. Zahl der gewonnen Kunden pro Akquisitionsaktivität, Kosten der Akquisitionsaktivitäten) und leitet daraus Verbesserungsmaßnahmen ab. (III-39)	❑	❑	❑	❑	❑	❑
... analysiert regelmäßig und systematisch die Qualität der Angebotserstellung (z. B. Dauer, Fehlerfreiheit, Kosten, Trefferquote der Angebotserstellung) und leitet daraus Verbesserungsmaßnahmen ab. (III-40)	❑	❑	❑	❑	❑	❑
... analysiert regelmäßig und systematisch die Qualität der Auftragsbearbeitung (z. B. Dauer, Fehlerfreiheit, Kosten der Auftragsbearbeitung) und leitet daraus Verbesserungsmaßnahmen ab. (III-41)	❑	❑	❑	❑	❑	❑
... analysiert regelmäßig und systematisch die Qualität der Leistungserstellung/Lieferung (z. B. Liefertreue, Lieferqualität) und leitet daraus Verbesserungsmaßnahmen ab. (III-42)	❑	❑	❑	❑	❑	❑
... analysiert regelmäßig und systematisch die Qualität der Nachkaufbetreuung (z. B. Erreichbarkeit von Servicemitarbeitern, Cross-Selling-Erfolg) und leitet daraus Verbesserungsmaßnahmen ab. (III-43)	❑	❑	❑	❑	❑	❑

16. CRM und CAS – Die Wegweiser im Dschungel der Informationen

... setzt ein Computer-Aided-Selling-System/Customer-Relationship-Management-System zur Professionalisierung des Vertriebsprozesses ein. (III-44)	❑	❑	❑	❑	❑	❑

... hat ein Computer-Aided-Selling-System, das die Vorbereitung des Kundenkontaktes unterstützt (z. B. durch Kundenanalyse, Kundenzielplanung, Termin- und Tourenplanung). (III-45)	❏	❏	❏	❏	❏	❏	
... hat ein Computer-Aided-Selling-System, das die Durchführung des Kundengespräches unterstützt (z. B. durch Produktpräsentation, Kalkulations- und Konfigurationsmodule). (III-46)	❏	❏	❏	❏	❏	❏	
... hat ein Computer-Aided-Selling-System, das die Angebotserstellung und Auftragsbearbeitung unterstützt (z. B. durch Textbausteine, Auftragsverfolgung). (III-47)	❏	❏	❏	❏	❏	❏	
... hat ein Computer-Aided-Selling-System, das die Nachbereitung des Kundenkontaktes unterstützt (z. B. durch Besuchsberichte, Analysen). (III-48)	❏	❏	❏	❏	❏	❏	

Teil IV: Kundenbeziehungsmanagement – Am Ball bleiben!

In Teil I dieses Buches haben wir uns mit den grundlegenden Entscheidungen im Rahmen der Vertriebsstrategie beschäftigt. Teil II diskutierte die Dimensionen eines exzellenten Vertriebsmanagements, wobei sich das „Management" hierbei vor allem auf unternehmensinterne Fragestellungen wie z. B. Vertriebsorganisation oder Personalführung bezog. Teil III behandelte die Gestaltung der notwendigen Informationssysteme im Vertrieb.

In Teil IV wollen wir uns mit dem Management der Kundenbeziehung auseinander setzen. Anders als in Teil I werden wir hier Instrumente diskutieren, die der Umsetzung der Vertriebsstrategie dienen und das Handwerkszeug der Vertriebsmitarbeiter ausmachen. Im Gegensatz zu Teil II nehmen wir hier eine unternehmensexterne Perspektive ein: Wir betrachten nicht das Management von Rahmenbedingungen im Unternehmen, sondern marktgerichtete Aktivitäten und Instrumente, die zum täglichen Geschäft vieler Vertriebsmitarbeiter zählen.

Kundenbeziehungsmanagement ist wörtlich mit Customer Relationship Management (CRM) zu übersetzen. Wir haben allerdings bewusst auf die Verwendung dieses englischen Begriffs verzichtet. Die derzeitige Diskussion zum Thema CRM ist unerträglich „IT-lastig" und wird von IT-Anbietern geschürt. In diesem Umfeld wird häufig übersehen, dass effektives Kundenbeziehungsmanagement nicht in erster Linie eine Frage der Informationstechnologie ist (vgl. Kapitel 16). Von viel größerer Bedeutung ist es, die richtigen Konzepte für ein Kundenbeziehungsmanagement zu haben (für Überblicke vgl. Homburg/Bruhn 2003, Bruhn 2001). Um diese konzeptionellen Aspekte von Kundenbeziehungsmanagement geht es in diesem Teil. Viele dieser Aspekte sind eher „klassischer Art": Kundenbeziehungsmanagement wird zu einem wesentlichen Teil durch Vertriebsmitarbeiter im täglichen Kundenkontakt betrieben. Die Persönlichkeitsmerkmale und Fähigkeiten dieser Vertriebsmitarbeiter sind von entscheidender Bedeutung für das Kundenbeziehungsmanagement. Auch klassische Instrumente wie Key Account Management gehören zu den Bestandteilen des Kundenbeziehungsmanagements. Wir sehen also: Viele Aktivitäten, die seit langer Zeit Eckpfeiler der Marktbearbeitung sind, lassen sich unter dem Begriff Kundenbeziehungsmanagement zusammenfassen. Eine neue Worthülse wie CRM wird also nicht gebraucht.

In Kapitel 17 geht es zunächst um den „optimalen Vertriebsmitarbeiter". Wir durchleuchten seine Persönlichkeitsmerkmale, Fähigkeiten und Kenntnisse.

Kapitel 18 beschäftigt sich mit Medien, über die Beziehungen zum Kunden gemanagt werden können. Wir diskutieren hierbei zunächst den „Klassiker des Beziehungsmanagements" – die Messen. Danach gehen wir auf Call Center als neueres Medium ein und wenden uns schließlich dem Internet als „jüngstem" Weg zum Kunden zu.

Kapitel 19 widmet sich dem Kundenbindungsmanagement. Wir gehen zunächst auf den Inhalt und die Grundlagen dieses viel diskutierten Begriffes ein. Im Anschluss erläutern wir ausgewählte Instrumente des Kundenbindungsmanagements. Hierbei handelt es sich um Kundenzeitschriften, -karten, -clubs und Virtual Communities, Value-Added Services und das Beschwerdemanagement.

Bei vielen Unternehmen konzentriert sich im Firmenkundengeschäft ein großer Teil des Umsatzes auf eine überschaubare Anzahl von Kunden. In solchen Situationen wird das Key Account Management zum entscheidenden Instrument des Kundenbeziehungsmanagements. Aufgrund seiner besonderen Relevanz behandeln wir dieses Instrument in Kapitel 20 gesondert.

Der Erfolg des Kundenbeziehungsmanagements steht und fällt mit dem richtigen Timing der Aktionen. Es gibt immer wieder Zeitpunkte in einer Geschäftsbeziehung, zu denen die Kontaktaufnahme zum Kunden besonders notwendig ist, um die Geschäftsbeziehung zu stabilisieren oder auszubauen. Dies kann beispielsweise dann der Fall sein, wenn es im Verlauf einer Geschäftsbeziehung plötzlich zu einem außergewöhnlichen Umsatzhoch oder -tief kommt. Um solche außergewöhnlichen Situationen identifizieren zu können, muss aber ein „Modell einer typischen Geschäftsbeziehung" entwickelt werden. Auf dieses „Relationship Modelling" gehen wir in Kapitel 21 ein.

17. Die Verkäuferpersönlichkeit – Von Vielwissern, Socializern und Allroundern

In den letzten Jahren konnte man in vielen Branchen eine zunehmende Angleichung des Leistungsangebotes beobachten. Während es früher oft noch erhebliche Unterschiede in der Produktqualität gab, sind Produkte heute oft vom Qualitäts- und Leistungsniveau her nahezu austauschbar. Heute sind es Menschen, die den Unterschied zwischen Anbietern ausmachen. Ihre Fähigkeiten, ihre Kenntnisse und ihr Verhalten entscheiden oft über den Vertriebserfolg (vgl. Bänsch 1998). Hierbei geht es nicht nur um das Vertriebspersonal im engeren Sinne (z. B. Außendienstmitarbeiter), sondern in gewissem Umfang um das Verhalten aller Mitarbeiter im Kundenkontakt.

In der Literatur zum Thema Verkauf stößt man auf viele marktschreierische Werke, die den Leser innerhalb kürzester Zeit in einen erfolgreichen Vertriebsmitarbeiter verwandeln wollen. Diese Bücher diskutieren Dinge wie Präsentationstechnik, Gesprächsführung, Verhandlungtechnik usw. Sie vermitteln also auf recht pauschale Art Verkaufstechniken, die „funktionieren". Die Tatsache, dass diese Techniken unterschiedlich gut zu verschiedenen Verkäuferpersönlichkeiten passen, wird häufig völlig ignoriert. Natürlich wird niemand durch das Lesen eines Buches automatisch zum „Mega-Verkäufer" (alternativ: Guerilla-Verkäufer, Power-Verkäufer, Verkaufskanone, Top-Seller usw.). Dauerhafter Erfolg im Vertrieb ist weniger eine Frage von speziellen Verkaufstechniken, sondern hängt im Wesentlichen von drei Aspekten ab:

- Persönlichkeitsmerkmale (Abschnitt 17.1),

- Sozialkompetenz (Abschnitt 17.2) und

- Fachkompetenz (Abschnitt 17.3).

Wenn in diesen Bereichen die entsprechenden Voraussetzungen erfüllt sind, so ist das Anwenden der „richtigen" Verkaufstechniken letztlich eine Trivialität. Umgekehrt: Liegen massive Defizite in diesen Bereichen vor, so können sie durch das Antrainieren von Verkaufstechniken allenfalls kurzfristig kaschiert werden. Wir beobachten in diesem Zusammenhang in vielen Unternehmen eine eklatante Fehlallokation von Ressourcen: In aufwändigen Verkaufstrainings werden irgendwelche Techniken vermittelt, während die grundlegend relevanten Fragen im Hinblick auf Vertriebsmitarbeiter oft sträflich vernachlässigt werden. Es geht also primär darum, ob man die richtigen Menschen an der Vertriebsfront hat, weniger darum, welche Techniken sie anwenden.

17.1 Persönlichkeitsmerkmale – Sich selbst und andere mögen

Persönlichkeitsmerkmale sind relativ konstante Eigenschaften, die sich im Vertrieb vor allem auf das Verhalten im Kundenkontakt auswirken. Der Einfluss von Persönlichkeitsmerkmalen auf den Verkaufserfolg ist in der Verkaufsliteratur bereits häufig untersucht und bestätigt worden (vgl. Churchill et al. 1985). Man geht heute davon aus, dass die vier Persönlichkeitsmerkmale Kontaktfreudigkeit, Optimismus, Einfühlungsvermögen sowie Selbstwertgefühl von zentraler Bedeutung sind (vgl. Abbildung 17-1 sowie Homburg/Stock 2000). Sie wollen wir im Folgenden detaillierter betrachten.

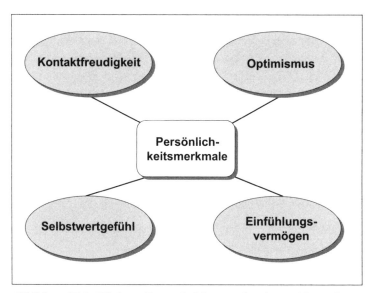

Abbildung 17-1: Wichtige Persönlichkeitsmerkmale von Vertriebsmitarbeitern im Überblick

Kontaktfreudigkeit bedeutet zum einen die Fähigkeit, mit anderen Menschen (Vorgesetzten, Kollegen und auch Kunden) zu kommunizieren, Erfahrungen oder Kenntnisse auszutauschen und die Beziehung mit ihnen zu pflegen. Zum anderen beinhaltet dieses Persönlichkeitsmerkmal, dass man den Kontakt mit anderen Menschen tendenziell als angenehm empfindet und ihn von sich aus sucht. Mancher Leser wird meinen, dass es sich hierbei um eine Grundvoraussetzung für eine Vertriebstätigkeit handelt. Die tägliche Erfahrung mit Verkaufspersonal widerspricht jedoch dieser Annahme. Nicht selten hat man beispielsweise im Einzelhandel den Eindruck, das Verkaufspersonal gerade beim Austausch der letzten Urlaubserlebnisse oder bei der Kaffeepause zu stören. *Optimismus* ist ein Persönlichkeitsmerkmal, das den Vertriebsmitarbeiter auch in schwierigen Verkaufssituationen davor bewahrt, am Erfolg zu zweifeln. Ein optimistischer Vertriebsmitarbeiter würde z. B. selbst bei vielen Einwänden eines Kunden weiterhin an den Verkaufserfolg glauben. Optimismus hilft Vertriebsmitarbeitern aber auch, negative Erlebnisse mit Kunden schneller zu verarbeiten und vorbehaltlos in die nächsten Gespräche zu gehen. Auch neue Kunden werden von optimistischen Vertriebsmitarbeitern ohne Angst angegangen. Sie vertreten ferner neue Produkte mit mehr Engagement als weniger optimistische Kollegen. Auch eigene Ideen zur Problemlösung beim Kunden werden eingebracht, ohne dass Angst vor Zurückweisung durch den Kunden besteht.

An dieser Stelle ist ein Hinweis angebracht: Wenn wir von Optimismus sprechen, so meinen wir nicht den euphorischen Optimismus, der im Extremfall in Realitätsferne und Selbstüberschätzung mündet. Diese übersteigerte Form des Optimismus ist bei jenen Vertriebsmitarbeitern und -managern zu beobachten, die selbst kurz vor Weihnachten noch davon überzeugt sind, die 20 % Planunterschreitung bis Jahresende aufholen zu können. Wir meinen hier einen gesunden, realistischen Optimismus.

Die Auswirkungen von Optimismus – in diesem Sinn verstanden – wurden in zahlreichen langfristig angelegten und großzahligen empirischen Studien untersucht (vgl. z. B. Schulman 1999). Sie zeigen, dass Fähigkeiten und Motivation allein nicht ausreichen, um im Verkauf erfolgreich zu sein. Eine optimistische Grundhaltung ist ein zentraler Schlüssel zum Verkaufserfolg.

Einfühlungsvermögen (Empathie) gehört wohl zu den in der Vertriebsliteratur am intensivsten untersuchten Persönlichkeitsmerkmalen. Es bezeichnet die Fähigkeit eines Menschen, sich in die Lage anderer Menschen hineinzuversetzen, Situationen aus der Perspektive anderer Menschen zu betrachten und letztlich die Probleme und Bedürfnisse anderer Menschen zu verstehen. Vertriebsmitarbeiter mit Einfühlungsvermögen berücksichtigen die Perspektive des Kunden bei ihrem Handeln. Beispielsweise hören sie dem Kunden besser zu und bauen ihre Argumentation auf Kundennutzen und nicht auf Leistungsmerkmale auf. Man spricht in diesem Zusammenhang auch von „Benefit Selling". Tabelle 17-1 verdeutlicht diese nutzenorientierte Argumentationsweise, indem sie diese dem so genannten „Character Selling" gegenüberstellt, das sich mehr auf Leistungsmerkmale konzentriert.

Einfühlungsvermögen erleichtert letztlich den gesamten Verkaufsprozess (vgl. Co-
mer/Drollinger 1999). Empirische Studien haben darüber hinaus einen positiven Zusammenhang zwischen Einfühlungsvermögen und Verkaufserfolg nachgewiesen
(vgl. z. B. Pilling/Eroglu 1994, McBane 1995).

Tabelle 17-1: Beispiele für Argumente im Character Selling und im Benefit Selling

Character Selling	Benefit Selling
▨ „Dieser Drucker druckt 10 Seiten pro Minute."	▨ „Mit diesem Drucker können Sie viel Zeit sparen. Er druckt ihre Präsentationen fast doppelt so schnell aus wie Ihr alter Drucker."
▨ „Dieser Schreibtischstuhl ist ergonomisch geformt."	▨ „Dieser Schreibtischstuhl ist sehr bequem. Sie werden bestimmt abends keine Rücken-schmerzen mehr haben."
▨ „Das Auto hat ABS und Seitenairbags serien-mäßig."	▨ „Das Auto bietet ein hohes Maß an Sicherheit für Sie und Ihre Familie."
▨ „Diese Maschine schafft 1.000 Verpackun-gen pro Stunde."	▨ „Durch diese Maschine lassen sich Ihre Pro-duktionszeiten um 20 % verkürzen."
▨ „Unsere Hotelzimmer sind mit Fax und Inter-netanschluss ausgestattet."	▨ „Unser Hotel bietet Ihnen alles, was Sie für die Abwicklung Ihrer Geschäfte brauchen."

Das *Selbstwertgefühl* ist ein Persönlichkeitsmerkmal, das einen wesentlichen Einfluss
auf das Auftreten und die Überzeugungskraft eines Vertriebsmitarbeiters hat. Menschen
mit Selbstwertgefühl sind sich ihres eigenen Könnens bewusst und vertrauen auf ihre
Fähigkeiten. Nur wenn ein Vertriebsmitarbeiter von seinen eigenen Fähigkeiten überzeugt ist, wirkt er auch für den Kunden überzeugend und strahlt Kompetenz aus. Diesen
Zusammenhang haben empirische Studien eindeutig belegt (vgl. Badovick et al. 1992).
Ferner hilft das Selbstwertgefühl (ähnlich wie der Optimismus), negative Erlebnisse zu
verarbeiten und beim nächsten Kundenkontakt unbelastet in das Gespräch zu gehen.

In Tabelle 17-2 werden in einer Checkliste ausgewählte Kriterien zur Bewertung von
Persönlichkeitsmerkmalen zusammengestellt. Das Ergebnis dieser Bewertung lässt
sich mit Hilfe eines so genannten *Persönlichkeitsprofils* visualisieren. Abbildung 17-2
stellt das Profil eines Persönlichkeitstyps dar, auf den man gerade im Außendienst sehr
häufig trifft: Dieser Typ zeichnet sich durch viel Optimismus und Kontaktfreude, ein
hohes Selbstwertgefühl, aber nur begrenztes Einfühlungsvermögen aus.

Tabelle 17-2: Ausgewählte Kriterien zur Bewertung von Persönlichkeitsmerkmalen (in Anlehnung an Homburg/Stock 2000, S. 32)

Der Vertriebsmitarbeiter ...	trifft voll und ganz zu	trifft im Wesent-lichen- zu	trifft teil-weise zu	trifft in ge-ringem Maße zu	trifft über-haupt nicht zu	keine Beur-teilung mög-lich
	(100)	(75)	(50)	(25)	(0)	
Kontaktfreudigkeit						
... empfindet Kundenkontakt als angenehm.	❑	❑	❑	❑	❑	❑
... geht von selbst auf Kunden zu.	❑	❑	❑	❑	❑	❑
... arbeitet gerne im Kundenkontakt.	❑	❑	❑	❑	❑	❑
... fühlt sich bei der Interaktion mit Kunden wohl.	❑	❑	❑	❑	❑	❑
Optimismus						
... verliert auch in schwierigen Situationen nicht den Mut.	❑	❑	❑	❑	❑	❑
... verarbeitet negative Erlebnisse mit Kunden schnell.	❑	❑	❑	❑	❑	❑
... geht neue Kunden ohne Angst an.	❑	❑	❑	❑	❑	❑
... engagiert sich auch für neue Produkte, mit denen noch wenig Erfahrung besteht.	❑	❑	❑	❑	❑	❑
... bringt eigene Ideen und Vorschläge in das Kundengespräch ein.	❑	❑	❑	❑	❑	❑
Einfühlungsvermögen						
... orientiert sich beim Verkauf am Nutzen, den das Produkt für den Kunden hat.	❑	❑	❑	❑	❑	❑
... kann sich in den Kunden hineinversetzen.	❑	❑	❑	❑	❑	❑
... kennt den Kaufprozess aus Kundensicht.	❑	❑	❑	❑	❑	❑
... kann die Perspektive des Kunden einneh-men.	❑	❑	❑	❑	❑	❑
Selbstwertgefühl						
... ist von seinen Fähigkeiten als Verkäufer überzeugt.	❑	❑	❑	❑	❑	❑
... strahlt Kompetenz aus.	❑	❑	❑	❑	❑	❑
... fühlt sich in der Lage, Kunden sachgerecht beraten zu können.	❑	❑	❑	❑	❑	❑
... ist sicher, den Anforderungen der Kunden gerecht zu werden.	❑	❑	❑	❑	❑	❑

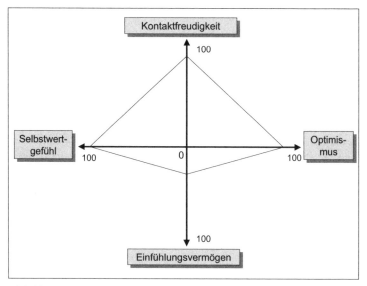

*Abbildung 17-2: Bewertung der Persönlichkeitsmerkmale eines
Regionalvertriebsleiters eines Industriegüterunternehmens*

17.2 Sozialkompetenz – Professionalität in der Interaktion

Sozialkompetenz ist einer der unbestrittenen Erfolgsfaktoren von Vertriebsmitarbeitern, der nach Meinung der meisten Vertriebsmanager in Zukunft noch an Bedeutung
gewinnen wird (vgl. Zahn 1997). Sozialkompetenz beeinflusst den Verkaufsprozess
und -erfolg in mehrfacher Hinsicht (vgl. z. B. Hennig-Thurau/Thurau 1999):

▦ Aus Kundensicht steigt mit der wahrgenommenen sozialen Kompetenz des Vertriebsmitarbeiters die empfundene Qualität des Verkaufsprozesses. Darüber hinaus
können die höhere Sozialkompetenz und die daraus resultierende Beziehungs-
qualität kaufentscheidende Faktoren darstellen, wenn nahezu identische Wettbewerbsprodukte angeboten werden.

▦ Die Wahrnehmung des sozialen Verhaltens des Vertriebsmitarbeiters durch den
Kunden kann seine Wahrnehmung des Produktes überschatten. Wenn Defizite in
der sozialen Interaktion bestehen, kann der Kunde auch eine negative Einstellung
zum Produkt entwickeln.

▓ Vertriebsmitarbeiter mit einer hohen Sozialkompetenz gelingt es in der Regel besser, Informationen über den Kunden zu gewinnen. Kunden erzählen einem offenen, freundlichen Vertriebsmitarbeiter mehr als einem verschlossenen, unfreundlichen Vertriebsmitarbeiter.

▓ Das soziale Verhalten eines Vertriebsmitarbeiters beeinflusst die Leistung des gesamten Vertriebsteams. Die Leistung ist umso höher, je größer die soziale Kompetenz bei den einzelnen Teammitgliedern ausgeprägt ist.

Sozialkompetenz ist ein schwer fassbarer Begriff. Es geht im Wesentlichen um die Fähigkeit von Menschen, die Interaktion mit anderen Menschen angenehm zu gestalten. Sozialkompetenz hat nach unserem Verständnis vier Facetten (vgl. Abbildung 17-3), auf die wir im Folgenden eingehen wollen.

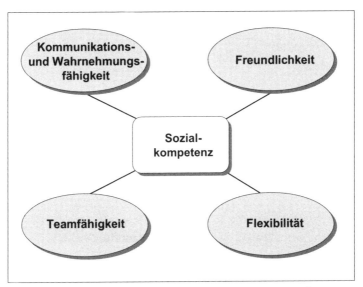

Abbildung 17-3: Wichtige Aspekte der Sozialkompetenz im Überblick

Die *Kommunikations- und Wahrnehmungsfähigkeit* ist wohl die zentrale Komponente der Sozialkompetenz. Sie umfasst sowohl die sprachliche als auch die nicht-sprachliche Kommunikation (vgl. Abbildung 17-4).

Bei der *sprachlichen Kommunikation* ist grundsätzlich darauf zu achten, dass Satzbau und Wortwahl möglichst einfach sind. Im engen Zusammenhang hiermit steht auch die Kürze der Sätze. Ein Monolog des Vertriebsmitarbeiters über einen langen Zeitraum führt nicht selten dazu, dass ein Kunde sich langweilt, den Faden verliert oder seine Gedanken abschweifen. Einfachheit und Kürze müssen sich auch in der Gliederung der Ausführungen ausdrücken. Schließlich kann ein Vertriebsmitarbeiter auch durch eine Veränderung des Tonfalls bzw. durch eine entsprechende Betonung Sachverhalte unterstreichen und herausstellen.

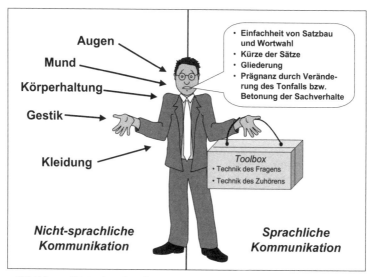

Abbildung 17-4: Aspekte der sprachlichen und nicht-sprachlichen Kommunikation

Zwei wesentliche Techniken der sprachlichen Kommunikation betreffen das Fragen und das Zuhören. Vor allem der zielgerichtete Einsatz von *Fragen* zeichnet erfolgreiche Vertriebsmitarbeiter aus („Wer fragt, führt das Gespräch"). Fragen haben verschiedene Funktionen für einen Vertriebsmitarbeiter. Beispielhaft seien hier

▪ das Aufdecken von Persönlichkeitstypen von Kunden,

▪ das Aufdecken von Bedürfnissen,

▪ das Feststellen von Interessen,

▪ das Einholen von Zustimmung,

▪ das Aufklären von Missverständnissen und

▪ das Signalisieren von Kompetenz

genannt. Je nach Ziel unterscheidet man bis zu zehn verschiedene Fragearten. Das Spektrum reicht von öffnenden Fragen über einfache Informationsfragen und dirigierenden Fragen bis hin zu provozierenden Fragen (vgl. hierzu ausführlich Homburg/ Stock 2000, S. 153).

Auch die Fähigkeit zum Zuhören ist ein Merkmal erfolgreicher Vertriebsmitarbeiter. Wichtig ist hierbei, dass nicht eine rein passive Form des Zuhörens praktiziert wird. Erfolgreiche Vertriebsmitarbeiter beherrschen eine Form des Zuhörens, die sich neben erhöhter Aufmerksamkeit dadurch auszeichnet, dass man dem Gesprächspartner gezielt Signale gibt. Man spricht in diesem Zusammenhang vom *aktiven Zuhören*. Einfache Instrumente sind das Zusammenfassen der Aussagen des Gesprächspartners mit den eigenen Worten, das „akustische Kopfnicken" und das Stellen vertiefender Fragen, um Beweggründe, Meinungen und Einstellungen herauszufinden.

Die zweite Komponente ist die *nicht-sprachliche Kommunikation* (vgl. Abbildung 17-4). Zu den Mitteln der nicht-sprachlichen Kommunikation zählt neben der Kleidung vor allem die *Körpersprache*. Beispielsweise sagen Länge und Häufigkeit des direkten Augenkontaktes etwas über die Selbstsicherheit, die innere Ruhe und das Interesse am Gesprächspartner aus. Ein ständig wandernder Blick signalisiert z. B. Nervosität, Unkonzentriertheit und Unsicherheit. Auf der anderen Seite kann ein zu langer, starrender Blick drohend wirken. Ständig verschränkte Arme signalisieren z. B. eine Abwehrhaltung, „verknotete" Beine Unsicherheit, Hände in den Hosentaschen bei einer Präsentation eine nicht angebrachte Lässigkeit. Eine offene, lockere Arm- und Beinhaltung strahlt hingegen Selbstbewusstsein und Kompetenz aus.

Professionelle Vertriebsmitarbeiter zeichnen sich in diesem Zusammenhang durch zwei Fähigkeiten aus: Sie sind zum einen in der Lage, ihre verbalen Ausführungen angemessen durch Körpersprache zu ergänzen bzw. zumindest Gegensätze zwischen dem Gesagten und der Körpersprache zu vermeiden. Zum anderen nehmen sie die Signale, die aus der Körpersprache des Kunden resultieren, wahr und interpretieren diese.

Neben der *Freundlichkeit* ist *Flexibilität* eine zentrale Facette der Sozialkompetenz (vgl. Abbildung 17-3). Von besonderer Bedeutung ist hierbei, dass Vertriebsmitarbeiter in der Lage sind, sich auf unterschiedliche Persönlichkeitstypen einzustellen. Grundsätzlich bietet sich eine Klassifizierung von Persönlichkeitstypen von Kunden anhand von zwei Dimensionen an:

- Bestimmtheit und
- Emotionalität.

Unter *Bestimmtheit* verstehen wir das Streben nach Kontrolle und Machtausübung. *Emotionalität* beschreibt die Bereitschaft, Emotionen zu zeigen und Beziehungen einzugehen (vgl. Merril/Reid 1981). Anhand dieser Dimensionen lassen sich vier Persönlichkeitstypen identifizieren (Abbildung 17-5; für weitere Käufertypologien vgl. z. B. Bänsch 1998, Belz 1999, Winkelmann 2003):

▨ die Harten,

▨ die Analytischen,

▨ die Ausdrucksstarken und

▨ die Konfliktscheuen.

Für jeden Typ lassen sich „Behandlungsgrundsätze" ableiten, die dem Vertriebsmitarbeiter bei der Entwicklung seiner Verkaufsstrategie helfen können.

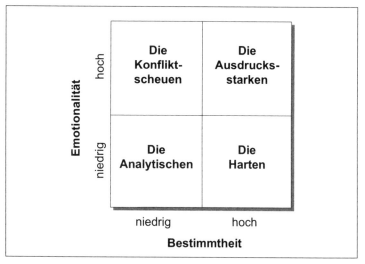

Abbildung 17-5: Persönlichkeitstypen zur Klassifizierung von Kunden

Die „*Harten*" weisen einen hohen Grad an Bestimmtheit und geringe Emotionalität auf. Sie sind sehr dominant in ihren Umgangsformen, ehrgeizig, aktiv und unabhängig. Sie ergreifen häufig die Initiative und scheuen keine Konfrontation. In der Regel treffen sie ihre Entscheidungen sehr schnell. Angebote werden hauptsächlich anhand des damit verbundenen Nutzens bewertet. Es empfiehlt sich deshalb, Rentabilitäts- bzw. Nutzengesichtspunkte ins Zentrum der Argumentation zu stellen. Vertriebsmitarbeiter sollten bei diesem Persönlichkeitstyp auf eine klare, sachliche und kurze Argumentation sowie auf formelle Umgangsformen achten. Small Talk ist für viele „Harte" nur Zeitverschwendung. Vertriebsmitarbeiter sollten sich auch davor hüten, diesen Typ unter Druck zu setzen.

Die „*Analytischen*" sind sowohl durch einen geringen Grad an Bestimmtheit als auch durch geringe Emotionalität gekennzeichnet. Sie sind detail- und faktenorientiert. Probleme werden systematisch gelöst. Sie agieren eher langsam, wohl überlegt und wenig aggressiv. Diesen Typ kann ein Vertriebsmitarbeiter am besten überzeugen, indem er Daten und Fakten vermittelt. Schriftliche Angebote mit möglichst vielen Informationen erleichtern den „Analytischen" die Entscheidungsfindung. Der Vertriebsmitarbeiter sollte vor allem über die Qualität und die Zuverlässigkeit eines Produktes oder das Preis-Leistungs-Verhältnis argumentieren. Effektiv sind auch Vergleiche mit Wettbewerbsprodukten. Auch bei diesem Persönlichkeitstyp schlagen druckvolle Verkaufsstrategien fehl, da der Entscheidungsprozess bei diesen Personen viel Zeit braucht.

Die „*Ausdrucksstarken*" treten bestimmt und emotional auf. Sie sind freundlich, locker und bevorzugen informelle Umgangsformen. Produkte werden auch im Hinblick auf Status oder Image bewertet, und die Sympathie zum Vertriebsmitarbeiter spielt eine wesentliche Rolle im Entscheidungsprozess. Die „Ausdrucksstarken" sind am besten mit Hilfe von kreativen Verkaufspräsentationen anzusprechen. Die bloße Aufzählung technischer Details langweilt sie eher. Die Schilderung der Erfahrung von Referenzkunden kann ebenfalls unterstützen. Bei diesem Persönlichkeitstyp kann ein „sanfter Druck" am Ende des Gespräches durchaus helfen, den Verkauf erfolgreich abzuschließen.

Die „*Konfliktscheuen*" weisen einen geringen Grad an Bestimmtheit bei hoher Emotionalität auf. Sie vermeiden Konflikte und schätzen gute persönliche Beziehungen zum Vertriebsmitarbeiter. Die „Konfliktscheuen" sind eher sensibel und insgesamt risikoavers. Der Vertriebsmitarbeiter muss vorsichtig versuchen, sie zu Entscheidungen zu bewegen. Wenn mehrere Personen an der Kaufentscheidung beteiligt sind, kann es aber auch sinnvoll sein, sich an einen anderen Entscheidungsträger zu wenden. Druckvolle Verkaufsstrategien sind bei „Konfliktscheuen" oft zielführend, wenn der Vertriebsmitarbeiter versichern kann, dass mit der Kaufentscheidung kein Risiko verbunden ist. Die Verkaufsargumentation sollte dabei an persönliche Empfindungen und Gefühle appellieren.

Flexibilität ist für Vertriebsmitarbeiter auch in einem anderen Sinn wichtig: Ein Vertriebsmitarbeiter muss sich nach modernem Verständnis nicht nur als Vertriebsmitar-

beiter, sondern auch als Manager einer Geschäftsbeziehung verstehen. Eine Geschäftsbeziehung mit einem Kunden durchläuft verschiedene Phasen – es gibt Höhen und
Tiefen. Wichtig ist, dass der Vertriebsmitarbeiter ein Verständnis für diese Phasen hat,
versteht welche Rolle er in welcher Phase spielen muss und flexibel genug ist, den
verschiedenen Rollen in den einzelnen Phasen gerecht zu werden.

In Abbildung 17-6 haben wir einen möglichen Verlauf einer Geschäftsbeziehung dargestellt. Hier findet sich auch eine Aufzählung der möglichen Rollen eines *Bezie-
hungsmanagers*. Sie reichen vom „Aufbaumanager" über den „Kundenbindungsmana-
ger" bis hin zum „Krisen- und Rückgewinnungsmanager". Diese unterschiedlichen
Rollen erfordern grundsätzlich unterschiedliche Verhaltensweisen im Kundenkontakt,
woraus hohe Anforderungen an die Flexibilität des Vertriebsmitarbeiters resultieren.

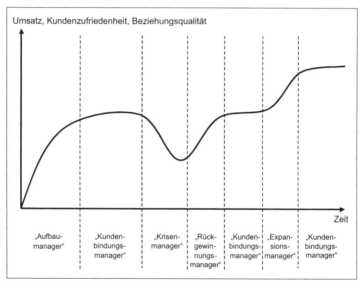

*Abbildung 17-6: Die Rollen des Vertriebsmitarbeiters im Geschäfts-
beziehungsverlauf*

Teamfähigkeit – der letzte Aspekt der Sozialkompetenz – gewinnt insbesondere aufgrund der zunehmenden Bedeutung des Team Selling an Wichtigkeit. Es geht um Aspekte wie Kritikfähigkeit von Vertriebsmitarbeitern sowie die Fähigkeit, sich in eine
Gruppe zu integrieren.

In Tabelle 17-3 sind ausgewählte Kriterien zur Bewertung der vier Facetten der Sozial-kompetenz aufgeführt. Auch dieser Kriterienkatalog kann zur Erstellung eines Profils herangezogen werden. In Abbildung 17-7 ist ein solches Profil für einen Außendienst-ler eines Chemieunternehmens dargestellt. Dieser Mitarbeiter zeichnet sich durch hohe Werte bei der Kommunikations- und Wahrnehmungsfähigkeit sowie bei der Freund-lichkeit aus. Es handelt sich um einen „Kommunikationsprofi", der allerdings im We-sentlichen standardisierte Vorgehensweisen nutzt (vgl. die niedrige Bewertung bei der Flexibilität) und daher mit neuen Situationen nicht gut zurecht kommt. Darüber hinaus weist er starke Züge eines Einzelkämpfers auf – die Teamfähigkeit ist begrenzt.

Tabelle 17-3: Ausgewählte Kriterien zur Bewertung der Sozialkompetenz
von Vertriebsmitarbeitern

Der Vertriebsmitarbeiter ...	trifft voll und ganz zu (100)	trifft im Wesentlichen zu (75)	trifft teilweise zu (50)	trifft in geringem Maße zu (25)	trifft überhaupt nicht zu (0)	keine Beurteilung möglich
Kommunikations- und Wahrnehmungsfähigkeit						
... achtet im Kundengespräch auf Einfachheit, Kürze und Prägnanz.	□	□	□	□	□	□
... drückt sich auch bei komplexen Sachverhalten für den Kunden verständlich aus.	□	□	□	□	□	□
... setzt im Kundengespräch verschiedene Fragetypen gezielt ein.	□	□	□	□	□	□
... wendet im Kundengespräch die Methode des aktiven Zuhörens an.	□	□	□	□	□	□
... achtet darauf, dass die Körpersprache mit seinen verbalen Aussagen konsistent ist.	□	□	□	□	□	□
... nimmt die Signale der Körpersprache des Kunden wahr.	□	□	□	□	□	□
Freundlichkeit						
... lässt Kunden ausreden.	□	□	□	□	□	□
... schafft im Kundengespräch eine angenehme Atmosphäre.	□	□	□	□	□	□
... spricht den Kunden häufig mit seinem Namen an.	□	□	□	□	□	□
... ist auch freundlich zu Kunden, wenn diese unhöflich oder unfreundlich sind.	□	□	□	□	□	□
Flexibilität						
... kann sich gut auf Veränderungen einstellen.	□	□	□	□	□	□
... kann sich gut auf unterschiedliche Kundentypen einstellen.	□	□	□	□	□	□
... passt sein Verhalten gegenüber den Kunden an die derzeitige Qualität der Geschäftsbeziehung an.	□	□	□	□	□	□

... passt sein Verhalten der Gesprächs-situation an.	☐	☐	☐	☐	☐	☐
... versteht es als seine Aufgabe, individuelle Problemlösungen für den Kunden zu finden	☐	☐	☐	☐	☐	☐
Teamfähigkeit						
... ist kritikfähig.	☐	☐	☐	☐	☐	☐
... hat Commitment der Gruppe gegenüber.	☐	☐	☐	☐	☐	☐
... kann sich in eine Gruppe integrieren.	☐	☐	☐	☐	☐	☐
... schätzt es, Ideen innerhalb der Gruppe weiterzuentwickeln.	☐	☐	☐	☐	☐	☐

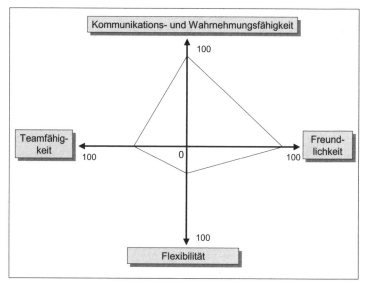

Abbildung 17-7: Bewertung der Sozialkompetenz eines Außendienst-lers eines Chemieunternehmens

17.3 Fachkompetenz – Der Wissensschatz des Vertriebsmitarbeiters

Die Fachkompetenz bildet gewissermaßen die unerlässliche Basis für den Verkaufser-folg. Unter Fachkompetenz werden die Kenntnisse und Fähigkeiten eines Vertriebs-mitarbeiters verstanden, die er durch gezielte Trainingsmaßnahmen oder bei der Aus-übung seines Berufes erworben hat. Wir unterscheiden im Wesentlichen sechs Facetten der Fachkompetenz (vgl. Abbildung 17-8), die im Folgenden kurz dargestellt werden.

Eine funktionierende *Selbstorganisation* ist die grundlegende Facette der Fachkompetenz. Es geht hierbei z. B. um das klare Setzen von Zielen und Prioritäten für die eigene Arbeit, eine funktionierende Termin- und Routenplanung oder um eine gute Organisation des eigenen Arbeitsplatzes (Ablage, Wiedervorlage usw.). Ein besonders kritischer Aspekt ist hier neuerdings der Umgang mit der „E-Mail-Flut". Richtig eingesetzt können E-Mails sicherlich sehr hilfreich sein. Wir haben allerdings bei vielen Menschen beobachtet, dass sie sich von eintreffenden E-Mails ablenken und die Selbstorganisation nahezu „zerschießen" lassen.

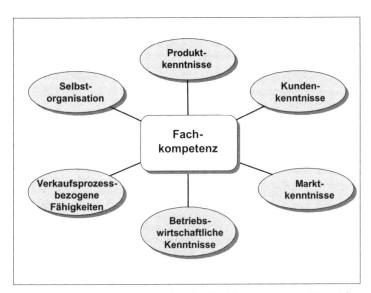

Abbildung 17-8: Wichtige Aspekte der Fachkompetenz von Vertriebs-
mitarbeitern im Überblick

Eine weitere elementare Komponente sind *Produktkenntnisse*. Vertriebsmitarbeiter müssen die Merkmale ihrer eigenen Produkte, aber auch die der Konkurrenzprodukte kennen. Dieser Bereich ist nach unseren Beobachtungen bei den meisten Vertriebsmitarbeitern relativ problemlos.

Im Gegensatz hierzu konnten wir insbesondere im Firmenkundengeschäft immer wieder beobachten, dass *Kundenkenntnisse* bei vielen Vertriebsmitarbeitern nicht besonders stark ausgeprägt sind. Dieses Ergebnis ist auf die starke Produktorientierung vie-

ler Unternehmen zurückzuführen. Vertriebsmitarbeiter mit umfangreichen Kunden-
kenntnissen kennen den Wertschöpfungsprozess beim Kunden und wissen, wie der
Kunde das betreffende Produkt einsetzt und welche Rolle das Produkt beim Kunden
spielt (vgl. Schäfer 2002). Ferner sollte ein Vertriebsmitarbeiter wissen, auf welchen
Märkten der Kunde aktiv ist und wie seine Strategien und Ziele aussehen. Kurz gesagt:
Der Vertriebsmitarbeiter muss das Umfeld und die Situation des Kunden kennen.

Im Bereich der *Marktkenntnisse* geht es zunächst einmal darum, dass ein Vertriebsmitarbeiter eine realistische Einschätzung der Marktposition des eigenen Unternehmens
hat. Darüber hinaus muss er Tendenzen und Veränderungen im Markt kennen und
durchschauen. Hierzu zählen z. B. veränderte Strategien von Wettbewerbern sowie
Veränderungen technologischer, konjunktureller und rechtlicher Rahmenbedingungen.

Im Rahmen der *betriebswirtschaftlichen Kenntnisse* geht es zum einen darum, dass
Vertriebsmitarbeiter Kostenstrukturen und Kosteneinflussgrößen im eigenen Unternehmen durchschauen. Besonders wichtig ist, dass sie die Kostenauswirkungen ihres
eigenen Handelns überblicken. Wir haben in vielen Unternehmen Vertriebsmitarbeiter
beobachtet, die regelmäßig ohne Not vermeintlich „kleinere Zugeständnisse" im Kundenkontakt machen, die dann in der internen Abwicklung oder der Produktion verhee-
rende Kosten nach sich ziehen.

Zum anderen sollten Vertriebsmitarbeiter in der Lage sein, die Wirtschaftlichkeit ihres
Leistungsangebotes für einen Kunden zu bewerten. Hierbei geht es um eine Betrachtung der gesamten Kosten, die mit dem Erwerb, der Nutzung und Entsorgung des Produktes verbunden sind („Total Cost of Ownership"). Auf der Basis solcher Betrachtungen lässt sich nicht selten der Nachweis erbringen, dass die Lösung mit dem etwas
höheren Beschaffungspreis in der Gesamtbetrachtung die kostengünstigere ist. Vertriebsmitarbeiter, die derartige Argumentationen beherrschen, können häufig den
Preisdruck erheblich reduzieren. In Tabelle 17-4 ist ein Beispiel für eine solche Betrachtung dargestellt.

Das Beispiel in Tabelle 17-4 zeigt, dass die Maschine mit dem höheren Investitionsvo-
lumen letztendlich zu niedrigeren Stundensätzen führt und insgesamt pro Jahr einen
höheren Deckungsbeitrag erwirtschaftet.

Tabelle 17-4: Nutzenrechnung am Beispiel einer Fertigungsmaschine

	Maschine A	Maschine B
Personalbedarf	1	1
Raumbedarf (qm)	75	60
Energiebedarf (kW/h)	70	50
Verbrauchsmaterial (€/h)	20	12
Fertigungsstunden p.a.	2 500	2 800
Investitionssumme (Euro)	**1 500 000**	**2 250 000**
Abschreibungsdauer (Jahre)	10	10
Abschreibung p.a.	150 000	225 000
Personalkosten p.a. (35 €/h)	87 500	98 000
Verbrauchsmaterial p.a.	50 000	33 600
Miete/Heizkosten p.a. (160 €/qm)	12 000	9 600
Energiekosten p.a. (0,25 €/kWh)	43 750	35 000
Kalkulatorische Instandhaltung	150 000	115 000
Kalkulatorische Gemeinkosten	350 000	340 000
Fertigungskosten p.a.	**693 250**	**631 200**
Gesamtkosten p.a.	**843 250**	**856 200**
Stundensatz	**337**	**306**
Ausbringungsmenge (St./h)	1 400	1 700
Erlös pro. Stück	0,30	0,30
Erwirtschafteter Erlös p.a.	**1 050 000**	**1 428 000**
Netto-Deckungsbeitrag p.a.	**206 750**	**571 800**
Netto-Deckungsbeitrag p. Monat	17 229	47 650
Rückzahlungsperiode (Monate)	**87**	**47**

Eine letzte und ganz zentrale Komponente der Fachkompetenz von Vertriebsmitarbeitern sind die *verkaufsprozessbezogenen Fähigkeiten*. Hierzu zählen die Fähigkeiten, die notwendig sind, einen Verkaufsprozess zu initiieren, zu gestalten und erfolgreich zum Abschluss zu bringen.

Im Rahmen der Verkaufsprozessinitiierung müssen Vertriebsmitarbeiter in der Lage sein, ihre Gesprächspartner bereits nach kurzer Zeit gut beurteilen zu können, Vorbehalte und Unsicherheiten des Kunden zu erkennen und abzubauen sowie rasch das Vertrauen des potenziellen Kunden zu gewinnen (vgl. Winkelmann 2003).

Zu den verkaufsprozessbezogenen Fähigkeiten zählt ferner die Fähigkeit des Mitarbeiters, „Anfasser" beim Kunden bereits nach kurzer Zeit erfassen und nutzen zu können. Solche Anfasser können aktuelle Probleme, Schwachstellen des Wettbewerbs oder auch wichtige Ansprechpartner für einen Erstkontakt bei potenziellen Kunden sein. Insbesondere im Firmenkundengeschäft müssen Mitarbeiter darüber hinaus in der Lage sein, die relevanten Entscheidungsprozesse, -kriterien und die entscheidungsrelevanten Personen bei den potenziellen Kunden zu identifizieren und zu nutzen (vgl. Abschnitt 12.5 sowie Homburg/Fargel 2006).

Das Hauptziel des Verkaufs besteht in der Erzielung eines Verkaufsabschlusses. Dazu muss der Mitarbeiter zum einen entsprechende *Verhandlungstaktiken* beherrschen. Zwei wichtige Verhandlungsprinzipien sind

- das Gemeinsamkeitsprinzip (Konzentration des Gespräches auf gemeinsame Interessen, wie z. B. die Erzielung eines hohen Kundennutzens, und Vermeidung einer Gesprächskonzentration auf Felder gegenläufiger Interessen wie z. B. Preise und Konditionen (vgl. Sebenius 2001, Lewicki et al. 1999) sowie

- das Gegenleistungsprinzip (Leistungszugeständnisse durch den Vertriebsmitarbeiter nur gegen entsprechende Gegenleistungen des Kunden, vgl. Sidow 1997).

Bei Kundenkontakten, die den Verkaufsabschluss zum Ziel haben, spielt darüber hinaus die Beherrschung von Verkaufstechniken eine wichtige Rolle: Dazu zählen erstens Präsentationstechniken, wie z. B. das Benefit Selling, das bereits vorgestellt wurde. Zweitens sind hier rhetorische Methoden zu nennen, z. B. der gezielte Einsatz von Fragen und Techniken zur Behandlung von Einwänden (vgl. Bänsch 1998, Winkelmann 2003). Eine dritte Art von Verkaufstechniken stellen so genannte Closing- bzw. Abschlusstechniken dar (vgl. Homburg/Krohmer 2003).

Mitarbeiter müssen aber nicht nur einen Abschluss tätigen können, sondern auch wollen. Heutzutage wird vielerorts das Primat der Kundenorientierung gepredigt. Daher ist es uns wichtig zu betonen, dass es auch ein Übermaß an Kundenorientierung im Verkaufsverhalten geben kann. Dies ist ein Phänomen, das häufig nicht nur für die Kundenbindung, sondern auch für die Neukundenakquisition zutrifft. Hier wird „gekuschelt" und weniger verkauft. Da kann es schnell passieren, dass einem ein Wettbewerber mit dem Verkaufsabschluss zuvorkommt. Bei aller Kundenorientierung muss der Verkauf und damit eine entsprechende Abschlussorientierung immer berücksichtigt werden. Wichtig ist also die richtige *Balance aus Abschluss- und Kundenorientierung* (vgl. Homburg/Fargel 2006).

Zu den verkaufsprozessbezogenen Fähigkeiten zählen wir auch die Fähigkeit zum *Adaptive Selling* (vgl. Weitz/Sujan/Sujan 1986, Spiro/Weitz 1990). Waren die bisher genannten Verkaufsprozessfähigkeiten eher prozessphasenbezogen, stellt das Adaptive Selling eine prozessphasenübergreifende Fähigkeit dar. Unter Adaptive Selling versteht man die angemessene Veränderung des Vertriebsmitarbeiterverhaltens während einer Interaktion mit Kunden oder zwischen Interaktionen mit Kunden. Die weiter oben angesprochenen Kundenkenntnisse sind natürlich Voraussetzung für die Anwendung von Adaptive Selling. Der positive Einfluss des Adaptive Selling auf die Verkaufsleistung ist heute unbestritten und in mehreren empirischen Studien nachgewiesen worden. Beispielsweise wurde in einer Studie ermittelt, dass die „Adaptiveness" bereits 31 % der Unterschiede im Verkaufserfolg von Vertriebsmitarbeitern erklärt (vgl. Boorom/Goolsby/Ramsey 1998). Wir wollen an dieser Stelle die einzelnen Elemente bei der Anwendung des Adaptive Selling aufzeigen:

- *Kategorisierung von früheren Verkaufserlebnissen:* Vertriebsmitarbeiter müssen ihr Wissen über erlebte Verkaufssituationen (charakterisiert durch (a) Fakten z. B. über Kunden, Produkte sowie (b) Handlungen/Prozesse) auswerten und kategorisieren. Ferner müssen gedankliche Stichworte für jede Kategorie gebildet werden, die bereits auf Lösungsstrategien hindeuten. Beispielsweise könnte eine Kategorie „Überzeugungsarbeit bei Kunden mit analytischem Persönlichkeitstyp" (vgl. Abbildung 17-5) lauten. In dieser würden Erfahrungen mit entsprechenden Kunden sowie erfolgreiche Lösungsstrategien gedanklich hinterlegt.

- *Hierarchische Organisation der Wissensstruktur:* Vertriebsmitarbeiter müssen ihr Wissen in Form von gedanklichen Hierarchien strukturieren. Zu diesem Zweck sind Kategorien für generelle Informationen als oberste Hierarchie zu bilden. Darunter müssen Substrukturen für Spezialwissen gebildet werden. Abbildung 17-9 zeigt ein Beispiel für eine hierarchische Organisation der Wissensstruktur eines Vertriebsmitarbeiters. Auf der obersten Ebene enthält die Kategorie „Betreute Kunden" das gesamte Wissen über die von ihm betreuten Kunden. Darunter bildet der Vertriebsmitarbeiter weitere Kategorien, wobei er sich zunächst an „seiner Kundenstruktur" orientiert. In diesen Subkategorien „legt" er das entsprechende Wissen über einzelne Unternehmen bis hin zu den dort beschäftigten Einkäufern sowie die Beziehungen zu ihnen ab.

- *Ansammlung von Prozesswissen:* Grundsätzlich ist hier zwischen erlerntem und erfahrenem Wissen zu unterscheiden. Erlerntes Wissen ist eher theoretisch-konzeptionell. Beispielsweise muss ein Vertriebsmitarbeiter wissen, welche Schritte er vom Erstkontakt bis zum Verkauf eines Produktes unternehmen sollte. Auf Basis des erfahrenen Wissens (d. h. der Erfahrung mit Kunden und mit Situationen) wird das Verkaufsverhalten an die aktuellen Rahmenbedingungen angepasst. Voraussetzung hierfür ist meistens eine langjährige Verkaufserfahrung.

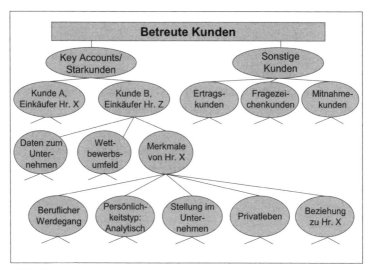

*Abbildung 17-9: Die hierarchische Organisation der Wissensstruktur
am Beispiel des Wissens über Kunden*

▨ *Informationssammlung über die aktuelle Situation und Vergleich mit gespeicherten Kategorien:* Ein Vertriebsmitarbeiter muss in einer Verkaufssituation auf sein erworbenes Wissen zurückgreifen, indem er die aktuelle Situation mit zuvor erlebten Situationen in Beziehung setzt, vergleicht und möglicherweise in der Vergangenheit erfolgreiche Strategien zur Überzeugung von Kunden nutzt bzw. modifiziert.

Adaptive Selling ist eine Fähigkeit, die man mit zunehmender Berufserfahrung und entsprechend kumuliertem Wissen immer effektiver anwenden kann. Allerdings müssen eine gewisse Sozialkompetenz (insbesondere Flexibilität) sowie bestimmte Persönlichkeitsmerkmale vorhanden sein. Beispielsweise gehören die Fähigkeiten, Strukturen zu erkennen, in Bildern zu denken und logische Konsequenzen zu durchschauen, zu den Voraussetzungen des Adaptive Selling. In der zusammenfassenden Bewertung muss man sicherlich eingestehen, dass Adaptive Selling kein einfaches Konzept ist. Richtig eingesetzt kann es jedoch den Verkaufserfolg nachhaltig steigern. Wir haben in vielen Unternehmen Vertriebsmitarbeiter mit einem unglaublichen Erfahrungsschatz beobachtet, der von ihnen im Grunde nicht genutzt werden kann, weil er nicht entsprechend strukturiert wird. An diesem Problem setzt Adaptive Selling an.

In Tabelle 17-5 haben wir in einer Checkliste ausgewählte Kriterien zur Bewertung der Fachkompetenz von Vertriebsmitarbeitern zusammengestellt. Auch dieser Kriterienkatalog kann zur Erstellung eines Profils herangezogen werden. Eine beispielhafte Darstellung findet sich in Abbildung 17-10. Das hier dargestellte Profil eines Vertriebsmitarbeiters von IT-Lösungen im Firmenkundenbereich weist massive Defizite auf. Hohe Werte treten lediglich bei der Produktkenntnis auf. Auch eine gewisse Kunden- und Marktkenntnis sind noch vorhanden. Die drei übrigen Aspekte werden sehr schlecht bewertet. Angesichts der negativen Bewertung der Selbstorganisation könnte man also vom „chaotischen Produktspezialisten" sprechen.

Tabelle 17-5: Ausgewählte Kriterien zur Bewertung der Fachkompetenz von Vertriebsmitarbeitern

Der Vertriebsmitarbeiter ...	trifft voll und ganz zu (100)	trifft im Wesentlichen zu (75)	trifft teilweise zu (50)	trifft in geringem Maße zu (25)	trifft überhaupt nicht zu (0)	keine Beurteilung möglich
Selbstorganisation						
... setzt klare Ziele und Prioritäten für die eigene Arbeit.	❏	❏	❏	❏	❏	❏
... hat eine funktionierende Termin- und Routenplanung.	❏	❏	❏	❏	❏	❏
... hat seinen Arbeitsplatz (Ablage, Wiedervorlage usw.) gut organisiert.	❏	❏	❏	❏	❏	❏
... geht effizient und effektiv mit E-Mails um.	❏	❏	❏	❏	❏	❏
Produktkenntnisse						
... überschaut das Produktspektrum des Unternehmens.	❏	❏	❏	❏	❏	❏
... kennt Merkmale und Leistungsfähigkeit der einzelnen Produkte.	❏	❏	❏	❏	❏	❏
... ist in der Lage, aus einzelnen Produkten umfassende Problemlösungen für den Kunden zu bilden.	❏	❏	❏	❏	❏	❏
... kennt sich auch mit Produkten des Wettbewerbs aus.	❏	❏	❏	❏	❏	❏
Kundenkenntnisse						
... weiß, wofür und wie der Kunde das Produkt nutzt.	❏	❏	❏	❏	❏	❏
... kennt den Wertschöpfungsprozess des Kunden und durchschaut, welche Bedeutung die eigenen Produkte in diesem Prozess haben.	❏	❏	❏	❏	❏	❏
... kennt die maßgeblichen Entscheidungsträger beim Kunden sowie ihre Entscheidungskriterien.	❏	❏	❏	❏	❏	❏
... kennt die Märkte, auf denen der Kunde aktiv ist.	❏	❏	❏	❏	❏	❏
... kennt die Strategien und Ziele des Kunden.	❏	❏	❏	❏	❏	❏

Marktkenntnisse						
... hat ein realistisches Bild von der Marktposition des eigenen Unternehmens.	❏	❏	❏	❏	❏	❏
... ist über Wettbewerbsaktivitäten gut informiert.	❏	❏	❏	❏	❏	❏
... überblickt marktrelevante Tendenzen und Veränderungen (z. B. konjunktureller, technologischer und rechtlicher Art).	❏	❏	❏	❏	❏	❏
... beobachtet auch potenzielle Märkte sorgfältig.	❏	❏	❏	❏	❏	❏
Betriebswirtschaftliche Kenntnisse						
... kennt die internen Kostenstrukturen des Unternehmens.	❏	❏	❏	❏	❏	❏
... kann Kostenauswirkungen seines Handelns abschätzen.	❏	❏	❏	❏	❏	❏
... durchschaut die Kostenstrukturen seiner Kunden.	❏	❏	❏	❏	❏	❏
... ist in der Lage, die Wirtschaftlichkeit von Leistungsangeboten für den Kunden zu bewerten (z. B. durch Kosten-/Nutzenrechnungen).	❏	❏	❏	❏	❏	❏
Verkaufsprozessbezogene Fähigkeiten						
... kann seine Gesprächspartner bereits nach kurzer Zeit beurteilen und ihre Vorbehalte und Unsicherheiten erkennen und abbauen	❏	❏	❏	❏	❏	❏
... ist in der Lage, „Anfasser" beim Kunden zu erkennen und zu nutzen.	❏	❏	❏	❏	❏	❏
... beherrscht Verhandlungstaktiken und Verkaufstechniken (Präsentationstechniken, rhetorische Methoden und Closing-Techniken)	❏	❏	❏	❏	❏	❏
... bildet gedankliche Kategorien für erlebte Verkaufssituationen.	❏	❏	❏	❏	❏	❏
... kann sein Wissen (z. B. über Kunden) in logischen Hierarchien organisieren.	❏	❏	❏	❏	❏	❏
... sammelt systematisch Informationen über frühere Verkaufssituationen.	❏	❏	❏	❏	❏	❏
... nutzt seine Erfahrungen durch einen Vergleich der aktuellen Verkaufssituation mit vergangenen Verkaufssituationen.	❏	❏	❏	❏	❏	❏

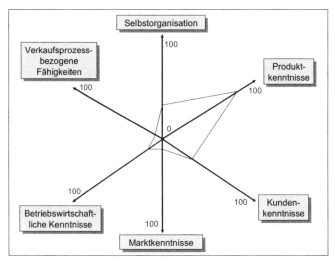

Abbildung 17-10: *Bewertung der Fachkompetenz eines Vertriebsmitarbeiters von IT-Lösungen*

17.4 Vertriebsmitarbeiter gezielt entwickeln

In den vorherigen drei Abschnitten sind wir auf Persönlichkeitsmerkmale, Sozialkompetenz und Fachkompetenz eingegangen. Für jeden der drei Bereiche haben wir ein Bewertungsinstrument dargestellt, mit dem beispielsweise Vertriebsmanager ihre Mitarbeiter einer systematischen Bewertung unterziehen können. Im Anschluss hieran empfiehlt es sich, die drei Dimensionen zusammen zu führen. Die Erfahrung zeigt, dass Persönlichkeitsmerkmale und Sozialkompetenz typischerweise Hand in Hand gehen. Die Bewertungen dieser beiden Dimensionen liegen im Regelfall recht nah beieinander. Dies liegt darin begründet, dass die Persönlichkeitsmerkmale wesentliche Voraussetzungen für die Sozialkompetenz darstellen. Deswegen verbinden wir diese beiden Dimensionen in der zusammenfassenden Betrachtung. Es ergibt sich die in Abbildung 17-11 dargestellte Matrix, anhand derer sich Vertriebsmitarbeiter je nach Ausprägung ihrer Sozial- und Fachkompetenz in vier Gruppen klassifizieren lassen.

Allrounder erfüllen (fast) alle Anforderungen an exzellente Vertriebsmitarbeiter. Sie sind sowohl fachlich als auch im zwischenmenschlichen Bereich stark. *Verkaufsnieten* sind Mitarbeiter, die weder über die notwendige Sozialkompetenz, noch über die entsprechende Fachkompetenz verfügen.

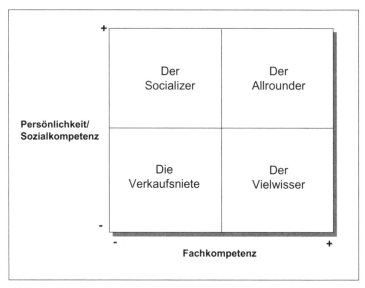

Abbildung 17-11: Vier grundlegende Verkäufertypen

Vielwisser zeichnen sich durch hohe Fachkompetenz und geringe Sozialkompetenz aus. Zwar können diese Mitarbeiter selbst schwierige Aufgaben u. U. eigenständig erledigen. Allerdings ist ihre Einsatzfähigkeit in Teamstrukturen begrenzt. *Socializer* sind Mitarbeiter mit hoher Sozialkompetenz, aber nur geringer Fachkompetenz. Trotz ihrer fachlichen Defizite können solche Mitarbeiter durchaus nützlich sein, da sie beispielsweise für eine angenehme Arbeitsatmosphäre und positiven Teamgeist sorgen.

An dieser Stelle stellt sich die Frage, inwieweit Defizite bei Persönlichkeit, Sozialkompetenz oder Fachkompetenz behoben werden können. Grundsätzlich ist die Fachkompetenz am ehesten beeinflussbar. Am schwierigsten ist dagegen die Beeinflussung von Persönlichkeitsmerkmalen. Der effektivste Ansatzpunkt hierfür ist das Coaching (z. B. durch den Vorgesetzten). Hierbei handelt es sich allerdings um einen langfristig angelegten Veränderungsprozess. Der interessierte Leser sei auf Homburg/Stock (2000, S. 70 ff.) verwiesen.

Tabelle 17-6 gibt einen Überblick über ausgewählte Entwicklungsmaßnahmen und zeigt, für welchen der drei Bereiche sie besonders geeignet sind. In vielen Fällen wird eine Kombination von Entwicklungsmaßnahmen notwendig sein, um eine Veränderung der Persönlichkeitsmerkmale, der Sozial- oder Fachkompetenz zu erreichen. Die systematische Anwendung dieser Instrumente wurde bereits in Abschnitt 9.3 dargestellt.

Tabelle 17-6: Eignung von Entwicklungsmaßnahmen zur Beeinflussung von Persön-
lichkeitsmerkmalen, Sozial- und Fachkompetenz

Entwicklungsmaß-nahmen	Persönlichkeits-merkmale	Sozialkompetenz	Fachkompetenz
Job Rotation	+	++	+++
Seminare/Lehrgänge		+	++
Gruppengespräche	++	++	
Fachkonferenzen/ Tagungen			+++
Mentoring/Coaching	+++	+++	+
Planspiele/Fallstudien		+	++
Projekt-/Teamarbeit	+	+++	++
Rollenspiele	++	++	
Verhaltenstraining	+	+++	
Workshops	+	++	+
Legende: + = nur in Ansätzen geeignet, ++ = gut geeignet, +++ = sehr gut geeignet			

18. Beziehungsmanagement abrunden – Messen, Call Center, Internet

Beziehungsmanagement bedeutet Interaktion zwischen Kunde und Unternehmen. In vielen Unternehmen – gerade im Business-to-Business-Bereich – steht im Mittelpunkt dieser Interaktion der persönliche Kontakt zwischen Kunde und Vertriebsmitarbeiter (vgl. Backhaus 1999). Oftmals – auch im Business-to-Business-Bereich – ist der direkte persönliche Kontakt zu kostenintensiv oder nicht schnell genug herstellbar. Die meisten Unternehmen setzen daher auf weitere Interaktionsformen, die den persönlichen Kontakt entweder flankieren oder ihn – im Business-to-Consumer-Bereich – möglicherweise ganz ersetzen. Das professionelle Management dieser Interaktionsmedien ist eine wesentliche Facette des Kundenbeziehungsmanagements. Wir erläutern in diesem Kapitel zunächst Messen als „Klassiker des Beziehungsmanagements". Danach gehen wir auf Call Center als neueres Medium für den Kundenkontakt ein und wenden uns schließlich dem Internet als „jüngster" Interaktionsform mit Kunden zu.

18.1 Messen – Treffpunkt mit dem Kunden

Sowohl Unternehmen aus dem produzierenden Bereich als auch Dienstleister geben für Messen pro Jahr immense Summen aus: Deutsche Unternehmen investieren jährlich rund 3,5 Mrd. € in Messen. Industriegüterhersteller verwenden bis zu zwei Drittel ihres Marketingbudgets hierfür (vgl. Bruhn 1997). Angesichts dieser Summen überrascht es, dass viele Aussteller eine systematische Messeplanung vernachlässigen: Messeteilnahmen erfolgen oft aus historischen Gründen („Da gehen wir schon immer hin") oder weil die Agenturen dazu raten. Messeziele werden nicht klar definiert, Budgets ufern aus, eine systematische Erfolgskontrolle mit Hilfe von Marktforschung findet nur selten statt.

Vor diesem Hintergrund befasst sich dieser Abschnitt mit der systematischen Planung und Kontrolle von Messeauftritten. Ein entsprechender Prozess ist in Abbildung 18-1 dargestellt. Basis für die Planung von Messeauftritten sind grundlegende Entscheidungen darüber,

- welche grundsätzlichen Ziele mit Messeauftritten verfolgt werden,
- welches Gesamtbudget für Messen zur Verfügung gestellt wird und
- an welchen Messen das Unternehmen mit welcher Priorität teilnimmt.

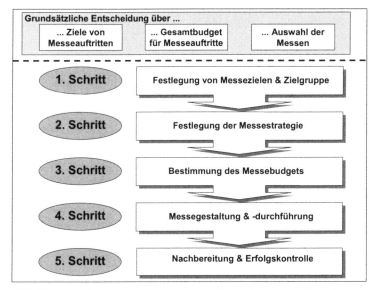

*Abbildung 18-1: Prozess zur systematischen Planung und Durch-
führung von Messen*

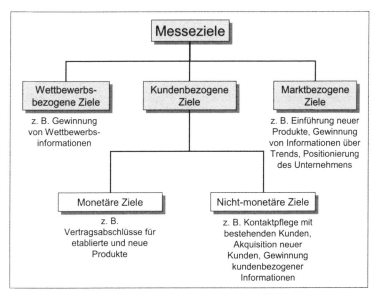

Abbildung 18-2: Kategorien von Messezielen im Überblick

Im Hinblick auf die einzelne Messe erfolgt im ersten Schritt die *Festlegung der Messeziele*. Es lassen sich dabei

▨ kundenbezogene,

▨ marktbezogene und

▨ wettbewerbsbezogene

Ziele unterscheiden (vgl. Abbildung 18-2). Für die spätere Kontrolle des Messeerfolgs müssen die entsprechenden Zielgrößen auch quantifiziert werden. Beispielsweise lassen sich Zielvorgaben hinsichtlich der Anzahl der zu akquirierenden Neukunden oder der Anzahl der abzuschließenden Verträge mit Bestandskunden treffen.

Zur Vorbereitung der Zielfestlegung und zur Zielgruppendefinition bietet sich eine *Besucherstrukturanalyse* an. Marktforschungsinstitute führen diese regelmäßig auf dem Messegelände anhand von streng festgelegten Kriterien durch. Die Ergebnisse geben z. B. Auskunft über die regionale Herkunft, die Wirtschaftszweige, die berufliche Stellung, die Häufigkeit des Messebesuchs oder die Aufenthaltsdauer der Besucher. Besucherstrukturanalysen geben allerdings noch keinen Aufschluss über das Entscheidungs- und Informationsverhalten der Messebesucher. Informationen hierüber liefern *Verhaltensanalysen*. Mit ihrer Hilfe lassen sich verschiedene Besuchertypen klassifizieren (vgl. Bruhn 1997):

▨ Für den *intensiven Messenutzer* hat die Messe einen herausragenden Stellenwert als Informationsquelle. Er hält sich mehrere Tage auf der Messe auf, hat in der Regel Investitionsabsichten und schließt mit großer Wahrscheinlichkeit auf der Messe oder kurz danach Verträge ab.

▨ Der *gezielte Messenutzer* steht häufig ebenfalls kurz vor einer Investitionsentscheidung. Im Gegensatz zum intensiven Messenutzer ist er allerdings bereits sehr gut informiert und hat bereits eine Vorauswahl vorgenommen. Daher besucht er Aussteller nur selektiv und hält sich weniger lange auf der Messe auf.

▨ Für den *Messebummler* dient die Messe der Marktbeobachtung. Er hat keine konkreten Investitionsabsichten. Er bereitet sich kaum auf seinen Besuch vor und tritt kaum mit Ausstellern in Kontakt, sondern nutzt eher das ausgelegte Informationsmaterial.

▨ Der *innovationsorientierte Messenutzer* sucht gezielt nach technischen Neuerungen. Dieser Typ sucht innovative Unternehmen selektiv auf und spricht mit den Ausstellern. Er hat aber meistens nur einen Informationsbedarf und keine kurzfristigen Kaufabsichten.

Informationen über die Besucherstruktur und das Besucherverhalten sind notwendig zur Festlegung der *Messestrategie,* über die im zweiten Schritt entschieden werden muss. Eine aussagefähige Messestrategie muss folgende Fragen beantworten:

▨ Was soll auf der Messe in erster Linie präsentiert werden (einzelne Leistungen oder das gesamte Unternehmen)?

▨ Welche Botschaft/welches Image soll auf der Messe vermittelt werden?

▨ Wie soll der Messestand gestaltet sein (Größe, Beschaffenheit, Anmutung)?

▨ Welches Standpersonal wird benötigt (Qualifikation und Quantität)?

▨ Welche besonderen Aktionen sollen im Rahmen der Messe durchgeführt werden?

Aus dieser Strategie leitet sich im dritten Schritt die Festlegung des *Budgets für die Messe* ab. Im vierten Schritt muss über die *Messegestaltung* und *-durchführung* entschieden werden. Entscheidungen in diesem Zusammenhang beziehen sich auf folgende Aspekte:

▨ Standlage (Freigelände oder Halle, Position in der Halle),

▨ Standdesign (Farb- und Materialgestaltung, Anordnung),

▨ Auswahl der Demonstrationsobjekte,

▨ Auswahl des Personals (Mitarbeiter des eigenen Unternehmens, Hilfskräfte wie z. B. Messehostessen) sowie

▨ Kommunikation der Messeteilnahme (z. B. durch Einladungen, Freikarten, Flyer, Plakate und Werbung im Messekatalog, in Fachzeitschriften oder im Internet).

Die *Nachbereitung der Messe* und die *Messeerfolgskontrolle* erfolgen im fünften Schritt. Bei der Nachbereitung geht es um die Auswertung und Weiterverfolgung der Messekontakte. Im Rahmen der Messeerfolgskontrolle muss mit Hilfe eines Soll-Ist-Vergleichs die Erreichung der Messeziele kontrolliert sowie ein Kosten-Nutzen-Vergleich durchgeführt werden. Man unterscheidet hier zwischen

▨ kontaktbezogenen Kennzahlen (z. B. Zahl übergebener Prospekte, Zahl geführter Gespräche, Zahl neuer Kontakte, Messekosten pro qualifiziertem Kontakt) und

▨ kaufbezogenen Kennzahlen (z. B. Zahl der auf bzw. nach der Messe abgeschlossenen Kaufverträge, messeinduzierter Umsatz in Relation zu Kosten).

18.2 Call Center – Der heiße Draht

Der Begriff des Call Centers gehört zu den Schlagworten der letzten Jahre. Mancher Leser fragt sich wahrscheinlich, ob dies nur ein moderner Ausdruck für die klassische Telefonzentrale ist. Tatsächlich verbirgt sich hinter dem Begriff aber sehr viel mehr. Call Center sind Organisationseinheiten, deren Aufgabe darin besteht, einen service-orientierten telefonischen Dialog mit (potenziellen) Kunden zu führen, der letztlich auf Ziele wie Neukundengewinnung und Kundenbindung ausgerichtet ist (vgl. Denger/Wirtz 1999).

Die Abgrenzung des Call Centers zur Telefonzentrale liegt vor allem im Servicegrad. Die Telefonzentrale hat einen relativ niedrigen Servicegrad. Ihre Aufgabe besteht primär darin, Anrufer mit dem gewünschten Gesprächspartner zu verbinden oder einfache, kurze Auskünfte zu geben. Call Center zeichnen sich im Gegensatz dazu durch einen mittleren bis hohen Servicegrad aus. Ihr Aufgabenbereich geht sehr viel weiter. Sie sind z. B. aktiv in die Kundenbetreuung eingebunden. Wir werden auf die Aufgabenbereiche noch detaillierter eingehen.

Ein wichtiges Merkmal zur Klassifizierung von Call Centern ist die Herkunft des Anrufes. In diesem Zusammenhang unterscheidet man Inbound- und Outbound-Call Center. *Inbound*-Call Center sind nur auf den Empfang und die Bearbeitung eingehender Anrufe ausgelegt, während *Outbound*-Call Center bestehende oder potenzielle Kunden von sich aus kontaktieren. Natürlich treten auch Mischformen auf.

Bei der Planung und Implementierung von Call Centern sind vier Entscheidungsfelder zu berücksichtigen (vgl. Abbildung 18-3). Diese wollen wir im Folgenden kurz erläutern.

Zunächst ist über die *Aufgaben des Call Centers* zu entscheiden. Sie können von der einfachen Datenerfassung bis hin zum umfassenden Kundenservice reichen (vgl. Abbildung 18-3). In vielen Fällen nehmen Call Center eine einzige, ausgewählte Aufgabe wahr. Man bezeichnet dies als isolierte Call-Center-Lösung, da das Call Center nur für einen Zweck verwendet wird und nicht in andere Aktivitäten eingebunden ist. Davon zu unterscheiden ist die integrierte Call-Center-Lösung. Das Call Center hat hier Schnittstellen zu allen betrieblichen Teilbereichen und stellt eine zentrale Verbindung des Unternehmens zum Markt dar. Neben diesen beiden Extremformen existiert noch eine Reihe von Zwischenlösungen, welche am häufigsten anzutreffen sind.

Eng verbunden mit der Frage nach den zu übernehmenden Aufgaben ist auch die Frage nach den *Kapazitäten*. Bereits vor der Implementierung sind Analysen durchzuführen, mit welchem Anrufvolumen das Call Center rechnen muss bzw. wie viele Anrufe es selbst durchzuführen hat. Dies determiniert vor allem die Entscheidungen über die technische und personelle Ausstattung. Erste Anhaltspunkte liefern Analysen des Anrufvolumens in der Telefonzentrale sowie bei bestimmten Mitarbeitern, z. B. im Verkaufsinnendienst.

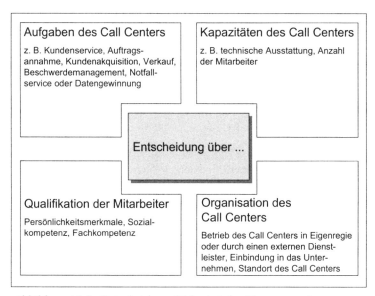

Abbildung 18-3: Entscheidungsfelder bei der Planung und Implementierung von Call Centern

Die dritte Frage betrifft die *Qualifikation* der einzelnen Mitarbeiter des Call Centers. Diese ist wiederum abhängig von den Aufgaben, die das Call Center übernehmen soll. Im Wesentlichen lassen sich hier wieder die Persönlichkeitsmerkmale, die Sozial- und die Fachkompetenz nennen, die wir bereits in Kapitel 17 behandelt haben.

Schließlich muss über die *Organisation* des Call Centers entschieden werden. Hierbei müssen drei Kernfragen beantwortet werden:

▨ Soll das Call Center in Eigenregie oder durch einen externen Dienstleister betrieben werden?

▨ Wie ist das Call Center in das Unternehmen eingebunden?

▨ Wo ist der Standort des Call Centers?

Die Antwort auf die erste Frage hängt von den Aufgaben des Call Centers, den erforderlichen Kapazitäten und Qualifikationen der Mitarbeiter ab. Erfahrungswerte zeigen, dass es wirtschaftlich nicht sinnvoll ist, ein eigenes Call Center zu gründen, wenn das Anrufvolumen nicht deutlich über 400 Anrufe pro Tag liegt (vgl. Wiencke/Koke 1999). Beim „Outsourcing" des Call Centers sind fünf Möglichkeiten denkbar:

- *Vollständiges Outsourcing:* Das komplette Call Center wird an einen externen Dienstleister übertragen. Dieses ist gerade bei einem geringen Anrufvolumen und einer geringen Integration der Call-Center-Prozesse in das Unternehmen sinnvoll. Problematisch ist hier die Sicherstellung des Informationsflusses zwischen dem Unternehmen und dem externen Call Center.

- *Kapazitätsbedingtes Outsourcing:* Anrufe werden an einen externen Dienstleister weitergeleitet, wenn das eigene Call Center überlastet ist.

- *Aufgabenorientiertes Outsourcing:* Bestimmte Aufgaben werden nicht vom eigenen Call Center, sondern von einem externen Dienstleister übernommen. Auf diese Weise lassen sich der eigene Arbeitsaufwand reduzieren und Aufgaben wie z. B. die Datenerfassung beim Aufbau einer Kundendatenbank oder zeitlich begrenzte Projekte ausgliedern. Hierbei handelt es sich um Aufgaben, für die wenig Fachwissen benötigt wird oder die kaum Schnittstellen mit anderen Unternehmensbereichen haben.

- *Zeitabhängiges Outsourcing:* Unternehmen bedienen sich externer Dienstleister, um die Randzeiten z. B. bei einem 24-Stunden-Service abzudecken. In vielen Fällen ist das Anrufvolumen nicht ausreichend, um einen 24-Stunden-Service im eigenen Call Center wirtschaftlich zu rechtfertigen.

- *Front Office Outsourcing:* Alle Anrufe werden zunächst vom externen Dienstleister übernommen. Nur bei komplizierten Fragestellungen wird der Anrufer an das eigene Call Center durchgestellt.

Die zweite Frage stellt sich unabhängig davon, ob das Call Center in Eigenregie oder durch einen externen Dienstleister betrieben wird. In beiden Fällen ist zu regeln, wer die Verantwortung für den reibungslosen Ablauf der im Call Center anfallenden Prozesse sowie für die Koordination des Call Centers mit anderen Medien des Kundenkontaktes trägt. In den meisten Fällen wird die Verantwortung im Vertrieb, im Marketing oder im Service angesiedelt sein.

Die dritte Organisationsentscheidung betrifft die *Standortwahl*, wobei diese im Wesentlichen auf die Entscheidung zwischen In- und Ausland abzielt. Günstige arbeitsrechtliche Bedingungen und wirtschaftliche Anreize sorgten in den letzten Jahren z. B.

für einen Boom von Call-Center-Gründungen in Irland. Bei den Auswahlfaktoren sind im Wesentlichen die Telekommunikationsinfrastruktur und -tarife, die Arbeitskräfte (Sprache und Kultur), die Gesetzgebung (Arbeitsgesetz, Datenschutz, Verbraucherschutz), die Macht der Gewerkschaften und die wirtschaftlichen Anreize zu analysieren (vgl. Cohen 1998).

Abschließend wollen wir darauf hinweisen, dass die rasante Entwicklung im Bereich E-Commerce auch das Call Center vor neue Herausforderungen stellt. Nicht selten schreckt ein Kunde vor einer Bestellung im Internet zurück, weil ihm Zweifel am Produkt kommen und er in den persönlichen Dialog mit dem Anbieter treten möchte. Mit Hilfe des „Call-Me-Buttons" ist dies kein Problem mehr. Die Nennung der Telefonnummer sowie ein Mausklick sorgen dafür, dass der Kunde innerhalb kürzester Zeit vom Call Center des Anbieters zurückgerufen wird und seine Probleme darlegen kann.

18.3 Das Internet im Beziehungsmanagement – Möglichkeiten und Erfolgsfaktoren

In Teil I haben wir mehrfach auf die Bedeutung des Internet und des E-Commerce für die Vertriebsstrategie hingewiesen. In diesem Abschnitt wollen wir auf das Internet als Instrument des Beziehungsmanagements eingehen. Hierzu zeigen wir zunächst einige Besonderheiten dieses relativ jungen Mediums auf. Anschließend stellen wir überblicksartig dar, welche grundsätzlichen Optionen Unternehmen beim Internet-Auftritt haben. Zum Abschluss geben wir einige generelle Gestaltungshinweise für den professionellen Auftritt im Internet.

Besonderheiten des Mediums Internet

Beziehungen können mit Hilfe unterschiedlicher Medien gemanagt werden. Persönliche Gespräche mit Kunden gehören häufig zu den wirkungsvollsten, aber auch aufwendigsten Möglichkeiten. Unternehmen können aber auch über Call Center, TV, Radio oder Printmedien den Kontakt zu Kunden halten. Im Vergleich zu diesen „klassischen" Kontaktformen weist das Internet besondere Merkmale auf (vgl. Ainscough/ Luckett 1996). Hierzu zählen

▪ die Interaktivität,

▪ die Multifunktionalität,

▪ die Individualität und Selektivität,

▓ die zeitliche und räumliche Unabhängigkeit sowie

▓ die Aktualität.

Interaktivität bedeutet die Möglichkeit zur direkten und aktiven Einflussnahme auf den Kommunikationsprozess für alle Teilnehmer. Durch Interaktivität werden die Aufmerksamkeit und das Involvement der Kunden gesteigert. Printmedien können beispielsweise nur eine Informationsfunktion übernehmen. Produkte oder Informationen werden lediglich präsentiert, aber es findet keine Interaktion statt. Höchstens das persönliche Beratungsgespräch oder das Telefonat zwischen Kunde und Vertriebsmitarbeiter übertrifft das „Web" im Grad der Interaktivität.

Darüber hinaus zeichnet sich das Internet durch seine *Multifunktionalität* aus, wobei man fünf mögliche Funktionen unterscheiden kann:

▓ die Informationsfunktion,

▓ die Kommunikations- bzw. Interaktionsfunktion,

▓ die Transaktionsfunktion,

▓ die Logistikfunktion und

▓ die Kundenbindungsfunktion.

Neben den weithin bekannten Informations- und Kommunikations- bzw. Interaktionsfunktionen kann das Internet beispielsweise auch eine Transaktionsfunktion erfüllen. Dies ist dann der Fall, wenn Produkte online bestellt und bezahlt werden können. Die Logistikfunktion wird erfüllt, wenn digitalisierbare Produkte online geliefert werden (z. B. Software, CDs, Bücher). Schließlich ist noch die Kundenbindungsfunktion zu nennen. Durch das Angebot von Value-Added Services über das Internet oder den Aufbau von virtuellen Gemeinschaften („Virtual Communities"), auf die wir im nächsten Kapitel noch ausführlich eingehen wollen, können Kunden an ein Unternehmen gebunden werden. Auch Unterhaltungsangebote über das Internet können zur Kundenbindung dienen.

Durch *Individualität und Selektivität* des Mediums kann der Nutzer seinen Informationsbedarf nach seinen Wünschen decken, d. h. er hat ein hohes Maß an Entscheidungsfreiheit. Uninteressante Informationen kann er ausblenden und sich auf das für ihn Wesentliche konzentrieren. Beispielsweise kann der Nutzer eines Internet-Nachrichtendienstes seine Interessenschwerpunkte so definieren, dass er nur über die ihn betreffenden Nachrichten informiert wird. Verfügt ein Unternehmen aus früheren Transaktionen eines Kunden beispielsweise über eine breite Informationsbasis, so kann es diese dazu nutzen, dem Kunden individualisierte Angebote zu unterbreiten.

Hinsichtlich der *zeitlichen und räumlichen Unabhängigkeit* ist das Internet immer zugänglich. Es gibt keine Ladenschlusszeiten wie im stationären Handel. Der Kunde kann, wann immer er möchte, auf Informations- oder Einkaufstour gehen. Dank der globalen Verbreitung des Internet ist auch die räumliche Unabhängigkeit gegeben.

Das Internet besticht darüber hinaus durch die potenzielle *Aktualität der Informationen*. Klassische Medien werden im Allgemeinen aufgrund des Aufwands erst nach einer gewissen Zeit aktualisiert (vgl. den Neudruck von Firmenprospekten oder -katalogen). Informationen im Internet können hingegen relativ kostengünstig und schnell aktualisiert werden.

Für die Nutzung dieser Besonderheiten im Rahmen des Internet-Auftritts gibt es verschiedene Optionen. Einige Möglichkeiten der Gestaltung des Internet-Auftritts wollen wir im folgenden Abschnitt diskutieren.

Grundsätzliche Möglichkeiten des Internet-Auftritts von Unternehmen

Im Zusammenhang mit dem Internet hört man in vielen Unternehmen die Aussage: „Wir müssen ins Netz!". Wie dies geschehen soll und welche Aktivitäten dort durchgeführt werden sollen, ist vielfach unklar. In diesem Abschnitt wollen wir verschiedene Typen von Internet-Seiten („Webpages") vorstellen, die für den Internet-Auftritt von Unternehmen in Frage kommen können (vgl. Abbildung 18-4).

Man kann kommerzielle Webpages zunächst danach unterscheiden, ob sie den Internet-Nutzer nur weiterleiten sollen („Traffic Control Sites") oder ob der Nutzer aus Sicht des Betreibers auf ihnen verweilen soll („Destination Sites"). Eine Art von *Traffic Control Sites*, so genannte Suchmaschinen, soll dem Internet-Nutzer lediglich die Orientierung im Internet-Universum erleichtern (vgl. Hoffman et al. 1995). Suchmaschinen wie *Google*, *Yahoo!* oder *AltaVista* sind heutzutage jedem Nutzer geläufig. Eine zweite Art von Traffic Control Sites, sog. Incentive Sites, verfolgt das Ziel, den surfenden Nutzer auf eine andere kommerzielle Seite zu bringen. Unternehmen, die z. B. Produkte über das Internet verkaufen wollen, nutzen solche Incentive Sites, um entsprechende Besuche ihrer Webseite zu schaffen und das „vorbeisurfende" Publikum zu ihren Angeboten „zu ziehen".

Destination Sites lassen sich untergliedern in Seiten, bei denen die Informationsfunktion im Vordergrund steht, und Seiten, bei denen die Transaktions- bzw. Verkaufsfunktion dominiert. Zu den Seiten mit primärer Informations- und Kommunikationsfunktion gehören sowohl die reinen Präsenzseiten (z. B. die einfachen Unternehmens-

Homepages, die gegebenenfalls noch einen Produktkatalog enthalten), als auch die
Seiten der „Virtual Communities" (vgl. Abschnitt 19.2). Schließlich fallen in diese
Kategorie auch die Seiten der diversen Informationsanbieter, wie z. B. Online-
Zeitungen oder Online-Datenbanken (z. B. ABI-Inform als Literaturdatenbank) – seien
sie nun gebührenpflichtig oder nicht.

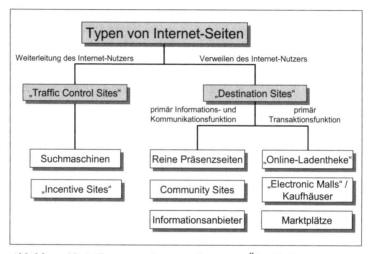

Abbildung 18-4: Typen von Internet-Seiten im Überblick

Bei Destination Sites mit Transaktionsfunktion gibt es zunächst die „Online-Ladentheke". Hier bietet ein Anbieter seine eigenen Produkte zum Verkauf über das Internet
an. Bestellung und Bezahlung können online erfolgen. Für die Auslieferung muss u. U.
ein Logistikdienstleister zwischengeschaltet werden.

Electronic Malls sind virtuelle Einkaufszentren, in denen mehrere Unternehmen unter
einer gemeinsamen Internet-Adresse, einer einheitlichen Bedieneroberfläche sowie
unter einheitlichen Transaktionsmechanismen ihre Leistungen zum Verkauf anbieten
(vgl. Esch et al. 1998). Sie sind häufig aufgebaut wie reale Kaufhäuser mit verschiedenen Abteilungen und Angeboten unterschiedlicher Hersteller. Für den Kunden bieten
die virtuellen Kaufhäuser den Vorteil, dass er das relevante Angebot an einer zentralen
Stelle findet. Der Hersteller kann mehr Kunden erreichen als über seine isolierte Online-Ladentheke. Es kann sich auch für mehrere Hersteller im Verbund die Möglichkeit ergeben, den bisherigen stationären Handel zu umgehen: Die Sortimentsbünde-
lungsfunktion über mehrere Hersteller hinweg sowie die Beratungsfunktion, die klassi-
scherweise vom Handel vorgenommen werden (vgl. Lingenfelder 1996), erfolgen jetzt

im Rahmen der Electronic Mall. Ein problematischer Aspekt ist hierbei jedoch die Erfüllung der Logistikfunktion. Auch die Koordination einer solchen Electronic Mall wird in dem Moment problematisch, wo direkte Konkurrenten involviert sind.

Schließlich lassen sich noch die elektronischen Marktplätze nennen. Auf ihnen kommen viele Anbieter und viele Kunden zusammen, um unter Koordination eines unabhängigen Maklers Preise auszuhandeln und Transaktionen durchzuführen (vgl. Kaplan/Sawhney 2000). Das Internet-Auktionshaus *ebay.de* ist ein Beispiel hierfür. Auch im Business-to-Business-Bereich gibt es mittlerweile solche Auktionshäuser, die typischerweise branchenspezialisiert sind (z. B. *chemconnect.com* in der chemischen Industrie).

Die Begriffe Electronic Mall und elektronische Marktplätze werden häufig synonym gebraucht. Wir sehen allerdings Unterschiede in zweierlei Hinsicht: Electronic Malls sind häufig stärker auf Privatkunden ausgerichtet. Darüber hinaus steht bei Electronic Malls nicht nur die Transaktionsfunktion im Vordergrund. Über das reine Produktangebot hinaus werden Möglichkeiten geboten, Meinungen mit anderen Nutzern auszutauschen, zusätzliche Informationen über Produkte zu beziehen oder sich einfach nur „unterhalten" zu lassen.

In den meisten Fällen empfiehlt es sich, unterschiedliche Seitentypen für die eigene Präsenz im Internet zu nutzen. Ein Anbieter von Telekommunikationshardware nutzt beispielsweise Incentive Sites, um ausreichend viele Nutzer auf seine Firmen-Homepage (Präsenzseite) oder in seine Virtual Community für Handy-Nutzer zu ziehen. Gleichzeitig vertreibt er im Privatkundengeschäft über seine Online-Ladentheke und verschiedene Electronic Malls. Im Firmenkundengeschäft bietet derselbe Anbieter seine Produkte auf elektronischen Marktplätzen an.

Gestaltungshinweise für den Internet-Auftritt

Um mögliche Erfolgsfaktoren für den Internet-Auftritt zu erkennen, muss man zunächst analysieren, welche Faktoren die Akzeptanz des eigenen Auftritts bei den Kunden behindern bzw. fördern (vgl. Bauer 1998). *Akzeptanzbarrieren*, die unmittelbar auf die Nutzung der Internet-Angebote ausstrahlen, sind beispielsweise (vgl. Bauer et al. 1999, Esch et al. 1998, Lohse/Spiller 1999)

- das fehlende Vertrauen in die Sicherheit der Transaktionssysteme,

- die Scheu der Nutzer, persönliche Daten preiszugeben,

- die Unsicherheit bezüglich des Nachkaufservices (z. B. Garantieleistungen),

▦ die fehlende Möglichkeit, Produkte anfassen bzw. ausprobieren zu können,

▦ die Furcht vor einer schwierigen Bedienbarkeit der Seiten,

▦ die Abneigung gegenüber langen Zugriffszeiten auf die Webpages,

▦ mögliche Zweifel an der Aktualität und Zuverlässigkeit der dargebotenen Informationen sowie

▦ Zweifel am Unterhaltungs- und Erlebniswert der Internet-Seiten.

Aus dieser Liste möglicher Akzeptanzbarrieren lässt sich nun eine Reihe von Erfolgsfaktoren ableiten, die Abbildung 18-5 im Überblick darstellt.

Abbildung 18-5: Erfolgsfaktoren für den Internet-Auftritt
        im Überblick

Gestalterische Erfolgsfaktoren beziehen sich auf Layout und Design beim Entwurf der Internet-Seiten, insbesondere auf die Benutzerführung. Den Schlüssel zur Interaktion zwischen Nutzer und Internet-Seite bildet das Navigationssystem. Das System sollte ein einfaches und schnelles Zurechtfinden auf den Seiten gewährleisten. Es sollte den ungeübten Nutzer nicht überfordern und auf bekannte Metaphern zurückgreifen (z. B. das Ablegen von Waren in einen Einkaufskorb bei Auswahl der Produkte). Die Nutzung einiger grafischer Elemente kann zudem dem geringen Erlebniswert von Internetseiten abhelfen. Andererseits darf die Seite nicht übermäßig mit grafischen Spielereien überladen werden, da sie sonst zu unübersichtlich wird und die Zugriffszeiten verlängert. Schließlich sollten besondere Angebote als „Eye-Catcher" herausgestellt werden, um das Verweilen des Nutzers auf der Seite sicherzustellen.

Serviceorientierte Erfolgsfaktoren können zunächst darauf abzielen, die Kosten der Nutzung der Internet-Angebote zu minimieren. Anbieter können bei Online-Bestellungen die Versandkosten übernehmen. Andererseits lassen sich Transaktionskosten für Kunden reduzieren, indem Wiederholungskäufer durch die Speicherung bestimmter Daten einen einfacheren, personalisierten Zugriff haben. Um der Scheu vor der Preisgabe persönlicher Daten zu begegnen, bietet sich eine Erfassung sensibler Daten (z. B. zur Person oder die Kreditkartennummer) über das Telefon an. Intelligente Software-Agenten können dem Kunden ferner Preisvergleiche abnehmen oder Beratungsleistungen übernehmen. Darüber hinaus kann dem Kunden durch verschiedene Gestaltungsmöglichkeiten auch ein emotionaler Mehrwert geboten werden. In Chat-Cafes oder Virtual Communities (vgl. Abschnitt 19.2) kann der Kunde z. B. Kontakt mit anderen Kunden aufnehmen und Meinungen austauschen.

Bei den *technologischen Erfolgsfaktoren* sind vor allem die Zahlungssysteme von Interesse. Gerade im Internet müssen diese Systeme bestimmte Sicherheitsmerkmale erfüllen. Zahlungssysteme müssen vor allem

- die Vertraulichkeit (d. h. Transaktionen dürfen nicht von Unberechtigten verfolgt werden),
- die Integrität (d. h. die versendeten Informationen müssen mit den empfangenen übereinstimmen),
- die Authentizität (d. h. die Sicherstellung der Herkunft der empfangenen Informationen) und
- die Verbindlichkeit (d. h. der Empfang bzw. das Versenden von Informationen muss zweifelsfrei nachgewiesen werden können) gewährleisten.

Organisatorische Erfolgsfaktoren sorgen dafür, dass die Interaktion mit dem Kunden rund um die Uhr möglich ist. Bei Anfragen per E-Mail oder Telefon erwartet der Kunde eine entsprechende Erreichbarkeit und die rasche Beantwortung seiner Fragen. Dies setzt z. B. die Entwicklung netzwerkartiger Organisationsstrukturen für Call Center oder E-Mail-Service-Center voraus.

Produktpolitische Erfolgsfaktoren beziehen sich u. a. auf die angebotenen Marken. Da im Internet die Möglichkeit fehlt, Produkte anzufassen bzw. auszuprobieren, kann es sich anbieten, das Vertrauen der Kunden über etablierte Marken zu gewinnen. Wenn dies aus markenstrategischen Gründen nicht möglich ist, muss für die Internet-Marken rasch ein entsprechendes Qualitätsimage aufgebaut werden. Hilfreich kann hierfür die Nutzung etablierter Sicherheitsstandards oder eine Zertifizierung sein. Wichtig ist zudem die Individualisierung von Leistungen mit Hilfe des Internet. Ein Hersteller von Grußkarten bietet seinen Kunden z. B. an, Karten nach ihren Vorstellungen zu gestalten und zu bestellen. Ähnliche Konfigurationsoptionen bieten auch Computerhändler an. In einigen Electronic Malls können sich Nutzer z. B. registrieren lassen und erhalten gemäß ihren Interessen regelmäßig Informationen über besondere Angebote oder Neuheiten.

Bei *preispolitischen Erfolgsfaktoren* ist das Preisimage des Internet zu beachten. Auf die gesteigerte Preistransparenz durch das Internet sind wir bereits in Kapitel 5 eingegangen. Zudem erwarten Kunden häufig, Waren im Internet günstiger zu bekommen als im stationären Handel. Aus Sicht des Anbieters lässt sich ein Preisabschlag gegenüber dem stationären Handel durchaus mit der Einsparung von Transaktionskosten rechtfertigen.

Kommunikationspolitische Erfolgsfaktoren zielen darauf ab, den Auftritt im Internet u. a. mit Mitteln der Werbung zu unterstützen. Nicht nur in den klassischen Werbemedien wie Print oder TV ist auf die Internet-Adresse des Unternehmens hinzuweisen. Auch das Internet selbst bietet eine Vielzahl von Möglichkeiten zur Bekanntmachung des eigenen Angebots. Unternehmen sollten sich beispielsweise in Suchmaschinen oder sonstigen Verzeichnissen erfassen lassen und für möglichst viele Verbindungen („Links") von anderen Internet-Seiten auf ihre eigene sorgen.

Logistische Erfolgsfaktoren beziehen sich auf die Auslieferung von über das Internet bestellten Waren. Etablierte Unternehmen, die im Web aktiv werden, haben mit diesem Aspekt im Allgemeinen weniger Probleme als „Internet-Start-ups". Ein kritischer Faktor für diese Unternehmen besteht darin, Waren termingerecht weltweit auszuliefern. Ein weltweites Logistikpartnering ist im Allgemeinen Voraussetzung dafür, die „schnell" bestellte Ware auch schnell liefern zu können.

19. Kundenbindungsmanagement – Den Kunden zum „Fan" machen

Eine wesentliche Facette des Kundenbeziehungsmanagements ist das Kundenbindungsmanagement. Hierunter verstehen wir den *gezielten* Einsatz von Instrumenten zur langfristigen Bindung *ausgewählter* Kunden an das Unternehmen. In Kapitel 2 haben wir bereits auf die strategische Notwendigkeit des Kundenbindungsmanagements hingewiesen. In Kapitel 12 haben wir diskutiert, wie man Informationen über Kundenzufriedenheit und Kundenbindung gewinnt. In diesem Kapitel wollen wir zunächst auf einige Grundlagen der Kundenbindung und des Kundenbindungsmanagements eingehen. In den darauf folgenden Abschnitten wollen wir ausgewählte Instrumente des Kundenbindungsmanagements näher betrachten, die insbesondere für den Vertrieb von Bedeutung sind. Hierzu zählen vor allem

- Kundenkarten, -clubs, -zeitschriften und Virtual Communities,

- Value-Added Services (produktbegleitende Dienstleistungen) und

- das Beschwerdemanagement.

Ein integrierter Ansatz des Kundenbindungsmanagements für wichtige Firmenkunden ist das Key Account Management, in dessen Rahmen verschiedenste Kundenbindungsinstrumente zum Einsatz kommen. Aufgrund seiner besonderen Bedeutung im Vertrieb wollen wir diesen Ansatz in Kapitel 20 gesondert diskutieren.

19.1 Kundenbindung – Die Grundlagen

Die Ursachen und Gründe der Bindung an einen Anbieter sind vielfältig. Einige haben wir bereits in Abschnitt 2.3 angedeutet. Eine Grundvoraussetzung für Kundenbindung ist die *Zufriedenheit* des Kunden mit den Leistungen eines Anbieters. Ohne Kundenzufriedenheit kann es (selbst beim Vorhandensein anderer Bindungsursachen) keine langfristige Kundenbindung geben.

Eine zweite Ursache für Kundenbindung liegt vor, wenn Kunden im Leistungsangebot eines Anbieters relativ zu Alternativangeboten auf Dauer einen deutlichen *Mehrwert bzw. Zusatznutzen* sehen. Bietet ein Anbieter seinen Kunden beispielsweise durch innovative Value-Added Services mehr Nutzen als seine Wettbewerber, so werden die Kunden diesem Anbieter treu bleiben.

Eine dritte Ursache für Kundenbindung liegt in den *(persönlichen) Beziehungen* zwischen Kunde und Anbieter bzw. dessen Mitarbeitern oder auch Marken. Entwickeln Kunden z. B. im Zeitverlauf ein besonders enges Verhältnis zu bestimmten Mitarbeitern, so steigt die Wahrscheinlichkeit für Wiederholungs- und Zusatzkäufe sowie für die Weiterempfehlung des Anbieters gegenüber Dritten.

Natürlich ergibt sich Kundenbindung auch aus *wirtschaftlichen Vorteilen*, die Kunden durch die Bindung an einen Anbieter erlangen (z. B. Rabatte oder Boni beim Wiederkauf). Allerdings sollte diese Kundenbindungsursache stets auf andere Ursachen aufbauen: Liegen außer ökonomischen Vorteilen keine anderen Gründe für die Treue zu einem Anbieter vor, dann wird der Kunde wechseln, sobald ihm ein Wettbewerber höhere Anreize bietet.

Zusätzlich zu den bisher aufgezählten Bindungsursachen können auch *Wechselbarrieren* einen Kunden binden (vgl. Bliemel/Eggert 1998). Sie resultieren z. B. aus Verträgen, die der Kunde mit dem Anbieter abgeschlossen hat. Der Kunde hat rechtlich gesehen keine Möglichkeit, sich vor Beendigung bzw. Erfüllung des Vertrages vom Anbieter zu lösen. Barrieren bestehen aber auch, wenn ein Wechsel des Anbieters technische Probleme bzw. Kompatibilitätsprobleme aufwerfen würde, z. B. beim Wechsel des Betriebssystems eines PCs.

Anbieter können und müssen die Bindung ihrer Kunden systematisch managen. Folgende Aspekte müssen dabei geklärt werden (vgl. Homburg/Bruhn 2003):

▪ *Bezugsobjekt der Kundenbindung:* An welches Objekt (z. B. Produkte, Marken, Hersteller oder Absatzmittler) soll der Kunde gebunden werden?

▪ *Kundenbindungszielgruppe:* Mit welcher Priorität soll die Kundenbindung der verschiedenen Kundensegmente gesteigert werden?

▪ *Art der Kundenbindung:* Wie soll der Kunde (über welche Bindungsursache) gebunden werden?

▪ *Festlegung der Kundenbindungsinstrumente:* Mit Hilfe welcher Instrumente soll der Kunde gebunden werden?

▪ *Intensität und Timing der Kundenbindung:* Zu welchem Zeitpunkt und mit welcher Intensität sollen Kundenbindungsmaßnahmen unternommen werden?

▪ *Kooperationsstrategie der Kundenbindung:* Mit welchen Partnern (z. B. Absatzmittlern oder Dienstleistern) sollen die Kundenbindungsmaßnahmen unternommen werden?

Erfolgreiches Kundenbindungsmanagement muss sich auf drei Prinzipien stützen:

▨ Differenzierung,

▨ Fokussierung und

▨ ökonomische Orientierung.

Das Prinzip der *Differenzierung* beruht auf den Ergebnissen der Segmentierung und der Kundenstrukturanalyse. Differenzierung bedeutet, dass für verschiedene Kundengruppen unterschiedliche Kundenbindungsinstrumente eingesetzt werden, die den speziellen Ansprüchen der jeweiligen Kundengruppe Rechnung tragen. Die Intensität der Kundenbindung variiert dabei in der Regel zwischen den einzelnen Kundengruppen.

Das Prinzip der *Fokussierung* meint, dass Unternehmen sich bei ihren Kundenbindungsmaßnahmen an der Wertigkeit der Kunden für das Unternehmen orientieren und unter Umständen Kundenbindungsmaßnahmen nur bei potenzialstarken Kunden durchführen. A-Kunden könnten z. B. in den Genuss eines Kundenclubs kommen, während B-Kunden „nur" eine Kundenzeitschrift erhalten. Das Prinzip der *ökonomischen Orientierung* unterstreicht schließlich die Notwendigkeit, Kundenbindungsmaßnahmen kritisch hinsichtlich des Kosten-Nutzen-Verhältnisses zu hinterfragen.

19.2 Kundenzeitschriften, -karten, -clubs und Virtual Communities – Die (Neo-)Klassiker der Kundenbindung

Die Instrumente, die wir in diesem Abschnitt vorstellen wollen, verfolgen mehrere Stoßrichtungen zur Steigerung der Kundenbindung: Erstens sollen sie die permanente Information und Interaktion des Kunden mit dem Anbieter gewährleisten, d. h. den Kunden in regelmäßigem Kontakt mit dem Anbieter halten. Zweitens sollen sie die Identifikation des Kunden mit dem Anbieter und dessen Produkten erhöhen, und drittens sollen sie den Kunden motivieren, immer wieder beim Anbieter zu kaufen.

Kundenzeitschriften werden seit Jahrzehnten zur Information von Kunden genutzt und sind immer noch weit verbreitet. Man schätzt, dass allein in Deutschland die addierten Auflagen der Kundenzeitschriften in Milliardenhöhe gehen. Sie stellen neue Produkte oder Services vor, informieren über das Produktumfeld oder geben Tipps für die effektive Produktnutzung. Kundenzeitschriften können aber auch die Interaktion zwischen Kunde und Anbieter fördern, wenn Response-Elemente wie Hotline-Nummern, E-Mail-Adressen oder Rückantwortkarten enthalten sind (vgl. Müller 2003).

Unserer Meinung nach ist gegenüber Kundenzeitschriften aber einige Skepsis angebracht. Wir haben in vielen Unternehmen beobachtet, dass diese Zeitschriften zwar von den eigenen Mitarbeitern gelesen, aber von den Kunden oft als „Junk Mail" abgetan werden und im Papierkorb landen. Der Nutzen der Zeitschriften sollte insbesondere angesichts der zum Teil immensen Kosten, die in der Regel in den Millionenbereich gehen, kritisch analysiert werden. Bei einem Unternehmen stellten wir fest, dass die Gesamtkosten der Kundenzeitschrift nur zu rund zehn Prozent aus inhaltlich-redaktionellen Arbeiten resultierten. 20 % der Kosten wurden durch Druck bzw. Produktion verursacht und 70 % entfielen auf Portokosten. Für Anbieter mit einer breiten Kundenbasis (z. B. im Privatkundenbereich) impliziert dies mitunter enorme Summen, die buchstäblich zum Fenster herausgeworfen werden, wenn Kunden die zugesandten Zeitschriften nicht lesen. Wir empfehlen daher, die Akzeptanz von Kundenzeitschriften in regelmäßigen Abständen mit Hilfe systematischer Marktforschung zu überprüfen.

Die ersten *Kundenkarten* kamen in den 50er-Jahren auf. Der Boom setzte aber erst Anfang der 90er-Jahre ein. Während 1996 in Deutschland noch ca. 650.000 Kundenkarten im Einsatz waren, waren es 1999 bereits fünf Millionen (vgl. Hantscho 1999). Fluggesellschaften, Kaufhausketten, Autovermieter usw. setzen dieses Instrument massiv zur Kundenbindung ein. Kundenkarten können unterschiedliche Leistungen beinhalten. Im Wesentlichen lassen sich

- Rabatt- und Bonusleistungen,

- Zahlungsleistungen und

- Identifikations-/Clubleistungen

unterscheiden. Rabatt- und Bonusleistungen bringen den Karteninhaber in den Genuss günstiger Einkaufskonditionen. Zahlungsleistungen ermöglichen es dem Karteninhaber, beim Einkauf mit der Kundenkarte – statt bar oder mit Kreditkarte – zu zahlen. Zum Teil geben Anbieter in Zusammenarbeit mit Finanzdienstleistern sogar „ihre eigenen Kreditkarten" an Kunden aus.

Kundenkarten können einen Karteninhaber aber auch als Mitglied eines Kundenclubs identifizieren. *Kundenclubs* integrieren unterschiedliche, aber aufeinander abgestimmte leistungs-, preis-, kommunikations- und vertriebsbezogene Kundenbindungsmaßnahmen. Der Kunde profitiert dabei sowohl von ökonomischen als auch von emotionalen Clubvorteilen. In Abbildung 19-1 sind verschiedene Kundenclubs anhand dieser beiden Dimensionen klassifiziert. Der SWR3-Club bietet seinen Mitgliedern z. B. vor allem emotionale Vorteile, da sich Club-Mitglieder in einer Gemeinschaft „Gleichgesinnter" wieder finden. Die ökonomischen Vorteile fallen eher begrenzt aus.

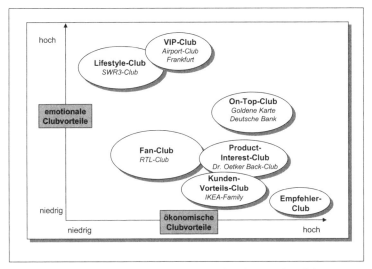

*Abbildung 19-1: Klassifizierung von Kundenclubs anhand der
emotionalen und ökonomischen Clubvorteile
(in Anlehnung an Diller 1997)*

Darüber hinaus kann man auch offene und geschlossene Clubs unterscheiden. Offene Clubs sind für alle Interessenten frei zugänglich. Geschlossene Clubs verlangen von den Mitgliedern eine ökonomische Gegenleistung wie z. B. eine Mitgliedsgebühr oder die Verpflichtung, eine bestimmte Anzahl an Produkten regelmäßig abzunehmen. Je detaillierter diese Zutrittsbeschränkungen sind, desto genauer lässt sich die Zielgruppe ansprechen, die gebunden werden soll. Entscheidet sich ein Unternehmen für den Aufbau eines Kundenclubs, so muss es mehrere zentrale Fragen beantworten:

▪ Wer ist die Zielgruppe des Kundenclubs?

▪ Welche Leistungen sollen den Clubmitgliedern angeboten werden?

▪ Wer soll die laufende Betreuung des Kundenclubs übernehmen?

▪ Wie soll der Erfolg des Kundenclubs gemessen werden?

Zur Beantwortung der ersten Frage kann ein Anbieter auf die Ergebnisse der Kundenstrukturanalyse (vgl. Abschnitt 12.2) zurückgreifen. C-Kunden oder Mitnahmekunden werden in der Regel nicht *Zielgruppe* eines Kundenclubs sein.

Die *Leistungen*, die der Kundenclub seinen Mitgliedern bieten kann, sind vielfältig. Neben den ökonomischen Clubvorteilen durch besondere Clubrabatte oder zusätzliche Serviceleistungen werden Mitglieder z. B. auch über kommende Sonderangebote frü-

her informiert als „normale" Kunden. Clubmitglieder erhalten auch exklusive Hinter-
grundinformationen über das Unternehmen und seine Leistungen. Ihr Feedback kann
im Rahmen von Kundenforen eingeholt werden. Generell sollte das Leistungsangebot
des Kundenclubs

▨ mit dem Clubcharakter übereinstimmen,

▨ sich an Bedürfnissen und Hintergrund der Zielgruppe orientieren,

▨ kommunizierbar und erreichbar sein,

▨ als Nutzensteigerung vom Kunden rational und emotional erkannt werden,

▨ einen ausgewogenen Mix ständiger Grund- und wechselnder Zusatzleistungen bieten,

▨ organisatorisch/rechtlich zu realisieren und finanziell dauerhaft tragfähig sein,

▨ kompetent, glaubwürdig, in guter Qualität erscheinen und

▨ sich gegenüber der Konkurrenz abheben.

Die *Betreuung* des Clubs ist grundsätzlich durch eigene Mitarbeiter oder externe
Dienstleister möglich. Wenn der Club im eigenen Unternehmen betreut werden soll,
ist die Entscheidung über die bereitzustellenden Ressourcen zu treffen. Eine ausreichende Anzahl qualifizierter Mitarbeiter, ein ausgefeiltes Kundeninformationssystem
(vgl. Kapitel 12) und gegebenenfalls ein Call Center als Anlaufstelle für die Clubmitglieder könnten notwendig sein.

Für die *Erfolgsmessung* sollte ein einfaches, aber aussagekräftiges System von Kennzahlen entwickelt werden (vgl. Kapitel 8), die z. B. in Relation zu Nicht-Mitgliedern
erfasst werden. Denkbare Kennzahlen wären beispielsweise

▨ die Kundenzufriedenheit der Clubmitglieder,

▨ die Kaufintensität bzw. Wiederkaufrate,

▨ die Ausschöpfung des Cross-Selling-Potenzials,

▨ die Zeitdauer seit dem letzten Kauf,

▨ die Kundendurchdringungsrate („Share of Customer"),

▨ die Kundenabwanderungsrate („Churn Rate" bzw. „Defection Rate") oder

▨ die durchschnittliche Dauer der Kundenbeziehung.

In Verbindung mit dem Internet ist in letzter Zeit häufig von *„Virtual Communities"*
die Rede – einer dem Konzept des Kundenclubs verwandten Gemeinschaft von Kun-

den (vgl. Hagel/Armstrong 1997, Albers et al. 1999, Bauer et al. 2001). Virtual Communities sind Gruppen von Menschen mit gemeinsamen Interessen und Bedürfnissen, die im Internet zusammenkommen und ihre Meinungen und Erfahrungen austauschen (z. B. *www.tripod.com* als Treffpunkt für Menschen der „Generation X" oder *www.fool.com* als Treffpunkt für die Finanz- und Aktienbegeisterten). Hinter einer Community steht oft ein beträchtliches, koordiniertes Nachfragevolumen, was damit zusammenhängt, dass sich die Mitglieder z. B. über Qualität und Preise von in der Community relevanten Produkten austauschen. Professionell organisierte Communities können im Extremfall sogar unterschiedliche Anbieter gegeneinander ausspielen und für ihre Mitglieder günstige Konditionen aushandeln.

Innovative Anbieter können die Idee der Virtual Community für sich nutzen, indem sie um ihr Unternehmen und ihre Leistungen herum selbst eine Community aufbauen. Die Community bringt dem Anbieter zusätzlich zur reinen Kundenbindung vielfältigen Nutzen: Zum einen kann er als „Gratis-Marktforschung" diverse Informationen über die Denk- und Verhaltensweisen seiner Kunden gewinnen. Zum anderen kann der Anbieter „Gratis-Qualitätsmanagement" betreiben und Schwächen seiner Leistungen frühzeitig aufdecken, wenn er die Community-Diskussionen über seine Produkte bzw. Wettbewerbsprodukte gezielt auswertet. Schließlich kann er das Weiterempfehlungsverhalten der Community-Mitglieder stimulieren und gerade über das Medium Internet enorme Multiplikator-Effekte erzielen.

Bei Aufbau und Pflege einer Community muss ein Anbieter einen schmalen Grat meistern: Kritisch für die Akzeptanz einer Community ist zunächst, dass der Anbieter sich und seine Produkte im Hintergrund hält. Denn die Kernidee der Community ist der freie Austausch der Mitglieder untereinander, nicht das bloße Feilbieten von Produkten. Allerdings muss die Community systematisch geplant und geführt werden. Der Meinungsaustausch sollte nicht vollkommen unkontrolliert ablaufen, da sonst weder Informationen gewonnen noch Weiterempfehlungseffekte erzielt werden können. Darüber hinaus wird es kein Anbieter gerne sehen, dass in seinem „Internet-Hinterhof" schlecht über ihn gesprochen wird. Eine solche Systematik kann allerdings nicht ohne den Einsatz gewisser Ressourcen erreicht werden. Teams aus Marketing- und Vertriebsmitarbeitern sind für den Aufbau einer Community unerlässlich. Einige Unternehmen setzen mittlerweile sogar „Community-Manager" ein, deren Aufgabe darin besteht, Virtual Communities im Sinne des Anbieters zu entwickeln.

Wie Kundenbindungsinstrumente – seien es Kundenzeitschriften, -karten, -clubs oder Communities – im Einzelnen auszugestalten sind, hängt sicherlich von den besonderen Gegebenheiten jedes Unternehmens ab. Es lassen sich jedoch einige generelle Erfolgs-

regeln festhalten: Sämtliche Instrumente müssen aufeinander und auf die Marketing-
und Vertriebsstrategie des Unternehmens abgestimmt werden. Ferner sollten die Instrumente kein Selbstzweck sein, sondern tatsächlich das beim Kunden erwünschte
Verhalten fördern – sei es nun der Wiederkauf, die Weiterempfehlung oder auch der
Informationsaustausch mit dem Unternehmen.

Darüber hinaus steht und fällt der Erfolg der Kundenbindungsinstrumente auch mit der
Attraktivität des Leistungsangebotes. Die permanente Analyse der Markt- und Kun-
dentrends und die rechtzeitige Anpassung der Leistungen an relevante Veränderungen
sind unumgänglich. Die Leistungen müssen sich von den „üblichen" Leistungen, die
auch Wettbewerber anbieten, deutlich abgrenzen. Insbesondere die übermäßige Betonung der Rabatt- bzw. Bonusleistungen bietet keinen nachhaltigen Wettbewerbsvorteil, da Konkurrenten diese Art der Kundenbindung leicht imitieren können und bei
den Kunden eher die Bindung zum Rabatt als zum Unternehmen entsteht.

19.3 Value-Added Services – Das Ass im Ärmel

In vielen Branchen ist seit Jahren eine zunehmende Angleichung der funktionalen
Qualität von Produkten festzustellen. Technologische Vorsprünge sind heute nur noch
durch enorme F&E-Aufwendungen zu erlangen und dauerhaft zu halten. Die so ent-
stehende Austauschbarkeit der Produkte gefährdet zwangsläufig die Kundenbindung.

Einen Erfolg versprechenden Ansatzpunkt zur Stabilisierung bzw. Steigerung der Kundenbindung stellen in einem solchen Umfeld zusätzliche Dienstleistungen dar. Derartige Value-Added Services sind in vielfältiger Form anzutreffen. Wir unterscheiden

- Informations-/Beratungsdienstleistungen,

- logistische Dienstleistungen,

- technische Dienstleistungen,

- Individualisierungsdienstleistungen,

- Finanzierungsdienstleistungen und

- Convenience-Dienstleistungen.

Welche Leistungen in den einzelnen Kategorien erbracht werden, hängt in hohem Maße von der Branche sowie davon ab, ob es um Privat- oder Firmenkunden geht.

Das Angebot von Dienstleistungen trägt auf vielfältige Weise zur Kundenbindung bei
(vgl. Abbildung 19-2). Zunächst steigern Dienstleistungen den Nutzen des Kunden.

Hier sind insbesondere solche Dienstleistungen zu nennen, die im Zusammenhang mit dem Produkt stehen und aus dem „nackten" Produkt eine Problemlösung für den Kunden machen (vgl. Ziffer 1 in Abbildung 19-2). Dieser Effekt wird noch dadurch verstärkt, dass Dienstleistungen häufig unter Einbindung des Kunden oder beim Kunden erbracht werden. Beispielhaft sei die Erbringung technischer Dienstleistungen in der Produktionsanlage eines industriellen Kunden genannt. Der Anbieter erhält dadurch einen viel tieferen Einblick in die Bedürfnisse des Kunden sowie in das Umfeld der Produktnutzung (z. B. in die Produktionsprozesse eines Industriegüterunternehmens).

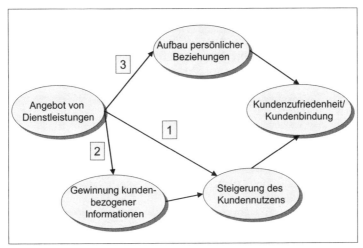

Abbildung 19-2: Förderung der Kundenbindung durch
Dienstleistungen

Die gewonnenen kundenspezifischen Informationen können wiederum verwendet werden, um den Kundennutzen z. B. durch Individualisierung des Leistungsangebotes zu steigern (vgl. Ziffer 2 in Abbildung 19-2). Ein dritter Effekt sollte nicht unterschätzt werden: Dienstleistungen werden durch Menschen erbracht. Im Zuge der Dienstleistungserbringung entstehen also persönliche Kontakte und Beziehungen. Sie werden zu einer wesentlichen Stütze der Kundenbindung (vgl. Ziffer 3 in Abbildung 19-2). Die möglichen Erfolgswirkungen von Dienstleistungen beschränken sich allerdings nicht nur auf die Kundenbindung. Vielmehr ist es bei entsprechend professionellem Management möglich, mit Dienstleistungen hohe Gewinne zu erzielen.

Allerdings beobachtet man insbesondere bei Unternehmen, bei denen typischerweise Produkte im Mittelpunkt der Vermarktung stehen, große Probleme im Umgang mit

Dienstleistungen (vgl. Simon 1993, Belz et al. 1997, Homburg/Garbe 1996). Ein aus-
uferndes Dienstleistungsspektrum, das zu einer gefährlichen Kostenfalle werden kann,
das flächendeckende Verschenken von Dienstleistungen nach dem „Gießkannenprinzip", die stiefmütterliche Behandlung des Servicebereichs trotz anders lautender Bekundungen in den Strategiepapieren, die fehlende Verankerung von Dienstleistungen
in der Unternehmenskultur sowie Defizite beim Qualitätsmanagement für Dienstleistungen – all dies sind Probleme, auf die man regelmäßig stößt. Abbildung 19-3 vermittelt einen Überblick der Problemfelder, die entstehen können, wenn traditionell produktorientierte Unternehmen Dienstleistungen in größerem Umfang anbieten.

Abbildung 19-3: Dienstleistungsbezogene Managementprobleme
im Überblick

Auf der Basis einer empirischen Untersuchung von mehr als 270 Unternehmen haben
Homburg/Günther/Faßnacht (2000) die folgenden zwölf Regeln für das professionelle
Dienstleistungsmanagement in typischerweise produktorientierten Unternehmen erar-
beitet:

▨ Definieren Sie Ihr Dienstleistungsportfolio systematisch!

Widerstehen Sie dem „sanften Druck" von Markt und Wettbewerb und vermeiden Sie
die unkontrollierte Ausweitung des Angebots von Dienstleistungen. Wägen Sie stets

Kosten und Nutzen neuer Dienstleistungen genau gegeneinander ab. Gehen Sie dabei ebenso systematisch vor wie bei Entscheidungen über das Produktprogramm. Wenige, professionell vermarktete Dienstleistungen sind wirkungsvoller als ein umfangreiches und halbherzig angebotenes Sammelsurium. Kommunizieren Sie unternehmensintern unmissverständlich, welche Leistungen Bestandteil des Dienstleistungsprogramms sind und welche nicht.

▦ Vermarkten Sie Ihre Dienstleistungen aktiv!

Lassen Sie die Dienstleistungen kein Schattendasein neben dem Produkt führen, sondern sorgen Sie für eine wirkungsvolle Dienstleistungs-Kommunikation gegenüber Ihren Kunden! Hierzu zählt insbesondere eine Darstellung der Dienstleistungen in Katalogen und Prospekten, die sich mit der Präsentation der Produkte messen kann. Nur wenn Sie die Dienstleistungen aktiv in den Markt bringen, werden diese ein wirklich wirksames Instrument zur Differenzierung gegenüber dem Wettbewerb.

▦ Erziehen Sie Ihre Kunden!

Die direkte Inrechnungstellung von Dienstleistungen ist nach wie vor schwierig, da „kostenlose" Dienstleistungen in vielen Bereichen zum Standard gehören. Beginnen Sie, Ihre Kunden zu „erziehen"! Kunden müssen lernen, dass die Erstellung von Dienstleistungen Geld kostet, ebenso wie die Herstellung von Produkten. Beschleunigen Sie diesen Lerneffekt durch gezielte Kommunikation: Informieren Sie Ihre Kunden in Katalogen, Prospekten oder Preislisten über den Dienstleistungsaufwand. Verfahren Sie in der gleichen Weise mit dem Nutzen, den Ihre Kunden aus den Dienstleistungen ziehen. Quantifizieren Sie diesen Nutzen möglichst genau.

Und auch wenn Sie noch nicht alle Dienstleistungen abrechnen können, so sollten Sie Ihre Kunden doch wissen lassen, was Sie ihnen schenken.

▦ Setzen Sie die Dienstleistungen gezielt ein!

Je nach den Bedürfnissen der Kunden und der Art der Dienstleistungen können diese äußerst wichtig oder völlig unbedeutend für die Kunden sein. Verteilen Sie die Dienstleistungen deshalb nicht mit der „Gießkanne", da Sie in einem solchen Falle immer eine Vielzahl von Kunden „beglücken" werden, die nicht bereit sind, dies zu honorieren. Untersuchen Sie vielmehr die Bedürfnisse Ihrer Kunden, und richten Sie Ihr Dienstleistungsprogramm dann auf die servicesensitiven Kundensegmente aus.

▦ Sorgen Sie für eine lebendige Dienstleistungskultur!

Der Übergang vom Produktlieferanten zum Problemlöser für Kunden ist ein Prozess, der von den betroffenen Mitarbeitern mit getragen werden muss. Dabei reicht es nicht aus, die Dienstleistungsorientierung im Unternehmensleitbild fest zu schreiben. Verdeutlichen Sie die Bedeutung dieses Kulturwandels immer wieder und unterstützen Sie ihn, indem Sie Dienstleistungsorientierung vorleben. Machen Sie im ganzen Unternehmen klar, dass die Dienstleistungen keine „Nebenleistung" sind, sondern dass diese das Produkt erst marktfähig machen. Die Mitarbeiter müssen sich mit dem Ziel der Dienstleistungsorientierung identifizieren. Nur dann wird Dienstleistungsorientierung verinnerlicht und durch das Verhalten der Mitarbeiter auch für die Kunden spürbar.

▥ Schicken Sie Ihre besten Leute in den Dienstleistungsbereich!

Im Dienstleistungsbereich haben Ihre Mitarbeiter häufig direkten Kundenkontakt. Die Personalqualität ist hier erfolgsentscheidend. Sichern Sie darum den Zustrom von Talenten in den Dienstleistungsbereich. Wer Dienstleistungen wirklich ernst nimmt, kann hier nicht die „zweite Liga" an den Start schicken.

▥ Befähigen Sie die Mitarbeiter zu dienstleistungsorientiertem Handeln und honorieren Sie es!

Für die Zufriedenheit der Kunden ist die soziale Kompetenz der Mitarbeiter häufig ebenso wichtig oder sogar wichtiger als deren Fachkompetenz. Fördern Sie soziale Kompetenzen durch regelmäßige Schulungen. Bewerten Sie die Leistungen der Mitarbeiter systematisch und würdigen Sie Höchstleistungen bei der Dienstleistungserstellung gebührend. Schaffen Sie Anreizsysteme, die dienstleistungsorientiertes Handeln fördern.

▥ Nutzen Sie geeignete Instrumente der Qualitätskontrolle!

Die technische Qualität von Produkten kann vor der Auslieferung gründlich geprüft werden. Dies ist bei Dienstleistungen in diesem Ausmaß nicht möglich. Wie gut eine Dienstleistung tatsächlich war, können Ihnen nur die Kunden sagen, die diese in Anspruch genommen haben. Die Kundenzufriedenheit ist an dieser Stelle der einzig relevante Qualitätsmaßstab. Erfassen Sie die Kundenzufriedenheit deshalb regelmäßig und verknüpfen Sie diese mit den Anreizsystemen im Dienstleistungsbereich.

▥ Sammeln und nutzen Sie dienstleistungsbezogene Marktinformationen!

Eine systematische Erfassung der Dienstleistungsbedürfnisse von Kunden findet in der Praxis häufig ebenso wenig statt wie die Beobachtung der dienstleistungsbezogenen Aktivitäten des Wettbewerbs. Damit fehlt vielfach die Informationsbasis für eine sinnvolle Planung der Dienstleistungsaktivitäten. Gehen Sie hier proaktiv vor. Beobachten Sie die relevanten Marktentwicklungen regelmäßig und systematisch. So erkennen Sie Probleme und Chancen frühzeitig und können adäquat reagieren.

▓ Überwachen Sie den betriebswirtschaftlichen Erfolg der Dienstleistungen!

Viele Unternehmen sind nur sehr unzureichend in der Lage, den Erfolg ihres Angebots von Dienstleistungen zu quantifizieren. Dies betrifft finanzielle Größen (z. B. Umsätze und Kosten) und nichtfinanzielle Größen (z. B. prozessbezogene Kennzahlen wie Reaktionszeiten usw.). Erheben Sie diese Größen systematisch und überwachen Sie auf dieser Basis den Erfolg Ihres Dienstleistungsangebots. Nur so können Sie verhindern, dass die Kosten der Dienstleistungserstellung unkontrolliert heranwachsen.

▓ Schaffen Sie Organisationsstrukturen, die die Klarheit von Zuständigkeiten sichern und die bei der Dienstleistungserstellung eine möglichst weit reichende Selbstständigkeit, Ergebnisverantwortung und Entscheidungsbefugnis gestatten!

Dienstleistungen sind nicht lagerbar. Sie müssen dann erstellt werden, wenn die Kunden danach verlangen. Voraussetzungen hierfür sind Reaktionsschnelligkeit und Flexibilität. Diese erreichen Sie nur dann, wenn die Verantwortungen für die Dienstleistungserstellung klar definiert sind. Vermeiden Sie also Kompetenzgerangel zwischen den Abteilungen. Dazu ist es nicht zwingend notwendig, die wesentlichen Dienstleistungsaktivitäten organisatorisch als Profit-Center zusammenfassen. Dies hat aber den Vorteil, dass dann auch durch die Organisationsstruktur nach innen und außen ein starkes Commitment zur Dienstleistungserstellung demonstriert wird.

▓ Orientieren Sie sich nicht einseitig am durch Dienstleistungen generierten Cashflow!

Überwachen Sie die durch die Dienstleistungen verursachten Umsätze und Kosten. Behalten Sie darüber hinaus aber immer die positiven Auswirkungen der Dienstleistungserstellung auf die Kundenbindung im Blick. Diese Auswirkungen auf die Geschäftsbeziehung haben eine wesentlich höhere Bedeutung für das Unternehmensergebnis als der mit den Dienstleistungen direkt erzielbare Gewinn.

19.4 Beschwerden – Lästige Nörgelei, Ruhestörung oder Chance?

In vielen Unternehmen werden Beschwerden heute noch als Last und Nörgelei, nicht als Chance empfunden. Mitarbeiter werten Beschwerden als einen persönlichen Angriff gegen sich. Bestenfalls wird die Beschwerdelösung noch als „notwendige Wiedergutmachung" verstanden. Dieses Verständnis greift viel zu kurz. Man weiß heute, dass eine effektive und schnelle Behandlung einer Beschwerde die Kundenbindung sogar über das Niveau vor der Beschwerde anheben kann (vgl. Abbildung 19-4). Beschwerdemanagement ist also nicht nur Wiedergutmachung, sondern kann einen aktiven Beitrag zur Kundenbindung leisten (vgl. Stauss/Seidel 1998, Hansen/Jeschke 2000, Stauss 2000a, Günter 2001).

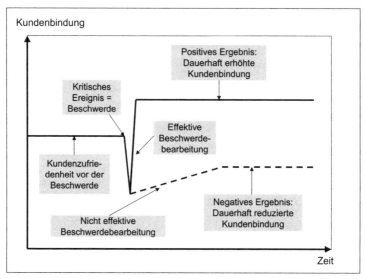

Abbildung 19-4: Beschwerdemanagement als Schlüssel zur Kunden-
bindung

Wie Abbildung 19-5 verdeutlicht, ist auf dem Weg zu einem professionellen Beschwerdemanagement jedoch eine Vielzahl von Entscheidungen zu treffen (vgl. auch Homburg/Fürst 2003). Im Folgenden wollen wir darauf im Detail eingehen.

Ausgangspunkt bei der Konzeption eines Beschwerdemanagements ist die *Beschwerdedefinition*. So trivial dieser Aspekt auf den ersten Blick scheinen mag, so problematisch ist er häufig in der Praxis. Ein uneinheitliches Verständnis darüber, was eine Beschwerde ist, steht einem funktionierenden Beschwerdemanagement im Wege.

Wir empfehlen daher nachdrücklich, auf eine einheitliche Beschwerdedefinition im Unternehmen hinzuarbeiten. Hierbei ist wichtig, dass die Definition nicht einschränkend wirkt, wenn z. B. bestimmte Unzufriedenheitsäußerungen von vornherein gar nicht als Beschwerde deklariert werden. So sollte man u. a. auch Unzufriedenheitsäußerungen von potenziellen Kunden oder Absatzmittlern als Beschwerden verstehen, sich nicht auf gewisse Formen der Beschwerdeübermittlung (z. B. schriftlich) beschränken, auch implizite Beschwerden wie z. B. den Rechnungsabzug als Beschwerde anerkennen, die Beschwerde nicht auf bestimmte Objekte (z. B. Produkte) eingrenzen und auch die beliebte Unterscheidung zwischen „berechtigten" und „unberechtigten" Beschwerden unterlassen.

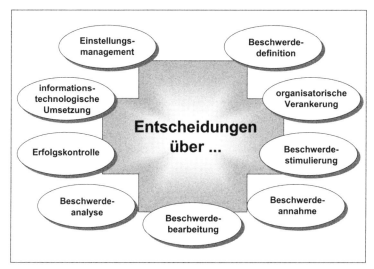

Abbildung 19-5: Entscheidungsfelder bei der Konzeption eines Beschwerdemanagements

Die nächste Entscheidung betrifft die *organisatorische Verankerung* des Beschwerdemanagements. Folgende Facetten sind hierbei zu beachten:

▨ die Regelung der Beschwerdeannahme und -bearbeitung,

▨ die Regelung der Beschwerdeverantwortung sowie

▨ die Regelung der Beschwerdekoordination und -kontrolle.

Die grundsätzliche Entscheidung bei der organisatorischen Gestaltung der Beschwerdeannahme und -bearbeitung betrifft die Zentralisierung bzw. Dezentralisierung dieser Funktionen (vgl. Hansen/Jeschke/Schröber 1995). Bei einer zentralisierten Lösung erfolgt vor allem die Beschwerdeannahme zentral durch eine Stelle, z. B. durch eine Beschwerde-Hotline. In bestimmten Branchen (z. B. im Konsumgüterbereich) kann diese Stelle bereits einen Großteil der Beschwerden lösen. Bei einer vollkommen dezentralisierten Gestaltung sind letztlich alle Mitarbeiter für die Annahme und Bearbeitung von Beschwerden verantwortlich. Darüber hinaus existieren verschiedene Mischformen, bei denen die Annahme zentral, die Bearbeitung aber dezentral vorgenommen wird. Derartige Mischformen sind in der Praxis recht verbreitet.

Die Vorteile der Zentralisierung sind im Wesentlichen die Sicherstellung der Einheitlichkeit der Bearbeitung und die Möglichkeit, spezialisiertes Personal zur Beschwerdebearbeitung einzusetzen. Die Nachteile liegen in der Abkopplung des Beschwerdemanagements von den inhaltlich betroffenen Abteilungen (z. B. Produktbereiche, regionale Vertriebsniederlassungen). In der Regel ist die Entscheidung für oder gegen die Zentralisierung von verschiedenen Einflussgrößen wie z. B. der Komplexität des Leistungsangebots und der Zahl der Beschwerden abhängig. Tabelle 19-1 stellt die Vorteile der Alternativen Zentralisierung vs. Dezentralisierung gegenüber.

Tabelle 19-1: Vorteile und Beispiele für Zentralisierung und Dezentralisierung von Verantwortlichkeiten für das Beschwerdemanagement (vgl. Homburg/Fürst 2003)

	Zentralisierung von Verantwortlichkeiten	Dezentralisierung von Verantwortlichkeiten
Vorteile	• Einfachere und einheitlichere Beschwerdebearbeitung möglich • Spezialisierungseffekte bei Mitarbeitern • Geringere Gefahr, dass Beschwerden unterdrückt, verzerrt oder selektiert werden • Beschwerdekontakte besser kontrollierbar • Geringerer Koordinations-, Informations- und Schulungsaufwand	• Tendenziell einfachere Beschwerdemöglichkeit für den Kunden • Schnellere Annahme und Bearbeitung von Beschwerden aus Kundensicht • Kunden- und problemnahe Beschwerdelösung möglich • Entlastung der Führungskräfte
Beispiele	• Existenz einer Abteilung im Unternehmen, die alle an das Unternehmen gerichteten Beschwerden annimmt und bearbeitet • Verantwortlichkeit eines Mitarbeiters für die regelmäßige und systematische Analyse eingehender Beschwerden	• Verantwortlichkeit von Kundenkontaktmitarbeitern für Annahme und Bearbeitung von Beschwerden im Rahmen bestimmter Grenzen • Einsatz bereichs-/standortübergreifender Projektteams zur Ursachenidentifizierung und zur Erarbeitung von Lösungen

Bei der Regelung der Beschwerdeverantwortung hat es sich unserer Erfahrung nach als sinnvoll erwiesen, dem Prinzip des „Complaint Ownership" zu folgen. Danach ist derjenige, der die Beschwerde annimmt, für deren Bearbeitung und Lösung verantwortlich. Hierbei ist es durchaus möglich, dass die Beschwerde zur Bearbeitung an eine zuständige Stelle weitergeleitet wird. Der Complaint Owner bleibt aber auch in diesem Fall in der Verantwortung für die Bearbeitung der Beschwerde. Auf diese Weise lässt sich der Gefahr vorbeugen, dass Beschwerden im Unternehmen von einer Stelle zur anderen wandern und sich keiner für die Lösung verantwortlich fühlt.

Die Regelung der Beschwerdekoordination und -kontrolle ist vor allem bei dezentralen Ansätzen wichtig. Ein so genannter Beschwerdekoordinator muss die Verantwortung für das gesamte Beschwerdemanagement im Unternehmen tragen. Er ist für den reibungslosen Ablauf verantwortlich, muss bei Fragen von involvierten Personen als Ansprechpartner zur Verfügung stehen, die termin- und sachgerechte Bearbeitung der Beschwerden überwachen und bei Bedarf in die Prozesse eingreifen. Es empfiehlt sich, diese Aufgabe entweder einem Linienmanager mit entsprechender hierarchischer Position oder einem Mitarbeiter zu übertragen, der vom Top-Management unterstützt wird. Peinlich sind Beschwerdekoordinatoren, die wie „Wanderprediger" durch das Unternehmen irren, ohne etwas bewegen zu können.

Eine weitere Entscheidung im Rahmen der Konzeption betrifft die *Beschwerdestimulierung*. Dabei geht es nicht darum, die Kunden „zum Meckern zu erziehen". Allerdings kämpfen viele Unternehmen damit, dass sich nur ein kleiner Teil der unzufriedenen Kunden beim Unternehmen beschwert. Bei Fluggesellschaften beträgt der Prozentsatz der Nicht-Beschwerer unter den unzufriedenen Kunden beispielsweise 69 %, bei Autovermietungen 82 % und in der Konsumgüterindustrie 86 % (vgl. Adamson 1993). Beschwerdestimulierung zielt darauf ab, möglichst viele *unzufriedene* Kunden zur Beschwerde beim Unternehmen zu bewegen und so andere Reaktionen (Beschwerden gegenüber Dritten, Abwanderung usw.) zu verhindern (vgl. Bruhn 1982).

Bei der Beschwerdestimulierung geht es vor allem darum, dass Kunden ihre Beschwerden möglichst einfach übermitteln können. Als Beispiele für Beschwerdekanäle bieten sich Hotlines und Servicenummern, die Beilage von Beschwerdeformularen in Produktverpackungen (am besten mit Ansprechpartner) oder das Internet an (vgl. Abbildung 19-6). In jedem Fall sollte der Kunde wissen, an wen er sich im Beschwerdefall wenden kann. Die aktive Kommunikation der Beschwerdekanäle ist deshalb ein entscheidender Faktor für den Erfolg des Beschwerdemanagements. Auch im Rahmen von persönlichen Gesprächen/Telefonaten oder schriftlichen Befragungen kann und sollte Beschwerdestimulierung erfolgen.

Schließlich müssen bei der Konzeption des Beschwerdemanagements auch Entscheidungen über die *Beschwerdeannahme* getroffen werden. Hierbei geht es um

- die Formulierung von Verhaltensgrundsätzen,
- die Festlegung der zu erhebenden Informationen sowie
- die Form der Informationserhebung.

Kanäle für persön- liche Beschwerden	Kanäle für schrift- liche Beschwerden	Kanäle für telefo- nische Beschwerden
• Mitarbeiter mit Be- schwerdemanage- ment-Funktion am Point of Sale (PoS) oder im Service Center • Persönliche Befra- gungen zur Kunden-/ Beschwerdezufrie- denheit • Jeder persönliche Kontakt zwischen Mitarbeitern und Kunden	• Kontaktadresse für Beschwerdebriefe • Meinungskarten und -boxen am PoS • Beschwerdeformula- re (z.B. dem Produkt oder Kundenzeit- schriften beigelegt) • E-Mail-Adresse für Beschwerden • Faxhotline für Beschwerden • Beschwerdeseite im Internet • Eigene Newsgroups im Internet • Schriftliche Befra- gungen zur Kunden-/ Beschwerdezufrie- denheit	• Telefonhotline für Beschwerden • Telefonische Befra- gungen zur Kunden-/ Beschwerdezufrie- denheit • Jedes Telefonat zwischen Mit- arbeitern und Kunden

Abbildung 19-6: Ausgewählte Kanäle zur Beschwerdestimulierung

In vielen Unternehmen kommt es zu einem Fehlverhalten bei der Beschwerdeannahme. In Tabelle 19-2 stellen wir einige ausgewählte Situationen mit negativen und positiven Verhaltensbeispielen vor.

Tabelle 19-2: Beispiele für negatives und positives Verhalten bei der Beschwerde-
*   annahme*

Situation	Negatives Verhalten	Positives Verhalten
Ein Kunde beschwert sich, dass der neu erworbene PC nicht funktioniert.	Die Schuld wird beim Kunden gesucht („Da haben Sie wohl die Bedienungsanleitung nicht genau gelesen").	Der Fehler wird gemeinsam mit dem Kunden gesucht.
Ein Kunde beschwert sich über einen zu hohen Rechnungsbetrag.	Die Schuld wird anderen Abteilungen zugewiesen („Dafür kann ich nichts, der Fehler ist in der Auftragsabwicklung passiert").	Die Beschwerde wird aufgenommen und die zügige Bearbeitung zugesichert („Vielen Dank für Ihre Beschwerde, ich werde mich sofort darum kümmern").
Ein Kunde beschwert sich telefonisch.	Der Kunde wird weiter verwiesen/getröstet („Ich kann Ihnen so nicht weiterhelfen. Reichen Sie mir das bitte schriftlich rein"). Der Kunde wird vertröstet („Der zuständige Kollege meldet sich nicht. Rufen Sie doch noch mal an").	Die Beschwerde wird angenommen und eine Lösung zugesagt in Verbindung mit der Bitte, ggf. zusätzliche Belege einzureichen.

Zur Förderung eines positiven Verhaltens sind *Verhaltensgrundsätze* für die Beschwerdeannahme unerlässlich. Für das Verhalten bei der Beschwerdeannahme lassen sich einige grundsätzliche Empfehlungen geben:

▓ Signalisieren Sie Verständnis für die Verärgerung des Kunden und Interesse an seiner Situation!

▓ Hören Sie aktiv zu!

▓ Vermeiden Sie freundlich die Eskalation von Gesprächen!

▓ Vermeiden Sie Schuldzuweisungen an den Kunden!

▓ Vermeiden Sie das Abwälzen von Verantwortung auf andere Personen/Abteilungen im Unternehmen!

▓ Treffen Sie verbindliche und präzise Aussagen über die weitere Vorgehensweise!

Die zweite Entscheidung betrifft die Festlegung der *Informationen*, die bei der Beschwerdeannahme festzuhalten sind. Hierzu gehören u. a. Informationen über

▓ Schlüssel zur Identifikation der Beschwerde (z. B. Kundennummer),

▓ den Beschwerdeführer (Name, Adresse, Typ wie z. B. Endkunde oder Händler),

▓ den Beschwerdezeitpunkt und das Beschwerdemedium,

▓ den Beschwerdegrund,

▓ gemachte Zusagen gegenüber dem Kunden,

▓ den Beschwerdeowner (Name, Abteilung),

▓ den beabsichtigten Lösungszeitpunkt,

▓ die beabsichtigte sowie gegebenenfalls die realisierte Lösung (Lösungstermin, Lösungsmedium, Art der Lösung, weitere Notizen zur Lösung).

Mittlerweile gibt es einige Standardprogramme zur *Datenerhebung* im Beschwerdemanagement, die auch an individuelle Bedürfnisse angepasst werden können. Natürlich lassen sich auch eigene Lösungen entwickeln und programmieren. Abbildung 19-7 zeigt ein einfaches Beispiel einer Eingabemaske.

Das fünfte Entscheidungsfeld im Rahmen der Konzeption betrifft die *Beschwerdebearbeitung*. Im Hinblick auf die Beschwerdebearbeitung sind vor allem Grundsätze über die zeitliche und qualitative Bearbeitung der Beschwerden festzulegen.

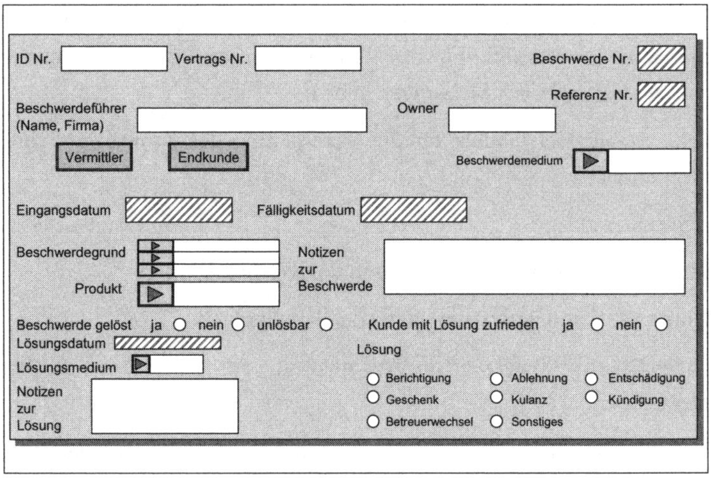

*Abbildung 19-7: Eingabemaske eines Beschwerdemanagement-
Systems am Beispiel einer Versicherung*

In der Regel werden Zeiträume zwischen zwei und fünf Arbeitstagen zwischen Beschwerdeeingang und -lösung festgelegt. Gerade bei komplexen Beschwerden sind diese Zeiträume häufig unrealistisch. Zwischenbescheide, in denen der Erhalt der Beschwerde bestätigt und eine zügige Bearbeitung versprochen wird, stellen eine Lösung dar. Bei Überschreitung der festgelegten Fristen muss über ein Mahn- und Eskalationssystem nachgedacht werden. Dies kann z. B. so aussehen, dass bei einer Überschreitung von einem Tag der Beschwerdeowner eine Warnmeldung des Systems und bei einer weiteren Überschreitung von einem Tag der Vorgesetzte automatisch eine Meldung des Systems erhält.

Eine qualitativ hochwertige Bearbeitung ist natürlich unerlässlich, um die eingangs beschriebene Steigerung der Kundenbindung zu realisieren. Qualität bezieht sich hierbei auf mehrere Aspekte:

▓ Behebung der Ursachen (und nicht der Symptome), die zur Beschwerde führten,

▓ angemessenes Auftreten gegenüber dem Kunden,

▓ gegebenenfalls Erläuterung der Ursache des Problems gegenüber dem Kunden sowie

▓ gegebenenfalls angemessene Entschädigung des Kunden.

Die bislang vorgestellten Entscheidungsfelder beziehen sich auf den Umgang mit unzufriedenen Kunden. Die beiden Entscheidungsfelder „Beschwerdeanalyse" und „Erfolgskontrolle" weisen eher eine interne Perspektive auf, d. h. sie zielen auf die aktive Nutzung der im Rahmen des Beschwerdemanagements generierten Informationen ab.

Auf Basis der *Beschwerdeanalyse* können Unternehmen systematische Probleme im Leistungserstellungsprozess sowie in der Kundeninteraktion erkennen und langfristig beseitigen. Viele Unternehmen nutzen diese reichhaltige Informationsquelle allerdings kaum. Häufig können schon einfache Häufigkeitsauswertungen (z. B. Häufigkeit der Beschwerden nach Produkt(gruppen)) oder Kreuztabellierungen (z. B. von Beschwerdeursachen und Beschwerdeführern) interessante Erkenntnisse liefern.

Eine weiterführende Form der Beschwerdeanalyse ist die *Frequenz-Relevanz-Analyse*. Bei diesem Verfahren werden Beschwerdeursachen klassifiziert anhand der Häufigkeit (Frequenz), mit der sie auftreten, sowie anhand des Ausmaßes der Kundenverärgerung (Relevanz), die sie hervorrufen. Abbildung 19-8 illustriert dies am Beispiel einer Restaurantkette (vgl. Homburg/Fürst 2003).

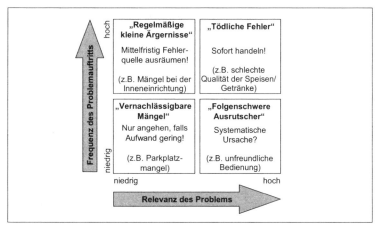

Abbildung 19-8: Klassifizierung von Beschwerdeursachen mit Hilfe der Frequenz-Relevanz-Analyse am Beispiel eines Restaurants (vgl. Homburg/Fürst 2003)

Häufig auftretende Beschwerdeursachen deuten auf systematische Probleme im Unternehmen hin. Das den Beschwerden zugrunde liegende Problem kann also nicht zufälliger Natur sein. Vielmehr müssen z. B. kundenbezogene Prozesse oder Produkte grundlegende Defizite aufweisen, die Kunden immer wieder verärgern. Derartige Defizite sind – insbesondere bei hoher Relevanz – umgehend zu beseitigen.

Selten auftretende Probleme sind unter Umständen auf Zufälle oder Verkettungen un-
glücklicher Ereignisse zurückzuführen. Ihnen liegt meistens kein systematisches Problem zugrunde, das zur Vermeidung zukünftiger Beschwerden beseitigt werden könnte. Unternehmen können daher höchstens versuchen, auf erkannte seltene „Katastro-
phen" zukünftig vorbereitet zu sein und im Schadensfall möglichst schnell und un-
kompliziert auf die Beschwerden der Kunden zu reagieren.

Die *Erfolgskontrolle* – das siebte Entscheidungsfeld bei der Konzeption eines Beschwerdemanagements – zielt darauf ab, entscheidungsrelevante Daten über die Effizienz und Effektivität des Beschwerdemanagements an sich zu ermitteln. Mit Hilfe der
Erfolgskontrolle sollten nicht nur Kosten und Nutzen, sondern auch die Qualität einzelner Teilprozesse im Beschwerdemanagement bewertet werden. Tabelle 19-3 nennt
hierfür beispielhafte Aspekte.

Tabelle 19-3: Beispielhafte Aspekte der Erfolgskontrolle im Beschwerdemanagement

Inhalt der Erfolgs-kontrolle	Beispielhafte Aspekte
Qualität des Beschwerde-managements	▪ Zufriedenheit der Kunden, z. B. mit der Beschwerdeannahme und der Beschwerdelösung
	▪ Beschwerdeartikulation (Artikulationsquote = Anteil der sich beschweren-den Kunden an der Zahl der unzufriedenen Kunden)
	▪ Richtigkeit der Adressierung der Beschwerden durch die Kunden
	▪ Richtigkeit der Weiterleitung von Kundenbeschwerden
	▪ Vollständigkeit der Informationserfassung
	▪ Dauer der Beschwerdebearbeitung/Liegezeiten von Beschwerden
	▪ Anteil der sofort gelösten Beschwerden („First time mended")
	▪ Entwicklung der Kundenbeziehung nach der Beschwerdelösung
Kosten des Beschwerde-managements	▪ Personalkosten im Beschwerdemanagement
	▪ Verwaltungskosten im Beschwerdemanagement
	▪ Kommunikationskosten im Rahmen der Beschwerdestimulierung sowie bei der Beschwerdebearbeitung (z. B. Telefon, Porto)
	▪ Wiedergutmachungskosten
	▪ Gewährleistungskosten
Nutzen des Beschwerde-managements	▪ Einstellungsveränderungen beim Kunden, z. B. Kundenzufriedenheit, aktive Weiterempfehlung
	▪ Erlöszuwächse, z. B. durch Wiederkauf, Cross-Selling und Referenzen

Die *informationstechnologische Umsetzung* schließt sich an die bisherigen konzeptionellen Entscheidungen an. Ein Beschwerdemanagement muss in die Informationssys-

teme des Unternehmens integriert sein. Zum einen erzeugt es selbst viele Informationen, zum anderen muss es auf Informationen anderer Teilsysteme wie z. B. die Adressenverwaltung zugreifen können. Es ist daher zweckmäßig, bei der Konzeption eines Beschwerdemanagements bereits früh Mitarbeiter aus der EDV zu involvieren. Im Grundsatz gelten alle in Kapitel 11 genannten Anforderungen an Informationssysteme (Benutzerfreundlichkeit usw.) auch für ein System zum Beschwerdemanagement. Darüber hinaus geht es im Rahmen der EDV-technischen Umsetzung beispielsweise darum, ob gewisse Regeln des Beschwerdemanagements automatisch durch das System angewendet werden (z. B. automatisches Mahn- und Eskalationssystem).

Hinsichtlich der informationstechnologischen Umsetzung sind wir oft auf zwei Barrieren gestoßen: Erstens schrecken manche Unternehmen vor der IT-Implementierung von Beschwerdemanagementkonzepten zurück, da sie einen hohen Aufwand hierfür befürchten, der erst mittelfristig Nutzen stiftet. Zweitens braucht die IT-Implementierung Zeit – Zeit, die insbesondere Unternehmen mit akuten Defiziten im Beschwerdemanagement nicht haben. Eine mögliche Abhilfe bei solchen Problemen ist die rasche Umsetzung eines „Beschwerdemanagement-Starterpakets", das bereits kurzfristig – vor der IT-Umsetzung – erste Hilfe gewährleistet. So können Kunden auch ohne IT-Verankerung kurzfristig auf Möglichkeiten zur Beschwerdeabgabe hingewiesen werden. Mitarbeiter können bereits früh über die Bedeutung des Beschwerdemanagements informiert und mit ersten Instrumenten zum Beschwerdemanagement ausgestattet werden (z. B. checklistenartige Beschwerdeformulare zur manuellen Erfassung von Beschwerden oder Briefvorlagen für Zwischenbescheide an Kunden).

Die reibungslose Anwendung des Beschwerdemanagements tritt also nicht von heute auf morgen ein. Sie ist vielmehr das Ergebnis eines Lernprozesses bei den Mitarbeitern. Viele Mitarbeiter begreifen Beschwerden nicht als Chance, sondern als persönliche Kritik oder gar persönlichen Angriff. Beschwerdemanagement wird dann in erster Linie als Kontrollinstrument der Unternehmensleitung gesehen. Ferner tolerieren viele Unternehmenskulturen keine Fehler. In solchen Kulturen neigen Mitarbeiter dazu, eigen- oder fremdverschuldete Fehler zu vertuschen oder abzustreiten. Daher ist die systematische Arbeit an den Einstellungen der Mitarbeiter, das *Einstellungsmanagement,* eine zentrale Komponente des Beschwerdemanagements. An dieser Stelle stellt sich natürlich die grundsätzliche Frage, ob man Einstellungen von Menschen überhaupt beeinflussen und verändern kann. Man weiß heute, dass dies prinzipiell möglich ist, dass derartige Prozesse aber aufwändig und langwierig sind (vgl. Homburg/Stock 2000). Konstruktive Einstellungen von Mitarbeitern zu Beschwerden können im Wesentlichen durch vier Mechanismen gefördert werden:

▦ Motivation der Mitarbeiter (z. B. durch materielle/immaterielle Anerkennung von besonderen Leistungen in der Beschwerdebehandlung, Motivationsworkshops),

▦ Führungsverhalten (z. B. dauerhaftes und sichtbares Engagement von Führungskräften in der Beschwerdebehandlung),

▦ Befähigung der Mitarbeiter zur konstruktiven Verarbeitung negativer Erfahrungen im Kundenkontakt (z. B. durch vom Vorgesetzten unterstütztes systematisches Management persönlicher Reserven) sowie

▦ Entwicklung von bestimmten Persönlichkeitsmerkmalen (z. B. Empathie, Kontaktfreude usw.).

Die hier angesprochene systematische Beeinflussung von Mitarbeitereinstellungen basiert auf komplexen und langfristig angelegten Prozessen. Es geht um mehr als oberflächliches Verhaltenstraining: Einstellungen sind tiefer in der Persönlichkeit verankert als Verhaltensweisen. Dies führt andererseits aber dazu, dass einmal erzielte Einstellungsänderungen dauerhafter sind als antrainierte Verhaltensänderungen. Die angesprochenen Techniken werden ausführlich bei Homburg/Stock (2000, Kapitel 3) dargestellt.

In diesem Kapitel haben wir uns mit klassischen Kundenbindungsinstrumenten auseinander gesetzt, die man auch im Privatkundenbereich findet. Nun wollen wir uns dem Key Account Management widmen – einem Ansatz, der primär im Firmenkundenbereich verbreitet ist.

20. Key Account Management – Die enge Zusammenarbeit mit wichtigen Kunden

Key Account Management (KAM) wurde ursprünglich im Industriegüterbereich entwickelt und wird heute branchenübergreifend und in nahezu allen großen Unternehmen eingesetzt. Im Rahmen des KAM werden Mitarbeiter für die wichtigsten Kunden (Key Accounts) eines Unternehmens abgestellt. Die Aufgabe dieser Key Account Manager besteht in der Ausarbeitung spezieller Strategien zur regionen- und sortimentsübergreifenden Bearbeitung dieser Kunden. Wie wichtig ein professionelles KAM ist, zeigen die Ergebnisse einer empirischen Studie, die in Deutschland und den USA in knapp 400 Unternehmen der verschiedensten Branchen durchgeführt wurde (vgl. Jensen 2001a). Beim Vergleich von Unternehmen mit effektivem bzw. weniger effektivem KAM zeigten sich bei der Umsatzrendite deutliche Unterschiede (durchschnittliche Umsatzrenditen von 7,1 % bzw. 5,4 % in Deutschland und 10,7 % bzw. 9,8 % in den USA).

KAM lässt sich am besten durch die Beantwortung von fünf Kernfragen charakterisieren (vgl. Abbildung 20-1, Homburg/Jensen 2004).

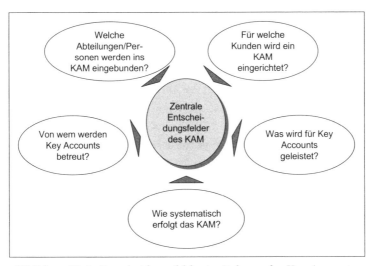

Abbildung 20-1: Entscheidungsfelder im Rahmen des Key Account Managements

Zunächst muss festgelegt werden, *für welche Kunden* ein KAM eingerichtet werden
soll. Zur Selektion der Key Accounts bieten sich unterschiedliche Kriterien an (vgl.
Abbildung 20-2).

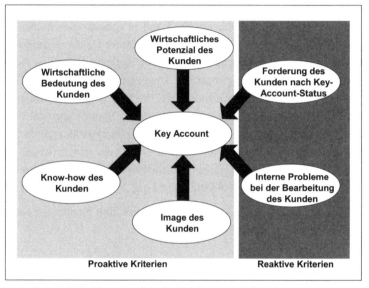

Abbildung 20-2: Kriterien für die Selektion von Key Accounts

Ein Unternehmen kann z. B. den Kunden von sich aus einen Key-Account-Status einräumen, die die Kriterien im linken Teil der Abbildung 20-2 („Proaktive Kriterien") in
hohem Ausmaß erfüllen. Ansatzpunkte zur Identifikation dieser Kunden kann u. a. das
Kundenportfolio liefern (vgl. Kapitel 12). Ist ein Kunde z. B. aufgrund seiner aktuellen
Umsätze mit dem Unternehmen (wirtschaftliche Bedeutung) oder aufgrund seines
Cross-Selling-Potenzials (wirtschaftliches Potenzial) für das Unternehmen besonders
wichtig, so können der Key-Account-Status und die damit verbundene „bevorzugte
Behandlung" durchaus sinnvoll sein.

Fordert ein wichtiger Kunde von sich aus diesen Status oder treten bei der Bearbeitung
dieses Kunden ohne KAM Probleme auf („Reaktive Kriterien"), so ist ein Unternehmen manchmal gezwungen, den Kunden als Key Account zu klassifizieren. Die Bearbeitung des Kunden ohne KAM kann beispielsweise dann problematisch werden,
wenn es sich um einen sehr komplexen Kunden (z. B. mit vielen Standorten oder Sparten) oder um einen Kunden mit zentralisiertem Einkauf handelt. In diesen Fällen be-

darf es im Allgemeinen der Koordination der diversen Aktivitäten gegenüber dem Key Account durch einen Verantwortlichen – den Key Account Manager.

Häufig lassen sich drei mögliche Zielgruppen eines Key Account Managements identifizieren: Die erste Gruppe sind die „wirklich großen" Kunden, die aufgrund ihres Umsatzvolumens oder -potenzials kritisch für den Erfolg des Anbieters sind. Die zweite Gruppe bilden die umsatzbezogen kleineren, aber strategisch wichtigen Kunden. Solche Kunden können z. B. aufgrund ihres Innovationspotenzials (Know-hows) oder aufgrund ihrer Rolle als Referenzkunden (Image) eine besondere Rolle spielen. Schließlich ist auch eine dritte Gruppe denkbar: die Kunden der Kunden. Ein Verpackungshersteller hat nicht nur unter den Getränkeherstellern – seinen direkten Kunden – Key Accounts, sondern auch im Handel, obwohl er nicht direkt an den Handel verkauft. Bestimmte Händler haben aber die Macht, die Verpackungsgestaltung der Hersteller zu beeinflussen. Welchen Kunden ein Key-Account-Status eingeräumt wird, ist sicherlich vom Einzelfall abhängig. Als generelle Richtlinie lässt sich jedoch festhalten, dass diese Kunden für das Unternehmen einen besonders kritischen Erfolgsfaktor darstellen sollten – sei es unter ökonomischen oder strategischen Gesichtspunkten.

Zur Beantwortung der Frage, *was* für Key Accounts geleistet wird, wollen wir uns den *Aktivitäten im Rahmen des KAM* zuwenden. Im Prinzip kann ein Unternehmen jede Komponente der Marktbearbeitung speziell für Key Accounts ausgestalten. Darüber hinaus fallen eine Reihe von internen Maßnahmen im Rahmen des KAM an. Somit ergeben sich folgende Aktivitätsfelder:

- informationsbezogene Aktivitäten,

- logistische Aktivitäten,

- preisbezogene Aktivitäten,

- servicebezogene Aktivitäten,

- produktbezogene Aktivitäten,

- gemeinsame Marktbearbeitungsaktivitäten sowie

- interne Maßnahmen.

Informationsbezogene Aktivitäten umfassen vor allem den Informationsaustausch mit dem Kunden. KAM impliziert den ständigen Kontakt mit dem Kunden – formell im Rahmen offizieller Projekte, oder auch informell z. B. durch Einladungen zu Messen oder anderen Veranstaltungen. Durch den intensiven Informationsaustausch kann ein Unternehmen die heutigen und zukünftigen Bedürfnisse des Kunden ermitteln oder wertvolle Informationen über Verbesserungspotenziale im eigenen Unternehmen gewinnen. Informationsbezogene Aktivitäten beinhalten aber auch die Abstimmung von Produktionsplänen sowie die Anpassung der IT-Systeme.

Logistische Aktivitäten zielen darauf ab, den gesamten Prozess von der Produktion, der Warenbestellung bis zur Lieferung gemeinsam mit dem Key Account zu optimieren. Im Rahmen der *preisbezogenen Aktivitäten* müssen sowohl grundsätzliche Entscheidungen über die Preisstrategie gegenüber Key Accounts gefällt werden als auch bestehende Konditionensysteme oder Finanzierungsangebote für Key Accounts angepasst werden. Die Preisverhandlung und -durchsetzung – z. B. in Jahresgesprächen – ist hierbei eine zentrale Aufgabe des Key Account Managements.

Im Rahmen der *servicebezogenen Aktivitäten* werden für Key Accounts Zusatzleistungen konzipiert wie z. B. umfassende Betreiberdienstleistungen oder marketingbezogene Beratungsleistungen (z. B. allgemeine Marktforschung, Platzierungs- und Sortimentsvorschläge für Händler).

Produktbezogene Aktivitäten umfassen vor allem Anpassungen von Produkten an Kundenwünsche hinsichtlich Design, Verpackung oder Anwendungstechnik. Aber auch die gemeinsame Neuproduktentwicklung stellt ein zentrales Aufgabenfeld dar.

Eine empirische Untersuchung hat ergeben, dass vor allem preisbezogene Aktivitäten beim KAM stärker im Vordergrund stehen als bei der Bearbeitung durchschnittlicher Kunden (vgl. Jensen 2001a). Hierbei dominieren preisbezogene Aktivitäten das KAM insbesondere in der Konsumgüterbranche und in der IT-/Elektronikbranche. In der Chemie- und Pharmabranche spielen dagegen produktbezogene Aktivitäten eine herausragende Rolle im KAM. Interessant ist auch die Frage, von wem die Aktivitäten im KAM angestoßen werden: Von Anbieterseite werden vor allem Aktivitäten im Servicebereich oder im Informationsaustausch initiiert, während preis- und logistikbezogene Aktivitäten eher von Kunden ausgehen.

Aktivitäten der *gemeinsamen Marktbearbeitung* zielen auf die Kunden des Key Accounts ab. Beispielsweise können gemeinsame Werbe- oder Verkaufsförderungsmaßnahmen erfolgen.

Interne Maßnahmen können z. B. die Schulung von Mitarbeitern im Hinblick auf die Zusammenarbeit mit einem speziellen Key Account umfassen. Auch die Erfassung und Analyse spezieller Key-Account-bezogener Informationen (z. B. die kundenbezogene Rentabilitätsbetrachtung) sind hier zu nennen. Jensen (2001a) konnte in seiner Studie zeigen, dass ein Key Account Manager im Schnitt nur die Hälfte seiner Zeit im Kundenkontakt verbringt und die andere Hälfte für derartige interne Koordinationsmaßnahmen verwendet.

Interne Maßnahmen hängen stark mit der Frage zusammen, *wie systematisch* etwas für Key Accounts getan wird. Dabei umfasst systematisches KAM mehrere Schritte in einem kontinuierlich ablaufenden Prozess (vgl. Abbildung 20-3). Wir haben vielerorts beobachtet, dass KAM beträchtliche Ressourcen bindet, ohne entsprechend systematisiert zu sein. Insbesondere die systematische Erfolgskontrolle unterbleibt häufig. Natürlich brauchen Key Account Manager bei der Wahrnehmung ihrer Aufgaben ein hohes Maß an Intuition. Allerdings kann von exzellentem Vertriebsmanagement nur die Rede sein, wenn beim KAM Intuition durch entsprechende Systematik flankiert wird.

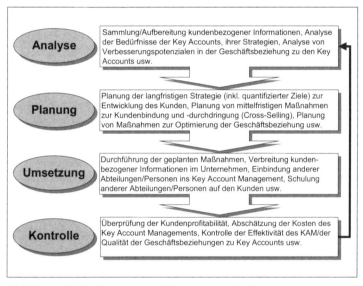

Abbildung 20-3: Key Account Management als Prozess

Grundlage für die *Analyse des Key Accounts* sind umfassende Informationen, z. B. über dessen Bedürfnisse, sein Cross-Selling-Potenzial, seine Marktbearbeitung oder über generelle Optimierungspotenziale in der Geschäftsbeziehung. Zu den Aufgaben des KAM gehört es, diese Informationen zu sammeln, auszuwerten und die Ergebnisse zu dokumentieren.

Diese Ergebnisse fließen im nächsten Schritt in die *Planung* kundenbezogener Aktivitäten ein (vgl. Diller/Götz 1993). Wir haben in vielen Unternehmen beobachtet, dass gerade in diesem Bereich erhebliche Defizite bestehen. Oft sind Key Accounts „einfach da" und werden irgendwie betreut. Wohin man diese Kunden langfristig entwickeln möchte, ist aber völlig unklar. Exzellentes Key Account Management zeigt dagegen die langfristigen (quantifizierten) Ziele und Entwicklungsrichtungen der Geschäftsbeziehung auf. Im Rahmen der Planung ist zudem festzulegen, mit welchen Maßnahmen man den Kunden entwickeln möchte. Hierzu können z. B. spezielle Verkaufsförderungsaktionen, gemeinsame Marktforschungs- oder Rationalisierungsmaßnahmen in der Logistik gehören.

Der nächste Schritt dient der *Umsetzung* der geplanten Maßnahmen. Neben der Interaktion mit dem Key Account gehören hierbei auch die Verbreitung kundenbezogener Informationen im Unternehmen, die Schulung von Mitarbeitern im Hinblick auf den Kunden sowie die Integration anderer Abteilungen (z. B. der Logistik oder der IT-Abteilung) in die Projektarbeit zu den Aufgaben des Key Account Managements.

Der Umsetzung der geplanten Maßnahmen folgt die *Kontrolle*. Erfahrungsgemäß weisen viele Unternehmen in diesem Bereich beträchtliche Schwächen auf. Während einige Unternehmen immerhin die Zufriedenheits-, Umsatz- oder Deckungsbeitragsentwicklung bei ihren Key Accounts regelmäßig kontrollieren, betrachten nur die wenigsten die Profitabilität des KAM als solches. Häufig stehen lediglich kundenspezifische Rabatte und Boni im Fokus. Die Kosten der zusätzlich erbrachten Serviceleistungen, die Komplexitätskosten von Key-Account-spezifischen Produktvarianten oder der Zeitaufwand der Key-Account-Betreuung werden nur selten erfasst. Ohne solche detaillierten Kosten-Nutzen-Betrachtungen gerät man allerdings schnell in die Gefahr, KAM „schönzurechnen, weil der Kunde es nun mal so will."

Die Frage der *Betreuung* von Key Accounts *(Von wem?)* zielt zunächst auf die Person des Key Account Managers ab. Key Accounts werden nicht dezentral vom „normalen" Außendienst betreut, sondern zentral von Key Account Managern, die sämtliche Aktivitäten gegenüber dem Key Account koordinieren und mit entsprechenden Kompetenzen ausgestattet sind. Key Account Manager sind im Allgemeinen Mitarbeiter mit langjähriger Vertriebserfahrung, die sich durch hohe Fach- und Beziehungskompetenz sowie Sicherheit im Umgang mit Führungskräften auszeichnen. Problematisch ist es, einfach „gute Verkäufer" zum Key Account Managern zu ernennen. Erfolgreiche Key Account Manager haben Erfahrungen in diversen Funktionsbereichen und besitzen ein überdurchschnittliches analytisches und strategisches Denkvermögen. In vielen kleineren Unternehmen wird das KAM sogar vom Top-Management selbst übernommen.

Heutzutage ist es für den einzelnen Key Account Manager beinahe unmöglich, den hohen Anforderungen der Kunden ohne die Unterstützung von Experten aus anderen Abteilungen gerecht zu werden. Daher trifft man immer häufiger auf *multifunktionale Vertriebsteams*, in denen Mitarbeiter aus verschiedenen Funktionsbereichen (z. B. Vertrieb, Controlling, Logistik oder IT) gemeinsam umfassende Problemlösungen für die Key Accounts erarbeiten (vgl. Kapitel 7). Die Führung solcher Teams stellt für den Key Account Manager in mehrfacher Hinsicht eine Herausforderung dar: Zunächst muss er das Team so zusammensetzen, dass die notwendige Fachkompetenz, die entsprechende Motivation und der Zusammenhalt im Team („Esprit de Corps") gewährleistet sind. Darüber hinaus muss der Key Account Manager den Teammitgliedern zwar hinreichende Freiheiten geben, aber gleichzeitig seinen Führungsanspruch (vor allem im Kundenkontakt) untermauern. Schließlich ist es von zentraler Bedeutung, dass der Key Account Manager für ein „breites organisatorisches Andocken" seines Teams an den Kunden sorgt, d. h. dass er vielfältige Kontakte zwischen Teammitgliedern und Kundenmitarbeitern fördert. Denn die Existenz persönlicher Beziehungen innerhalb von Funktionsbereichen (z. B. zwischen Logistikexperten im Team und Logistikmitarbeitern des Kunden) oder über Funktionsbereiche hinweg (z. B. zwischen IT-Experten im Team und Controllern des Kunden) kann die Gesamtbeziehung zwischen Anbieter und Kunde wesentlich stabilisieren.

Voraussetzung für dieses „breite Andocken" ist zunächst, dass sämtliche am Kaufentscheidungsprozess des Kunden beteiligten Personen (das so genannte „Buying Center" vgl. auch Kapitel 12.1) und ihre Rollen systematisch erfasst und charakterisiert werden.

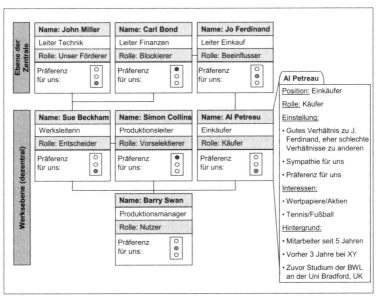

Abbildung 20-4: Beispielhaftes Buying-Center-Organigramm
(in Anlehnung an Prof. Homburg & Partner)

Abbildung 20-4 enthält ein Beispiel für ein hieraus resultierendes Buying-Center-Organigramm, das Mitgliedern des Vertriebsteams den Kontaktaufbau zu Kundenmitarbeitern erleichtern kann. Neben der bloßen Struktur des Buying Centers können in einem solchen Organigramm auch weitergehende Informationen zu einzelnen Mitarbeitern hinterlegt werden, z. B. zu ihren Einstellungen gegenüber dem Anbieter, privaten Interessen oder ihrem bisherigen beruflichen Werdegang.

Ein weiteres Instrument, das dem Key Account Manager die Förderung von Kontakten zwischen dem Team und Kundenmitarbeitern erleichtert, ist die so genannte *KAM-Kontaktmatrix* (vgl.Tabelle 20-1).

Tabelle 20-1: Beispielhafte KAM-Kontaktmatrix

Kontaktpartner auf Kundenseite			Kontakt-weg	Kontaktpartner auf unserer Seite		Gesamt-zahl pers.	Primäre Themen der
Name	Funktion	Ein-fluss-wert		Name	Funktion	Kontakte pro Jahr (Ist / Soll)	Kontakte
Hr. Dr. Bohm	Geschäfts-führung	10		Hr. Dr. Brandt	Key Account Manager	40 / 60	Konditionen, neue Produk-te, Qualitäts-fragen...
Hr. Meier	Einkauf	9		Hr. Albers	Markt-forschung	2 / 12	Marktein-führung...
Hr. Frank	Controlling	5		Hr. Ebers	Produkt-manage-ment	5 / 12	Marktein-führung, Produkt-rentabilität...
Fr. Volker	Logistik	4		Fr. Dötsch	Logistik	24 / 8	Logistik-probleme...
Fr. Hecht	EDV	3		Hr. Bär	EDV	20 / 2	EDI-Projekt...

Sie erleichtert die systematische Analyse der Beziehungen zwischen Mitgliedern des Vertriebsteams und Mitarbeitern auf Kundenseite, indem die kommunizierenden Personen, die Kontaktwege, die Anzahl der Kontakte pro Mitglied des Teams sowie die bei den Kontakten diskutierten Themen erfasst werden. Die hierauf aufbauende Analyse erlaubt z. B. Rückschlüsse auf Optimierungspotenziale im Kommunikationsverhalten des Teams oder ungelöste operative Probleme.

Nachdem wir die wesentlichen Entscheidungsfelder des KAM erläutert haben, sollen zentrale Erfolgsregeln dargestellt werden. Hierbei stützen wir uns auf praktische Erfahrungen sowie wissenschaftliche Untersuchungen (vgl. Jensen 2001a, Workman/Homburg/Jensen 2000, Homburg/Jensen 2004):

▨ Betreiben Sie KAM proaktiv, anstatt immer nur den Forderungen Ihrer Großkunden „hinterher zu hecheln"! Proaktivität bezieht sich zum einen auf die Auswahl der Key Accounts und zum anderen auf das Anstoßen von Maßnahmen in der Zusammenarbeit.

▨ Stellen Sie sicher, dass KAM systematisch (von der Analyse der Key Accounts über die klare Definition von Zielen bis zur Erfolgskontrolle) betrieben wird, aber formalisieren Sie es nicht zu stark!

▨ Setzen Sie Key Account Manager ein, die über Erfahrungen in anderen Funktionsbereichen verfügen (z. B. Marketing, Controlling, Logistik, Technik)! Nicht jeder gute Verkäufer ist auch ein guter Key Account Manager.

▨ Setzen Sie Key Account Manager mit starker Persönlichkeit und Durchsetzungsvermögen im Unternehmen ein! Auch die entsprechende Sozialkompetenz ist eine zentrale Voraussetzung für den Erfolg von Key Account Managern.

▨ Setzen Sie Key Account Manager mit umfassender Fachkompetenz ein (z. B. betriebswirtschaftliche Kenntnisse oder technische Kenntnisse)!

▨ Stellen Sie sicher, dass die Key Account Manager im Unternehmen auf die zur Aufgabenerfüllung notwendigen Ressourcen zugreifen können! Dies ist besonders wichtig im Hinblick auf Bereiche, die dem Key Account Manager disziplinarisch nicht unterstehen (z. B. regionale Vertriebseinheiten, Logistik, Produktmanagement, Service).

▨ Gestalten Sie das Vergütungssystem für Key Account Manager stark leistungsorientiert! Die Leistung muss sich hierbei aus kundenbezogenen Erfolgsgrößen definieren (z. B. Kundenprofitabilität).

▨ Arbeiten Sie auf einen ausgeprägten Teamgeist unter den für die Betreuung von Key Accounts verantwortlichen Mitarbeitern hin! Dies können Sie beispielsweise durch die Auswahl teamfähiger Mitarbeiter, Team Events sowie Team Incentives fördern.

▨ Stellen Sie sicher, dass Key Account Manager in Prozesse beim Kunden eingebunden sind, die dem Einkauf vor- oder nachgelagert sind! Der Key Account Manager, dessen Kundenkontakt sich zu 80 % auf den Einkäufer bezieht, hat ein Problem.

▨ Stellen Sie sicher, dass die Key Account Manager die Unterstützung des Top-Managements haben und dass sich das Top-Management selbst angemessen in KAM-Aktivitäten einbringt!

Key Account Management kann bei sehr intensiver Ausgestaltung umfangreiche Prozessvernetzungen zwischen Anbieter und Kunde mit sich bringen. Im Industriegüterbereich werden diese z. B. als *Just-in-Time-Kooperationen* (JIT) bezeichnet. Im Konsumgüterbereich ist die Zusammenarbeit zwischen Handel und Hersteller unter dem Begriff *Efficient Consumer Response* (ECR) bekannt geworden.

ECR ist eine strategische Kooperationsinitiative zwischen Handel und Hersteller zur Optimierung der gesamten Wertschöpfungskette vom Hersteller bis zum Kunden (vgl. von der Heydt 1999). Sie basiert auf vertrauensvoller Zusammenarbeit und dem Austausch von Informationen. Ziel ist die Eliminierung von Schnittstellenproblemen zwischen Hersteller und Handel. Hierdurch soll letztlich die Kundenzufriedenheit durch bessere, schnellere und kostengünstigere Erfüllung der Kundenwünsche erhöht werden. Im ECR bestehen zwei Kooperationsfelder:

- die Kooperation in der Logistik (Supply Chain Management) und

- die Kooperation im Marketing (Category Management).

Die Kooperation in der *Logistik* (Supply Chain Management) soll den Fluss des physischen Güterstroms vom Hersteller zum Endkunden optimieren und die administrativen Prozesse der Auftrags- und Bestellabwicklung vereinfachen (vgl. Arnold/Warzog 2001, Pfohl 2000). Im Bereich der effizienten Administration sollen z. B. Mehrfacherfassungen von Daten durch deren elektronischen Austausch vermieden werden (z. B. per EDI). Im Bereich der effizienten Lagernachschubversorgung können Hersteller z. B. die Lagerbestände ihrer Absatzmittler verwalten (Vendor Managed Inventory).

Im Rahmen des *kooperativen Marketing* (Category Management) werden u. a. die Sortimentsgestaltung, die Verkaufsförderung (VKF) sowie die Produktentwicklung und -einführung abgestimmt. Effiziente Verkaufsförderung bedeutet z. B. die gemeinsame, filialindividuelle Planung von Verkaufsförderungsaktionen oder die gemeinsame Auswertung der Ergebnisse solcher Aktionen (vgl. ähnlich Zentes/Swoboda 2001). Somit zielt das Supply Chain Management primär auf die Kostensenkung bei Lieferung und Lagerung, das Category Management auf die Erhöhung der Umsätze und Erträge ab. Abbildung 20-5 fasst die verschiedenen Felder der Zusammenarbeit noch einmal zusammen.

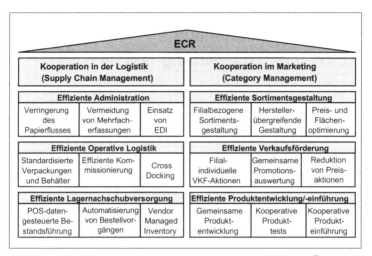

Abbildung 20-5: Kooperationsfelder im Rahmen des ECR im Überblick

Beim bisher im Konsumgüterbereich dominierenden Push-Prinzip wurden die Produkte durch die Vertriebsorganisation des Herstellers in den Absatzkanal „gedrückt". Im Rahmen des ECR soll der „Sog des Kundenverhaltens" (Pull-Prinzip) die gesamte Wertschöpfungskette bis zur Produktion beim Hersteller steuern. Dazu werden tagesaktuelle Verkaufsdaten über Scannerkassen im Handel erfasst und an den Hersteller weitergegeben, der damit seine Produktion und Lieferung steuern kann. Sowohl Hersteller als auch Händler erhalten zudem wertvolle Informationen – z. B. für die Zusammenstellung von Sortimenten.

Eine empirische Studie kam zu dem Ergebnis, dass das Hauptziel von ECR in der Ausnutzung von Einsparungspotenzialen gesehen wird (vgl. Homburg/Grandinger/Krohmer 1996). Die stärkere Ausrichtung auf die Kundenbedürfnisse hat dagegen noch eine geringere Bedeutung. Die Verteilung der Einsparungen zwischen Hersteller und Handel wird auch als der Bereich mit dem größten Konfliktpotenzial gesehen. Folgt man den Ergebnissen der Studie, so steht und fällt der Erfolg von ECR-Kooperationen vor allem mit der Offenheit im Informationsaustausch, dem Vertrauen zwischen den Partnern, der Qualität der Informationstechnologie, dem Kulturwandel in der Zusammenarbeit und der funktionsübergreifenden Zusammenarbeit. Ein Blick in die Praxis zeigt, dass viele Hersteller und Händler im Konsumgüterbereich aber noch weit davon entfernt sind.

21. Relationship Modelling – Die Geschäftsbeziehung fest im Griff

In Kapitel 17 haben wir darauf hingewiesen, dass Geschäftsbeziehungen – ähnlich wie Produkte – häufig einer Art „Lebenszyklus" unterliegen (vgl. Dwyer/Schurr/Oh 1987). Das Aktivitätsniveau und die Profitabilität eines Kunden steigen nach der Aufnahme der Geschäftsbeziehung typischerweise an, erreichen ein Maximum während der Geschäftsbeziehung und fallen zum Ende der Geschäftsbeziehung häufig wieder ab. Die Zielsetzungen und Maßnahmen der Kundenbearbeitung können dabei nach Phasen variieren (vgl. Abbildung 21-1).

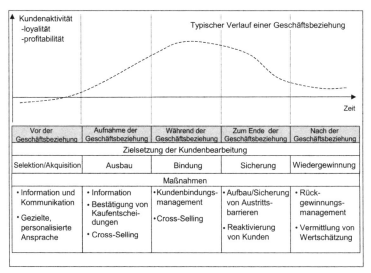

Abbildung 21-1: Typischer Verlauf einer Geschäftsbeziehung (in Anlehnung an Homburg/Sieben 2000 bzw. Sieben 2001)

Abbildung 21-1 illustriert den typischen Verlauf einer Geschäftsbeziehung. Sicherlich weichen die realen Verläufe für einzelne Kunden von diesem Muster ab; häufig können Unternehmen aber zumindest auf der Ebene des Kundensegments bestimmte Muster erkennen. Ein Anbieter von Lebensversicherungen erwartet beispielsweise, dass von ihm akquirierte Versicherungsmakler – seine direkten Kunden – ca. drei Monate nach ihrer Akquisition die ersten Versicherungspolicen an private Endkunden verkaufen. Bleiben diese Verkäufe aus, so handelt es sich um eine negative Abweichung vom „normalen" Geschäftsbeziehungsverlauf.

Leider kennen die meisten Anbieter weder die typischen Verläufe für ihre Kundensegmente noch die tatsächlichen. Vielmehr besteht generell eine hohe Unsicherheit darüber, warum sich Kunden zu einem bestimmten Zeitpunkt in einer bestimmten Weise verhalten. Das Verhalten des Kunden ist eine „Blackbox". Auf negative Abweichungen vom Muster wie z. B. Umsatzrückgänge durch die langsame Abwanderung des Kunden kann man – wenn überhaupt – erst dann reagieren, wenn es zu spät ist (zur Kundenrückgewinnung vgl. Homburg/Schäfer 1999, Stauss 2000b, Sieben 2002).

Ist ein Unternehmen dagegen in der Lage, die üblicherweise zu erwartende Entwicklung einer Geschäftsbeziehung auf Basis von Marktforschung oder vorhandenen Kundendaten zu modellieren, so erhöht dies die Planungssicherheit z. B. bei der Kapazitätsplanung in Produktion oder Vertrieb, der Liquiditätsplanung oder auch bei der Priorisierung der Neukundenakquisition gegenüber der Bestandskundenpflege. Darüber hinaus lassen sich aus dem Wissen über den Geschäftsbeziehungsverlauf potenzielle *Kontaktpunkte* zwischen Unternehmen und Kunde ableiten. An diesen Kontaktpunkten kann oder muss der Anbieter steuernd in den Verlauf der Geschäftsbeziehung eingreifen, um diese z. B. anzustoßen, zu stabilisieren oder auszubauen.

Es gibt viele Indikatoren für das Vorliegen solcher Kontaktpunkte. Man kann grundsätzlich

▪ Indikatoren für den „normalen" Verlauf einer Geschäftsbeziehung und

▪ Indikatoren für außergewöhnliche Entwicklungen in einer Geschäftsbeziehung

unterscheiden. *Indikatoren für den „normalen" Verlauf einer Geschäftsbeziehung* sind dem Anbieter im Allgemeinen a priori bekannt. Beispiele hierfür sind die erste Auslieferung, die Nutzung von Serviceleistungen durch den Kunden oder das Auslaufen des Vertrages. Viele Mobilfunkunternehmen haben beispielsweise ca. zwei Monate vor dem regulären Vertragsende einen Kontaktpunkt definiert, zu dem der Kunde für die Wiederwahl des Anbieters begeistert werden soll. Die frühe Kontaktierung vor Vertragsende soll verhindern, dass der Kunde überhaupt auf die Suche nach Konkurrenzangeboten geht.

Indikatoren für außergewöhnliche Entwicklungen („Warnsignale") deuten auf Abweichungen vom üblichen Verlauf der Geschäftsbeziehung hin. Bleiben z. B. nach der Aufnahme der Geschäftsbeziehung die erwarteten Umsätze aus oder ändert sich die offensichtliche Bedarfssituation des Kunden (z. B. durch Fusionen von Firmen oder die Heirat von Privatkunden), so muss der Anbieter zur Stabilisierung oder zur Neu-

strukturierung der Geschäftsbeziehung aktiv werden. In Tabelle 21-1 sind Indikatoren
für normale und außergewöhnliche Entwicklungen in Geschäftsbeziehungen zusammengestellt.

Tabelle 21-1: Indikatoren für normale und außergewöhnliche Entwicklungen in
Geschäftsbeziehungen

Phase \ Anlässe	Vor der Geschäfts- beziehung	Bei Aufnahme der Geschäfts- beziehung	Während der Geschäftsbeziehung	Zum Ende der Geschäfts- beziehung	Nach der Geschäfts- beziehung
Indikatoren für normale Entwicklungen	• Kunden- anfrage • Erst- kontakt	• Verkaufsge- spräch • Vertragsab- schluss • Erhalt der ersten Lieferung	• Geburtstag/ Jubiläum des Kun- den • Jubiläum der Ge- schäftsbeziehung • Anfragen von Kun- den bzgl. zusätzli- cher Produkte • Nutzung von Ser- viceleistungen (War- tung, Schulungen usw.) • Zufriedenheits- untersuchung	• Vertragsende • Wiederbe- schaffungszeit- punkt	• Eingang der Kündi- gung
Indikatoren für außer- gewöhnliche Entwicklungen		• Ausbleiben von erwarteten Transaktionen/ Umsätzen • Übertreffen der erwarteten Um- sätze	• Wegfall bzw. Ent- stehung eines Be- darfs durch Ände- rungen in der Situa- tion des Kunden • Markteinführung neuer Produkte • Personelle Verände- rungen bei Firmen- kunden	• Beschwerden • Veränderung der Bedarfsdeckung (z. B. Kauf beim Wettbewerb) • Einschlafen der Geschäfts- beziehung • Vorzeitige Kündigung	• Ergebnis- se von Kündiger- analysen • Wieder- aufnahme der Ge- schäftsbe- ziehung

Diese Indikatoren lassen sich auf verschiedene Arten nutzen. Im Rahmen einer *proaktiven* Ansprache des Kunden werden identifizierte Kontaktpunkte in der Geschäftsbeziehung systematisch genutzt, um einer möglichen Destabilisierung der Kundenbeziehung frühzeitig entgegenzuwirken und vorhandene Kundenpotenziale weiter auszuschöpfen. Viele Mobilfunkunternehmen setzen beispielsweise gezielt Telefonanrufe nach Vertragsbeginn oder vor Vertragsende ein, da es außer der Rechnung sonst nur wenige formalisierte Kontaktpunkte in der Geschäftsbeziehung gibt. Diese persönlichen Kontakte können z. B. auch ein Aufhänger für ein Cross-Selling-Gespräch sein.

Das *reaktive* Vorgehen zielt darauf ab, die Auswirkungen unvorhersehbarer Abweichungen des tatsächlichen vom idealtypischen Geschäftsbeziehungsverlauf zu reduzieren. Häufen sich bei einem Kunden z. B. die Beschwerden bei gleichzeitigem Umsatzrückgang, so besteht aus Anbietersicht dringender Handlungsbedarf zur Wiederherstellung des normalen Beziehungszustands. Übertrifft ein Kunde dagegen die für sein Segment und seine Beziehungsphase erwarteten Umsätze bei weitem, so sollte der Kunde einem anderen Segment zugeordnet und entsprechend bearbeitet werden.

Wir können hier nur einige der möglichen Kontaktpunkte in Geschäftsbeziehungen andeuten. Der Fantasie von Unternehmen bei der Nutzung dieser Optionen sind (kaum) Grenzen gesetzt. Entscheidend sind letztlich jedoch nicht viele, sondern gezielte Kontakte mit dem Kunden über den gesamten Beziehungsverlauf. Es kommt nicht darauf an, den Kunden mit „Liebesbekundungen" zu überhäufen, sondern ihn zum richtigen Zeitpunkt mit den richtigen Informationen und Angeboten anzusprechen.

Abschließend wollen wir das Konzept des Relationship Modelling vereinfacht am Beispiel eines Versicherungsunternehmens darstellen, das die typische Geschäftsbeziehung mit seinen unabhängigen Versicherungsvermittlern modelliert hat (vgl. Abbildung 21-2). Zunächst wurden die einzelnen Kontaktpunkte im Rahmen dieser Beziehungen identifiziert. So findet im Allgemeinen nach einem Erstkontakt zwischen Unternehmen und Vermittler ein erstes Gespräch über die Möglichkeiten der Zusammenarbeit statt. Kommt es zur Aufnahme der Geschäftsbeziehung ist nach einiger Zeit mit der Vermittlung erster Policen zu rechnen.

Abbildung 21-2 illustriert diesen typischen Verlauf vom Erstkontakt bis zum Ende der Geschäftsbeziehung bzw. deren Wiederaufnahme. Für die zeitliche Abfolge dieser Kontaktpunkte wurden auf Basis der Erfahrungen Zeitdauern geschätzt, die als „normal" betrachtet wurden. Für den Fall der Überschreitung dieser Zeitdauern wurden Maßnahmen erarbeitet, die den „normalen" Verlauf der Geschäftsbeziehung wieder herstellen sollen (z. B. spezielle Verkaufstrainings oder persönliche Treffen zwischen Vermittler und Betreuer von Unternehmensseite). Ferner wurde unter Berücksichtigung des Potenzials des Vermittlers ein typischer Umsatzverlauf errechnet, zu dem die realen Umsatzverläufe regelmäßig in Beziehung gesetzt werden. Für den Fall negativer Umsatzentwicklungen wurden ebenfalls Gegenmaßnahmen identifiziert.

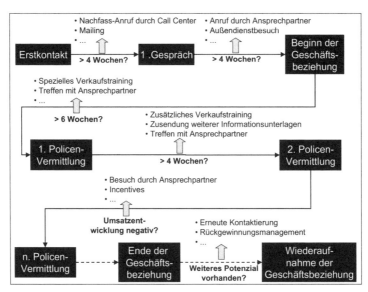

Abbildung 21-2: Modellierung einer Geschäftsbeziehung am Beispiel
eines Versicherungsunternehmens

Checkliste zu Teil IV:
Kundenbeziehungsmanagement – Am Ball bleiben!

Das Unternehmen ... (Kriterium-Nr.)	trifft voll und ganz zu (100)	trifft im Wesentlichen zu (75)	trifft teilweise zu (50)	trifft in geringem Maße zu (25)	trifft überhaupt nicht zu (0)	Kriterium nicht relevant	Belege für die Bewertung
17. Die Verkäuferpersönlichkeit – Von Vielwissern, Socializern und Allroundern							
... beschäftigt Vertriebsmitarbeiter, die Spaß am Kundenkontakt haben. (IV-1)	❏	❏	❏	❏	❏	❏	
... beschäftigt Vertriebsmitarbeiter, die ihre Aufgaben stets mit einem gesunden Optimismus angehen. (IV-2)	❏	❏	❏	❏	❏	❏	
... beschäftigt Vertriebsmitarbeiter, die über ein hohes Maß an Einfühlungsvermögen verfügen (d. h. sich in den Kunden hineinversetzen können, die Kundenperspektive einnehmen können usw.). (IV-3)	❏	❏	❏	❏	❏	❏	
... beschäftigt Vertriebsmitarbeiter, die über ein gesundes Selbstwertgefühl verfügen (d. h. Kompetenz ausstrahlen, von ihren Fähigkeiten überzeugt sind usw.). (IV-4)	❏	❏	❏	❏	❏	❏	
... beschäftigt Vertriebsmitarbeiter, die kompetent in der sprachlichen Kommunikation sind (d. h. sich einfach und präzise ausdrücken und gezielte Fragen stellen können usw.). (IV-5)	❏	❏	❏	❏	❏	❏	
... beschäftigt Vertriebsmitarbeiter, die dem Kunden aktiv zuhören. (IV-6)	❏	❏	❏	❏	❏	❏	
... beschäftigt Vertriebsmitarbeiter, die die nicht-sprachliche Kommunikation beherrschen (d. h. Körpersprache gezielt einsetzen können und Signale in der Körpersprache des Gesprächspartners wahrnehmen usw.). (IV-7)	❏	❏	❏	❏	❏	❏	
... beschäftigt Vertriebsmitarbeiter, die stets freundlich zu den Kunden sind. (IV-8)	❏	❏	❏	❏	❏	❏	
... beschäftigt Vertriebsmitarbeiter, die flexibel sind (d. h. sich und ihr Verkaufsverhalten auf unterschiedliche Kundentypen und Situationen einstellen können). (IV-9)	❏	❏	❏	❏	❏	❏	

... beschäftigt Vertriebsmitarbeiter, die teamfähig sind (d. h. sich in Teams einordnen können, Freude an Teamarbeit haben usw.). (IV-10)	❑	❑	❑	❑	❑	❑	
... beschäftigt Vertriebsmitarbeiter, die sich selbst gut organisieren können (Zeitmanagement, Setzen von Prioritäten, Ablagesysteme usw.). (IV-11)	❑	❑	❑	❑	❑	❑	
... beschäftigt Vertriebsmitarbeiter, die über umfassende Produktkenntnisse verfügen (sowohl über eigene als auch Wettbewerbsprodukte). (IV-12)	❑	❑	❑	❑	❑	❑	
... beschäftigt Vertriebsmitarbeiter, die ihre Kunden sehr gut kennen und verstehen (d. h. deren Bedürfnisse, Wertschöpfungsprozesse, Produktnutzung). (IV-13)	❑	❑	❑	❑	❑	❑	
... beschäftigt Vertriebsmitarbeiter, die über umfassende Marktkenntnisse verfügen (d. h. über die Position des eigenen Unternehmens oder Trends im Markt). (IV-14)	❑	❑	❑	❑	❑	❑	
... beschäftigt Vertriebsmitarbeiter, die über fundierte betriebswirtschaftliche Kenntnisse verfügen (d. h. Kostenauswirkungen von Entscheidungen bewerten können, Kostenstrukturen des eigenen Unternehmens kennen usw.). (IV-15)	❑	❑	❑	❑	❑	❑	
... beschäftigt Vertriebsmitarbeiter, die den Verkaufsprozess erfolgreich gestalten und sich auf Basis ihres Erfahrungsschatzes auf jeden Kunden einstellen können. (IV-16)	❑	❑	❑	❑	❑	❑	

18. Beziehungsmanagement abrunden – Messen, Call Center, Internet

... plant Messen systematisch (d. h. Auswahl der Messen, Bestimmung des Gesamtbudgets für Messen usw.). (IV-17)	❑	❑	❑	❑	❑	❑	
... formuliert präzise, quantifizierte Ziele für jede Messe. (IV-18)	❑	❑	❑	❑	❑	❑	
... kontrolliert das Erreichen der Messeziele. (IV-19)	❑	❑	❑	❑	❑	❑	
... hat die Aufgaben eines Call Centers klar definiert. (IV-20)	❑	❑	❑	❑	❑	❑	
... hat die für die Aufgabenerfüllung notwendigen Ressourcen für das Call Center bereit gestellt (z. B. technische Ausstattung, Anzahl der Mitarbeiter). (IV-21)	❑	❑	❑	❑	❑	❑	
... setzt im Call Center nur angemessen qualifizierte Mitarbeiter ein. (IV-22)	❑	❑	❑	❑	❑	❑	

... hat auf Basis sorgfältiger Überlegungen entschieden, ob das Call Center selbst oder durch einen externen Dienstleister betrieben werden soll. (IV-23)	❑	❑	❑	❑	❑	❑	
... hat klar festgelegt, wer im Unternehmen für den reibungslosen Ablauf der Call-Center-gestützten Aktivitäten verantwortlich ist. (IV-24)	❑	❑	❑	❑	❑	❑	
... hat präzise definiert, welche Funktionen der Internet-Auftritt primär erfüllen soll (z. B. Informations-, Transaktions- oder Kundenbindungsfunktion). (IV-25)	❑	❑	❑	❑	❑	❑	
... hat präzise definiert, auf welchen Typen von Internet-Seiten es präsent sein will (z. B. Community Sites, Electronic Malls, Suchmaschinen). (IV-26)	❑	❑	❑	❑	❑	❑	
... tritt ausschließlich auf professionell und benutzerfreundlich gestalteten Internet-Seiten auf. (IV-27)	❑	❑	❑	❑	❑	❑	
... stellt bei Transaktionen über das Internet den reibungslosen Ablauf der notwendigen Logistikprozesse sicher. (IV-28)	❑	❑	❑	❑	❑	❑	

19. Kundenbindungsmanagement – Den Kunden zum „Fan" machen

... orientiert sich beim Einsatz von Kundenbindungsinstrumenten (z. B. Kundenclubs, -karten, -zeitschriften) an der Wertigkeit der Kunden für das Unternehmen (Fokussierung statt Gießkannenprinzip). (IV-29)	❑	❑	❑	❑	❑	❑	
... kontrolliert regelmäßig und systematisch den Erfolg (Effektivität und Effizienz) des Einsatzes von Kundenbindungsinstrumenten (z. B. Kundenclubs, -karten, -zeitschriften). (IV-30)	❑	❑	❑	❑	❑	❑	
... hat systematisch definiert, welche Value-Added Services welchen Kunden angeboten werden sollen. (IV-31)	❑	❑	❑	❑	❑	❑	
... vermarktet seine produktbegleitenden Dienstleistungen aktiv. (IV-32)	❑	❑	❑	❑	❑	❑	
... teilt den Kunden in monetären Größen Nutzen und Kosten von Dienstleistungen mit und betreibt aktiv den Verkauf (im Gegensatz zum „Verschenken") von Dienstleistungen. (IV-33)	❑	❑	❑	❑	❑	❑	
... hat eine Kultur, in der Dienstleistungsorientierung eine große Rolle spielt. (IV-34)	❑	❑	❑	❑	❑	❑	
... setzt im Dienstleistungsbereich hoch qualifizierte Mitarbeiter ein. (IV-35)	❑	❑	❑	❑	❑	❑	

... honoriert Dienstleistungsorientierung durch die Anreizsysteme. (IV-36)	□	□	□	□	□	□	
... kontrolliert regelmäßig die Profitabilität von Dienstleistungen. (IV-37)	□	□	□	□	□	□	
... nutzt geeignete Instrumente für Qualitätsmessung und -management im Dienstleistungsbereich. (IV-38)	□	□	□	□	□	□	
... hat die Verantwortung für die Erbringung von Dienstleistungen im Unternehmen klar geregelt. (IV-39)	□	□	□	□	□	□	
... arbeitet mit einer unternehmensweit einheitlichen, nicht restriktiven Definition, was unter einer Beschwerde zu verstehen ist. (IV-40)	□	□	□	□	□	□	
... hat klar definiert, wie Beschwerden im Unternehmen angenommen und bearbeitet werden sollen. (IV-41)	□	□	□	□	□	□	
... hat klar definiert, wer für die Lösung einer Beschwerde verantwortlich ist. (IV-42)	□	□	□	□	□	□	
... sorgt aktiv dafür, dass Mitarbeiter eine konstruktive Einstellung zum Umgang mit Beschwerden haben. (IV-43)	□	□	□	□	□	□	
20. Key Account Management – Die enge Zusammenarbeit mit wichtigen Kunden							
... betreibt proaktives KAM (u. a. Auswahl der Key Accounts und Initiierung von Kooperationsmaßnahmen). (IV-44)	□	□	□	□	□	□	
... betreibt KAM systematisch (d. h. Analyse der Key Accounts, Definition von Zielen, Erfolgskontrolle). (IV-45)	□	□	□	□	□	□	
... setzt Key Account Manager ein, die über Erfahrungen in anderen Funktionsbereichen (z. B. Marketing, Logistik, Technik) verfügen. (IV-46)	□	□	□	□	□	□	
... setzt Key Account Manager mit starker Persönlichkeit und Sozialkompetenz ein. (IV-47)	□	□	□	□	□	□	
... setzt Key Account Manager mit umfassender Fachkompetenz (nicht nur Vertriebskenntnisse) ein. (IV-48)	□	□	□	□	□	□	
... verschafft Key Account Managern den Zugang zu den zur Aufgabenerfüllung notwendigen Ressourcen. (IV-49)	□	□	□	□	□	□	
... nutzt für Key Account Manager in hohem Maße leistungsorientierte Vergütungssysteme. (IV-50)	□	□	□	□	□	□	
... stellt sicher, dass die Key Account Manager die Unterstützung des Top-Managements haben. (IV-51)	□	□	□	□	□	□	

21. Relationship Modelling – Die Geschäftsbeziehung fest im Griff							
... hat den typischen Verlauf einer Geschäftsbeziehung mit einem Kunden analysiert und dokumentiert. (IV-52)	❏	❏	❏	❏	❏	❏	
... überwacht kontinuierlich die Geschäftsbeziehungen hinsichtlich Abweichungen vom typischen Verlauf. (IV-53)	❏	❏	❏	❏	❏	❏	
... hat definiert, mit welchen Maßnahmen auf Abweichungen vom typischen Verlauf reagiert werden soll. (IV-54)	❏	❏	❏	❏	❏	❏	

Epilog

Bereits zu Beginn der Lektüre dieses Buches mag sich der Leser gefragt haben „Wie exzellent ist unser Unternehmen wohl derzeit im Vertrieb? Und wie schneiden wir im Vergleich zu anderen Unternehmen ab?". Mancher Leser mag auch angesichts der vielen Problemfelder, die wir im Buch geschildert haben, einwenden, dass es in der Praxis „so schlimm doch gar nicht sein kann".

Natürlich wünschen wir jedem Unternehmen ein möglichst hohes Niveau an Vertriebsprofessionalität. Allerdings haben wir in vielen Praxisprojekten diesbezüglich eher ernüchternde Erfahrungen gemacht. Um uns bei derartigen Urteilen jedoch nicht auf unser „Bauchgefühl" oder einzelne Fallstudien verlassen zu müssen, führten wir Mitte 2001 eine branchenübergreifende empirische Studie durch. Bei dieser Studie durchleuchteten mehr als 260 hochrangige Führungskräfte mit Vertriebsverantwortung (Vertriebsleiter und/oder Vorstände/Geschäftsführer) ihre Unternehmen kritisch hinsichtlich deren Vertriebsprofessionalität (vgl. Homburg/Schäfer/Beutin 2002). Tabelle E-1 fasst die Ergebnisse der über 260 Sales-Excellence-Selbstbewertungen zusammen.

Tabelle E-1: Zusammenfassung der Ergebnisse von über 260 Sales-Excellence-Selbstbewertungen (durchschnittliche Excellence-Werte)

Branche / Dimension	Finanzdienst-leistungen	IT/Telekom-munikation	Maschi-nenbau	Chemische Industrie	Auto-motive	Konsum-güter	Gesamt
Vertriebs-strategie	65,0	70,4	67,2	68,7	66,6	69,1	67,5
Vertriebs-management	65,4	71,8	70,0	72,6	70,7	70,3	69,7
Informations-management	59,0	59,1	57,2	61,0	58,2	59,2	58,4
Kunden-beziehungs-management	57,7	62,9	55,2	60,4	52,6	57,2	57,1
Sales-Ex-Gesamtwert	61,8	66,0	62,4	65,7	62,0	63,9	63,2

Zwar sollten die in Tabelle E-1 aufgeführten Zahlen mit Vorsicht interpretiert werden, da es sich um subjektive Selbsteinschätzungen handelt. Dennoch lassen sich hieraus einige Tendenzaussagen ableiten. Grundsätzlich wird deutlich, dass die befragten Manager die Vertriebsprofessionalität ihrer Unternehmen recht skeptisch beurteilen.

Betrachtet man die Vertriebsprofessionalität auf *branchenübergreifender Ebene*, so zeigt sich, dass im Durchschnitt in keiner Sales-Ex-Dimension Excellence-Werte von deutlich über 70 erreicht werden. Wenn man sich die Bedeutung der Sales Excellence für den Unternehmenserfolg vor Augen hält (vgl. Abschnitt 1.5), liegen hier wohl noch enorme Potenziale brach. Besonders gering fallen die Werte in den Dimensionen Informationsmanagement (Wert 58,4) und Kundenbeziehungsmanagement (Wert 57,1) aus. Wir haben in Abschnitt 1.5 zwar darauf hingewiesen, dass zusätzliche Professionalitätssteigerungen in diesen Dimensionen den Unternehmenserfolg ab einem bestimmten Excellence-Niveau nur noch geringfügig erhöhen können. Dennoch geben die festgestellten Excellence-Werte von unter 60 zu denken.

Eine *nach Branchen differenzierte* Betrachtung deutet zunächst darauf hin, dass vor allem die IT/Telekommunikationsbranche in allen Dimensionen überdurchschnittlich abschneidet, während sich Finanzdienstleister (d. h. Banken und Versicherungen) und Maschinenbauunternehmen in fast allen Dimensionen eher schwach bewerten. So weisen Finanzdienstleister z. B. in der Vertriebsstrategie den geringsten Excellence-Wert auf, was nachvollziehbar ist, wenn man beispielsweise die häufig wenig verhaltensbezogenen Segmentierungsansätze, die zum Teil nur rudimentären Kundenbindungskonzepte oder die oft wenig ertragreichen Preisstrategien im Retail Banking betrachtet. Auch im Vertriebsmanagement weisen Finanzdienstleister den geringsten Wert auf. Vor dem Hintergrund zahlreicher Gespräche mit Managern aus diesem Bereich, die immer wieder auf Defizite in der Aufbau- und Ablauforganisation, in der Personalführung sowie in der Vertriebskultur hingewiesen haben, können wir dies nachvollziehen. In der Dimension Informationsmanagement fallen die Bewertungen durchweg kritisch aus. Ein wenig mag hier überraschen, dass die chemische Industrie in diesem Bereich die „Nase vorn hat". Wir führen dieses Ergebnis vor allem auf die oftmals langen und engen Geschäftsbeziehungen zwischen Chemieunternehmen und ihren Kunden zurück. Durch den intensiven Informationsaustausch im Rahmen solcher Beziehungen können sich Anbieter im Allgemeinen ein recht genaues Bild über den jeweiligen Kunden, Wettbewerber und Entwicklungen im Markt verschaffen. Die führende Position der IT/Telekommunikationsbranche im Bereich Kundenbeziehungsmanagement überrascht hingegen nur wenig. Schließlich nutzen insbesondere Anbieter aus diesem Bereich seit längerem Instrumente wie Call Center, Internet, Beschwerdemanagement oder das Relationship Modelling zur Kundenbindung.

Erfolgreiches Vertriebsmanagement erfordert Systematik – so lautet eine der Kernbotschaften dieses Buches. Wie wenig Systematik jedoch vielerorts in der Praxis zu finden ist, verdeutlichen nicht zuletzt die hier dargestellten Befunde. Dieses Buch bietet einen Leitfaden zur systematischen Professionalisierung der Vertriebstätigkeit. Angesichts der Breite der angesprochenen Themen – von Vertriebswegen, E-Commerce, Leistungsbewertungssystemen, Unternehmenskulturen, Kundeninformationssystemen bis hin zu Key Account Management – mag sich manch ein Leser fragen, wo er anfangen soll. Einzelne mögen angesichts der Stoffbreite auch regelrecht „erschlagen" sein.

Wir raten in diesem Zusammenhang zu einem gesunden Maß an Pragmatismus: Die Praxis zeigt, dass der Sales-Ex-Ansatz in vielen Fällen nicht in seiner ganzen Breite zur Anwendung kommt. Es macht durchaus Sinn, sich zunächst denjenigen Facetten zuzuwenden, bei denen die größten Defizite vermutet werden. In jedem Fall sollte ein „analytischer Overkill" vermieden werden. Die Maxime „Lieber sofort eine 80 %-Lösung als niemals eine 100 %-Lösung" trifft den Kern dieser Philosophie recht gut.

Pragmatismus ist auch ein wichtiges Prinzip bei der Anwendung dieses Ansatzes. Der Sales-Ex-Ansatz soll die im Vertrieb vieler Unternehmen vorhandene Intuition ergänzen, aber nicht ersetzen. Es ist unsere Hoffnung, dass der Ansatz, in diesem Sinne angewendet, vielen Unternehmen und Managern helfen wird, ihre Vertriebsarbeit zu professionalisieren und somit zukunftsfähig zu machen.

Abbildungsverzeichnis

Tabellenverzeichnis

Literaturverzeichnis

Adamson, C. (1993), Evolving Complaint Procedures, Managing Service Quality, 1, 439-444.

Ahlert, D. (1996), Distributionspolitik – Das Management des Absatzkanals, 3. Aufl., Stuttgart.

Ainscough, T., Luckett, M. (1996), The Internet for the Rest of Us: Marketing on the World Wide Web, Journal of Consumer Research, 13, 2, 36-47.

Albers, S. (1995), Optimales Verhältnis zwischen Festgehalt und erfolgsabhängiger Entlohnung bei Verkaufsaußendienstmitarbeitern, Zeitschrift für betriebswirtschaftliche Forschung, 47, 124-142.

Albers, S. (2002a), Wie die optimale Außendienstgröße bestimmt werden kann, in: Albers, S. (Hrsg.), Verkaufsaußendienst: Planung - Steuerung - Kontrolle, Düsseldorf.

Albers, S. (2002b), Besuchsplanung, in: Albers, S. (Hrsg.), Verkaufsaußendienst: Planung - Steuerung - Kontrolle, Düsseldorf, 173-195.

Albers, S., Hassmann, V., Tomczak, T. (2003), Verkauf: Kundenmanagement, Vertriebssteuerung, E-Commerce, Düsseldorf.

Albers, S., Clement, M., Peters, K., Skiera, B. (2001) (Hrsg.), eCommerce : Einführung, Strategie und Umsetzung im Unternehmen, Frankfurt/Main.

Albers, S., Krafft, M. (2000), Regeln zur fast-optimalen Bestimmung des Angebotsaufwandes, Zeitschrift für Betriebswirtschaft, 70, 10, 1083-1107.

Albers, S., Paul, C., Runte, M. (1999), Virtuelle Communities als Mittel des Absatzes, in: Beisheim, O. (Hrsg.), Distribution im Aufbruch – Bestandsaufnahme und Perspektiven, Stuttgart.

Albers, S., Peters, K. (1997), Die Wertschöpfungskette des Handels im Zeitalter des Electronic Commerce, Marketing ZFP, 19, 2, 69-80.

Arnold, U., Warzog, F. (2001), Bedeutung und Anforderungen an das Supply Chain Management, in: Arnold, U., Meyer, R., Urban, G. (Hrsg.), Supply Chain Management, Bonn, 13-47.

Backhaus, K. (1999), Industriegütermarketing, 6. Aufl., München.

Badovick, G., Hadaway, F., Kaminsky, P. (1992), Attributions and Emotions: The Effects on Salesperson Motivation After Successful vs. Unsuccessful Quota Performance, Journal of Personal Selling & Sales Management, 12, 3, 1-10.

Bänsch, A. (1998), Verkaufspsychologie und Verkaufstechnik, 7. Aufl., München.

Bauer, H. (1998), Electronic Commerce: Stand, Chancen und Probleme, Arbeitspapier (M38) des Instituts für Marktorientierte Unternehmensführung (IMU) an der Universität Mannheim.

Bauer, H. (2000a), Auswirkungen der Einführung des Euro auf das Marketing, Arbeitspapier (M36) des Instituts für Marktorientierte Unternehmensführung (IMU) an der Universität Mannheim.

Bauer, H. (2000b), Megatrends in Handel und Distribution als Herausforderung für das Vertriebsmanagement, Arbeitspapier (M47) des Instituts für Marktorientierte Unternehmensführung (IMU) an der Universität Mannheim.

Bauer, H., Brünner, D., Grether, M., Leach, M. (2001), Soziales Kapital als Determinante der Kundenbeziehung (Der Beitrag virtueller Gemeinschaften zur Kundenbindung), Arbeitspapier (W47) des Instituts für Marktorientierte Unternehmensführung (IMU) an der Universität Mannheim.

Bauer, H., Fischer, M., Sauer, N. (1999), Wahrnehmung und Akzeptanz des Internet als Einkaufsstätte – Theorie und empirische Befunde, Arbeitspapier (W26) des Instituts für Marktorientierte Unternehmensführung (IMU) an der Universität Mannheim.

Bauer H., Huber, F. (1997), Das Management der Schnittstelle F&E/Marketing: Empirische Ergebnisse über die Erfolgsrelevanz des Einsatzes von Marketing-Analyse-Instrumenten, Arbeitspapier (M29) des Instituts für Marktorientierte Unternehmensführung (IMU) an der Universität Mannheim.

Bauer, H., Leach, M., Sandner, E. (2000), Personalakquisition im Zeitalter des Internet – Surviving the Online War for Talent, Arbeitspapier (M45) des Instituts für Marktorientierte Unternehmensführung (IMU) an der Universität Mannheim.

Bauer, H., Wölfer, H. (2001), Möglichkeiten und Grenzen der Online-Marktforschung, Arbeitspapier (M58) des Instituts für Marktorientierte Unternehmensführung (IMU) an der Universität Mannheim.

Becker, J. (2002), Marketing-Konzeption: Grundlagen des strategischen und operativen Marketing-Managements, 7. Aufl., München.

Belz, Ch. (1999), Verkaufskompetenz: Chancen in umkämpften Märkten, Konzepte und Innovationen, Kunden- und Leistungskriterien, Organisation und Führung, 2. Aufl., St. Gallen.

Belz, Ch., Mühlmeier, J. (2000), Internationales Preismanagement, St. Gallen.

Belz, Ch., Schuh, G., Roos, S., Reinecke S. (1997), Industrie als Dienstleister, St. Gallen.

Beutin, N. (2000), Kundennutzen in industriellen Geschäftsbeziehungen, Wiesbaden.

Beutin, N. (2001), Verfahren zur Messung der Kundenzufriedenheit im Überblick, in: Homburg, Ch. (Hrsg.), Kundenzufriedenheit: Konzepte - Methoden - Erfahrungen, 4. Aufl., Wiesbaden, 87-122.

Beutin, N., Grozdanovic, M. (2005), Professionelles Händlermanagement. Ausgestaltung und Erfolgsfaktoren im Business-to-Business Bereich, Arbeitspapier (M95) des Instituts für Marktorientierte Unternehmensführung (IMU) an der Universität Mannheim.

Beutin, N., Kühlborn, S., Daniel, M. (2003), Marketing und Vertrieb im deutschen Maschinenbau. Bestandsaufnahme und Erfolgsfaktoren, Arbeitspapier (M78) des Instituts für Marktorientierte Unternehmensführung (IMU) an der Universität Mannheim.

Blattberg, R.C., Deighton, J. (1996), Manage Marketing by the Customer Equity Test, Harvard Business Review, Jul/Aug96, 74, 4, 136-145.

Bliemel, F., Eggert, A. (1998), Kundenbindung – die neue Sollstrategie?, Marketing ZFP, 20, 1, 37-45.

Boorom, M., Goolsby, J., Ramsey, R. (1998), Relational Communication Traits and Their Effect on Adaptiveness and Sales Performance, Journal of the Academy of Marketing Science, 26, 1, 16-30.

Bruhn, M. (1982), Konsumentenzufriedenheit und Beschwerden, Frankfurt/Main.

Bruhn, M. (1997), Kommunikationspolitik: Bedeutung – Strategien – Instrumente, München.

Bruhn, M. (2001), Relationship Marketing – Das Management von Kundenbeziehungen, München.

Bruhn, M., Georgi, D., Treyer, M., Leumann, S. (2000), Wertorientiertes Relationship Management: Vom Kundenwert zum Customer Lifetime Value, Die Unternehmung, 54, 3, 167-187.

Bühner, R., Tuschke, A. (1999), Organisation – Entwicklungstendenzen und Zukunftsperspektiven, Die Unternehmung, 53, 6, 449-464.

Churchill, G., Ford, N., Hartley, S., Walker, O. (1985), The Determinants of Salesperson Performance: A Meta-Analysis, Journal of Marketing Research, 22, May, 103-118.

Coenenberg, A. (1999), Kostenrechnung und Kostenanalyse, 4. Aufl., Landsberg/Lech.

Cohen, P. (1998), Standortwahl von internationalen/europaweiten Call Centern, in: Henn, H., Kruse, J., Strawe, O. (Hrsg.), Handbuch für Call Center Management, Hannover.

Comer, L., Drollinger, T. (1999), Active Empathetic Listening and Selling Success: A Conceptual Framework, Journal of Personal Selling & Sales Management, 19, 1, 15-29.

Denger, K., Wirtz, B. (1999), Customer Call Center – eine empirische Analyse zur Gründung, Organisationsstruktur und Ausgestaltung in der Versicherungswirtschaft, Die Unternehmung, 53, 2, 89-103.

Diller, H. (1995), Kundenbindung als Marketingziel, Marketing ZFP, 18, 2, 81-94.

Diller, H. (1997), Was leisten Kundenclubs?, Marketing ZFP, 19, 1, 33-41.

Diller, H., Götz, P. (1993), Key Account Management in der Zulieferindustrie – eine Bestandsaufnahme und Erfolgsdiskussion, Arbeitspapier Nr. 24 des Lehrstuhls für Marketing der Universität Erlangen-Nürnberg, Nürnberg.

Dwyer, R., Schurr, P., Oh, S. (1987), Developing Buyer-Seller Relationships, Journal of Marketing, 51, 2, 11-27.

Esch, F., Langner, T., Fuchs, M. (1998), Gestaltung von Electronic Malls, in: Trommsdorf, V. (Hrsg.), Handelsforschung 1998/99, Wiesbaden, 183-205.

Frenzen, H., Krafft, M. (2004): Vertriebssteuerung, in: Backhaus, K., Voeth, M. (2004), Handbuch Industriegüter-Marketing, Gabler, Wiesbaden, S. 863-890.

Frese, E. (1998), Grundlagen der Organisation, 7. Aufl., Wiesbaden.

Freter, H. (1983), Marktsegmentierung, Stuttgart.

Freter, H., Obermeier, O. (2000), Marktsegmentierung, in: Herrmann, A., Homburg, Ch. (Hrsg.), Marktforschung: Methoden - Anwendungen - Praxisbeispiele, 2. Aufl., Wiesbaden, 739-764.

Gierl, H., Kurbel, T. (1997), Möglichkeiten zur Ermittlung des Kundenwertes, in: Link, J., Brändli, D., Schleuning, C., Kehl, R. (Hrsg.), Handbuch Database Marketing, Ettlingen, 174-188.

Günter, B. (2001), Beschwerdemanagement als Schlüssel zur Kundenzufriedenheit, in: Homburg, Ch. (Hrsg.), Kundenzufriedenheit: Konzepte - Methoden - Erfahrungen, 4. Aufl., Wiesbaden, 259-280.

Günther, T., Grüning, M. (2001), Performance Measurement-Systeme – ein Konzeptvergleich, Zeitschrift für Planung, 12, 283-306.

Hagel, J., Armstrong, A. (1997), Net Gain: Expanding Markets through Virtual Communities, McKinsey Quarterly, 1, 141-153.

Hansen R. (1998), Erfahrungen mit unterschiedlichen Ansätzen und Lösungen in Data Warehouse Projekten, in: Mucksch, H. (Hrsg.), Das Data-Warehouse-Konzept: Architektur – Datenmodelle – Anwendungen, 3. Aufl., Wiesbaden, 425-454.

Hansen, U., Jeschke, K. (2000), Beschwerdemanagement für Dienstleistungsunternehmen – Beispiel des Kfz-Handels, in: Bruhn, M., Stauss, B. (Hrsg.), Dienstleistungsmanagement Jahrbuch 2001, Wiesbaden, 433-459.

Hansen, U., Jeschke, K., Schröber, P. (1995), Beschwerdemanagement – Die Karriere einer kundenorientierten Unternehmensstrategie im Konsumgütersektor, Marketing ZFP, 17, 2, 77-88.

Hantscho, D. (1999), Kundenclubs & Cards: Loyale Kunden durch Clubs & Cards?, Acquisa, 9.

Hassmann, V. (2003), Nichtfinanzielle Anreizsysteme in Verkauf und Vertrieb, in: Albers, S., Hassmann, V., Tomczak, T. (Hrsg.), Verkauf: Kundenmanagement, Vertriebssteuerung, E-Commerce, Düsseldorf.

Hennig-Thurau, T., Thurau, C. (1999), Sozialkompetenz als vernachlässigter Untersuchungsgegenstand des (Dienstleistungs-) Marketing, Marketing ZFP, 21, 4, 297-311.

Herrmann, A., Huber, F., Coulter, R. (1999), Product and Service Bundling Decisions and Their Effects on Purchase Intention, in: Fürderer, R., Herrmann, A., Wuebker, G. (Hrsg.), Optimal Bundling: Marketing Strategies for Improving Economic Performance, Berlin, 253-267.

Herrmann, A., Johnson, M. (1999), Die Kundenzufriedenheit als Bestimmungsfaktor der Kundenbindung, Zeitschrift für betriebswirtschaftliche Forschung, 51, 579-598.

Hettich, S., Hippner, H., Wilde, K. (2001), Customer Relationship Management – Informationstechnologien im Dienste der Kundeninteraktion, in: Bruhn, M., Stauss, B. (Hrsg.), Dienstleistungsmanagement Jahrbuch 2001, Wiesbaden, 167-201.

Hippner, H., Martin, S., Wilde, K. (2001), Customer Relationship Management, WiSt, 8, 417-422.

Hippner, H., Wilde, K. (2001), Der Prozess des Data Mining im Marketing, in: Hippner, H., Küsters, U., Meyer, M., Wilde, K. (Hrsg.), Handbuch Data Mining im Marketing, Wiesbaden, 22-94.

Hoffman D., Novak, T., Chatterjee, P. (1995), Commercial Scenarios for the Web: Opportunities and Challenges, Journal of Computer-Mediated Communication, 1, 3, 1-17.

Homburg, Ch., Beutin, N. (2000), Value-Based Marketing: Die Ausrichtung der Marktbearbeitung am Kundennutzen, Arbeitspapier (M49) des Instituts für Marktorientierte Unternehmensführung (IMU) an der Universität Mannheim.

Homburg, Ch., Bruhn, M. (2000), Kundenbindungsmanagement – Eine Einführung in die theoretischen und praktischen Problemstellungen, in: Bruhn, M., Homburg, Ch. (Hrsg.), Handbuch Kundenbindungsmanagement, 3. Aufl., Wiesbaden, 3-36.

Homburg, Ch., Bucerius, M. (2001), Kundenzufriedenheit als Managementherausforderung, in: Homburg, Ch. (Hrsg.), Kundenzufriedenheit: Konzepte – Methoden – Erfahrungen, 4. Aufl., Wiesbaden, 51-86.

Homburg, Ch., Daum, D. (1997), Marktorientiertes Kostenmanagement – Kosteneffizienz und Kundennähe verbinden, Frankfurt/Main.

Homburg, Ch., Daum, D., Lehnhäuser, M. (1996), Produktivitätsmanagement in Marketing und Vertrieb: Eine Bestandsaufnahme in Industriegüterunternehmen, Arbeitspapier (M26) des Instituts für Marktorientierte Unternehmensführung (IMU) an der Universität Mannheim.

Homburg, Ch., Fargel, T. (2006), Customer Acquisition Excellence – Systematisches Management der Neukundengewinnung, Arbeitspapier (M104) des Instituts für Marktorientierte Unternehmensführung (IMU) an der Universität Mannheim.

Homburg, Ch., Fürst, A. (2003), Complaint Management Excellence – Leitfaden für professionelles Beschwerdemanagement, Arbeitspapier (M73) des Instituts für Marktorientierte Unternehmensführung (IMU) an der Universität Mannheim.

Homburg, Ch., Fürst, A. (2003), Beschwerdemanagement in Deutschland. Eine branchenübergreifende Erhebung des State of Practice, Arbeitspapier (M80) des Instituts für Marktorientierte Unternehmensführung (IMU) an der Universität Mannheim.

Homburg, Ch., Garbe, B. (1996), Industrielle Dienstleistungen – Lukrativ, aber schwer zu meistern, Harvard Business Manager, 18, 1, 68-76.

Homburg, Ch., Giering, A. (2001), Personal Characteristics as Moderators of the Relationship between Customer Satisfaction and Loyalty – An Empirical Analysis, Psychology & Marketing, 18, 1, 43-66.

Homburg, Ch., Giering, A., Hentschel, F. (2000), Der Zusammenhang zwischen Kundenzufriedenheit und Kundenbindung, in: Bruhn, M., Homburg, Ch. (Hrsg.), Handbuch Kundenbindungsmanagement, 3. Aufl., Wiesbaden, 81-112.

Homburg, Ch., Grandinger, A., Krohmer, H. (1996), Efficient Consumer Response: Erfolg durch Kooperation mit dem Handel, Arbeitspapier (M27) des Instituts für Marktorientierte Unternehmensführung (IMU) an der Universität Mannheim.

Homburg, Ch., Günther, Ch., Faßnacht, M. (2000), Wenn Industrieunternehmen zu Dienstleistern werden – Lernen von den Besten, Arbeitspapier (M50) des Instituts für Marktorientierte Unternehmensführung (IMU) an der Universität Mannheim.

Homburg, Ch., Jensen, O. (1998), Kundenorientierte Vergütungssysteme: Empirische Erkenntnisse und Managementempfehlungen, Arbeitspapier (M37) des Instituts für Marktorientierte Unternehmensführung (IMU) an der Universität Mannheim.

Homburg, Ch., Jensen, O. (2004), KAM-Excellence – Key-Account-Management mit System, Arbeitspapier (M85) des Instituts für Marktorientierte Unternehmensführung (IMU) an der Universität Mannheim.

Homburg, Ch., Jensen, O., Klarmann (2005), Die Zusammenarbeit zwischen Marketing und Vertrieb – eine vernachlässigte Schnittstelle, Arbeitspapier (M86) des Instituts für Marktorientierte Unternehmensführung (IMU) an der Universität Mannheim.

Homburg, Ch., Jensen, O., Schuppar, B. (2004), Pricing Excellence. Wegweiser für ein professionelles Preismanagement, Arbeitspapier (M90) des Instituts für Marktorientierte Unternehmensführung (IMU) an der Universität Mannheim.

Homburg, Ch., Jensen, O., Schuppar, B. (2005), Preismanagement im BtoB-Markt. Was Pricing-Profis anders machen, Arbeitspapier (M97) des Instituts für Marktorientierte Unternehmensführung (IMU) an der Universität Mannheim.

Homburg, Ch., Koschate, N., Hoyer, W. (2001), Do Satisfied Customers Really Pay More? A Study of the Relationship Between Customer Satisfaction and Willingness To Pay, Arbeitspapier des Instituts für Marktorientierte Unternehmensführung (IMU) an der Universität Mannheim.

Homburg, Ch., Krohmer, H. (2003), Marketingmanagement: Strategie – Instrumente – Umsetzung – Unternehmensführung, Wiesbaden.

Homburg, Ch., Kühlborn, S. (2003), Der erfolgreiche Weg zum Systemanbieter. Strategische Neuausrichtung von Industriegüterunternehmen, Arbeitspapier (M81) des Instituts für Marktorientierte Unternehmensführung (IMU) an der Universität Mannheim.

Homburg, Ch., Pflesser, Ch. (1999), „Symbolisches Management" als Schlüssel zur Marktorientierung: Neue Erkenntnisse zur Unternehmenskultur, Arbeitspapier (M43) des Instituts für Marktorientierte Unternehmensführung (IMU) an der Universität Mannheim.

Homburg, Ch., Pflesser, Ch. (2000), A Multiple Layer Model of Market-Oriented Organizational Culture: Measurement Issues and Performance Outcomes, Journal of Marketing Research, 37, November, 449-463.

Homburg, Ch., Richter, M. (2003), Branding Excellence. Wegweiser für professionelles Markenmanagement, Arbeitspapier (M75) des Instituts für Marktorientierte Unternehmensführung (IMU) an der Universität Mannheim.

Homburg, Ch., Schäfer, H. (1999), Customer Recovery: Profitabilität durch systematische Rückgewinnung von Kunden, Arbeitspapier (M39) des Instituts für Marktorientierte Unternehmensführung (IMU) an der Universität Mannheim.

Homburg, Ch., Schäfer, H. (2000), Cross-Selling: Aus der Kundenbeziehung mehr herausholen, Harvard Business Manager, 22, 6, 35-44.

Homburg, Ch., Schäfer, H. (2001), Profitabilität durch Cross-Selling: Kundenpotentiale professionell erschließen, Arbeitspapier (M60) des Instituts für Marktorientierte Unternehmensführung (IMU) an der Universität Mannheim.

Homburg, Ch., Schäfer, H. (2002), Die Erschließung von Kundenpotenzialen durch Cross-Selling: Konzeptionelle Grundlagen und empirische Ergebnisse, Marketing ZFP, 24, 1, 7-26.

Homburg, Ch., Schäfer, H., Beutin, N. (2002), Sales Excellence – Systematisches Vertriebsmanagement als Schlüssel zum Unternehmenserfolg, Arbeitspapier (M65) des Instituts für Marktorientierte Unternehmensführung (IMU) an der Universität Mannheim.

Homburg, Ch., Schenkel, B. (2005), Planning Excellence, Arbeitspapier (M101) des Instituts für Marktorientierte Unternehmensführung (IMU) an der Universität Mannheim.

Homburg, Ch., Schneider, J. (2002), Opposites Attract but Similarity Works – A Study of Interorganizational Similarity in Marketing Channels, Arbeitspapier (W55) des Instituts für Marktorientierte Unternehmensführung (IMU) an der Universität Mannheim.

Homburg, Ch., Schneider, J. (2000a), Partnerschaft oder Konfrontation? Die Beziehung zwischen Industriegüterherstellern und Handel, Arbeitspapier (M44) des Instituts für Marktorientierte Unternehmensführung (IMU) an der Universität Mannheim.

Homburg, Ch., Schneider, J. (2000b), Indirekter Vertrieb im Industriegüterbereich: Eine Analyse der Einflußgrößen, Arbeitspapier des Instituts für Marktorientierte Unternehmensführung (IMU) an der Universität Mannheim.

Homburg, Ch., Schneider, J., Faßnacht, M. (2003), Opposites Attract, but Similarity Works: A Study of Interorganizational Similarity in Marketing Channels, Journal of Business-to-Business-Marketing, 10, 1, 31-53.

Homburg, Ch., Sieben, F. (2000), Customer Relationship Management: Strategische Ausrichtung statt IT-getriebenem Aktivismus, Arbeitspapier (M52) des Instituts für Marktorientierte Unternehmensführung (IMU) an der Universität Mannheim.

Homburg, Ch., Stock, R. (2000), Der kundenorientierte Mitarbeiter: Bewerten – Begeistern – Bewegen, Wiesbaden.

Homburg, Ch., Stock, R. (2001), Theoretische Perspektiven zur Kundenzufriedenheit, in: Homburg, Ch. (Hrsg.), Kundenzufriedenheit: Konzepte – Methoden – Erfahrungen, 4. Aufl., Wiesbaden, 17-50.

Homburg, Ch., Werner, H. (1998), Kundenorientierung mit System – Mit Customer Orientation Management zu profitablem Wachstum, Frankfurt/Main.

Homburg, Ch., Workman, J. Jr., Jensen, O. (2000), Fundamental Changes in Marketing Organization: The Movement Toward a Customer-Focused Organizational Structure, Journal of the Academy of Marketing Science, 28, 4, 459-478.

Jenner, T. (2001), Zum Einfluss der Gestaltung von Planungsprozessen auf den Erfolg strategischer Geschäftsfelder, Zeitschrift für betriebswirtschaftliche Forschung, 53, März, 107-126.

Jensen, O. (2004), Key Account Management: Gestaltung – Determinanten – Erfolgsauswirkungen, 2. Auflage, Wiesbaden.

Jensen, O. (2001), Kundenorientierte Vergütungssysteme als Schlüssel zur Kundenzufriedenheit, in: Homburg, Ch. (Hrsg.), Kundenzufriedenheit: Konzepte – Methoden – Erfahrungen, 4. Aufl., Wiesbaden, 281-294.

Kaplan, R., Norton, D. (1997), The Balanced Scorecard – Strategien erfolgreich umsetzen, Stuttgart.

Kaplan, S., Sawhney, M. (2000), E-Hubs: The B2B-Marketplaces, Harvard Business Review, May/June, 97-104.

Kauffmann, L. (2002), Der Feinschliff für die Strategie, Harvard Business Manager, 24, 6, 35-41.

Kieliszek, K. (1994), Computer Aided Selling: Unternehmenstypologische Marktanalyse, Wiesbaden.

Kieser, A., Kubicek, H. (1992), Organisation, 3. Aufl., Berlin.

Knöbel, U. (1995), Was kostet ein Kunde? Kundenorientiertes Prozesskostenmanagement, Kostenrechnungspraxis, 1, 7-13.

Köhler, R. (1993), Beiträge zum Marketing-Management: Planung – Organisation – Controlling, 3. Aufl., Stuttgart.

Köhler, R. (2001), Customer Relationship Management – Interdisziplinäre Grundlagen der systematischen Kundenorientierung, in: Klein, S., Loebbecke, C. (Hrsg.), Interdisziplinäre Managementforschung und -lehre, Wiesbaden, 79-107.

König, T. (2001), Kundennutzen als Segmentierungskriterium im Handelsmarketing, Wiesbaden.

Krafft, M. (1995), Außendienstentlohnung im Licht der Neuen Institutionenlehre, Wiesbaden.

Krafft, M. (1996), Handelsvertreter oder Reisende? Eine Überprüfung von Hypothesen der Neuen Institutionenlehre zur Absatzformenwahl, Die Betriebswirtschaft, 56, 759-776.

Krafft, M., Albers, S. (2000), Ansätze zur Segmentierung von Kunden – Wie geeignet sind herkömmliche Konzepte?, Zeitschrift für betriebswirtschaftliche Forschung, 52, September, 515-536.

Krafft, M., Albers, S. (2003), Optimale Segmentierung von Kunden: Verfahren, Bewertung und Umsetzung, in: Albers, S., Hassmann, V., Tomczak, T. (Hrsg.), Verkauf: Kundenmanagement, Vertriebssteuerung, E-Commerce, Düsseldorf.

Kuester, S., Homburg, Ch., Robertson, T., Schäfer, H. (2001), Verteidigungsstrategien gegen neue Wettbewerber - Bestandsaufnahme und empirische Untersuchung, Zeitschrift für Betriebswirtschaft, 71, 10, 1191-1215.

Kuhlmann, E. (2001), Industrielles Vertriebsmanagement, München.

Lancioni, R., Oliva, T. (1995), Penetrating Purchaser Personalities, Marketing Management, 3 (Spring), 22-29.

Lewicki, R., Litterer, J., Minton, J., Saunders, D. (1994), Negotiation, Burr Ridge.

Lingenfelder, M. (1996), Die Internationalisierung im europäischen Einzelhandel, Berlin.

Link, J. (2001) (Hrsg.), Customer Relationship Management – Erfolgreiche Kundenbeziehungen durch integrierte Informationssysteme, Heidelberg.

Link, J. (2003), Verkaufssupport mit CAS, in: Albers, S., Hassmann, V., Tomczak, T. (Hrsg.), Verkauf: Kundenmanagement, Vertriebssteuerung, E-Commerce, Düsseldorf.

Lohse, G., Spiller, P. (1999), Internet Retail Store Design: How the User Interface Influences Traffic and Sales, Journal of Computer-Mediated Communication, 5, 2.

McBane, D. (1995), Empathy and the Salesperson: A Multidimensional Perspective, Psychology & Marketing, 12, 4, 349-371.

Merril, D., Reid, R. (1981), Personal Styles and Effective Performance, Radner.

Mercuri International (1994), Die Umsetzung von Marketingstrategien im Vertrieb – Ergebnisse einer Befragung von 180 Marketing- und Vertriebsleitern, München.

Mühlbacher, H., Botschen, G. (1990), Benefit-Segmentierung von Dienstleistungsmärkten, Marketing ZFP, 12, 3, 159-168.

Müller, F. (2003), Die Kundenzeitschrift Teil 1: Ziele, Strategien, Wirkung und Erfolg, in: Albers, S., Hassmann, V., Tomczak, T. (Hrsg.), Verkauf: Kundenmanagement, Vertriebssteuerung, E-Commerce, Düsseldorf.

o.V. (2001), Drei von vier sind wirklich drin, Studie zur Internet-Nutzung in Deutschland von Jupiter MMXI Online Landscape, abgerufen unter www.GfK.de am 14.11.2001.

Park, J.E. Holloway, B. (2003), Adaptive Selling Revisited: An Empirical Examination of Learning Orientation, Sales Performance and Job Satisfaction, Journal of Personal Selling & Sales Management, 23, 3, 239-251.

Peters, T., Waterman, R. (1982), In Search of Excellence, New York.

Pflesser, C. (1999), Marktorientierte Unternehmenskultur: Konzeption und Untersuchung eines Mehr-ebenenmodells, Wiesbaden.

Pfohl, H. (2000), Supply Chain Management: Konzept, Trends, Strategien, in: Pfohl, H. (Hrsg.), Supply Chain Management: Logistik plus? Logistikkette – Marketingkette – Finanzkette, Berlin, 1-42.

Pilling, P., Eroglu, S. (1994), An Empirical Examination of the Impact of Salesperson Empathy and Professionalism and Merchandise Saleability on Retail Buyers´ Evaluations, Journal of Personal Selling & Sales Management, 14 (Winter), 45-68.

Porter, M. (1999), Wettbewerbsstrategie: Methoden zur Analyse von Branchen und Konkurrenten, 10. Aufl., Frankfurt.

Porter, S., Wiener, J., Frankwick, G. (2003), The Moderating Effect of Selling Situation on the Adaptive Selling Strategy–Selling Effectiveness Relationship, Journal of Business Research, 56, 4, 275-281.

Reckenfelderbäumer, M., Welling, M. (2001), Der Beitrag einer relativen Einzel- und Prozesskosten- und Deckungsbeitragsrechnung zur Ermittlung von Kundenwerten – konzeptionelle Überlegungen und Gestaltungsempfehlungen, in: Günter, B., Helm, S. (Hrsg.), Kundenwert, Wiesbaden, 315-350.

Reichwald, R., Herrmann, M., Biederbach, F. (2000), Auktionen im Internet, WISU, 29, 4, 542-552.

Reinartz, W., Krafft, M. (2001), Überprüfung des Zusammenhangs zwischen Kundenbindungsdauer und Kundenertragswert, Zeitschrift für Betriebswirtschaft, 71, 11, 1263-1281.

Reinartz, W., Kumar, V. (2000), On the Profitability of Long-Life Customers in a Noncontractual Setting: An Empirical Investigation and Implications for Marketing, Journal of Marketing, 64, October, 17-35.

Rese, M. (2001), Entscheidungsunterstützung in Geschäftsbeziehungen mittels Deckungsbeitragsrechnung – Möglichkeiten und Grenzen, in: Günter, B., Helm, S. (Hrsg.), Kundenwert, Wiesbaden, 275-292.

Schäfer, H. (2002), Die Erschließung von Kundenpotentialen durch Cross-Selling – Erfolgsfaktoren für ein produktübergreifendes Beziehungsmanagement, Wiesbaden.

Scheer, A. (2001), ARIS – Modellierungsmethoden, Metamodelle, Anwendungen, 4. Aufl., Heidelberg.

Schneider, J. (2001), Der indirekte Vertrieb im Industriegüterbereich: Einflussfaktoren, Gestaltungsparameter und Erfolgsauswirkungen, Wiesbaden.

Schögel, M. (1997), Management von Mehrkanalsystemen, Wiesbaden.

Schögel, M. (2001), Multichannel Marketing, Zürich.

Schögel, M., Tomczak, T. (1995), Mehrkanalsysteme im Distributionsmanagement, Thexis, 3, 42-47.

Scholl, M. (2003), Multi Channel Management: Gestaltung, Steuerung und Erfolg von Multi Channel Vertriebssystemen, Dissertation, Universität Mannheim.

Scholz, Ch. (2000), Personalmanagement, 5. Aufl., München.

Schröder, H., Feller, M., Oversohl, Ch., Holch, J. (2002), Customer Relationship Management – Ergebnisse einer empirischen Untersuchung, Essen.

Schulman, P. (1999), Applying Learned Optimism to Increase Sales Productivity, Journal of Personal Selling & Sales Management, 19, 1, 31-37.

Schulz, B. (1995), Kundenpotentialanalyse im Kundenstamm von Unternehmen, Frankfurt/Main.

Schweiger, A. (2001), Planung von Marketinginformationssystemen, Zeitschrift für Planung, 12, 187-204.

Sebenius, J. (2001), Six Habits of Merely Effective Negotiators, Harvard Business Review, 79, 4, 87-95.

Sidow, H. (1997), Key Account Management: Wettbewerbsvorteile durch kundenbezogene Strategien, 3. Auflage, Landsberg am Lech.

Sieben, F. (2001), Customer Relationship Management als Schlüssel zur Kundenzufriedenheit, in: Homburg, Ch. (Hrsg.), Kundenzufriedenheit: Konzepte – Methoden – Erfahrungen, 4. Aufl., Wiesbaden, 295-314.

Sieben, F. (2002), Rückgewinnung verlorener Kunden – Erfolgsfaktoren und Profitabilitätspotenziale, Wiesbaden.

Simon, H. (1992), Preismanagement: Analyse – Strategie – Umsetzung, 2. Aufl., Wiesbaden.

Simon, H. (1993), Industrielle Dienstleistungen und Wettbewerbsstrategie, in: Simon, H. (Hrsg.), Industrielle Dienstleistungen, Stuttgart, 3-22.

Simon, H. (1994), Preispolitik für industrielle Dienstleistungen, Die Betriebswirtschaft, 54, 6, 7-73.

Skiera, B. (1998), Auktionen, in: Albers, S., Clement, M., Peters, K. (Hrsg.), Marketing mit interaktiven Medien – Strategien zum Markterfolg, Frankfurt/Main, 297-310.

Skiera, B., Revenstorff, I. (1999), Auktionen als Marktforschungsinstrument zur Erhebung von Zahlungsbereitschaften, Zeitschrift für betriebswirtschaftliche Forschung, 51, 224-242.

Specht, G. (1998), Distributionsmanagement, 3. Aufl., Stuttgart.

Speckbacher, G., Bischof, J. (2000), Die Balanced Scorecard als innovatives Managementsystem – Konzeptionelle Grundlagen und Stand der Anwendung in deutschen Unternehmen, Die Betriebswirtschaft, 60, 6, 795-810.

Spiro, R., Weitz, B. (1990), Adaptive Selling: Conceptualization, Measurement, and Nomological Validity, Journal of Marketing Research, 27 (February), 61-69.

Stahl, H.K., Matzler, K. (2001), Continuous Prospect Scanning – Ein Ansatz der kompetenzorientierten Entwicklung von Kundenakquisitionsstrategien, JFB, 2, 56-69.

Stauss, B. (1999), Kundenzufriedenheit, Marketing ZFP, 21, 1, 5-24.

Stauss, B. (2000a), Kundenbindung durch Beschwerdemanagement, in: Bruhn, M., Homburg, Ch. (Hrsg.), Handbuch Kundenbindungsmanagement, 3. Aufl., Wiesbaden, 293-318.

Stauss, B. (2000b), Rückgewinnungsmanagement: Verlorene Kunden als Zielgruppe, in: Bruhn, M., Stauss, B. (Hrsg.), Dienstleistungsmanagement Jahrbuch 2000, Wiesbaden, 450-471.

Stauss, B., Seidel, W. (1998), Beschwerdemanagement, 2. Aufl., München.

Steffenhagen, H. (1995), Konditionengestaltung zwischen Industrie und Handel, Wien.

Steyrer, J., Geyer, A. (1998), Führungsverhalten und dessen lang- und kurzfristige Erfolgswirksamkeit in Bankbetrieben, in: Müller, S., Strothmann, H. (Hrsg.), Kundenzufriedenheit und Kundenbindung: Strategien und Instrumente von Finanzdienstleistern, München, 241-255.

Stock, R. (2001), Kundenorientierte Mitarbeiter als Schlüssel zur Kundenzufriedenheit, in: Homburg, Ch. (Hrsg.), Kundenzufriedenheit: Konzepte – Methoden – Erfahrungen, 4. Aufl., Wiesbaden, 211-234.

Schwepker, C.H. (2003), Customer-Oriented Selling: A Review, Extension and Directions for Future Research, Journal of Personal Selling & Sales Management, 23, 2, 151-173

Tomczak, T., Belz, C., Schögel, M., Birkhofer, B. (1999) (Hrsg.), Alternative Vertriebswege – Factory Outlet Center, Convenience Stores, Direct Distribution, Multi Level Marketing, Electronic Commerce, Smart Shopping, St.Gallen.

Tomczak, T., Rudolf-Sipötz, E. (2001), Bestimmungsfaktoren des Kundenwertes: Ergebnisse einer branchenübergreifenden Studie, in: Günter, B., Helm, S. (Hrsg.), Kundenwert, Wiesbaden, 127-154.

von der Heydt, A. (1999), Handbuch Efficient Consumer Response: Konzepte - Erfahrungen - Herausforderungen, München.

Walsh, G., Hennig-Thurau, T. (2001), Der Kaufentscheidungsstil von Konsumenten als Grundlage der Marktsegmentierung, Marketing ZFP, 23, 4, 223-235.

Weber, J., Schäffer, U. (1998), Balanced Scorecard – Gedanken zur Einordnung eines Konzepts in das bisherige Controlling-Instrumentarium, Zeitschrift für Planung, 9, 341-365.

Weber, J., Schäffer, U. (2000a), Balanced Scorecard & Controlling, 3. Aufl., Stuttgart.

Weber, J., Schäffer, U. (2000b), Entwicklung von Kennzahlensystemen, Betriebswirtschaftliche Forschung und Praxis, 1, 1-16.

Welge, M., Al-Laham, A. (1999), Strategisches Management: Grundlagen – Prozess – Implementierung, 2. Aufl., Wiesbaden.

Welge, M., Lattwein, J. (2002), Darstellung eines Referenzkonzeptes in der Automobilindustrie, Controlling, Sonderheft 8, 455-464.

Weitz, B., Sujan, H., Sujan, M. (1986), Knowledge, Motivation, and Adaptive Behavior: A Framework for Improving Selling Effectiveness, Journal of Marketing, 50 (October), 174-191.

Wiencke, W., Koke, D. (1999), Call Center Praxis: Den telefonischen Kundenservice erfolgreich organisieren, 2. Aufl., Stuttgart.

Wilde, K., Hippner, H., Frielitz, C., Martin, S. (2000), CRM – 2000: Aufklärung tut Not, Absatzwirtschaft, 7, 100-104.

Wilde, K. (2001), Data Warehouse, OLAP und Data Mining im Marketing – Moderne Informationstechnologien im Zusammenspiel, in: Hippner, H., Küsters, U., Meyer, M., Wilde, K. (Hrsg.), Handbuch Data Mining im Marketing, Wiesbaden, 1-21.

Winkelmann, P. (2002), Marketing und Vertrieb: Fundamente für die marktorientierte Unternehmens-
    führung, 3. Auflage, München

Winkelmann, P. (2003), Vertriebskonzeption und Vertriebssteuerung: Die operativen Elemente des
    Marketing, 2. Auflage, München.

Wirtz, B., (2002), Multi-Channel-Management: Strukturen und Ausgestaltung der multiplen Distribu-
    tion, WISU, 31, 5, 676-682.

Workman, J., Homburg, Ch., Jensen, O. (2000), Intraorganizational Determinants of Key Account
    Management Effectiveness, Arbeitspapier des Instituts für Marktorientierte Unternehmensfüh-
    rung (IMU) an der Universität Mannheim.

Zahn, E. (1997), Vertrieb und Verkauf 2000, München.

Zentes, J., Swoboda, B. (2001), Grundbegriffe des Marketing: Marktorientiertes, globales Manage-
    ment-Wissen, 5. Aufl., Stuttgart.

Stichwortverzeichnis

Die Autoren

Professor Dr. Dr. h. c. Christian Homburg ist Direktor des Instituts für Marktorientierte Unternehmensführung (IMU) an der Universität Mannheim. Außerdem ist er Vorsitzender des wissenschaftlichen Beirates von Prof. Homburg & Partner, einer international tätigen Managementberatung. Prof. Homburg ist Autor zahlreicher Veröffentlichungen und Referent auf diversen Kongressen.

Dr. Heiko Schäfer war Wissenschaftlicher Mitarbeiter am Lehrstuhl von Prof. Homburg und freiberuflicher Unternehmensberater. Er war u. a. als Projektleiter bei Prof. Homburg & Partner tätig und arbeitet heute bei einer renommierten amerikanischen Unternehmensberatung.

Dr. Janna Schneider war Wissenschaftliche Mitarbeiterin am Lehrstuhl von Prof. Homburg. Sie arbeitet heute in der Geschäftsleitung eines international tätigen Maschinenbauunternehmens und ist freiberuflich als Unternehmensberaterin und Managementtrainerin tätig.

Finanzierung und Controlling

Unternehmensbewertung für betriebliche Praktiker – mit Fallbespielen und Checklisten

Herausgeber und Autoren bieten einen optimalen Einstieg in das Thema und informieren über alle relevanten Fragestellungen rund um den Bewertungsprozess und über die wesentlichen Bewertungsmethoden. Ein praxisorientiertes Buch mit Fallstudien und Checklisten – auch für Einsteiger verständlich.

Ulrich Schacht /
Matthias Fackler (Hrsg.)
Praxishandbuch
Unternehmensbewertung
Grundlagen, Methoden,
Fallbeispiele
2005. 456 S.Geb.
EUR 69,90
ISBN 3-409-12698-8

Alles Praxisrelevante über Finanzierungsmöglichkeiten

Das Buch stellt die gesamte Bandbreite der Finanzierungsmöglichkeiten dar. Eigenkapital-, Fremdkapital- und Mezzanine-Finanzierungsformen. Das Autorenteam erläutert, welche Finanzierungsinstrumente es gibt und wie sie funktionieren.

Peter Reichling / Claudia Beinert / Antje Henne
Praxishandbuch
Finanzierung
2005. 292 S. Geb.
EUR 44,90
ISBN 3-409-03405-6

Controllingkonzepte für die Praxis – mit vielen nützlichen Tipps und Tools

Fach- und Führungskräfte aus Wirtschaft und Wissenschaft lassen ihre Erfahrungen in die jeweiligen Beiträge einfließen und zeigen anhand konkreter Beispiele Lösungsansätze für praktische Problemstellungen. Die Autoren bereiten das jeweilige Thema anwendungsbezogen auf.

Claus W. Gerberich (Hrsg.)
Praxishandbuch
Controlling
Trends, Konzepte, Instrumente
2005. 634 S. Geb.
EUR 79,90
ISBN 3-409-12588-4

Änderungen vorbehalten. Stand: Januar 2006.
Erhältlich im Buchhandel oder beim Verlag.

Gabler Verlag · Abraham-Lincoln-Str. 46 · 65189 Wiesbaden · www.gabler.de

GABLER

Die Autoren

Professor Dr. Dr. h. c. Christian Homburg ist Direktor des Instituts für Marktorientierte Unternehmensführung (IMU) an der Universität Mannheim. Außerdem ist er Vorsitzender des wissenschaftlichen Beirates von Prof. Homburg & Partner, einer international tätigen Managementberatung. Prof. Homburg ist Autor zahlreicher Veröffentlichungen und Referent auf diversen Kongressen.

Dr. Heiko Schäfer war Wissenschaftlicher Mitarbeiter am Lehrstuhl von Prof. Homburg und freiberuflicher Unternehmensberater. Er war u. a. als Projektleiter bei Prof. Homburg & Partner tätig und arbeitet heute bei einer renommierten amerikanischen Unternehmensberatung.

Dr. Janna Schneider war Wissenschaftliche Mitarbeiterin am Lehrstuhl von Prof. Homburg. Sie arbeitet heute in der Geschäftsleitung eines international tätigen Maschinenbauunternehmens und ist freiberuflich als Unternehmensberaterin und Managementtrainerin tätig.

Finanzierung und Controlling

Unternehmensbewertung für betriebliche Praktiker – mit Fallbespielen und Checklisten

Herausgeber und Autoren bieten einen optimalen Einstieg in das Thema und informieren über alle relevanten Fragestellungen rund um den Bewertungsprozess und über die wesentlichen Bewertungsmethoden. Ein praxisorientiertes Buch mit Fallstudien und Checklisten – auch für Einsteiger verständlich.

Ulrich Schacht /
Matthias Fackler (Hrsg.)
**Praxishandbuch
Unternehmensbewertung**
Grundlagen, Methoden,
Fallbeispiele
2005. 456 S.Geb.
EUR 69,90
ISBN 3-409-12698-8

Alles Praxisrelevante über Finanzierungsmöglichkeiten

Das Buch stellt die gesamte Bandbreite der Finanzierungsmöglichkeiten dar. Eigenkapital-, Fremdkapital- und Mezzanine-Finanzierungsformen. Das Autorenteam erläutert, welche Finanzierungsinstrumente es gibt und wie sie funktionieren.

Peter Reichling / Claudia Beinert / Antje Henne
**Praxishandbuch
Finanzierung**
2005. 292 S. Geb.
EUR 44,90
ISBN 3-409-03405-6

Controllingkonzepte für die Praxis – mit vielen nützlichen Tipps und Tools

Fach- und Führungskräfte aus Wirtschaft und Wissenschaft lassen ihre Erfahrungen in die jeweiligen Beiträge einfließen und zeigen anhand konkreter Beispiele Lösungsansätze für praktische Problemstellungen. Die Autoren bereiten das jeweilige Thema anwendungsbezogen auf.

Claus W. Gerberich (Hrsg.)
**Praxishandbuch
Controlling**
Trends, Konzepte, Instrumente
2005. 634 S. Geb.
EUR 79,90
ISBN 3-409-12588-4

Änderungen vorbehalten. Stand: Januar 2006.
Erhältlich im Buchhandel oder beim Verlag.

Gabler Verlag · Abraham-Lincoln-Str. 46 · 65189 Wiesbaden · www.gabler.de

GABLER

Mitarbeiter erfolgreich führen

Leitfaden für effektive und effiziente Mitarbeitergespräche

Dieser Leitfaden ist eine große Praxishilfe für alle Vorgesetzten, die ihre Mitarbeiter informieren und beurteilen müssen. Im Anhang werden schwierige Mitarbeiterfälle in ihrer arbeitsrechtlichen Bedeutung analysiert und optimale Vorgehensweisen vorgeschlagen. Weitere Formblätter/Vordrucke und Hinweise für alle Arten von Mitarbeitergesprächen.

Josef M Fersch
**Erfolgsorientierte Gesprächs-
führung**
Leitfaden für effektive und effiziente Mitarbeitergespräche. Mit Beispielen und Formblättern
2005. 254 S. Br.
EUR 39,90
ISBN 3-409-14266-5

Mehr Motivation durch Zielvereinbarungen

Der bewährte kompakte Leitfaden mit vielen Checklisten, Tipps und aktuellen Informationsquellen. Jetzt in der 3. Auflage mit weiteren Beispielen.

Eckhard Eyer /
Thomas Haussmann
**Zielvereinbarung
und variable Vergütung**
Ein praktischer Leitfaden –
nicht nur für Führungskräfte
3., erw. Aufl. 2005. 180 S. Br.
EUR 37,90
ISBN 3-409-31682-5

Worauf es beim Führen wirklich ankommt

Was zeichnet gute Führung aus? Welche Führungsansätze sind wichtig und praxisnah? Daniel F. Pinnow, Geschäftsführer der renommierten Akademie für Führungskräfte, zeigt in diesem Kompendium, worauf es wirklich ankommt.

Daniel F. Pinnow
Führen
Worauf es wirklich ankommt
2005. 360 S. Geb.
EUR 39,90
ISBN 3-8349-0016-8

Änderungen vorbehalten. Stand: Januar 2006.
Erhältlich im Buchhandel oder beim Verlag.

Gabler Verlag · Abraham-Lincoln-Str. 46 · 65189 Wiesbaden · www.gabler.de

GABLER

Managementwissen: kompetent, kritisch, kreativ

Das Grundlagenwerk der Unternehmenskommunikation!

Das „Handbuch Unternehmenskommunikation" stellt auf aktuellem Stand dar, wie Kommunikation zum wirtschaftlichen Erfolg beiträgt. Namhafte Autoren zeigen, wie PR, interne Kommunikation und Marktkommunikation die Führung unterstützen, Reputation steigern und immaterielle Werte schaffen.

Manfred Piwinger /
Ansgar Zerfaß (Hrsg.)
**Handbuch Unternehmens-
kommunikation**
2006. Ca. 800 S. Geb.
Ca. EUR 129,00
ISBN 3-409-14344-0

Die 25 wichtigsten Bücher zum Thema „Erfolg"!

Dieses Buch bringt 25 der wichtigsten Werke der „Erfolgsliteratur" auf den Punkt. Es skizziert die Inhalte, fixiert die Kerngedanken und bietet dem Leser damit eine Abkürzung zu den essentiellen Prinzipien für ein glückliches und erfolgreiches Leben.

Cornelius Boersch /
Friedrich von Diest (Hrsg.)
**Das Summa Summarum
des Erfolgs**
Die 25 wichtigsten Werke
für Motivation, Effektivität
und persönlichen Erfolg
2006. 400 S. Geb.
EUR 34,90
ISBN 3-8349-0206-3

Konstruktiv mit Konflikten umgehen

Das Standardwerk zu Konfliktmanagement - jetzt in der 7. Auflage mit aufschlussreichen Ergänzungen und neuen Beispielen. Eine spannende und inspirierende Lektüre.

Gerhard Schwarz
Konfliktmanagement
Konflikte erkennen, analysieren, lösen
7. Aufl. 2005. 416 S. Geb.
EUR 49,90
ISBN 3-409-79605-3

Änderungen vorbehalten. Stand: Januar 2006.
Erhältlich im Buchhandel oder beim Verlag.

Gabler Verlag · Abraham-Lincoln-Str. 46 · 65189 Wiesbaden · www.gabler.de

GABLER